AF525460

SV

Friedrich von Borries

ARCHITEKTUR IM ANTHROPOZÄN

Eine spekulative Archäologie

Suhrkamp

Gewidmet allen, die die Schönheit der Welt
erhalten wollen – und Alva und Jonathan,
an die ich beim Schreiben viel gedacht habe.

Erste Auflage 2024
Originalausgabe

Umschlaggestaltung: Büro B. Ingo
Umschlagfoto: Sebastian Mirgeler
Satz: Greiner & Reichel, Köln
Druck: GGP Media GmbH, Pößneck
Printed in Germany
ISBN 978-3-518-43202-0

www.suhrkamp.de

»Es braucht neue Formen der Geschichtsschreibung, die die rasante Entwicklung unserer Gattung [...] zu einer dominanten Kraft im Erdsystem [...] plausibel machen können.«[1]

Eva Horn

Inhalt

ERWARTUNGSHORIZONT

Spekulative Archäologie, oder: Welche Geschichte wird über uns erzählt werden?

Welche Geschichte der Architektur wird über unsere Zeit – das Anthropozän – erzählt werden? Stellen wir uns vor, ein Wesen aus der Zukunft blickt dereinst auf uns zurück.[1] Welche Gebäude, Projekte und Traditionslinien würde es als hilfreich erachten, um uns zu verstehen? Und welches Urteil würde es über uns fällen?

Dieser Blick aus der Zukunft ist der narrative Rahmen für diesen Essay. Er bleibt skizzenhaft, weil ein großes Thema wie dieses nur in Ausschnitten betrachtet werden kann, er ist zudem spekulativ, weil wir weder wissen, wie die Zukunft aussieht, noch, ob die dann lebenden Wesen unsere Gegenwart untersuchen wollen.

Zentraler Bezugspunkt ist hier das Anthropozän. »Anthropozän« ist ein wissenschaftlicher Begriff aus der Geochronologie, der inzwischen auch in anderen Fächern und im öffentlichen Diskurs benutzt wird. Erstmals verwendet im Jahr 2000, sollte er zunächst die – damals überaus provokante – Vorstellung ausdrücken, dass der Mensch zum maßgeblichen Faktor der Entwicklung des Erdsystems geworden sei und deshalb die Gegenwart von vorherigen geochronologischen Epochen abgrenzen. Dieser harte Epochenschnitt ist innerhalb der Geochronologie umstritten, allerdings hat sich der Begriff inzwischen in vielen anderen Disziplinen und im öffentlichen Diskurs durchgesetzt. Er versinnbildlicht, dass der Mensch den Planeten umformt und dabei die Lebensbedingungen für viele Lebewesen – wenn nicht sogar die eigenen – zerstört.[2]

Viele Geolog:innen verorten den Beginn des Anthropozäns in den 1950er Jahren, weil ab diesem Zeitpunkt der Eingriff des Menschen in das Erdsystem anhand von Sedimentspuren – einem Forschungsgegenstand der Geologie – auf der ganzen Welt nachgewiesen werden kann.[3] Indikatoren waren dabei u. a. der Kohlendioxid-, Ozon- und Methangehalt sowie das Aufkommen von Rußpartikeln aus der industriellen Produktion, neuen anorganischen Verbindungen (Kunststoff) und radioaktive Kontaminationen. Auch Wissenschaftler:innen außerhalb der Geologie halten diese zeitliche Festlegung für sinnvoll, weil sie mit weiteren Phänomenen korreliert – vom Energieverbrauch über das rapide Wirtschaftswachstum bis hin zum globalen Zerstörungspotential durch Atombomben. Die hier vorgestellte Annäherung an Architekturgeschichte folgt deshalb dieser Einordnung.

Für die Untersuchung der Bedeutung, die Architektur in den – ökologischen, sozialen, kulturellen – Umwälzungsprozessen einnimmt, die mit dem Anthropozän verbunden sind, fungiert in diesen Essay Archäologie als leitende Metapher. Dafür gibt es mehrere Gründe; der erste ist ein inhaltlicher. Um den Beginn des neuen Erdzeitalters zeitlich zu bestimmen, untersuchen Geolog:innen Sedimentschichten, doch um unseren alltäglichen Lebensstil zu verstehen, werden kommende Kulturen auf gebaute »Technofossilien« zurückgreifen, um anhand von Siedlungen, Gebäuden und den darin befindlichen Überresten unseren Alltag anschaulich zu rekonstruieren. Denn »Architektur gibt einen unfehlbaren Hinweis auf das, was in einer bestimmten Zeit wirklich vor sich ging«, wie 1941 der Architekturhistoriker Sigfried Giedion in *Raum, Zeit, Architektur* behauptete, einem Buch, das wichtige Grundlagen für die Architekturgeschichte der Moderne legte.[4] Die Annahme, dass Architektur eine besonders geeignete Quelle für das Verständnis von (Alltags-)Kultur sein könnte, fußte bei Giedion auf historischen Erfahrungen, die allerdings in Zukunft obsolet sein könnten. Schließlich ist auch vorstellbar, dass Radiowellen die »Signale aus der fernen Zukunft«, wie der britische Geologe und Paläobiologe Jan Zalasiewicz die zukünftigen Überbleibsel unserer Zivilisation nennt,[5] sein werden – dann würden die informationellen Überreste von Internetseiten und Reality Shows das zukünftige Bild unserer Lebensweise prägen. Aber für den hier vorgestellten Versuch gehen wir weiterhin davon aus, dass Bauwerke aus Beton und Stahl, aus Kunststoff und Glas fruchtbare Informationsquellen sein werden – schon allein, weil diese Materialien so unglaublich dauerhaft sind.

Der zweite Grund ist ein epistemischer, denn Archäologie eignet sich für das hier vorgestellte Vorhaben als Metapher auch wegen der Art und Weise, wie Wissen erschlossen wird. Archäologie versteht sich zwar als Wissenschaft, ist aber auch stark von Zufall geprägt; es gibt Ausgrabungen, bei denen, basierend auf einer Hypothese, gezielt nach etwas gesucht wird (wie etwa nach Troja in Heinrich Schliemanns Expeditionen), doch schon immer waren wichtige archäologische Funde zufällige Nebenprodukte von Erdarbeiten auf Baustellen. Diese Kombination entspricht der Methode, mit der die Beispiele für diese Betrachtung zusammengetragen wurden; manche wurden, einer Hypothese folgend, gezielt gesucht, andere eher zufällig gefunden. Durch diese Funde wiederum erschien manches Altbekannte plötzlich in neuem Licht.

Der dritte Grund ist ein methodischer, denn die hier vorgestellte Architekturgeschichte gibt keinen linearen Prozess wieder, folgt keiner chronologischen Erzählung,[6] führt nicht von einem zeitlichen Anfang zu einem (wie auch immer definierten) Ende. Das Vorgehen gleicht einer Ausgrabung, bei der die Fundstelle ganz vorsichtig, in kreisenden, tastenden Annäherungen aus verschiedenen Richtungen erkundet wird. Wie in der klassischen Archäologie ist trotz dieser Offenheit das übergeordnete Ziel, aus den gefundenen Fragmenten, Scherben und Splittern das Bild eines Ganzen zusammenzufügen – hier also das der Architektur im Anthropozän. Dieses Bild umfasst sowohl die Entstehung als auch die Bewältigung der mit dem Anthropozän verbundenen gesellschaftlichen Herausforderungen.

Bei den Architekturen, die dazu untersucht werden, handelt es sich zum einen um Bauten und Projekte, die in klassischen architekturgeschichtlichen Überblickswerken allenfalls am Rande auftauchen (wie zum Beispiel Kraftwerke, Zementfabriken oder Zoos), zum anderen aber auch um klassische Ikonen der Architektur, die hier allerdings aus neuen Blickwinkeln betrachtet werden, weil die bisherige Geschichtsschreibung ihre Bedeutung für das Anthropozän weder erklärt noch daraus abgeleitete Potentiale für die Zukunft entwirft.

Dieses Vorgehen ist kleinteilig, die Architekturgeschichte wird neu sortiert und geordnet, so wie die Fragmente eines historischen Manuskripts, die neu zusammengesetzt werden – und plötzlich einen anderen Sinn ergeben. Durch dieses Vorgehen eröffnen sich, so die Erwartung, neue Meta-Perspektiven auf die von uns geschaffene Umwelt; auf die Geschichte, die wir über sie erzählen, und auf die Zukünfte, die dadurch vorstellbar werden. Denn wir müssen noch besser verstehen, wie sich der gegenwärtige Zustand entwickelt hat, es braucht, wie die deutsche Literaturwissenschaftlerin Eva Horn meint, »neue Formen der Geschichtsschreibung, die die rasante Entwicklung unserer Gattung [...] zu einer dominanten Kraft im Erdsystem [...] plausibel machen«.[7]

Der hier vorgenommene Versuch einer Architekturgeschichte des Anthropozäns ist auch eine Dokumentation des Scheiterns und des Selbstbetrugs – sowohl auf gesamtgesellschaftlicher Ebene als auch in Bezug auf die Tätigkeit von Architekt:innen. Denn das nicht näher zu bestimmende Wesen aus der Zukunft (das ich im Weiteren der Einfachheit halber »Aia« nenne) interessiert vor dem Hintergrund von Klimawandel und Ressourcenvernichtung nicht nur, welche Rettungs- und Fluchtversuche von uns unternommen wurden und warum sie gegebenenfalls nicht gelungen sind, sondern auch, welche an und für sich als sinnvoll erachteten Maßnahmen unterlassen wurden.

Schließlich stellt Aia die Frage, welche Schuld Architekt:innen an der Zerstörung der Erde zukommt. Es mag unangenehm und schmerzhaft sein, sich mit einer möglichen zukünftigen Schuld auseinanderzusetzen; es ist aber notwendig, denn das Eingeständnis von Schuld und die Übernahme von Verantwortung sind eine Voraussetzung für Veränderung. Ein Neuanfang, der den Blick auf Architektur in Raum und Zeit jenseits des westlichen, anthropozentrischen Kanons öffnet und übersehene Traditionen und Referenzen entdeckt, ist nötig, um Ausblick auf eine zukünftige Architektur zu geben: eine Architektur, die nicht mehr zerstört, sondern versöhnt. Gesucht werden neue Formen des Zusammenlebens von Menschen, Tieren, Pflanzen und womöglich auch jener Wesen und Existenzformen, deren Wahrnehmung sich der rationalen Begründbarkeit entzieht.

Was also ist das Ziel des hier vorgestellten Unterfangens? Ein klärender Blick auf Geschichte und Gegenwart der Architektur, ergänzt durch einen Blick in die Zukunft, der Gedankengebäude und Luftschlösser vorstellt, die über die schiere Zerstörung des Planeten hinausweisen.

PROLOG
Die Bewohnbarkeit der Welt

In Architektur spiegeln sich die Ideale, Herausforderungen und Konflikte der Zeit, in der sie entstanden ist. Architektur ist ein umkämpftes Feld, weshalb es viele Definitionen gibt, was Architektur ist. Sie ändern sich im Laufe der Zeit und stellen unterschiedliche Aspekte des Bauens in den Vordergrund. Doch unabhängig von der Art, wie auf Gebautes geblickt wird und was bei der jeweiligen Errichtung beabsichtigt war, bleibt eine Eigenschaft von Architektur beständig: Sie materialisiert die Beziehungen der Menschen zur Welt; zu anderen Lebewesen, zu Raum und Zeit. Eine Kernaufgabe von Architektur war bislang die Gestaltung des menschlichen Lebensraums. Oder, ganz kurz gesagt: Architektur ist der Versuch, die Erde für Menschen bewohnbar zu machen.

Die westliche Architekturgeschichte verfügt über ein Idealbild vom Ursprung der Architektur, welches gleichzeitig den Beginn des Wohnens markiert: die »Urhütte«. Sie geht auf den römischen Baumeister und Theoretiker Vitruv zurück, der im 1. Jahrhundert vor unserer Zeit lebte.[1] Vitruv stellte sich die erste menschliche Wohnstatt als ein einfaches Bauwerk aus Holzstämmen vor, die den ursprünglichen Naturmenschen vor Wind und Wetter schützen und so auch das Siedeln in unwirtlichen Regionen ermöglichen sollte. Das ist, von heute aus gesehen, mit den Debatten um Nachhaltigkeit im Hinterkopf, zunächst ein pittoreskes Bild, dem nichts Bedrohliches innewohnt, schließlich besteht diese Urhütte nur aus Holz und Laub, nachhaltigen Materialien also, deren Nutzung die Umwelt, die natürlichen Ressourcen und die menschlichen Lebensgrundlagen nicht gefährdet.

Doch die Realität der Städte und Landschaften, die im Laufe der

Geschichte – insbesondere seit dem 19. Jahrhundert – entstanden sind, ist augenfällig eine andere. Architektur hat dem Menschen nicht nur Schutz vor der Natur geboten, sondern den Planeten bis zur Unkenntlichkeit überformt. Ein einfaches physikalisches Verhältnis macht dies anschaulich: Seit 2021 gibt es mehr menschengemachte Masse als lebendige Biomasse,[2] d.h., das Gewicht aller Häuser, Infrastrukturbauten, Maschinen, Konsumgüter etc. übertrifft das Gewicht aller lebenden Tiere und Pflanzen. Dabei spielt Architektur eine große Rolle, denn mehr als die Hälfte dieser menschengemachten Masse sind Bauwerke.[3] Der Prozess planetarer Um- und Überformung durch Architektur ist, so scheint es, noch lange nicht abgeschlossen, schließlich wächst die Weltbevölkerung weiter – und damit auch der potentielle (und immer wieder laut proklamierte) Bedarf an weiteren Gebäuden.

Abb. 1: Die Urhütte, wie sie Laugier 1755 als Frontispiz in seinem *Essai sur l'architecture* zeigte. Sie symbolisierte den Beginn von »Zivilisation«; mit ihr wurde nicht nur die Vorherrschaft über die Natur, sondern auch über andere Gesellschaften und Kulturen legitimiert.

Die Möglichkeit, die Erde umzuformen, hat viele Architekt:innen angetrieben, lange war die Tätigkeit des Bauens mit der Vorstellung von – quasi gottähnlicher – Schöpfungskraft verknüpft. Architektur, so für lange Zeit das Selbstverständnis des Berufsstandes, besiegt die Natur, oder, um einen anderen Begriff zu benutzen, der den Kern von Architektur verdeutlicht: Natur wird durch Architektur domestiziert.

Das Bild der Urhütte ist der Auftakt zu einem großen Programm der Weltumformung. 1734, also mitten im Zeitalter der Aufklärung, beschwor der französische Architekturtheoretiker Marc-Antoine Laugier erneut das Bild der Urhütte – und lud es mit einer neuen gesellschaftspolitischen Bedeutung auf. Die Urhütte symbolisierte für ihn den Übergang des Menschen vom Natur- zum Kulturwesen; mit dem Bau des ersten Hauses begann für ihn die Zivilisation. »Zivilisation« ist, wie der Kulturanthropologe David Graeber und der Archäologe David Wengrow ausführen, seit der Aufklärung ein Kampfbegriff, der dem kulturell vermeintlich überlegenen Westen dazu dient, die den eigenen, immer wieder lautstark proklamierten Idealen fundamental widersprechende Entrechtung, Ausbeutung und Versklavung vermeintlich weniger entwickelter Gesellschaften zu rechtfertigen.[4] Die Urhütte – oder zumindest die auf sie projizierte Vorstellung von »Zivilisation« – ist demnach keineswegs so unschuldig, wie sie zunächst scheinen mag. Von ihr führt eine Linie bis zu den Zerstörungen des Anthropozäns.

Gewalt, Ausbeutung und zerstörerischer Umformung der Erde durch den Menschen steht in der Architekturgeschichte aber auch die Sehnsucht nach einer Harmonie zwischen Mensch und Natur gegenüber. Die Einfachheit der Urhütte taucht deshalb häufig auf, wenn eine Abkehr vom westlichen Zivilisations- und kapitalistischen Wirtschaftsmodell beschworen wird. Ein oft zitiertes Vorbild ist der amerikanische Schriftsteller und Lebensreformer Henry David Thoreau, der sich zu Zeiten der Frühindustrialisierung in eine selbstgebaute Waldhütte zurückzog. Sein 1845 erschienener Bericht *Walden* wurde eine wichtige Inspiration für Generationen von Aussteiger:innen, die der industrialisierten Welt den Rücken kehren und sich einem – vermeintlich – natürlichen, einfachen Leben zuwenden wollten.

Doch nicht nur Aussteiger:innen suchen die Urhütte. Selbst Le Corbusier, der Architekt, der die Entstehung der funktionalistischen und, so eine häufige Kritik, Entfremdung erzeugenden modernen Architektur entscheidend vorangetrieben hat, zog sich in den Fe-

Abb. 2: Le Corbusier, entscheidender Akteur bei der Konzeption der funktionalen Stadt, zog sich gerne in eine kleine, einfache Hütte zurück.

rien in eine von ihm *Le Cabanon* genannte kleine Hütte am Mittelmeer zurück. Dass diese kleine Hütte heute zum UNESCO-Welterbe zählt, ist eine Ironie der Architekturgeschichte – oder eben Ausdruck der Einsicht, dass die Flucht aus der Welt, die wir geschaffen haben, Teil unseres Weltverständnisses ist.

Heute ist es das *Tiny House*, auf das viele ihren Wunsch nach einer Balance zwischen Nähe zu und Abgrenzung von Natur projizieren. Die Einfachheit der Urhütte, mit der der Mensch sich vor der Natur schützt, ohne den Kontakt zu ihr zu verlieren, scheint ein historisch durchgängiger Idealtyp des Wohnens zu sein.

»Wohnen« ist ein Zentralbegriff, wenn es um das Verhältnis der Menschen zur Welt geht. Expert:innen dafür sind Architekt:innen. Sie wissen, wie man Räume so gestaltet, dass Menschen sich darin wohlfühlen, oder: wie man die Welt bewohnbar macht. So zumindest das Idealbild. Denn die mit dem Bild der Urhütte verbundenen romantischen Vorstellungen haben wenig gemein mit der Architekturpraxis der Gegenwart. Architektur ist inzwischen zu einem zentralen Treiber der grundlegenden Veränderungen des Erdsystems geworden, die u.a. zum Klimawandel führten.

Abb. 3: Martin Heidegger verbrachte viel Zeit in einer einsamen Hütte im Schwarzwald.

Ein Philosoph, der grundlegend über das »Wohnen« nachgedacht hat, war Martin Heidegger. 1951 formulierte er grundlegende Überlegungen zum Verhältnis von Architektur und dem »Wohnen« auf der einen und dem »Sein« auf der anderen Seite.[5] »Wohnen«, »Bauen« und »Sein«, so Heidegger, der in einer einsamen Hütte im Schwarzwald wohnte, hätten die gleiche etymologische Wurzel. Er definierte »Wohnen« deshalb als die »Art, wie du bist und ich bin, die Weise, nach der wir Menschen auf der Erde sind«.[6] Die Vorstellung von Bauen, die er daraus ableitete, reichte weit über die klassischen Aufgaben von Architekt:innen hinaus. »Das alte Wort bauen, das sagt, der Mensch sei, insofern er wohne, dieses Wort bauen bedeutet nun aber auch zugleich: hegen und pflegen.«[7] Er ging sogar noch weiter: »Die Sterblichen wohnen, insofern sie die Erde retten. [...] Die Erde retten ist mehr als sie ausnützen oder gar abmühen. Das Retten der Erde meistert die Erde nicht und macht sich die Erde nicht untertan, von wo nur ein Schritt ist zur schrankenlosen Ausbeutung.«[8] Auch wenn Heidegger das »Pflegen«, »Hegen« und »Retten« wohl kaum im heutigen, ökologischen Sinne verstanden hatte, hinterfragte er das Selbstverständnis von Architektur, indem er ihre Widersprüchlichkeit offenlegte. Auf der einen Seite die grundlegende Seinsform des Bauens und Wohnens als Art, wie wir in der Welt sind, auf der anderen Seite die offensichtliche Unfähigkeit, die Welt zu hegen, zu pflegen, zu retten.

Rettung vor der Selbstzerstörung wird auch von der inzwischen zum *common sense* gewordenen »Nachhaltigkeit« erhofft. Nachhaltigkeit bedeutet, wie es der sogenannte Brundtland-Bericht der UN schon 1987 ausführte, dass bei der Befriedigung der »menschlichen Bedürfnisse der Gegenwart« nicht riskiert werden dürfe, dass »künftige Generationen ihre eigenen Bedürfnisse nicht befriedigen können«.[9] Trotz allen Beschwörungen dieses neuen Ideals hat sich die oben skizzierte Widersprüchlichkeit zwischen Welterhaltungswunsch und anhaltender Weltzerstörung bislang noch nicht aufgelöst. Nichtsdestotrotz wird Nachhaltigkeit als Zukunft ermöglichendes Handlungsziel propagiert; in der Architektur geht es dabei meist um Baumaterialien, Energieeinsparung und die Dauerhaftigkeit von Gebäuden. Doch es ist offenkundig, dass diese Bemühungen nicht ausreichen, weshalb beispielsweise der

Stadtforscher Johannes Novy, stellvertretend für viele andere, die über die Zukunftsfähigkeit von Architektur nachdenken, selbstkritisch konstatiert: »Wir können es uns nicht leisten, nur grüner zu bauen. Wir müssen weniger bauen.«[10]

Möglicherweise ist es auch der Begriff der Nachhaltigkeit selbst, der zur Disposition gestellt werden muss. Schließlich bezieht er sich auf das, was bestehen bleiben soll, statt zu fragen, was wir besser unterlassen sollten.[11] Einen Vorschlag für einen anderen Zugang zu Zukunft macht – sich dabei ausdrücklich auf Heidegger beziehend – der aus Indien stammende Historiker Dipesh Chakrabarty. Er meint: »Der Schlüsselbegriff [...], den man der Idee der Nachhaltigkeit im globalen Denken entgegensetzen könnte, ist Bewohnbarkeit.« Diese Bewohnbarkeit bezieht er nicht allein auf Menschen, sondern auf alle Lebewesen. »Ihr zentrales Anliegen ist das Leben – komplexes vielzelliges Leben im Allgemeinen.«[12]

Die Bewohnbarkeit führt uns zurück zur Architektur. Und zu Vitruv. Bei ihm begann mit der Urhütte die Architektur – und damit die Bewohnung des Planeten. Architektur macht die Erde bewohnbar. Doch vor dem Hintergrund zerstörerischer Eingriffe des Menschen in Biotope und das gesamte Erdsystem, dem anthropogenen Klimawandel und Ressourcenvernichtung ist mehr und mehr anzuzweifeln, ob – beziehungsweise für wen – die Erde in Zukunft noch bewohnbar sein wird. Für viele Tier- und Pflanzenarten ist sie es bereits nicht mehr. »Die zentrale Frage des Bewohnbarkeitsproblems ist«, so Chakrabarty weiter, »was einen Planeten zu einem freundlichen Umfeld für die dauerhafte Existenz komplexen Lebens macht.«[13]

Die Vorstellung, dass Architektur, wie wir sie kennen, die Erde bewohnbar macht, ist hinfällig geworden. Schlimmer noch: Für und durch Architektur werden Unmengen an Ressourcen und Energie verbraucht. So lassen sich weltweit laut der UN rund 38 Prozent des globalen CO_2-Ausstoßes auf das Bauwesen zurückführen[14] – und die Emissionen steigen weiter an.[15] Architektur, wie sie heute überwiegend praktiziert wird, führt zur Unbewohnbarkeit. »Die Institutionen«, so bringt Chakrabarty die nicht nur für die Architektur geltende Paradoxie der Gegenwart auf den Punkt, »die bisher von den Menschen zur Absicherung des menschlichen Lebens genutzt worden sind, haben einen Verbreitungs- und Entwicklungsgrad erreicht, der eben diese Grundvoraussetzung menschlicher Politik – die Absicherung menschlichen Lebens – untergräbt.«[16]

Wir alle wissen, dass unsere Form des Lebens und Wohnens – also der durch Architektur und Städtebau ermöglichte Lebensstil mitsamt all unserer »Gewohnheiten« – überaus zerstörerisch ist. Wir müssen unsere Gewohnheiten, um mit der aus Indien stammenden, postkolonialen Theoretikerin Gayatri Chakravorty Spivak zu sprechen, »verlernen«[17] – um anschließend eine neue Form von Wohnen und Bauen, von Umgang mit der Welt, zu erlernen. »Die eigentliche Not des Wohnens beruht darin, daß die Sterblichen«, so nochmals Heidegger, »das Wohnen erst lernen müssen.«[18]

Vor dem Hintergrund des Anthropozäns müssen wir einen neuen Blick auf Architektur entwickeln: Sie steht nicht mehr (nur) für Bewohnbarkeit, sondern (auch) für Unbewohnbarkeit. Sie trägt dazu bei, dass unsere Lebensgrundlagen zerstört werden. Sie ist kein rein schöpferischer, sondern auch ein destruktiver Akt. Wir stehen also vor einem grundlegenden Paradox: Die bisherigen Versuche, den Planeten mit und durch Architektur bewohnbar zu machen, führten zum Gegenteil. Wenn Architektur nicht das Ende von Zivilisation herbeiführen will, sondern die Bewohnbarkeit des Planeten ermöglichen soll, müssen wir Architektur neu erfinden.

Teil I
ZERSTÖRUNG
Architekturen der CO_2-Emission

»Der Historiker, besonders der Architekturhistoriker, muß in engem Kontakt mit heutigen Auffassungen stehen. Nur wenn er vom Geist seiner Zeit durchdrungen ist, kann er Züge der Vergangenheit aufdecken, die vom Blickpunkt früherer Generationen nicht sichtbar waren.«[1]

Sigfried Giedion

»Ein einziges, ein x-beliebiges Gebäude reicht aus, um daran die ganze Pathologie der menschlichen Gesellschaft zu entwickeln.«[2]

Hermann Funke

Der Begriff Anthropozän wird heute nicht nur in der Wissenschaft, sondern auch in breiteren, kulturellen Diskursen genutzt, um kleinmaßstäbliche, aber dennoch zerstörerische Eingriffe des Menschen in natürliche Prozesse zu benennen – auch wenn diese nicht zur Veränderung des gesamten Erdsystems führen. Die Menschheit diskutiert also unter dem Begriff Anthropozän ihr eigenes Verhältnis zur Welt neu und wird sich des Ausmaßes an Zerstörung bewusst, das sie zu verantworten hat. Diese Architekturgeschichte des Anthropozäns beginnt deshalb als Geschichte der Zerstörung.

Am Anfang steht die Kategorisierung. Welche Ereignisse, welche handelnden Personen und welche Artefakte – in der Architekturgeschichte: welche Entwürfe, Planungen, Realisierungen – sind zentral? Um die »Züge der Vergangenheit auf[zu]decken, die vom Blickpunkt früherer Generationen nicht sichtbar waren«,[3] bietet sich vor dem Hintergrund der Sorge vor Klimawandel und Ressourcenvernichtung als Kriterium die zentrale Kenngröße der Gegenwart an: das Treibhausgas CO_2.

In den Umweltwissenschaften ist gut belegt, in welchen gesellschaftlichen Bereichen das meiste CO_2 entsteht. Bei diesen sogenannten Treibern gibt es eine klare Hierarchie: In Deutschland – wie in allen Industrieländern – war 2023 der größte CO_2-Emittent die Energiewirtschaft (38 Prozent), gefolgt von Industrie (21 Prozent), Mobilität (18 Prozent), Wohnen (10 Prozent), Landwirtschaft (8 Prozent), Handel (4 Prozent) und schließlich dem Müll (1 Prozent).[4]

In »Zerstörung«, dem ersten Teil dieser spekulativen Archäologie, wirft Aia einen Blick auf die Architekturen der sieben zentralen Treiber des Klimawandels. Dabei geht es nicht um eine überblickhafte Gesamtschau, sondern um exemplarische Betrachtungen, denn ein »einziges, ein x-beliebiges Gebäude reicht aus«, wie der deutsche Architekturkritiker Hermann Funke polemisch pointierte, »um daran die ganze Pathologie der menschlichen Gesellschaft zu entwickeln«.[5]

Energiewirtschaft

Die Architektur der fossilen Energiegewinnung und ihre Transformation • Die Utopie der grenzenlosen Verfügbarkeit • Rekultivierung von Landschaft als unsichtbare Architektur • Regenerative Energiequellen und die Paradoxien der Skalierung • Die Religion einer strahlenden Zukunft

Das Anthropozän ist von Energie besessen. Seit dem Beginn der industriellen Revolution im ausgehenden 18. Jahrhundert nimmt der globale Energieverbrauch exponentiell zu. Parallel dazu hat sich auch die Vorstellung davon verschoben, was der Ursprung der Architektur sei. So markiert bei Gottfried Semper, dem Stararchitekten des 19. Jahrhunderts, nicht mehr die Urhütte den Beginn der Architektur, sondern »die Errichtung der Feuerstätte«. Sie ist auch der Ausgangspunkt für die Entstehung von Gesellschaft, denn, so Semper, um »den Herd versammelten sich die ersten Gruppen, an ihm knüpften sich die ersten Bündnisse, an ihm wurden die ersten rohen Religionsbegriffe zu Kulturgebräuchen formuliert«. Der Herd, so Semper (der damals von unseren heutigen Diskussionen um Erderwärmung noch nichts ahnen konnte, wenngleich man ihm ob der folgenden Aussage prophetische Gaben zuschreiben möchte), ist deshalb »das erste und wichtigste, das *moralische* Element der Baukunst«.[6]

Die Bedeutung von Energie nahm mit der Modernisierung weiter zu, an die Stelle des archaischen Herds trat das Kraftwerk. Mitte des 20. Jahrhunderts gab es eine besonders signifikante Steigerung des Energieverbrauchs. Lange war dieser Anstieg positiv belegt, er stand für wirtschaftliches Wachstum und – vor allem in den westlichen Gesellschaften – für zunehmenden Wohlstand für viele. Es gab in den 1950er Jahren sogar anthropologische Theorien, die den Entwicklungsstand einer Zivilisation an der Höhe ihres Energieverbrauchs festmachen wollten – je größer der Verbrauch, desto höher die Entwicklungsstufe.[7]

Trotz der großen gesellschaftlichen Bedeutung von Energie wird den für deren Gewinnung notwendigen Bauten in Theorie, Geschichte und Praxis der modernen Architektur bislang keine besondere Bedeutung zugemessen.[8] In der Moderne sind Kraftwerke – anders als zum Beispiel die Bildungsorte Museum, Konzerthaus oder Bibliothek – kein prestigeträchtiger Gebäudetyp; die wirtschaftlich-gesellschaftliche Relevanz von Energiebauten korrespondiert nicht mit der symbolisch-architektonischen. Das liegt auch daran, dass Industriearchitekturen – ob Kraftwerke, Fördertürme, Ölbohrplattformen, Terminals, Raffinerien oder Tankanlagen – meist nicht in zentralen Lagen verortet sind, sondern aus ästhetischen, technischen und manchmal auch sicherheitspolitischen Gründen an den Rand urbaner Agglomerationen oder in den ländlichen Raum geschoben und so aus der alltäglichen Sichtbarkeit der meisten Menschen verbannt wurden. Und selbst da, wo sie sichtbar sind, wird ihnen nicht die gestalterische Aufmerksamkeit zuteil, die ihrer Bedeutung für das Funktionieren unserer Gesellschaft entsprechen würde. Die Versorgung mit Energie ist – architektonisch gesehen – ein blinder Fleck.

Bauten der fossilen Energiegewinnung und ihre Transformation

Natürlich gibt es Ausnahmen, zuweilen wurden auch Funktionsbauten der Energiewirtschaft mit architektonischer Aufmerksamkeit bedacht. Ein Beispiel dafür findet sich in Essen, der »Hauptstadt« des Ruhrgebiets. Die 1851 gegründete Zeche Zollverein war einst Europas größte Anlage zur Gewinnung von Steinkohle. Die dortigen Bauten zeugen vom Selbstverständnis verschiedener Epochen, für eine Architekturgeschichte des Anthropozäns besonders spannend ist Schacht XII, eine Erweiterung aus den späten 1920er Jahren. Die 1929-1932 errichtete Anlage besteht aus einfachen kubischen Körpern; das konstruktive Grundgerüst aus rot lackierten Stahlrahmen ist sichtbar, die Gefache sind mit geschosshohen Glasflächen und rotem Backstein ausgekleidet – die Architektur strahlt die klare und sachliche Sprache der Klassischen Moderne aus. Dem entsprechend proklamierten 1929 die beiden verantwortlichen Architekten, Fritz Schupp und Martin Kremmer: »Wir müssen erkennen, dass die Industrie mit ihren gewaltigen Bauten nicht mehr ein störendes Glied in unserem Stadtbild und in der Landschaft ist, sondern ein Symbol [...], das jeder Bürger mit [...] großem Stolz dem Fremden zeigen soll.«[9] Durchgesetzt hat sich diese Haltung nicht, im Gegenteil: Das Wesen der Globalisierung ist, die sozialen und ökologischen Kosten der Industrie zu externalisieren. Die dreckige Arbeit findet inzwischen auch nicht mehr an den Rändern der westlichen Städte, sondern in ärmeren Weltgegenden statt. Dem reichen Westen bleibt von der Moderne ihre Überhöhung: Die Immobilienfirma, die die Zeche Zollverein heute vermarktet, bewirbt den Schacht XII mit dem Slogan »Bauhaus-Gedanke in XXL«.[10]

Abb. 4: Der 1929-1932 erbaute Schacht XII der Zeche Zollverein in Essen sollte durch seine moderne Formensprache als neues Wahrzeichen fungieren.

1986 wurde die Zeche geschlossen und umgehend unter Denkmalschutz gestellt. Konzepte für eine Nachnutzung entstanden, Eventisierung und Tourismus sollten die Industrie ersetzen. Architektur nahm dabei eine herausgehobene Rolle ein, verschiedene Stararchitekt:innen wurden engagiert. 1996-1997 baute beispielsweise Norman Foster das Kesselhaus zum Ausstellungsraum um, Rem Koolhaas entwickelte einen Masterplan für eine Eventlandschaft. 2001 wurde die Zeche Zollverein zum UNESCO-Welt-

Abb. 5: Zollverein-School, Sanaa, 2006: Eine private Designschule soll die Entstehung einer neuen Kreativindustrie befördern, die Spektakelarchitektur als Instrument der Identitätsstiftung fungieren. Die Schule ist inzwischen insolvent, das Gebäude ein Sanierungsfall.

erbe erklärt, heute gibt es dort ein breites Kultur- und Erlebnisangebot, vom Designmuseum über Kunstausstellungen bis hin zu Weihnachtsmarkt und Rollschuhbahn. Aus einem Ort der Umweltzerstörung, die die Grundlage für den Wohlstand vieler war, soll – so das propagierte Zukunftsnarrativ – eine »Designstadt« werden, also etwas zwischen Erholung, leichter Unterhaltung und Kreativwirtschaft.

Ein Höhepunkt dieser Neuerfindung war 2006 die Fertigstellung einer Designschule durch das japanische Architekturbüro Sanaa (Kazuyo Sejima und Ryūe Nishizawa) und die Anlage einer Parklandschaft, die die Versöhnung von Industrie und Natur symbolisieren sollte. Die private Designschule, die ursprünglich als Nutzerin des Gebäudes vorgesehen war, ist mittlerweile insolvent, die in Essen ansässige staatliche Kunstuniversität ist als Nachmieterin eingesprungen. Das Gebäude selbst, ein pseudominimalistischer weißer Betonkubus mit frei angeordneten, großflächigen Fenstern – architektonisch ambitioniert, aber letztlich dysfunktional –, ist inzwischen ein Sanierungsfall.

Neue Funktionen für nicht mehr benötigte Infrastrukturen der Energieproduktion – also eine Transformation von Industrie in Konsum, Entertainment und Kreativität – werden auch an anderen Orten gesucht. Kein Welterbe, aber dennoch bekannter als die *Zeche Zollverein*, ist die 1952 vom damals berühmten britischen Architekten Giles Gilbert Scott gebaute *Bankside Power Station* in London. Das Ölkraftwerk versorgte bis 1981 Teile der Stadt mit Strom, stand dann lange leer, bis es 1993-2000 von Herzog & De Meuron – wie Foster, Koolhaas und Sanaa international agierende Baukünstler – zur *Tate Gallery of Modern Art*, einem Museum für zeitgenössische internationale Kunst, umgebaut wurde.

Abb. 6: Die Kunst als neue Energiequelle: In *The weather project* erhellt Olafur Eliasson mit einer künstlichen Sonne das ehemalige Kraftwerk; der in Nebel getauchte Klimawandel wird zur ekstatisch-sinnlichen Erfahrung stilisiert.

Eine mit zwei Millionen Besuchern äußerst erfolgreiche Ausstellung war das 2003 gezeigte *The weather project* des isländisch-dänischen Künstlers Olafur Eliasson, der die Simulation einer glühenden Sonne nebst Nebelmaschine unter einer dafür eigens gebauten Spiegeldecke in die ehemalige Turbinenhalle platzierte. Die Installation wurde damals als »einer der größten Momente der zeitgenössischen Kunst« tituliert;[11] sie markiert die Popularisierung einer Kunst, die den Klimawandel thematisiert – und ihn gleichzeitig handhabbar erscheinen lässt, weil in der Kunst von Olafur Eliasson dramatische Phänomene auf eine ästhetische Erfahrung reduziert und so konsumierbar werden. So bleibt die *Tate Modern* der Tradition des Kraftwerks verhaftet, in dem der Mensch Naturkräfte verdichtet, beherrscht und seinen eigenen Zwecken unterwirft. Die Vorstellung, fossile Energie durch Kunst zu ersetzen, fasziniert nicht nur in London; 2024 wurde mit dem *Powerhouse Art* in New York ein neues Museum eröffnet, das sich in einem ehemaligen, ebenfalls von Herzog & De Meuron umgebauten Kohlekraftwerk befindet.

Eine andere Form der Nachnutzung wurde für ein weiteres Londoner Kraftwerk gefunden, die 1933 ebenfalls von Scott entworfene *Battersea Power Station*. Den Auftrag für dieses technische Gebäude hatte der dem Historismus und dem Art déco verpflichtete Architekt erhalten, weil die Leitung des am gegenüberliegenden Ufer der Themse liegenden *National Art Museum* verhindern wollte, dass ein zu profaner Bau den eigenen Standort abwertet. So entstand eine durch vier markante Türme an eine Kathedrale erinnernde Industriearchitektur (Fun Fact: Scott hatte 1903 die neogotische Kathedrale von Liverpool gebaut), die bis 1983 in Betrieb blieb. Das mittlerweile zu einem architektonischen Wahrzeichen von London gewordene Kraftwerksgebäude wurde nach jahrelangem Leerstand 2013-2022 von Norman Foster und dem ebenso berühmten Frank Gehry umgebaut. In dem Gebäude befinden sich nun Wohnungen, Büros und in der früheren Turbinenhalle eine Shopping Mall. Hauptmieter der Büroflächen ist das Tech-Unternehmen Apple. Bevor in das ehemalige Kraftwerk Wohn-, Büro- und Verkaufsflächen eingebaut wurden, gab es auch andere Nutzungskonzepte; ein Museum für Architektur war geplant, aber auch ein Umbau zum Fußballstadion für den FC Chelsea wurde erwogen, also für einen Fußballverein, dessen damaliger Besitzer sein Vermögen unter anderem mit Erdölhandel gewonnen hat.

Der Umbau der Kraftwerke steht für die Transformation, die sich die im Anthropozän reich gewordenen spätkapitalistischen Gesellschaften des Westens für eine postfossile Zukunft erträumen: Schöne Kunst, digitales Entertainment und unbegrenzter Konsum sollen als Geldquelle, Sinnstifter und (symbolischer) Energiespender Öl, Gas und Kohle ersetzen. So bleiben Energie und die westliche Konsumgesellschaft miteinander auch architektonisch eng verbunden.

Die Utopie der grenzenlosen Verfügbarkeit

Ob mit diesen immateriellen Formen von Produktivität das Wohlstandslevel der Gegenwart gehalten werden kann, ist fraglich; unbestreitbar ist aber, dass der westliche Wohlfahrts- und Wohlstandsstaat der zweiten Hälfte des 20. Jahrhunderts – für den eine prominente Rolle von Kunst und Kultur im öffentlichen Leben und ein breites, niedrigschwelliges Konsum- und Unterhaltungsangebot mit Fernsehen, Shopping Mall und Freizeitpark konstituierend sind – ohne die durch fossile Energie ermöglichte Produktivitätssteigerung nicht möglich gewesen wäre.

Der durch Verbrennung generierte Wohlstand hat zwei signifikante architektonische Repräsentanten: das Headquarter-Hochhaus in Downtown, in dem die ökonomischen Gewinne der Ressourcenausbeutung akkumuliert werden, und der Bungalow mit Auffahrt und Garage in Suburbia (auf den wir später zu sprechen kommen werden). Eine Konzernzentrale, die die Archäolog:innen sicherlich auf ihrer Liste der interessanten Zufallsfunde verzeichnen würden, ist das Rockefeller Center in New York. Es war zu seiner Erbauungszeit eine beeindruckende Zukunftsvision, ein Vorbote jener Vorstellung von gutem Leben, wie es durch – vermeintlich – unbegrenzt verfügbare fossile Rohstoffe nach dem Zweiten Weltkrieg möglich wurde. Der 1931-1940 erbaute Gebäudekomplex sollte mehr sein als eine Ansammlung von Hochhäusern; er war nicht als reines Geschäfts- und Verwaltungsgebäude geplant, sondern auch als öffentlicher Ort für »Erholung und Unterhaltung«.[12] Obwohl privat finanziert, sah Giedion im Rockefeller Center einen der Gemeinschaft dienenden Bau, der mit »frei angeordneten« Baukörpern und »offenen Räumen« in eine aus damaliger Sicht bessere Zukunft wies.[13] 30 Jahre nach Giedion erkannte Rem Koolhaas im Rockefeller Center nur noch »utopisches Fragment«[14] – Überreste einer, wie wir heute feststellen müssen, Utopie des entgrenzten Hedonismus, der auf Ausbeutung und Raubbau beruht und deshalb nicht nur auf Kosten der Gegenwart, sondern auch auf die der Zukunft geht. Das Geld, das die Rockefeller-Fami-

Abb. 7: Ein goldglänzender Prometheus erinnert vor dem Rockefeller Center in New York daran, woher der Reichtum der Familie stammt – und welche Strafe dafür droht.

lie in diese Immobilie investierte, stammte aus dem Ölgeschäft, das sie zur ersten Milliardärsfamilie der USA gemacht hatte.

Die Fassaden des Rockefeller Centers sind mit Muschelkalk verkleidet, in dem sich 300 Millionen Jahre alte Fossilien befinden – ungefähr genauso alt wie das Öl, mit dem der Bau des Gebäudes finanziert wurde. Dass ihrem Reichtum etwas Maßloses innewohnte, scheint den Rockefellers bewusst gewesen zu sein. Das Center wurde reichlich mit Kunst ausgestattet, auf der Plaza, also im frei zugänglichen urbanen Raum, ist eine goldene Prometheus-Skulptur aufgestellt, ein Abbild jenes Gottes also, der in der griechischen Mythologie den Menschen das Feuer brachte und dafür von Göttervater Zeus grausam bestraft wurde.

Das Unternehmen der Rockefellers, die Standard Oil Company, ging später in Exxon auf, jener Firma, die bereits in den 1970er Jahren aufgrund eigener, damals geheim gehaltener wissenschaftlicher Studien von der anthropogenen Erderwärmung wusste und, ihren ökonomischen Interessen folgend, nicht nur ihr Geschäftsmodell fortsetzte, sondern Klimaleugner finanziell förderte.[15] Auch das ist ein Wesenszug des Anthropozäns: Wissen und Handeln stehen oft in diametralem Widerspruch. Seit den 2010er Jahren hat sich die Rockefeller-Familie mit ihren Investments auch der Bekämpfung des Klimawandels zugewandt.[16] Vielleicht hofft sie, den von ihr angerichteten Schaden ein Stück weit wiedergutzumachen, auf dass ihr dereinst ebenso verziehen wird wie Prometheus.

Rekultivierung von Landschaft als unsichtbare Architektur

Die Kunst, etwas Dreckiges wie Öl und Kohle zu Geld und Gold zu machen, erfordert einen Preis, der an anderer Stelle zu zahlen ist. Deshalb gibt es noch einen anderen Zugang, den CO_2-Treiber »Energiegewinnung« architektonisch zu verorten – sofern wir Architektur nicht nur als Gebäude, sondern als Gesamtheit des durch menschliche Eingriffe umgestalteten Raums begreifen. Dann zählen die zerstörten Landschaften, die die Förderung von Öl, Gas und Kohle hervorbringen, zur Architektur des Anthropozäns.

Mehr und mehr wird versucht, diese umgangssprachlich oft als Mondlandschaften bezeichneten Räume wieder in einen natürlichen Zustand zurückzuführen oder zumindest den zerstörerischen menschlichen Eingriff unsichtbar zu machen – durchaus mit viel Aufwand und langen Zeithorizonten. Im nordrhein-westfälischen Hambach liegt die größte Braunkohlegrube Europas. Sie soll in den zweitgrößten See Deutschlands verwandelt werden. Rund vierzig Jahre wird es dauen, bis das bis zu 365 Meter tiefe Loch mit Wasser aus dem Rhein gefüllt ist. In Ostdeutschland sind bereits viele derartige Seen als Braunkohlefolgelandschaften entstanden.

Aber es gibt auch andere Strategien der Rekultivierung, sie reichen von aktiver Bewaldung bis hin zum vorsätzlichen Sich-selbst-Überlassen. Die Renaturierungen kombinieren ökologische und ökonomische Aspekte. Zum einen sollen die entstehenden Landschaften touristisch attraktiv sein und so den von Deindustrialisierung betroffenen Regionen eine neue wirtschaftliche Perspektive eröffnen (Stichwort Seenlandschaften); zum anderen bergen Renaturierungen ein großes ökologisches Potential. Die Landschaften wurden für den Abbau der Energieträger entsiedelt; auf den großen, nahezu menschenleeren Flächen können sich deshalb Tier- und Pflanzenarten ansiedeln, die in der stark besiedelten und bewirtschafteten Kulturlandschaft der Gegenwart keine Überlebenschancen mehr haben – der Rekultivierung ist eine merkwürdige Paradoxie eingeschrieben.

Nicht nur die Landschaft, sondern auch die Vorstellungen von Wachstum, Fortschritt, Innovation transformieren sich; es scheint, als würde der zerstörerische menschliche Eingriff nicht nur rückgängig gemacht werden können, sondern als würde die neu entstehende postindustrielle Landschaft – nach welchen Kriterien auch immer – besser, schöner, natürlicher sein als die vor-industrielle: Ist das der zarte Beginn eines Postanthropozäns, ein Vorbild für eine architektonische Praxis des Rückzugs?

Regenerative Energiequellen und die Paradoxien der Skalierung

Die Rekultivierung allein wird für ein Postanthropozän, so es dies überhaupt geben kann, nicht ausreichen. Will man auf Energie nicht verzichten, braucht es Alternativen zu Kohle, Öl und Gas. Doch auch Wind-, Solar- oder Wasserkraft wohnt eine Paradoxie inne, für die noch keine angemessene gestalterische Lösung gefunden wurde: Die eigentlich rettende Technologie führt, so sie in großem Maßstab eingesetzt wird, ebenfalls zu Zerstörung.

Die wohl älteste von Menschen genutzte CO_2-freie Energiequelle ist Wasserkraft. Schon Vitruv beschrieb den Bau von technischen Anlagen wie Wassermühlen als Aufgabe von Architekt:innen. Wir alle kennen die pittoresken Bilder von ländlichen Wassermühlen; sie wecken andere Gefühle als die großangelegten Wasserkraftwerke. Diese wurden zwar zu Beginn der Moderne als stolze Repräsentanten der menschlichen Naturbeherrschung durch Technik gefeiert, seit dem Entstehen der Ökobewegung in den 1970er Jahren werden sie, zumindest im globalen Westen, eher mit Gewalt und Zerstörung verbunden. Für die Anlage von Stauseen, in denen der für den Antrieb der Kraftwerke notwendige Wasserdruck erzeugt wird, müssen häufig Anwohner:innen vertrieben und Biotope vernichtet werden; die ökologischen Folgen betreffen nicht nur die Gebiete, die überschwemmt werden, sondern auch den weiteren

Verlauf der Flüsse. Die romantischen Bilder, die alte Wassermühlen evozieren, erzeugen moderne Wasserkraftwerke nicht.

Während die vormodernen Wasserkraftanlagen den Fluss des Wassers in die Drehbewegung des Mühlsteins umsetzten, wird er in der Moderne für die Gewinnung von Strom genutzt. Ab Ende des 19. Jahrhunderts wurden die ersten großen Wasserkraftwerke gebaut; zum einen, weil es Bedarf an elektrischem Strom gab, zum anderen, weil effizientere Turbinen entwickelt worden waren und mit Beton ein geeignetes Baumaterial für derartige Großbauwerke zur Verfügung stand. Doch die damit errungene Fähigkeit scheint den Erbauern unheimlich gewesen zu sein, die frühen Wasserkraftwerke greifen – wie andere Industriebauten des späten 19. und frühen 20. Jahrhunderts auch – häufig historistische Motive und tradierte Materialien auf, als wollten sie sich versichern, dass mit einer entfesselten Technik keine neue, unheimliche Zeit anbräche: Die Staumauern aus Beton wurden mit Natur- oder Ziegelstein verkleidet und mit eklektizistischen Bögen und Türmchen dekoriert. Häufig wurden Kraftwerke auch Kirchen nachgebildet, nur dass sich im Hauptschiff kein Altar, sondern die Turbinen befanden. Energie, die neue Religion, sollte gebührend geehrt werden – vielleicht auch, damit sie dem Menschen nicht wie ein wütender Gott zürne und ihre Kraft gegen ihn wende. Und solange man dafür noch keine neue Sprache gefunden hatte, griff man auf die tradierte zurück.

Der radikalste Vorschlag von Energiegewinnung durch Wasser, der gleichzeitig das immense zerstörerische Potential auch der regenerativen Energiequellen aufzeigt, ist das Projekt *Atlantropa* von Hermann Sörgel. Der Architekt verfolgte ab 1928 die Idee, gigantische Staumauern an der Meerenge von Gibraltar und bei den Dardanellen zu errichten, um das Mittelmeer von Atlantik und Schwarzem Meer abzutrennen. Die Wasserverdunstung im Mittelmeer würde zu einer Absenkung des Wasserspiegels führen, durch die so entstehende Höhendifferenz zu den bestehenden Zuflüssen könne mit Wasserkraftwerken genug Strom gewonnen wer-

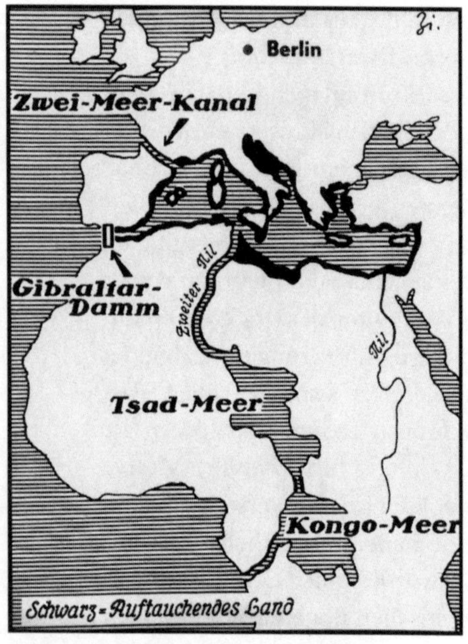

Abb. 8: 1928-1952 propagierte der Architekt Hermann Sörgel die teilweise Trockenlegung des Mittelmeeres und gleichzeitige Flutung von Teilen Afrikas.

den, um ganz Europa zu versorgen. Ab etwa 1935 bezog Sörgel auch Afrika in seine Planungen ein, hier sollten durch Aufstauung neue Binnenmeere entstehen, mit denen Sörgel die Sahara bewässern wollte.

Atlantropa erscheint aus heutiger Sicht als offenkundig megalomanes Technikphantasma, doch Sörgel, der das Projekt bis zu seinem Tod verfolgte, konnte damals viele renommierte Architekten für seine Idee begeistern. Entwurfsskizzen für in *Atlantropa* notwendige Bauwerke fertigte u.a. Peter Behrens an, der als Architekt und Designer über viele Jahre das Erscheinungsbild der AEG (damals eines der größten deutschen Industrieunternehmen) prägte und in dessen Büro bedeutende Architekten wie Walter Gropius, Le Corbusier und Ludwig Mies van der Rohe gearbeitet hatten. Das Mittelmeer trockenzulegen erschien in den 1930er und 1940er Jahren nicht als Spinnerei, sondern stellte für viele eine wünschenswerte Zukunftsperspektive dar.

Die gleiche Ambivalenz zwischen Beschaulichkeit und Monstrosität wie bei der Wasserkraft ließe sich auch anhand anderer Bauten regenerativer Energiegewinnung aufzeigen. Das Gegenüber zur hippiesken Selbstbauanleitung für eine kleine Solaranlage sind die zeitgenössischen Solarparks, und die pittoreske historische Windmühle korrespondiert mit einem Off-Shore-Windkraftpark. Ob Wasser-, Wind- oder Solarkraft: Wenn der Energiebedarf, den wir bislang durch die Verbrennung fossiler Rohstoffe gedeckt haben, regenerativ gestillt werden soll, werden natürliche und naturnahe Lebensräume zerstört.

Religion einer strahlenden Zukunft

Nach dem Zweiten Weltkrieg glaubten viele, die Atomkraft könne das Energieproblem lösen, sie sahen in ihr eine saubere und unerschöpfliche Energiequelle – trotz der Verheerungen ihrer militärischen und der Risiken ihrer zivilen Nutzung. Doch gegen die vermeintlich zukunftsweisende Technologie formte sich früh Kritik. So markierte für die Philosophin Hannah Arendt die zivile Nutzung der Atomkraft einen Paradigmenwechsel im menschlichen Verhältnis zur Natur, wie sie 1958 in *Vita activa* ausführt: »Anstatt die menschliche Welt vorsichtig gegen die Elementargewalten der Natur abzuschirmen, [...] haben wir im Gegenteil gerade diese Kräfte in ihrer Elementargewalt mitten in unsere Welt geleitet.«[17] Dass der Mensch diese Elementargewalt nicht zähmen kann, haben die Unfälle von Harrisburg über Tschernobyl bis Fukushima gezeigt, dennoch ist die Wirkmacht der »Utopie der umfassenden Elektrifizierung durch unerschöpfliche Atomkraft«,[18] wie der Architekturtheoretiker Thilo Hilpert den strahlenden Zukunftsglauben persiflierte, im globalen Kontext noch virulent: Stand 2024 hat China 41, Russland 14 und Indien 12 Atomkraftwerke in Planung, und auch in den USA und der EU sehen viele in der Atomenergie einen wichtigen Baustein für eine CO_2-neutrale Zukunft.[19] Dass eine Technik, deren Risikohaftigkeit und Zerstörungskraft schon mehrfach nachvollzogen werden konnte, weiter genutzt wird, demonstriert drei Wesenszüge des Menschen im Anthropozän: Täuschung, Verdrängung und Ignoranz.

Am 16. Juli 1945 wurde in der Wüste von New Mexico die erste Atombombe gezündet, bekanntlich so erfolgreich, dass bald darauf Hiroshima und Nagasaki zerstört und bis zu 120000 Menschen direkt getötet wurden. Der Codename für die Zündung der ersten Atombombe lautete *Trinity*. Dreifaltigkeit bezeichnet in der christlichen Vorstellung die Einheit von Gott, Vater und Heiligem Geist. Dies als Codenamen zu wählen, gleicht einer Apotheose der Technologie und ihrer Macher – denen also schon früh bewusst gewesen zu sein scheint, dass die Möglichkeit, die Erde zu zerstören, das Selbstverständnis der Menschheit grundlegend verändern würde. Ein anderes Testgebiet der US Army liegt in einer Wüste unweit von Las Vegas, weshalb das Glücksspielparadies in den 1950er Jahren auch *Atomic City* genannt wurde. 1951 bis 1962 fanden auf der *Nevada Test Site* 119 oberirdische, bis 1992 über tausend unterirdische Atombombentests statt. Die Explosionen waren für die Besucher:innen des hundert Kilometer entfernt gelegenen Casino-Paradieses eine beliebte Attraktion. Sie fanden alle drei Wochen statt und wurden von *Bomb Parties* mit Picknicks und Paraden begleitet.[20] Die Lust am Glücksspiel als Symbol des Kapitalismus und die Begeisterung für Atompilze als Ausdruck der Dominanz des *american way of life* scheinen eng beieinandergelegen zu haben. Noch heute ist die *Nevada Test Site*, ein Gebiet ungefähr so groß wie das Saarland, militärisches Sperrgebiet. Inzwischen ist geplant, in dem Areal ein Endlager für Atommüll einzurichten, direkt unter dem Yucca Mountain, einem Berg, der den hier vor ihrer Vertreibung ansässigen Native Americans als heilig gilt.

Abb. 9: Claude Parent war einer der wenigen berühmten Architekten, die Atomkraftwerke entwarfen, hier das nach seinen Entwürfen errichtete Kraftwerk Cattenom.

Obwohl Atomenergie lange als gesellschaftliches Zukunftsversprechen galt, haben sich nur wenige Architekt:innen mit der Gestaltung von Atomkraftwerken befasst. Der einzige renommierte Architekt, der sich der zivilen Nutzung der neuen Energie verschrieben hat, war der »Supermodernist«[21] Claude Parent. Er war zeitweilig Mitarbeiter von Le Corbusier und bildete 1963-

1968 mit dem Philosophen Paul Virilio die Gruppe *Architecture Principe*. Parent wurde 1974 von der französischen Energiebehörde EDF beauftragt, zwölf Atomkraftwerke zu entwerfen. Für diesen Auftrag entwickelte er zunächst vier unterschiedliche Typologien, darunter eine, die er als »Tempel« und eine, die er als »Organ« bezeichnete. Zur Realisierung ausgewählt wurden vom Auftraggeber allerdings die beiden anderen Typologien: die »Schichtung« und die »Haube«.[22] Allen vier Typologien war gemeinsam, dass sie eine neue Verbindung von Landschaft und Architektur hervorbringen und zusätzlich – dem Rockefeller Center nicht unähnlich – mit Einrichtungen für Unterhaltung und Freizeit verknüpft werden sollten. Schließlich realisierte Parent in Frankreich zwei Atomkraftwerke (ohne Unterhaltungs- und Freizeiteinrichtungen), von denen *Cattenom* mit seinen vier elegant geschwungenen Kühltürmen wohl das bekannteste ist.

Hiroshima ist bereits UNESCO-Welterbe, das *Trinity*-Testgelände seit 1975 *National Historic Landmark*. Seit dem Beschluss, in Deutschland keine Atomkraft mehr nutzen zu wollen, wird darüber nachgedacht, welche Atomkraftwerke als Denkmal erhalten[23] und zu was die anderen transformiert werden[24] könnten. Vielleicht bietet sich die gleiche Strategie an wie bei den Kohle-, Öl- und Gaskraftwerken, denn die Verknüpfung von Atomkraft und Entertainment ist nicht auf Las Vegas und die Typologien von Parent begrenzt. *Wunderland Kalkar* heißt ein deutscher Themenpark, der 1995 in einem nie in Betrieb gegangenen Atomkraftwerk am Niederrhein als Nachnutzung eingerichtet wurde; hier gibt es Achterbahn und Kettenkarussell, Hotel und Tagungsräume. Höhepunkt ist die Kletterwand am ehemaligen Kühlturm.

Auch im ukrainischen Prypjat befindet sich ein großer Freizeitpark; wenige Tage vor der geplanten Eröffnung ereignete sich das Reaktorunglück von Tschernobyl. Die Bilder des nie genutzten und langsam verfallenden Parks in der Geisterstadt sind in vielen Publikationen über Tschernobyl Sinnbild für die Zerstörung, die Atomkatastrophen anrichten.[25] Kernkraftwerke, diese Tempel einer nach Energie süchtigen Gesellschaft, suchen anscheinend die Nähe zur leichten Unterhaltung, zur kulturellen Aufwertung und zur spirituellen Überhöhung, die Hilpert deshalb als »Strategie der sakralen Gewandung« bezeichnet.[26] Unser Umgang mit der Produktion von Energie, so scheint es, ist nicht besonders rational. Wie in jeder Religion liegen Strafe und Ekstase nah beieinander – als wäre Energie ein herrischer Gott, der Zutritt zum Paradies gewähren, aber auch die Sintflut über uns kommen lassen kann.

Wahrscheinlich wird Aia die aufgelassenen Entertainmentparks, die Kletterwände an den Kühltürmen und die zu Ausstellungsräumen oder Shopping Malls umgebauten Turbinenhallen als Zeugen unseres Umgangs mit Energieproduktion ansehen – insbesondere jene archäologischen Artefakte, die mit einem verwitterten Warnhinweis versehen sind, dass das Betreten des Betriebsgeländes lebensgefährlich ist.

Industrie

Die Geburtsstätte des Anthropozäns • Das Quadrivium der Architektur • Die Natur beherrschen • Das falsche Versprechen der Betonarchitektur • Gefangen im globalen Netz

In Deutschland ist die Industrie mit rund 21 Prozent der zweitgrößte Emittent von CO_2. Doch ihre Bedeutung für die Entstehung des Anthropozäns lässt sich nicht allein anhand des prozentualen Anteils am Ausstoß von Treibhausgasen bemessen, sie reicht weit darüber hinaus, ist nicht nur mit Umweltzerstörung verknüpft, sondern auch mit sozialer Ungleichheit, gesellschaftlichen Ordnungen und politischen Umwälzungen. Beim Wort »Industrie« treten uns Fabriken mit rauchenden Schloten vor Augen, wir haben laute Maschinen im Ohr, wir denken an Kapitalismus, an Ausbeutung und Entfremdung, wir sehen das Fließband und vergegenwärtigen uns die Mechanisierung der Welt: lauter Merkmale der als »Industrialisierung« bezeichneten Entwicklung, die im 19. Jahrhundert einsetzte und uns in die Gegenwart des Anthropozäns geführt hat. Von manchen wird deshalb die 1769 von James Watt patentierte Weiterentwicklung der Dampfmaschine nicht nur als Beginn der Industrialisierung, sondern auch als Geburtsstunde des Anthropozäns angesehen.[27]

Die Geburtsstätte des Anthropozäns

Nach dieser historischen Einordnung wäre die Fabrik die Geburtsstätte des Anthropozäns, weil an diesem Ort die Dampfmaschine – nachdem sie zunächst in der Kohleförderung eingesetzt worden war – ihren Durchbruch hatte. Die maschinenbetriebene Fabrik hat etliche architektonische Repräsentanten, in vielen Städten finden sich noch heute aus dem 19. Jahrhundert stammende Industriebauten mit den für damals so typischen Backsteinwänden und eisernen Dachkonstruktionen; in den wenigsten dieser Gebäude sind noch Produktionsmaschinen untergebracht, manche sind noch als Lagerhallen in Nutzung, einige stehen leer und sind von außen mit Graffiti besprüht, andere wurden in den letzten Jahren zu schicken Wohnlofts oder Büroräumen umgebaut.

Die die Industrialisierung vorantreibende Maschine war aber nicht nur eine funktionale Entität, die die moderne Lebenswelt ermöglicht (und erzeugt) hat, sondern auch symbolisch aufgeladen – und dementsprechend auch ein Topos der Architektur. Der italienische Architekt Antonio Sant'Elia forderte 1919 in seinem *Manifest der futuristischen Architektur*: »Das futuristische Haus muss wie eine gigantische Maschine werden.«[28] Le Corbusier griff diese Idee auf und sprach ab 1921 von Häusern als »Wohnmaschinen«. Zwar distanzierte er sich später von dieser Metapher, aber die Vorstellung, dass der moderne Mensch – wenn wir mit Heidegger das Wohnen als grundlegende Form des Seins begreifen – selbst Teil einer Maschine ist, ist seit der Zwischenkriegszeit in die moderne Architektur eingeschrieben.

Und schließlich bestimmte die Maschine auch die Vorstellung, wie Architektur produziert werden soll. Industrielles Bauen und Vorfertigung, so eine Idealvorstellung der Moderne, ermöglichten eine kostengünstige Produktion von Gebäuden, wodurch für mehr Menschen guter Wohnraum zur Verfügung gestellt werden könnte. Die Realität des Bauens war und ist eine andere: Die Architektur der Klassischen Moderne war technisch bei weitem nicht so avanciert, wie die immer wieder proklamierten Vorstellungen von

Massenfertigung glauben machen wollten – und auch die Architekturproduktion der Gegenwart ist mehr *hands-on* und weniger Hightech, als viele vermuten würden. Dennoch versuchten Industrieunternehmen immer wieder, das Bauwesen zu revolutionieren, und auch die auf Handwerk basierende, traditionelle Bauwirtschaft wollte ihre Arbeitsabläufe rationalisieren. »Die moderne Bewegung in der Architektur«, so die Architektursoziologin Christine Hannemann, »entwickelte im Anschluss an die Prinzipien der durch Frederick W. Taylor und Henry Ford revolutionierten Massenproduktion eine ›Philosophie‹ des industrialisierten Massenwohnbaus.«[29] Diese Entwicklung war aber nicht nur ökonomisch motiviert, sondern immer wieder mit der Idee sozialer Emanzipation verbunden. Durch neue Technologien sollte guter und kostengünstiger Wohnraum für die breite Masse ermöglicht werden.

In Deutschland wurde dieses *Neue Bauen* vom 1919 gegründeten Bauhaus propagiert. In der zunächst in Weimar, dann von 1925-1932 in Dessau und nach der dortigen Schließung durch die Nationalsozialisten noch bis zur 1933 erfolgten endgültigen Auflösung in Berlin tätigen Architektur- und Gestaltungshochschule sollten, so formulierte es 1924 der Gründungsdirektor Walter Gropius, »Kunst und Technik eine neue Einheit« eingehen. Das Bauhaus gilt als einer der zentralen Ursprungsorte der Moderne; zum einen, weil dort funktionalistische Gestaltung und industrieller Großsiedlungsbau vorgedacht und vorangetrieben wurden, zum anderen, weil viele Bauhäusler:innen vor nationalsozialistischer Verfolgung fliehen mussten und dabei die Idee des industrialisierten Bauens in alle Welt trugen.

Abb. 10: In den 1920er Jahren experimentierten auch die Junkers Flugzeug- und Motorenwerke in Dessau mit dem industriellen Häuserbau, hier ein Fertighaus, das 1927 in Kooperation mit dem Bauhaus entstand.

Die Innovationskraft der Bauhauslehre lässt sich an zwei noch heute zu besichtigenden Beispielen gut veranschaulichen. Als Walter Gropius die *Mustersiedlung Dessau-Törten* baute, organisierte er die Baustelle wie die Fertigungsstraße einer Fabrik, mit auf Schienen fahrenden Baumaschinen.[30] Zeitgleich entwarfen die beiden Bauhäusler Georg Muche und Richard Paulick in – einer damals noch unüblichen – Kooperation zwischen der staatlichen Hochschule und dem privatwirtschaftlichen Flugzeughersteller Junkers ein *Stahlhaus*. Es wurde, technisch äußerst fortschrittlich, aus vom Industrieunternehmen vorproduzierten Elementen errichtet: Es war genauso modern wie ein Flugzeug.

Aber nicht nur in Dessau, auch an anderen Orten wurden neue Methoden industrialisierten Bauens erprobt. In Frankfurt etwa wurde 1926 von Ernst May, einem anderen herausragenden Protagonisten des Neuen Bauens, eine *Häuserfabrik* initiiert, in der aus Sand, Bims und Zement standardisierte Platten für das städtische Wohnungsbauprogramm vorgefertigt wurden. All diese Ansätze der Rationalisierung des Bauens blieben aber aus ökonomischen Gründen in der Experimentierphase: In der von Wirtschaftskrisen geprägten Weimarer Republik war menschliche Arbeitskraft schlichtweg billiger als maschinelle.

Wie brüchig das mit der Industrialisierung des Bauens verbundene Emanzipationsnarrativ war, zeigt sich an der *Hausbaumaschine* von Ernst Neufert. Der Begründer der Normierung des Bauwesens war einer der ersten Studierenden am Bauhaus gewesen und später Büroleiter von Walter Gropius; sowohl im »Dritten Reich« als auch in der Bundesrepublik avancierte er zu einem der führenden Architekten. Für den Aufbau der kriegszerstörten Städte nach dem erhofften »End-

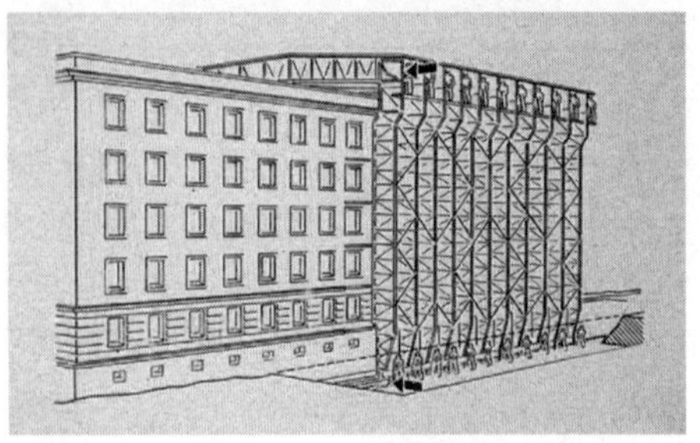

Abb. 11: Mit der *Hausbaumaschine* wollte der Bauhäusler Ernst Neufert 1941 das Wohnungsproblem nach dem erhofften »Endsieg« lösen.

sieg« konzipierte er 1941 eine gigantische »Hausbaumaschine«, die im Jahr 600000 Wohnungen errichten können sollte.[31] Die reisende »Fabrikhalle«, so Neufert in seiner Bauordnungslehre, »fährt zur nächsten Baustelle und läßt das gegossene Haus sauber, wie aus der Eierschale gepellt, zurück.«[32] Das industriell gefertigte Haus, das Haus aus der Fabrik, ist in der Moderne ein Glücksversprechen – ganz unabhängig von den politischen Zielsetzungen der jeweils Herrschenden.

Erst nach dem Zweiten Weltkrieg kam die Industrialisierung des Bauens voll zum Tragen – auch für deren Protagonisten aus der Vorkriegszeit. Ernst May wurde 1956 Leiter der Planungsabteilung der *Neuen Heimat* und war am Bau zahlreicher Großsiedlungen in Westdeutschland beteiligt, Walter Gropius baute in West-Berlin ab 1962 die später in *Gropiusstadt* umbenannte Großwohnsiedlung *Britz-Buckow-Rudow*, Richard Paulick wurde einer der bedeutendsten Architekten der DDR, 1963 bis 1970 war er Chefarchitekt von *Halle-Neustadt*, einer für 70000 Bewohner:innen ausgelegten Stadtneugründung.

Industrielle Vorfertigung im Bauwesen scheint auch heute noch eine attraktive Zukunft zu versprechen. 2021 gründete der dänische Architekt Bjarke Ingels, mit seinem Büro BIG einer der Stars der globalen Baubranche und Vertreter eines kapitalistischen Öko-optimismus, mit zwei Geschäftspartnern das Unternehmen Nabr, das den Wohnungsbau durch – selbstredend ökologisch nachhaltige – industrielle Vorfertigung revolutionieren will: »Wenn wir die Art und Weise, wie wir unsere Häuser und Städte bauen, neu denken«, so Ingels, »können wir ein gesundes Leben zum Standard machen, nicht nur für die einzelnen Bewohner, sondern auch für die Kommunen und schließlich für den gesamten Planeten.«[33] Die Logik der Industrialisierung, die die planetaren Probleme der Gegenwart hervorgebracht hat, soll nun also das Werkzeug sein, das diese Probleme wieder beseitigt.

Das Quadrivium der Architektur

»Architektur ist heute von vier Grundprodukten abhängig: Stahl, Beton, Glas und Kunststoff«, so der amerikanische Architekturhistoriker Mark Jarzombek. »Jedes ist eine ökonomische Kennzahl der hyperindustriellen Welt, in der wir leben.« Diese Welt bezeichnet Jarzombek in Anlehnung an die von Antike bis Mittelalter gebräuchliche Bezeichnung für die vier angewandten Künste Musik, Arithmetik, Geometrie und Astronomie als das »goldene Zeitalter des industriellen Quadrivium-Komplexes«.[34]

Um das industrielle Quadrivium und seine ökologische Bedeutung besser zu verstehen, lohnt ein Blick auf die verschiedenen Bereiche der Industrie und den jeweiligen Anteil an den CO_2-Emissionen. 28 Prozent der industriell bedingten Treibhausgase entstehen in der Stahlindustrie, weil das Schmelzen von Stahl und Eisen bei hohen Temperaturen erfolgt und entsprechend energieintensiv ist. Von diesem Stahl wird über ein Drittel auf dem Bau verwendet und ein Viertel in der Automobilindustrie.[35] Mit 20 Prozent zweitgrößte Emittenten der deutschen Industrie sind die Raffinerien, in denen Rohöl zu Benzin, Diesel, Kerosin (Produkte, deren Emissionen man zu einem Gutteil auch dem Sektor »Verkehr« zuordnen könnte) und Heizöl (Emissionen, die man auch dem Bereich »Wohnen« zuordnen könnte) verarbeitet wird. Raffinerien sind der »Kontaktraum«, so der deutsche Kulturhistoriker Benjamin Steininger, in »dem die Moderne ihrer fossilen Basis begegnet«.[36] Das globale Netzwerk von Erdölförderanlagen, Verladehäfen, Raffinerien und Pipelines wird sicherlich das Interesse künftiger Archäolog:innen wecken. Platz 3 (18 Prozent) beim CO_2-Ausstoß der Industrie nimmt die Produktion von Zement ein (aus Zement wird Beton hergestellt), dicht gefolgt von der chemischen Industrie, die aus raffiniertem Erdöl diverse Kunststoffe herstellt. Auch diese benötigt man im Bauwesen, nämlich für Kleb-, Dämm- und Dichtungsstoffe.

In der Summe verantwortet das Baugewerbe also rund ein Drittel der industriellen Emissionen. Alternative Materialien – wie die vormodernen Werkstoffe Holz, Stroh und Lehm – spielen (noch) keine wirklich relevante Rolle.

Stahlbeton, der für die CO_2-Emission hauptverantwortliche Baustoff, hat in den vergangenen rund 150 Jahren eine erstaunliche Karriere erfahren, da er kostengünstig, haltbar und vielfältig einsetzbar ist. Für den Erfolg von Beton gibt es drei Gründe: Beton ist billig; weil Wasser, Sand, Kies und Kalk fast überall in großen Mengen und zu geringen Kosten abgebaut werden können (Sand ist inzwischen allerdings zu einer Mangelware geworden und wird deshalb teilweise von einer global agierenden »Sandmafia« illegal extrahiert);[37] bauen mit Stahlbeton ist einfach, weil für die Verarbeitung keine aufwendigen Technologien nötig sind; und Beton ist vielseitig einsetzbar, weil sich das flüssige Material in fast jede Form bringen lässt.

Beton hat das Angesicht der Welt verändert. Fast die Hälfte der heutigen Technosphäre – also der menschgemachten Masse – besteht aus Beton.[38] Es ist schwierig, die unvorstellbaren Mengen von Beton, die jedes Jahr verbaut werden, anschaulich darzustellen. Hier dennoch ein Versuch: Die globale Jahresproduktion betrug 2020 vier Milliarden Kubikmeter,[39] damit könnte man ganz Deutschland mit einer 3,5 Zentimeter dicken Betonschicht überziehen – und das Jahr für Jahr. Aus Perspektive der Nachhaltigkeit (Stichworte wären Wiederverwertbarkeit und Materialkreisläufe) ist neben der hohen CO_2-Emission auch das, was lange als Vorteil von Beton galt, heute sein Nachteil: Er ist so gut wie nicht recyclebar, was einmal aus Beton gebaut ist, steht lange. Zukünftige Gesellschaften werden das Anthropozän jedenfalls auch am Beton erkennen.

Die Natur beherrschen

Wenn wir heute vom Anthropozän sprechen, vergessen wir schnell, dass die Menschen sich lange als der Natur unterworfen, als den Naturgewalten hilflos ausgesetzt erlebt haben – und stets gegen sie ankämpfen mussten. Aquädukte, Deiche, Kanäle, Tunnel – die Geschichte des Bauens strotzt vor ingenieurstechnischen Meisterleistungen, mit denen der Natur ein Schnippchen geschlagen werden sollte und auch oft genug geschlagen wurde. Mit Beton wurden diese Bemühungen sowohl in der Größe als auch in der Anzahl in vorher unvorstellbarem Maße skalierbar. Und so spiegelt sich in vielen Betonbauten die angestrebte »Herrschaft über die Naturkräfte« wider,[40] die 1928 der Architekt, Stadtplaner und spätere Bauhausmeister Ludwig Hilberseimer dem Baumaterial voller Begeisterung in seinem Buch *Beton als Gestalter* zuschrieb. Beton war der perfekte Erfüllungsgehilfe des prometheischen Selbstverständnisses der Moderne – was sich an Bauten wie Staudämmen, Sperrwerken und Kanalisierungen ablesen lässt. Der billige und zugleich fast unverwüstliche Stahlbeton versprach, die Natur endlich umfassend zu bändigen und den Bedürfnissen der Menschen zu unterwerfen.

Abb. 12: Um Überschwemmungen zu verhindern, wurde der Los Angeles River im 20. Jahrhundert komplett in einem Betonbett kanalisiert. Geplant wurde die Maßnahme vom US-Militär.

Ein symptomatisches Beispiel dafür ist der Los Angeles River. Er floss einst, wie der Name sagt, durch Los Angeles. Um Überschwemmungen zu vermeiden, wurde er im 20. Jahrhundert in ein Betonbett verlegt. So entstand ein hässlicher, trostloser und, so der amerikanische Geograf Blake Gumprecht, »missbrauchter« Raum.[41] Bei der Kanalisierung wurden nicht nur ein komplexes Biotop für Tiere und Pflanzen, sondern auch Identität und lokale Verbundenheit von Menschen zerstört. Seit den 1980er Jahren gibt es deshalb – inzwischen zum Teil erfolgreiche – Bemühungen, den Fluss zu renaturieren.

Derartige Formen von Zerstörung finden sich an vielen Orten der Welt, sie sind ein Kennzeichen unseres Zeitalters. Symptomatisch ist der Los Angeles River nicht nur wegen der umfassenden Zerstörung von Natur, sondern vor allem wegen der Argumentation, mit der diese legitimiert wurde. Der amerikanische Soziologe Mike Davis, in den 1980er Jahren ein Aktivist in Sachen Renaturierung des Flusses, wies darauf hin, dass der Umgang mit dem Fluss von militärischem Denken geprägt war. So gehörten die Ingenieure, die die Kanalisierung planten, der US-amerikanischen Armee an, und dem entsprach nicht nur die rabiate Vorgehensweise, sondern auch die martialische Argumentation: Die Gefahr, die von einer Überschwemmung ausginge, wurde von den verantwortlichen Ingenieuren in den späten 1960er Jahren, so Davis, »als hydrologisches Äquivalent zu einer kleinen Atombombe« bezeichnet.[42] Das Anthropozän ist nicht nur anthropogen, sondern auch anthropozentrisch: Die menschengeschaffene Zerstörungskraft wird zum Maßstab für Naturgewalt erklärt, der dadurch mut-, wenn nicht gar böswillige Absicht zugeschrieben wird.

Auch vor atomarer Strahlung schützt augenscheinlich nur Beton, der unzerstörbare Baustoff der Moderne. Er dient nicht nur der Naturbeherrschung, sondern auch dem Schutz vor menschlicher Zerstörungskraft. Wahrscheinlich würde Aia auf ein Betonbauwerk aufmerksam werden, das fast so groß ist wie die Cheops-Pyramide: den Doppel-Sarkophag, der das 1986 explodierte Atomkraftwerk vom Tschernobyl überdeckt und die Ausbreitung der radioaktiven Strahlung verhindern soll. Ein erster Schutzmantel wurde unmittelbar nach dem Unfall errichtet, ein zweiter 2016, er ist hundert Meter hoch, 260 Meter breit, 165 Meter lang und wiegt 29 000 Tonnen:[43] ein Monument der menschlichen Selbstüberschätzung, das den Tod aufhalten soll.

Doch auch Beton, das vermeintlich unzerstörbare Material, hält nicht ewig; der aktuelle Schutzmantel von Tschernobyl ist nur für rund hundert Jahre konzipiert. Die Herrschaft über die von Menschen entfesselte Naturkraft ist mit einem absehbaren Verfallsdatum versehen.

Das falsche Versprechen der Betonarchitektur

Man könnte die Bedeutung von Beton auf seine beeindruckenden technischen Eigenschaften reduzieren – selbst wenn auch Beton Grenzen der Halt- und Belastbarkeit hat. Doch Beton wäre kein epochales Baumaterial, wenn ihm nicht darüber hinaus ein, wie der britische Architekturhistoriker Adrian Forty schreibt, revolutionäres, ja utopisches Potential innewohnen würde.[44] Im Kern lautet dieses Versprechen »Freiheit«. Errungenschaften der Architektur der Moderne wie der offene Grundriss von Mies van der Rohe oder die autonomen Formen von Le Corbusier, die freispannenden Dachkonstruktionen von Pier Luigi Nervi oder die Leichtigkeit der Bauten von Oscar Niemeyer – um hier nur einige beispielhaft zu nennen – wären ohne Stahlbeton nicht möglich gewesen. »Ich trete für eine nahezu unbegrenzte plastische Freiheit ein«, so Niemeyer 1960 über seine Bauten in der brasilianischen Hauptstadt Brasília, »die […] an erster Stelle eine Aufforderung zur Phantasie darstellt […]; eine Freiheit, die – wo es wünschenswert erscheint – ekstatische, träumerische, poetische Stimmungen erweckt.«[45]

Die durch Beton ermöglichte Architektur sollte – im kapitalistischen Westen genauso wie in den sozialistischen Staaten oder im globalen Süden – die Möglichkeiten neuer gesellschaftlicher Organisationsformen repräsentieren; die formale Freiheit, die Beton architektonisch versprach, korrespondierte mit gesellschaftlichen Transformationsprozessen wie staatlicher Unabhängigkeit von den Kolonialmächten, Demokratisierung oder Wohlstandszuwachs. Spektakuläre Bauwerke waren Manifeste der (modernen) Vorstellung, dass gesellschaftliche Utopien realisierbar seien; Beton-Architekturen (vom *Haus der Kulturen der Welt* in Berlin zum Nationaltheater in Lagos, um nur zwei von unzähligen Beispielen zu nennen) zeigten mit enormen Spannweiten, reduzierten Materialdicken und expressiven Formen, dass durch technischen Fortschritt Wirklichkeit werden konnte, was kurz zuvor zwar vorstellbar, aber eben nicht umsetzbar war.

Auch auf alltäglicher Ebene trug Beton zur Umsetzung politischer Idealvorstellungen bei: Das einfach herstellbare und deshalb fast überall verfügbare Baumaterial ermöglichte die Errichtung von neuen Infrastrukturen, die den Lebensstandard der wachsenden Bevölkerung verbesserten: bezahlbarer Wohnraum und soziale Einrichtungen wie Kindergärten und Schulen; Museen und Theater, Krankenhäuser und Altersheime. Dass für den dazu notwendigen Raubbau ein hoher Preis zu entrichten ist, wird uns erst heute bewusst, in der Zeit der »großen Beschleunigung«[46] nach dem Zweiten Weltkrieg wusste man nicht um die ökologischen Kosten, die mit Beton verbunden sind – oder verdrängte sie, weil der Glaube an den Fortschritt stärker war.

Damals war Beton Ausdruck von – mit Kant gesprochen – sowohl negativer Freiheit, weil es dem Menschen die prometheische Kraft verlieh, sich den Naturgewalten (und der eigenen Zerstörungsmacht) entgegenzustellen, als auch positiver Freiheit, weil mit dem kostengünstig erscheinenden und unkompliziert anzuwendenden Baustoff eine soziale Infrastruktur geschaffen werden konnte, die soziale Emanzipationsprozesse ermöglichte oder zumindest beschleunigte.

Die Sichtweise auf den Baustoff wandelte sich mit der Zeit. Ab den 1970er Jahren stand Beton vielerorts für das Scheitern einer modernen Architektur, die ihren sozialen Anspruch nicht mehr einlöste. Die in der öffentlichen Wahrnehmung mit dem Baumaterial gleichgesetzten funktionalistischen Großsiedlungen und *New*

Towns wurden damals zunehmend als seelenlose oder sogar menschenfeindliche Orte kritisiert.

Heute erfolgt vor dem Hintergrund des Klimawandels erneut eine Neubewertung des Baumaterials; Beton steht nun vor allem wegen seiner ökologischen Bilanz in der Kritik, aber auch die sozialen Aspekte seiner Produktion werden kritisch reflektiert. Die dem Material eingeschriebenen globalen Prozesse verdeutlichen, dass sich das Freiheitsversprechen von Beton als Trugbild erwiesen hat. Heute wissen wir es besser: Die durch Beton ermöglichte – vermeintliche – Freiheit beruht auf dem Verbrauch von fossiler Energie und der Ausbeutung billiger Arbeitskraft, der gesellschaftlichen Akzeptanz von landschaftszerstörendem Ressourcenabbau und der Vorstellung, dass die produktionsbedingten CO_2-Emissionen keine negativen Folgen haben würden.

Gefangen im globalen Netz

Trotzdem wird noch immer viel Beton verbaut, zum einen scheint es keine technische Alternative zu geben, zum anderen ist die Bauwirtschaft in ein globales ökonomisches System eingebettet, das auf Beton nicht verzichten will. Im Mittelpunkt dieses Systems steht, so der deutsche Architekturhistoriker Kim Förster, das Zementwerk: »Seit Beginn des 20. Jahrhunderts schuf das Zementwerk – schon früh als schlüsselfertige Fabrik in die ganze Welt verschifft – im Zusammenspiel der Gründung von Gesellschaften mit weltweiter Vermarktung die Bedingungen für eine Globalisierung im Bauwesen.«[47] Ein Beispiel, das die Auswirkungen der Globalisierung anschaulich macht, stammt vom deutschen Unternehmen Heidelberg, Nummer vier auf dem Weltmarkt für Zement. Es unterhält laut Adrian Forty über 900 Schiffe, um sein Produkt je nach lokaler Preislage an unterschiedliche Orte in der ganzen Welt verschiffen zu können.[48]

Zukünftige Archäolog:innen können die Architekturgeschichte des Anthropozäns nicht nur an den vielfältigen Stahlbetonbauten festmachen, sondern auch in die Produktionskette des Betons eintauchen, also die Vielzahl von Kiesgruben, Kalksteinbrüchen und vor allem Zementwerken – allein in Deutschland gibt es derzeit 54 – als repräsentative Orte des Anthropozäns identifizieren. Oder sie graben noch tiefer und finden die Brennöfen, in denen das Rohmaterial bei rund 1400 Grad Celsius gebrannt wird und die das Herz eines jeden Zementwerks sind. Für Förster »kann der Brennofen, der von Natur aus prometheisch ist, [...] als eigenständiger zentraler Akteur betrachtet werden, dessen Metabolismus durch die Verbrennung fossiler Energieträger und die CO_2-Emission geprägt ist«.[49]

Die Suche nach dem Ursprungsort des Brennofens führt nach Dessau. Weil hier das Bauhaus – eine Keimzelle der Architektur des Anthropozäns – ansässig war, gilt das von 1925-1926 von Walter Gropius errichtete Bauhausgebäude als das architekturhistorisch wichtigste Gebäude der Stadt, zumal es seit 1996 zum UNESCO-Welterbe zählt. Aia hält aber ein anderes Gebäude in Dessau für noch wichtiger: die Maschinenfabrik Polysius, ein relativ unscheinbarer, backsteinerner Fabrikbau aus dem späten 19. Jahrhundert. 1889 konstruierten dort die Brüder Max und Otto Polysius den ersten Zement-Drehofen, ab 1907 bot ihr Unternehmen den Aufbau ganzer Zementwerke an. Sie gründeten Vertretergesellschaften im Ausland, eine Tochtergesellschaft in den USA und exportieren ihre Fabriken schlüsselfertig nach China, Ägypten, Nord- und Südamerika, das Familienunternehmen wuchs zu einer weltweit agierenden Aktiengesellschaft an. Heute gehört Polysius zu Thyssen-Krupp, einem Global Player, der seine Wurzeln in der Stahlproduktion hat.

Das unscheinbare Dessauer Fabrikgebäude, der Ort, an dem die Maschinen zur Zementherstellung produziert wurden, steht symbolisch für das, was Industrie in der Moderne und im Anthropozän ausmacht: eine durch Schiffe und Häfen, durch Handelsbeziehungen und Ausbeutungsverhältnisse, durch Lebensstile und

Abhängigkeiten global vernetzte Infrastruktur, die neue Wirklichkeit schafft – und dazu Welt zerstört. In diesem Netz ist die nach Beton, Stahl, Glas und Kunststoff süchtige Architektur der Gegenwart noch immer gefangen.

Ein Treppenwitz der Architekturgeschichte ist, dass Max Polysius 1931 den Bürgermeister von Dessau aufforderte, die Stadt vom »kostspieligen« Bauhaus zu »befreien«.[50] Der Unternehmenslenker hatte die Bedeutung der dort entstehenden Architekturauffassung für sein Geschäftsfeld schlichtweg nicht erkannt.

Mobilität

Die Neuerfindung der Stadt durch Mobilität • Mit dem Dampfschiff in die Vorortsiedlung • Der Atomkrieg als Katalysator der Raumordnung • Autobahnkreuz, Geschwindigkeit und Krieg • Das abgestürzte Flugzeug

Mit 18 Prozent ist der Anteil des Verkehrs an der CO_2-Emission in Deutschland fast genauso hoch wie der der Industrie. Der Großteil davon entfällt auf den individuellen Autoverkehr; in Deutschland werden rund 75 Prozent aller Personenwege mit dem Auto zurückgelegt.[51] Diese Form der Fortbewegung ermöglichte in der zweiten Hälfte des 20. Jahrhunderts die Suburbanisierung und die Entstehung der heute den globalen Norden prägenden Siedlungsformen: urbanisierte Ballungsräume mit historischen, zum Teil brutal modernisierten Stadtkernen, Industrie- und Gewerbegebieten, Vorstädten, zersiedelten Vororten und hybriden Zwischenstädten, also einem fließenden Übergang von autogerechter Stadt zu *urban sprawl*. Diese Ballungsräume sind von niedriger Bebauungsdichte (viele Einfamilienhäuser) bei gleichzeitig dichter automobiler Verkehrsinfrastruktur (Autobahnen, Schnellstraßen, Parkplätze), weiten Wegen zwischen Wohnort und Arbeitsplatz (Pendlerverkehre) und von den dazu genutzten, meist mit fossiler Energie angetriebenen (und im selbsterzeugten Stau stehenden) Automobilen geprägt.

Die Neuerfindung der Stadt durch Mobilität

Die historischen Wurzeln für diese Siedlungsform liegen in einer kritischen Auseinandersetzung mit den städtebaulichen und gesellschaftspolitischen Problemen, die in der zweiten Hälfte des 19. Jahrhunderts im Zuge der Industrialisierung entstanden. Die bestehenden, meist mittelalterlichen Stadtstrukturen konnten weder auf das schnelle Bevölkerungswachstum reagieren noch den logistischen Anforderungen der Industrialisierung gerecht werden.

In der Industriestadt des 19. Jahrhunderts und frühen 20. Jahrhunderts war (sowohl räumliche wie soziale) Mobilität ein zentrales Thema. Eine immer größer werdende Menge von Menschen und Gütern mussten transportiert werden, ohne dass dafür die heutigen Verkehrssysteme zur Verfügung standen. Zudem muss man sich die damalige Stadt als ständig überfüllte Baustelle vorstellen, weil immerzu neue Infrastrukturen (Kanalisation, Gas, Strom, Eisen-, Straßen- und Untergrundbahn …) aufgebaut wurden. Gleichzeitig herrschte in vielen Städten allgemeine Wohnungsnot, die hygienischen Bedingungen waren katastrophal, und viele Menschen lebten in Armut. Vor dem Hintergrund dieser Misere und befeuert durch einen Fortschrittsglauben, der sich auf die vielfältigen technischen Errungenschaften der Industrialisierung stützte, entstand die Bewegung der modernen Architektur mit ihren vielfältigen Ausformungen. Ihre Protagonist:innen wollten die Stadt – die Gesellschaft, den Alltag, das Leben – neu erfinden. Ein wichtiger Aspekt war dabei die räumliche Mobilität, deren Erhöhung

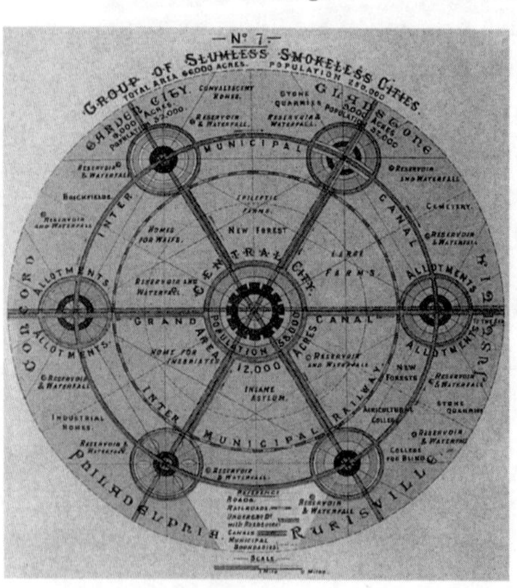

Abb. 13: Die Gartenstadt soll gesundes Wohnen im Grünen ermöglichen, braucht dazu aber auch eine gute Verkehrsinfrastruktur.

unausgesprochen mit einer Erhöhung der sozialen Mobilität verknüpft wurde.

Ein frühes Beispiel für eine solche Neuerfindung der Stadt stammt vom englischen Reformer und Stadtplaner Ebenezer Howard. Er entwickelte vor dem Hintergrund der dramatischen Zustände in den englischen Industriestädten Ende der 1890er Jahre das Konzept der »abgas- und Slum-freien« Gartenstadt.[52] Im Grünen gelegene Wohnstädte sollten sich kreisförmig um die (über Eisenbahnstrecken und große Boulevards zu erreichende) historische Kernstadt anordnen und so den Arbeiter:innen ein gesundes und glückliches Leben ermöglichen. Seine Idee löste eine europaweite Reformbewegung aus, in den folgenden Jahren bis weit in die zweite Hälfte des 20. Jahrhundert hinein wurden außerhalb der Städte zahlreiche Gartenstadtsiedlungen errichtet.

Nach dem Ersten Weltkrieg wurden die Vorschläge radikaler – und stellten Mobilität noch deutlicher in den Mittelpunkt. Die räumliche Mobilität wurde zur Metapher für eine soziale Mobilität, für eine Gesellschaft, die sich zu ändern bereit war, in der nicht nur Menschen, sondern auch soziale Ordnungen in Bewegung gerieten.

Abb. 14: Le Corbusier plante 1925, die Innenstadt von Paris durch eine Hochhausstadt zu ersetzen. Finanziert wurde die Studie von einem Auto- und Flugzeughersteller. Die ordnende Hand des Gestalters erschafft eine neue Gesellschaft.

1925 schlug Le Corbusier mit dem *Plan Voisin* vor, Teile der Innenstadt von Paris abzureißen und anstelle der historischen Stadtstruktur ein neues Quartier für drei Millionen Menschen zu bauen. Die von einem Flugzeug- und Autobauer finanzierte Studie sah u.a. 18 Hochhaustürme, weite Grünflächen, Straßenachsen mit zehn Fahrspuren und eine

Abb. 15: Der Stadtplaner und Bauhausmeister Ludwig Hilberseimer formulierte in den späten 1920er Jahren radikale Stadtkonzepte, in deren Mittelpunkt die Mobilität stand.

davon getrennte, vom Boden abgehobene Wegestruktur für Fußgänger vor. Nur besonders wertvolle Baudenkmäler sollten als frei stehende Objekte erhalten bleiben. Eine neue Gesellschaft, so die damalige Auffassung, braucht eine neue Architektur – und eine neue Architektur, so das Selbstverständnis der modernen Architekt:innen, formt eine neue Gesellschaft.

Le Corbusier war nicht der Einzige, der diesen Zeitgeist in architektonische Formen übersetzte. In Deutschland war es beispielsweise Ludwig Hilberseimer, der Stadt von Grund auf neu – das heißt rational, technisch und egalitär – denken wollte. Er entwickelte 1926 das *Schema einer Hochhausstadt*, die vertikal gestapelt statt horizontal gestreckt und natürlich mit vielspurigen Straßen und unterirdischer Eisenbahn ausgestattet sein sollte.[53]

Nicht alle waren bei der imaginierten Neuordnung auf eine dicht bebaute und von Hochhäusern geprägte Stadt fixiert. Der berühmte amerikanische Architekt Frank Lloyd Wright etwa stellte 1932 mit der *Broadacre City* ein eher anti-urbanes – aber dennoch von ihm als (»weitgefächerte«) Stadt bezeichnetes – Siedlungsmodell vor. Statt in einer dichten, zentralisierten Stadt zu leben, sollte jede:r Bürger:in ein Stück Ackerland (im Englischen *acre*) zum Wohnen und zur Selbstversorgung erhalten. Fabriken und Farmen sollten durch »großzügig in die Landschaft eingebettete Autobahnen« verbunden werden, und »alle Formen der Produktion, des Vertriebs, der Weiterbildung, des Vergnügens« sollten »in einem Umkreis von 150 Meilen mit dem Auto oder Flugzeug schnell und einfach zu erreichen« sein.[54] So unterschiedlich die verschiedenen Stadtvisionen der Moderne waren, sie setzten alle auf motorisierte Mobilität.

Mit dem Dampfschiff in die Vorortsiedlung

Umgesetzt wurden diese großmaßstäblichen Stadtvisionen zunächst nicht. Viele der genannten Architekt:innen verfolgten deshalb neben den großen Visionen kleinere Bauprojekte, scheiterten dabei aber oft am konservativen Geschmack ihrer Zeit. Um den Ideen des *Neuen Bauens* mehr Sichtbarkeit – und damit perspektivisch auch mehr Akzeptanz – zu verschaffen, initiierten Le Corbusier und Giedion 1928 die Kongressreihe CIAM (Congrès Internationaux d'Architecture Moderne). Zu den 28 Gründungsmitgliedern zählten weitere prominente Figuren, so zum Beispiel der damalige Bauhausdirektor Hannes Meyer und sein Vorgänger Walter Gropius.

Der CIAM 4 von 1933 war die wohl einflussreichste Zusammenkunft der Gruppierung. Er stellte die Neuerfindung des urbanen Raums in den Mittelpunkt. Unter dem Titel »Die funktionale Stadt« sollte der Kongress, wie Le Corbusier es pathetisch in seiner Eröffnungsrede formulierte, »den Beginn einer architektonischen Wiedergeburt vorbereiten«.[55] Dazu sollten die Defizite der bestehenden Stadtstrukturen mit empirischen, datenbasierten Analysen herausgearbeitet und anhand der dabei verwendeten wissenschaftlichen Methoden auch der eigene Planungsansatz legitimiert werden.[56] Ursprünglich war vorgesehen, die Zusammenkunft in der UdSSR abzuhalten, schließlich war dort der Neubau vieler Städte geplant. Doch die stalinistische Hinwendung zum Neoklassizismus führte zur Absage; auf Anregung Le Corbusiers fand der Kongress stattdessen in Griechenland und auf dem Mittelmeer statt, genauer gesagt: auf dem Passagierschiff *Patris II*.

Für Le Corbusier verkörperte das Schiff nicht Luxus und Komfort, er sah in ihm vielmehr ein Symbol fortschrittlicher Technik, weshalb er dem Ozeandampfer in seinem 1923 veröffentlichten Manifest *Vers une Architecture* bereits ein Kapitel gewidmet hatte. Rund zwei Wochen reisten die Teilnehmenden auf der *Patris II* von Marseille nach Athen und wieder retour. Die unendliche Weite des sommerlichen Mittelmeers entsprach der modernistischen Gesundheitsvorstellung von »Licht, Luft und Sonne«, und auch das Reiseziel Athen kam nicht von ungefähr. Für Le Corbusier – der als dem Faschismus nahestehender[57] Modernist auch ein Klassizist gewesen war[58] – war die Akropolis symbolisch aufgeladen, in ihr sah er jene »Kraft und Reinheit«,[59] die er sich für seine Gegenwart wünschte.

Auf der Überfahrt von Marseille nach Athen hatten sich die Teilnehmenden gegenseitig Analysen von Städten präsentiert, in Athen ging es darum, daraus Folgerungen zu ziehen. Trotz unterschiedlicher Auffassungen und Zielsetzungen (am letzten Tag wurden drei verschiedene Resolutionen präsentiert und im Nachgang variierende Fassungen der finalen Beschlüsse publiziert)[60] waren sie sich in einem Punkt einig: Die zeitgemäße Stadt sollte so reibungslos laufen wie eine gut geölte Maschine, deshalb nach Funktionen getrennt organisiert sein und genügend Raum für motorisierte Mobilität zur Verfügung stellen. Die Teilnehmer:innen des CIAM verbreiteten fortan die Idee der funktionsgetrennten – und stark motorisierten – Stadt in der ganzen Welt, und Le Corbusiers *Charta von Athen* aus dem Jahr 1943, in der er seine Sicht auf die Ergebnisse des Kongresses zusammenfasste, wurde nach dem Krieg zur Blaupause für den Städtebau. Der Wiederaufbau der kriegszerstörten Städte, aber auch Stadtneugründungen und -erweiterungen in aller Welt orientierten sich an diesem Modell.

In der Logistik des vierten CIAM scheinen viele Probleme der nach dem Zweiten Weltkrieg entstehenden modernen Stadt zumindest symbolisch repräsentiert, wenn nicht gar sozial angelegt gewesen zu sein. So ist die Nutzung eines Passagierschiffes als Konferenzort eine aus heutiger Sicht geradezu groteske Vorwegnahme des Kreuzfahrt-Tourismus, der Höhepunkt gebauter Umweltzerstörung ist und gleichzeitig als demokratisierter Luxus der breiten Bevölkerung verspricht, eine höchst angenehme Lebensform zu ermöglichen.

Ein anderes Problem, das – unbeabsichtigterweise – durch die Nutzung des Schiffes symbolisch repräsentiert wurde, war der (latente) Elitismus der architektonischen Moderne. Zur visuellen Überlieferung der Konferenz gehören auch Fotos von Architekt:innen auf dem Sonnendeck der Schiffes, in Badekleidung und in Liegestühlen. Losgelöst von der Realität der damals existierenden Stadt diskutierten sie als Teil einer selbsternannten und offenkundig privilegierten Avantgarde die urbanen Zukunftslösungen für jene, für die auf dem Sonnendeck kein Platz vorgesehen war. Dass dabei eine Idee von Stadt entstand, die später von vielen als Ausbund von Entfremdung wahrgenommen wurde, mag aus heutiger Sicht kaum verwundern.

Der Atomkrieg als Katalysator der Raumordnung

Die autogerechte Stadt und das endlose Suburbia, wie sie heute für viele Großstädte der (westlichen) Welt typisch sind, haben aber noch eine andere historische Wurzel: die Angst vor dem Atomkrieg. Nach der Zerstörung von Hiroshima und Nagasaki fragten sich amerikanische Verteidigungsexperten, wie die USA vor einem etwaigen atomaren Angriff der UdSSR zu schützen seien. Diese Frage beschäftigte bald auch Architekt:innen und Stadtplaner:innen.

1950 veröffentlichte Norbert Wiener, ein zu jener Zeit einflussreicher Philosoph und Mathematiker, in der Zeitschrift *Life* einen Artikel mit dem Titel »How U.S. Cities Can Prepare for Atomic War« (Wie US-amerikanische Städte sich auf den Atomkrieg vorbereiten können). Darin schlug er einen radikalen Stadtumbau vor, um die Folgen eines atomaren Angriffs zu reduzieren. Unter anderem sollte die dichte Stadt einer lockeren Bebauungsstruktur weichen, damit durch die Zerstreuung von Zielen eine Bombe insgesamt weniger Zerstörung anrichten konnte. Zusätzlich sah er große Ausfallstraßen vor, um die Evakuierung von kontaminierten Gebieten zu beschleunigen.[61] Die moderne Stadtplanung, die schon vor dem Krieg eine dezentrale, durch große Verkehrsachsen und weite Grünflächen geprägte Stadt propagierte, wurde in ihren Ansichten bestärkt, so zum Beispiel auch Ludwig Hilberseimer. In

The Nature of City schrieb er 1955: »In der Vergangenheit forcierte die Notwendigkeit zur Verteidigung die Konzentration von Stadt; in der Gegenwart forciert die Notwendigkeit zur Verteidigung die Auflösung von Stadt.«[62]

Durch die Behauptung einer Resilienz gegenüber Atombombenangriffen bekamen moderne Planungsideen neues Gewicht. Selbst diejenigen, die lange keine Anhänger der Ideen des CIAM gewesen waren, fanden Anschluss. So wurde Hans Bernhard Reichow, der während der nationalsozialistischen Herrschaft Karriere als Planer für den neuen »Ostraum« gemacht hatte, nach dem Krieg einer der führenden Protagonisten der locker bebauten, durchgrünten und vor allem autogerechten Stadt in Deutschland. In Büchern wie *Organische Stadtbaukunst. Von der Großstadt zur Stadtlandschaft* (1948) und *Die autogerechte Stadt* (1959) packte er seine alten Entwürfe unter neuem Mantel wieder aus und prägte eine Generation von Stadtplaner:innen.[63]

Die nach Funktionen getrennte und autogerechte (oder, genauer gesagt, autoabhängige) Stadt war nun keine radikale Vision mehr, sondern breiter Konsens. Sie galt als ein pragmatisches und wissenschaftlich fundiertes Planungsmodell, für das der Zweite Weltkrieg in vielen europäischen Städten den Boden – im wahrsten Sinne des Wortes – bereitet hatte. Den darüber hinaus vielerorts vorgenommenen großflächigen Abriss von Altbaubeständen bezeichnete man damals euphemistisch als »Flächensanierung«.

Es gehört zu den Paradoxien des Anthropozäns, dass es zerstört, was es erschaffen will – und das im Falle der automobilitätsintensiven Stadt auf doppelte Weise. Erst wurden historische Stadtstrukturen abgerissen, um Raum für die nach damaliger Planungsideologie bessere neue Stadt zu schaffen. Doch die weiten Grünräume, die zwischen den Wohnblöcken und Verkehrsachsen zur Erholung der Einwohner:innen der »New City« angelegt wurden, drohen vielerorts wegen des Klimawandels zu verdorren, so sie nicht intensiv bewässert werden. Die vermeintliche Lösung hat neuen Schaden angerichtet, die CO_2-Emissionen der automobilitätsintensiven Stadt gefährden das ökologische System des Planeten, die Gesundheit seiner Bewohner:innen und die wirtschaftlichen Grundlagen vieler Menschen. Zusätzlich hat die neue Stadt einen hohen Flächenverbrauch und vernichtet so jene Formen von Natur und Landschaft, die sie eigentlich integrieren wollte. Die moderne Stadt, die Armut überwinden, durch Umweltverschmutzung bedingte Erkrankungen vermeiden und vor atomarer Bedrohung schützen sollte, hat selbst eine ganz eigene Zerstörungskraft entfaltet.

Autobahnkreuz, Geschwindigkeit und Krieg

Müsste Aia eine Raumfiguration benennen, in der die Dominanz der Automobilität im Anthropozän am deutlichsten zum Ausdruck kommt, würde ihre Wahl womöglich auf Autobahnkreuz und -auffahrt fallen, jene Orte, die die Beziehung von Autobahn zu Nichtautobahn organisieren, in schönster, kleeblattförmiger Geometrie bei gleichzeitig großem Flächenverbrauch. Die Erhaltung einer möglichst hohen Geschwindigkeit und ein möglichst reibungsloser Fluss der Verkehrsteilnehmenden stehen im Vordergrund. Die Kunst, aus Individuen eine gesteuerte Masse zu machen, ohne dass die Einzelnen es bemerken, macht das Kleeblatt zu einer zentralen Typologie des Anthropozäns.

Abb. 16: Das *Frankfurter Kreuz*, mit dessen Planung 1933 begonnen wurde, ist heute mit täglich 370 000 Fahrzeugen der meistbefahrene Verkehrsknotenpunkt Europas. Die Bautypologie »Kleeblatt« repräsentiert die im Anthropozän ausufernde Gier nach Geschwindigkeit.

In Mobilität – genauer: in der Beschleunigung – drückt sich das Wesen der Moderne aus: der prometheische Mensch glaubt, durch Technik über sich hinauswachsen zu können. Mobilitätsinfrastrukturen (vom Flughafen bis zur Autobahn) haben deshalb nicht nur einen pragmatischen Nutzen, sondern repräsentieren die Beschleunigung des Fortschritts.

Die wachsende Mobilität korrespondiert mit einer Faszination für Geschwindigkeit, denn das Anthropozän ist von zuvor nicht vorstellbarer Beschleunigung bestimmt; ob Schiff, Eisenbahn, Auto, Flugzeug oder Raumfahrt – Bewegung wurde immer schneller und überbrückte immer größere Distanzen. Um das Phänomen der Beschleunigung und seine zerstörerische Energie besser zu verstehen, hilft ein Blick in die Begriffsgeschichte: »Mobilität« entstammt der Sprache des Krieges: »Mobilmachung« bedeutet, Soldaten für den Krieg zu sammeln und an die Front zu bringen. Dieser funktionalen Logik entspricht, dass in Deutschland die Grundlagen für Massenmobilität (von Autobahn bis zum »Kraft durch Freude«-Wagen, dem späteren VW-Käfer) von den Nazis gelegt wurden.

Schon im *Futuristischen Manifest* von 1909 wurde nicht nur die Mobilität gefeiert, sondern auch der Krieg herbeigesehnt – diese Koppelung hält bis in unsere Zeit an. Für den Philosophen, Architekten, Stadtplaner und selbsternannten »Dromologen« (ein Neologismus, den man am ehesten mit Geschwindigkeits- und Beschleunigungsforscher übersetzen könnte) Paul Virilio sind militärische und soziale Mobilität deshalb ein wesentlicher Entwicklungsmotor unserer Gesellschaft – und untrennbar miteinander verbunden. Fortschritt und Zerstörung prägen die Stadt, den Raum, der sich nach Virilio durch ein Wechselspiel von Geschwindigkeit und Langsamkeit, Sesshaftigkeit und Nomadentum, Mobilität und Immobilität auszeichnet. Das Autobahnkreuz ist dafür der bauliche Repräsentant.

Das abgestürzte Flugzeug

An welchen weiteren Architekturen wird sich diese paradoxale Gemengelage von Mobilität und Fortschritt auf der einen und Zerstörung auf der anderen Seite für Aia noch nachvollziehen lassen? Es gäbe neben dem Autobahnkreuz noch etliche andere alltägliche Orte: die Tankstelle, das Parkhaus und die Ölraffinerie, das Motel, das Drive-in-Restaurant und das Einfamilienhaus; die Feriensiedlung und den Flughafen. Wahrscheinlich würde Aia viele davon ausgraben, restaurieren, zur archäologischen Fundstätte oder gar zum Kulturerbe erklären, um zu verdeutlichen, dass sie – wie das Autobahnkreuz – nicht singuläre, sondern geradezu ubiquitäre Zeugnisse des Anthropozäns sind. Doch womöglich würde sie auch nach Orten suchen, an denen sich diese Phänomene nicht nur sinnbildhaft verdichten, sondern auch gestalterisch, im Sinne von Architektur als Kunstform, überhöht wurden. Ein bewusst, ja meisterlich gestalteter – und deshalb bereits jetzt schon zum UNESCO-Welterbe erklärter – Ort, an dem sehr vieles von dem zusammenkommt, was Mobilität aus gesellschaftlicher, städtebaulicher und architektonischer Perspektive im Anthropozän kennzeichnet, ist Brasília, die 1960 eingeweihte Hauptstadt von Brasilien. Juscelino Kubitschek, 1955 zum Präsidenten von Brasilien gewählt, hatte versprochen, »ein Land der Zukunft« zu schaffen, und dazu gehörte auch die seit langem erträumte Hauptstadt im Zentrum des Landes;[64] eine neue, moderne Stadt anstelle der alten Kolonialstadt Rio de Janeiro.

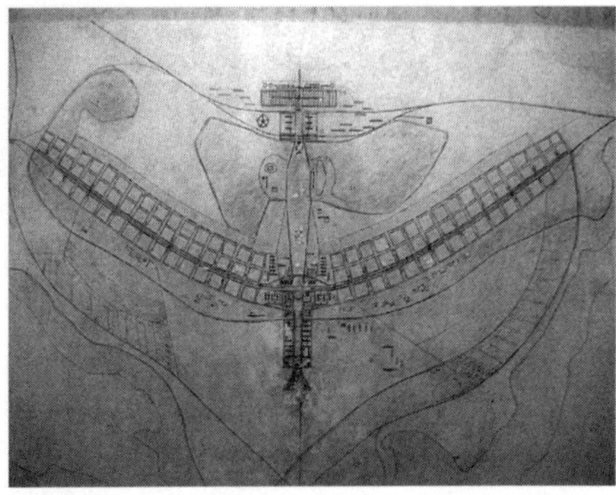

Abb. 17: Der Grundriss von Brasília erinnert an ein Flugzeug, Ausdruck der angestrebten Fortschrittlichkeit.

Das Projekt war typisch modern-megaloman. Innerhalb von nur fünf Jahren sollte eine Stadt für 250 000 Menschen entstehen, mit repräsentativen Bauten für die Regierung sowie einer umfassenden sozialen und kulturellen Infrastruktur – inmitten eines (so das damals propagierte Narrativ) völlig unerschlossenen Gebietes, fernab aller Zivilisation. Die nächste Eisenbahnstation war 125, der nächste Flughafen 190 Kilometer entfernt, und befestigte Straßen gab es auch nicht. Das auf den ersten Blick Unmögliche möglich zu machen, sollte Aushängeschild für das angestrebte neue, moderne Brasilien werden – der in Beton gegossene Beweis, dass Fortschritt und Modernisierung möglich sind.

Mit der Stadtplanung wurde Lúcio Costa beauftragt, für die repräsentativen Regierungsbauten war der Architekt Oscar Niemeyer zuständig. Mobilität war in dieses Projekt gleich mehrfach eingeschrieben. Zum einen entsprach die Stadt, die sie ab 1957 entwarfen, den Vorstellungen der *Charta von Athen*: nach Funktionen klar gegliedert und mit einer 14-spurigen, kreuzungsfreien Schnellstraße ausgestattet. Auch die praktische Umsetzung des Bauvorhabens war auf Mobilität angewiesen, denn Baumaterialien gab es vor Ort zunächst nicht, die ersten wurden mit Flugzeugen angeliefert, was durchaus dem Selbstverständnis als moderne und fortschrittliche Plan- und Idealstadt entsprach.

Aber Mobilität ist noch viel tiefer in die – wie man heute sagen würde – DNA Brasílias eingeschrieben, schließlich wurde hier nicht nur eine neue Stadt gebaut, sondern es wurden auch die Bewohner:innen des bisherigen Regierungssitzes in Bewegung gesetzt, also mobilgemacht: alle Regierungsmitarbeitenden wurden per Gesetz verpflichtet, ihren Wohnsitz von Rio de Janeiro in die neue, 1600 Kilometer entfernte Metropole zu verlegen. Die von Brasília repräsentierte räumliche und soziale Mobilität sollte das Gegenstück zu Sklaverei sein, der erzwungenen Mobilität, auf der der Brasilien prägende Kolonialismus beruhte. So überrascht es kaum, dass Mobilität in ihrer modernsten, aus damaliger Sicht zukunftszugewandten und fortschrittlichen Form sich im Stadtgrundriss von Brasília ausdrückt: Er entspricht der Form eines Flugzeugs.

1987 wurde Brasília von der UNESCO zum Welterbe erklärt – nicht nur wegen des Stadtgrundrisses, sondern auch wegen der von Niemeyer entworfenen Gebäude. Sie wirken verspielter, optimistischer und freier als viele andere moderne Architekturen; man könnte auch sagen: Sie sind beflügelt vom Streben nach einer besseren Zukunft. Allerdings wurde damals ausgeblendet, dass auch Brasília ein koloniales Projekt war, denn das unerschlossene Gebiet, auf dem die Hauptstadt errichtet wurde, war nicht unbesiedelt; zwei indigene Stämme wurden vertrieben, ein düsterer Aspekt der Planungsgeschichte, der lange negiert wurde.[65]

Heute ist Brasília von einer ernüchternden Realität eingeholt worden, die gesellschaftspolitischen Wunschvorstellungen der Gründungszeit konnten nicht umgesetzt werden: Wirtschafts-, Bevölkerungs- und Verkehrsentwicklung haben sich von der ursprünglichen Planungsidee gelöst. Das die Utopie transportierende Flugzeug ist abgestürzt. Statt frei in die bessere Zukunft zu fliegen, liegt es am Boden, umbaut von Satellitenstädten und *favelas*, wie in Brasilien die von den Ärmsten der Armen informell errichteten Slums genannt werden.

Das Zukunftsversprechen von Fortschritt und sozialer Mobilität, das in Brasília einst baulich manifestiert werden sollte, hat an Überzeugungs- und Integrationskraft verloren und wird inzwischen von verschiedenen Seiten bekämpft. Anfang 2023, im Anschluss an die Amtseinführung von Präsident Lula da Silva, der sich u.a. für die Rechte von Indigenen und den Schutz des Regenwaldes einsetzt, stürmten rechtsextreme Anhänger seines abgewählten Vorgängers den Präsidentenpalast, das Hohe Gericht und das Parlamentsgebäude. Sie wandten sich gegen die Aktualisierung und Ausweitung demokratisch-emanzipatorischer Ideale. In den ikonischen Bauten von Niemeyer, die in ihrer modernen Leichtigkeit und Eleganz das idealisierte Selbstbild der brasilianischen Demokratie repräsentieren, wurden Scheiben eingeschlagen, Möbel zertreten und Kunstwerke von den Wänden gerissen; ein Gewaltakt, der von einem geradezu totemistischen Glauben zeugt: Es scheint, als sollte durch die Zerstörung der Symbole auch das demokratische System selbst vernichtet werden.

Ob Aia, wenn sie dereinst die Überreste dieser Stadt entdeckt, die Faszination für urbane Mobilität, die das fossile Zeitalter geprägt hat, wird nachempfinden können? Oder wird sie darin eher die der modernen *carbon form* eingeschriebene prometheische Selbstüberschätzung und anti-zivilisatorische Zerstörungskraft erkennen, und sich fragen, ob – quasi als geheime Verbindung zwischen den beiden UNESCO-Welterbestätten – das abgestürzte Flugzeug dasselbe ist, das einst die Atombombe über Hiroshima abgeworfen hat?

Wohnen

Das Existenzminimum • Wohlstand im Bungalow • Die gesprengte Wohnmaschine • Auf der Suche nach Freiheit

Das Wohnen nimmt in der Architekturgeschichte des Anthropozäns eine zentrale Rolle ein, weil es, mit Heidegger gesprochen, zum Ausdruck bringt, wie wir uns zur Welt verhalten. Dem Sektor »Wohnen« werden aber auch zehn Prozent der deutschen CO_2-Emissionen zugeschrieben, sie entstehen im Wesentlichen durch die Verbrennung von Öl und Gas für Heizung und Warmwasser. Zumindest dieser Aspekt wäre mit dem Argument, dass eine bessere Isolierung der Gebäude und neue, nicht-fossile Heiztechnologien, von Erdwärme bis Wärmetauscher, in Bälde das Problem beheben würden, schnell abgehandelt. Auch beim Thema Kühlung, das in vielen Ländern der Erde den Stellenwert einnimmt, den in Deutschland das Heizen hat, ließe sich auf alternative Technologien verweisen. Doch eine derartig technizistische Betrachtung würde einige Aspekte des Wohnens, die für das (zukünftige) Verständnis des Anthropozäns relevant sind, außer Acht lassen.

Für viele Menschen ist der wesentliche Indikator für gutes Wohnen die zur Verfügung stehende Wohnfläche. 2021 betrug sie in Deutschland im Durchschnitt 47,7 Quadratmeter pro Person.[66] Deutschland steht damit zwar international nicht an der Spitze, das tun mit 75 Quadratmetern die USA, aber in vielen anderen Ländern sind die durchschnittlichen Wohnflächen geringer: In China stehen 30 Quadratmeter, in Brasilien 22 Quadratmeter, in der Türkei 18 Quadratmeter und in Nigeria nur sechs Quadratmeter Wohnraum pro Person zur Verfügung.[67]

Aus ökologischer Perspektive ist die pro Person zur Verfügung stehende Wohnfläche ein Indikator für Ressourcenverschwendung: je größer, desto mehr Fläche wird versiegelt, desto mehr Baumaterialien werden verbraucht, desto mehr umbauter Raum muss beheizt beziehungsweise gekühlt werden. Trotz aller öffentlichen Bekundungen für mehr Nachhaltigkeit wächst die individuelle Wohnfläche in Deutschland weiter an: Im Jahr 2000 betrug der Durchschnitt noch rund 40 Quadratmeter, 1990 waren es 35 Quadratmeter, 1980 (in Westdeutschland) 30 Quadratmeter, 1960 sogar nur 20 Quadratmeter – also ungefähr so viel wie heute in Brasilien oder in der Türkei. Für den Anstieg gibt es verschiedene Gründe, zum Beispiel die Zunahme von Klein- und Kleinsthaushalten, Ursache sind aber vor allem gestiegene Komfortansprüche. Die Folgen für die Umwelt sind katastrophal. »Täglich«, so das deutsche Bundesumweltministerium, »werden in Deutschland rund 54 Hektar als Siedlungsflächen und Verkehrsflächen neu ausgewiesen. Dies entspricht [...] 76 Fußballfeldern.«[68] Vor dem Hintergrund von Umweltzerstörung, Klimawandel und Ressourcenverbrauch muss heute die Frage nach dem guten Wohnen neu gestellt werden.

Das Existenzminimum

Ausgangspunkt dafür könnte Friedrich Engels sein, der 1845 in *Die Lage der arbeitenden Klasse* die Wohn- und Lebenssituation der Arbeiter:innen in Manchester beschrieb. Überbelegung der Wohnungen, fehlende ärztliche Versorgung, Mangelernährung und katastrophale hygienische Bedingungen führten zu einer durchschnittlichen Lebenserwartung von nur 15 Jahren. 1872 zeigte Engels in *Die Wohnungsfrage* dann den Zusammenhang zwischen Wohnungselend und Kapitalismus auf – und legte damit den Grundstein für die weite Teile der modernen Architekturdebatten prägende Auffassung, dass Architektur auch Instrument für die Veränderung von Gesellschaft sei.

Mit der Entstehung der bürgerlichen Gesellschaft verloren kirchliche und adelige Auftraggeber für Architekt:innen an Bedeutung. Dafür wurde neben neuen Repräsentationsbauten (vom Parlament bis zu kulturellen Einrichtungen wie Theatern, Museen, Bibliotheken) der allgemeine Wohnungsbau mehr und mehr als Bauaufgabe wahrgenommen. Krieg, Bevölkerungsbewegungen und -wachstum führten in den Städten zu Wohnungsnot. Ab Ende des 19. Jahrhunderts entstanden eine Vielzahl von architektonischen, künstlerischen und kunstgewerblichen Reformbewegungen, von denen viele im frühen 20. Jahrhundert im *Neuen Bauen* mündeten. »Hinter uns liegt ein Jahrhundert, das [...] die Aufgabe der Architektur in prunkvollen Monumental-Lösungen suchte«, schrieb Ernst May enthusiastisch. »Wir erleben den Morgen einer Epoche, die die vornehmste Aufgabe des Bauens in der Befriedigung des Wohnbedürfnisses der breiten Massen der Völker erblickt.«[69]

Mays Text erschien anlässlich des zweiten CIAM, der 1929 in Frankfurt zum Thema »Die Wohnung für das Existenzminimum« stattfand. Frankfurt war damals ein Hotspot des *Neuen Bauens*, May als dortiger Baustadtrat und Leiter des Hochbauamtes verantwortlich für eine Reihe moderner Wohnsiedlungen für Geringverdienende. Am Kongress nahmen 120 Architekt:innen aus 18 Ländern teil, eine begleitende Ausstellung und eine Publikation stellten hundert Mustergrundrisse vor und verbreiteten so eine der Kernideen der Moderne: die Standardisierung.

Der Bau guter Wohnungen war teuer, und wie die meisten seiner Kolleg:innen sah May die Lösung dieses Problems in der Rationalisierung. »Anstelle der bisherigen mehr oder weniger gefühlsmäßigen Bewertungsmaßstäbe für die Volkswohnung sollten wissenschaftlich exakte Methoden treten.«[70] Statt immerfort neue Lösungen zu finden, sollten standardisierte Typen entwickelt werden, die dann in Großwohnsiedlungen, also in großer Stückzahl und am besten industriell, umgesetzt werden sollten.

Ein Grundproblem der Standardisierung lässt sich gut an der *Frankfurter Küche* aufzeigen, die 1926 die österreichische Architektin Margarete Schütte-Lihotzky im Auftrag von May entwarf. Sie beruht auf der detaillierten Vermessung aller zur Hausarbeit notwendigen Bewegungsabläufe und dem daraus abgeleiteten Raumbedarf. Was vernünftig klingt, hat aber einen entscheidenden Haken: Durch die bauliche Umsetzung der auf diesen Analysen beruhenden Standardisierungen wurden die zugrundeliegenden Annahmen im wahrsten Sinne des Wortes zementiert; bei der *Frankfurter Küche* die Vorstellung, dass für die Arbeit in der Küche die Frau zuständig sei – auf deren Körpermaße hin alles optimiert worden war.

Standardisierung kann also auch Rollenzuschreibungen festsetzen – bei der »Wohnung für das Existenzminimum« übrigens neben dem Idealbild der Hausfrau auch das Familienmodell. Imaginierte Gropius 1929 noch, dass der Großsiedlungsbau die tradierten Familienverhältnisse aufbrechen werde, weil sich »die industrielle Familie [...] vom Einfamilienhaus zum vieretagigen *Großhaus* und schließlich zum *Großhaushalt*« entwickle und »das Großhaus den soziologischen Bedürfnissen der heutigen Industriebevölkerung mit ihrer symptomatischen Verselbständigung des Individuums«[71] besser entspräche als andere Wohnformen, wurde durch die Standardisierung letztlich das Gegenteil erreicht. Durch die in der »Wohnung für das Existenzminimum« als mustergültig vorgestellten und später massenhaft umgesetzten Vater-Mutter-Kind-Kind-Grundrisse wurde nicht die Freiheit ermöglichende »Verselbständigung des Individuums« gefördert, sondern bürgerliche Lebens- und Familienmodelle in Beton gegossen – und dadurch Generationen von Nutzer:innen aufgedrängt, wenn nicht gar aufgezwungen.

Wohlstand im Bungalow

Die Standardisierung orientierte sich zunächst am Existenzminimum. Dabei war von Anfang an klar, dass diese Ausrichtung eine vorübergehende sein sollte. Schließlich waren die Modernist:innen optimistisch; sie gingen davon aus, dass der Fortschritt auch für die Verbesserung der Lebensverhältnisse der Masse der Bevölkerung sorgen würde. Im architekturgeschichtlichen Kanon gibt es dafür mehrere sinnfällige Beispiele. Eines davon ist die Arbeitsgemeinschaft *Das wachsende Haus*, die der damalige Berliner Baustadtrat Martin Wagner vor dem Hintergrund der Weltwirtschaftskrise initiierte – mit berühmten Architekten, darunter Walter Gropius, Max und Bruno Taut, Egon Eiermann oder Hans Scharoun. Die Ergebnisse der Gruppe wurden 1932 auf der Bauausstellung »Sonne, Luft und Haus für alle« in Berlin gezeigt. Dort waren 24 Prototypen für nur mit dem Nötigsten ausgestattete Kleinsthäuser zu sehen, die in Zukunft industriell hergestellt werden sollten. Wie der Titel der Arbeitsgruppe schon anklingen lässt, war der besondere Clou aller ausgestellten Musterhäuser, dass eine spätere Vergrößerung gleich eingeplant war. Man hoffte auf Verbesserung der wirtschaftlichen Rahmenbedingungen, erwartete irgendwann Wohlstand für alle, und das »wachsende Haus« sollte darauf flexibel reagieren können – viele der ausgestellten eingeschossigen Flachbauten erscheinen im Rückblick als Vorboten der Bungalows der Nachkriegszeit, mit denen das in den Musterhäusern formulierte Wohlstandsversprechen eingelöst wurde.

Reagieren musste das Fertighaus aber auf ganz andere Entwicklungen. Auf der Berliner Bauausstellung wurde auch ein von Walter Gropius entworfenes *Kupferhaus* gezeigt, dessen Hersteller nach der Machtübernahme der Nationalsozialisten eine Dependance in Haifa eröffnete, um aus Deutschland geflüchteten Juden dort Fertighäuser als neues Zuhause anzubieten. Einige der damals errichteten Gebäude stehen noch heute in Israel.[72] Auch Martin Wagner führte die Auseinandersetzung mit dem wachsenden Haus unter anderen Vorzeichen fort. Vor dem Hintergrund seiner Erfahrungen im türkischen Exil entwarf er um 1940 das »Iglu-Haus«, eine modulare Notunterkunft für Erdbebenopfer.[73] In das Konzept des »wachsenden Hauses« ist also sowohl die industriell gefertigte Notunterkunft für Krisensituationen als auch der moderne Bungalow eingeschrieben, mit dem der in der Nachkriegszeit entstehende *sprawl* bestückt werden sollte. Wohlstand und Katastrophe liegen nah beieinander.

Bungalow ist ein schillernder Begriff. Seine Wurzeln liegen in Indien, er beschreibt dort einfache, eingeschossige Wohnbauten. Der Begriff gelangte durch die englischen Kolonialherren in den westlichen Architekturdiskurs und beschreibt heute meist ein suburbanes, von Angehörigen der gehobenen Mittelschicht bewohntes Einfamilienhaus, in Deutschland insbesondere als eingeschossiger Bau in modernistischer Anmutung, also mit Flachdach, großen Glasfenstern und grünem Rasen.

Abb. 18: Wie schwerelos schwebt das *Stahl House* (1960) über Los Angeles, dessen Straßenraster sich in die Unendlichkeit auszubreiten scheint.

Architekturhistorische Vorbilder für diesen modernen Bungalow finden sich vor allem in den USA, wie – um zwei besonders prominente Beispiele zu nennen – das 1945-1951 von Mies van der Rohe errichtete *Farnsworth House*, das, durch Stützen vor dem Hochwasser des in unmittelbarer Nähe liegenden Flusses geschützt, sich geradezu über die Landschaft erhebt, oder das 1960 von Pierre Koenig erbaute *Stahl House* (*Case Study House* 22), das scheinbar schwerelos über Los Angeles und seinem unentwegten Autoverkehr schwebt; ein Bautyp also, der Nähe erlaubt und doch sicheren

Abstand zur gefährlichen Natur oder zur lauten und von Abgasen belasteten urbanen Umgebung schafft.

Als Sinnbild von Fortschritt und Modernität hatte der Bungalow in der jungen Bundesrepublik Deutschland, ähnlich wie die Niemeyer-Bauten in Brasília, auch staatstragende Funktion. 1963-1966 baute Sep Ruf den sogenannten Kanzlerbungalow in Bonn, der den bundesdeutschen Regierungschefs als Wohn- und Empfangsgebäude diente. Klar in der Tradition der Klassischen Moderne stehend, ließ er den deutschtümelnden Heimatschutzstil und den pseudoheroischen Neoklassizismus des »Dritten Reiches« genauso hinter sich wie die spießige Biedermeierlichkeit und den Kitsch der 1950er Jahre. Das Flachdach, von Konservativen und Nazis als »arabisch« verpönt, knüpfte an das progressive Architekturverständnis der Klassischen Moderne an – und schlug gleichzeitig eine stilistische Brücke zum Vorbild USA. Die Architekturzeitschrift *Bauwelt* ordnete den Bau 2008 rückblickend folgendermaßen ein: »Weltoffen und sinnlich, zugleich würdevoll und bescheiden, propagierte das Haus obendrein eine neue, von Häkeldeckchen und Nierentischen entrümpelte Form des Wohnens.«[74]

Der Kanzler wohnte, wie es sich damals viele Deutsche erträumten: ohne den architektonischen Ballast einer beschämenden Vergangenheit, komfortabel und mit eigenem Garten. Dass dieser Komfort einen hohen ökologischen Preis hat, war damals noch nicht klar. Heute können wir nicht mehr unbefangen auf den Bungalow schauen, zu groß sind Flächen- und Energieverbrauch. Ein Traum vieler Menschen ist er immer noch.

Die gesprengte Wohnmaschine

Doch der Bungalow ist ein Traum, den sich die Bevölkerungsmehrheit weder in den 1950er Jahren noch heute verwirklichen konnte. Der Wohlstand, der mit Hilfe von Atomkraft und fossilen Brennstoffen erwirtschaftet wurde, steht und stand nicht allen zur Verfügung. Es brauchte auch nach dem Zweiten Weltkrieg weiterhin kostengünstige Wohnungen, und die Lösungsvorschläge knüpften an die CIAM-Vorschläge für »Die funktionale Stadt« und die »Wohnung für das Existenzminimum« an. Beispielhaft dafür ist Le Corbusiers Wohnhochhaus *Unité d'habitation*, das er 1947-1952 in Marseille errichtete: 138 Meter lang, 18 Stockwerke hoch, 337 Apartments. Es verstand sich, ausgestattet mit Nahversorgung und Kindergarten, als eigenständige Nachbarschaft und wurde in Anlehnung an Le Corbusiers frühe Schriften umgangssprachlich »Wohnmaschine« genannt (ein Begriff, den der Architekt wiederum bei den Futuristen entlehnt hatte). Die *Unité d'habitation* in Marseille gehört heute gemeinsam mit sechzehn weiteren architektonischen Werken Le Corbusiers zum Welterbe der UNESCO, und wurde nicht nur in Marseille, sondern auch an anderen Standorten, darunter Berlin, errichtet. Diese Großbauten sind Vorboten für eine neue Siedlungsform, die ab den 1950er Jahren entstand, als in vielen Staaten Städte und Stadtteile neu gegründet wurden: die Großwohnsiedlung. Damit wurde der Neubau eines großen Stadtteils für mehrere tausend Einwohner bezeichnet, der in einem Guss erfolgte und meist den Vorschlägen des CIAM entsprach. »Diese Siedlungen«, so der Kurator Andreas Ruby, »sind die traurigen Nachkommen [...] der ›Wohnung für das Existenzminimum‹ von 1929. Architekten wie Ernst

Abb. 19: 1972 wurde die Großsiedlung *Pruitt-Igoe* gesprengt. Was damals als Ende der Moderne gefeiert wurde, markiert heute einen der vielen Tode der großen architektonischen Utopien.

May wollten damit die armseligen Wohnverhältnisse des Massenproletariats durch die Definition eines Mindeststandards [...] verbessern. Doch hat sich die soziale Bewertung und der symbolische Gehalt dieser Idee im Verlauf der Jahrzehnte [...] ins Gegenteil gewandelt.«[75] Denn Standardisierung und Rationalisierung führen zwar zu niedrigen Baukosten, aber auch zu ästhetischer Monotonie und soziokultureller Agonie, weil eine Stadt eben erst durch Funktionsvielfalt lebendig wird. Was bleibt, ist der Eindruck von Lieb- und Leblosigkeit.

Das architekturgeschichtlich wohl am stärksten aufgeladene Beispiel für das Scheitern der mit Großwohnsiedlungen verbundenen sozialpolitischen Vorstellungen ist *Pruitt-Igoe* in St. Louis. Die Anlage wurde 1949-1954/56 von dem amerikanischen Architekten Minoru Yamasaki errichtet. Zunächst wurde sie als soziale Errungenschaft gefeiert, weil durch sie die lokale Wohnungsnot behoben und Ersatz für Slums geboten wurde. Bauzeitliche Luftbilder zeigen eine großflächige, sehr kleinteilige Siedlungsstruktur – das bestehende Slum –, aus der wie Fremdkörper 33 elfstöckige Apartmentgebäude herausragen. Ihre Platzierung strahlt eine gewisse Brutalität aus, weil sie keinen Bezug zur Umgebung herstellt, zudem wirken die zwischen den Riegeln liegenden Freiflächen kahl und leer. Urbanes oder nachbarschaftliches Leben ist in dieser Struktur schwer vorstellbar. Aus mehreren – nicht nur architektonischen, sondern vor allem ökonomischen und sozialpolitischen – Gründen standen die Wohnblöcke Anfang der 1970er Jahre leer und wurden deshalb 1972 gesprengt.[76]

Der Abriss von *Pruitt-Igoe* war ein symbolischer Endpunkt für die Dogmen der *Charta von Athen*. Filmaufnahmen der Sprengung fanden 1982 Eingang in den Öko-Filmklassiker *Koyaanisqatsi*, und der amerikanische Architekt und Architekturtheoretiker Charles Jencks, eine zentrale Figur der postmodernen Architektur, begrüßte die Sprengung euphorisch: »Die moderne Architektur starb [...], als dem schändlichen *Pruitt-Igoe*-System [...] mit Dynamit der letzte Gnadenstoß versetzt wurde.«[77]

Auf der Suche nach Freiheit

Schon 1956 kam es beim CIAM X zu Konflikten zwischen älteren Mitgliedern, die der *Charta von Athen* anhingen, und Jüngeren, die sich von ihr abwenden wollten, was schließlich dazu führte, dass sich 1959 der CIAM XI gleich bei der Zusammenkunft in Ottawa auflöste. Der niederländische Architekt Aldo van Eyck, Mitglied der später als *Team X* firmierenden, aufrührerischen Gruppe, fasste 1968 die Kritik der jungen Generation am Funktionalismus folgendermaßen zusammen: »Anstelle von Unannehmlichkeiten wie Schmutz und Unordnung haben wir jetzt die Langeweile der Hygiene. Der materielle Slum ist verschwunden […], aber was ist an seine Stelle getreten? Nur kilometerlanges organisiertes Nirgendwo, und niemand fühlt sich als ›jemand, der hier lebt‹.« Schuld daran, so van Eyck, trügen die modernen Architekt:innen: »Sie haben jedes Ortsgefühl vertrieben. Aus Angst vor der falschen Gelegenheit, dem unvorhergesehenen Ereignis, der spontanen Handlung […], haben sie aus allem eine glatte Fläche gemacht.«[78]

Die rigide funktionale Trennung und daraus resultierende Monotonie wollten Alison und Peter Smithson, die treibenden Köpfe vom *Team X*, durch eine kleinteilige *Cluster City* überwinden, »deren struktureller Aufbau Ausdruck der natürlichen vitalen Punkte der Gemeinschaft sein« sollte,[79] so rückblickend der italienische Architekturhistoriker Vittorio Lampugnani. Das Aufbäumen des *Team X* steht in einem historischen Kontext; es fällt in die gleiche Zeit, in der der Künstler und Schriftsteller Guy Debord die *Situationistische Internationale* gründete und die Stadt als Raum für das Herumstreunen, das ziellose *dérive* entdeckte, um neue Situationen herzustellen; es ist die gleiche Zeit, in der der ungarisch-französische Architekt Yona Friedman beim CIAM X sein Manifest *L'Architecture Mobile* vorstellte. Darin forderte Friedman eine Demokratisierung der Planung und imaginierte mit der *Ville spatiale* (auf Deutsch als »Raumstadt« bezeichnet) eine offene Infrastruktur, die über den bestehenden Städten schweben sollte und in der jede:r Bewohner:in sich seine:ihre Wohnung frei ein- und wieder umbauen konnte. Es war die Zeit, in der die Architekt:innen sich von der strengen Logik des Funktionalismus lösten und sich auf die Suche nach Freiheit begaben.

Doch diese utopischen Perspektiven blieben auf meist nur in Fachkreisen bekannte Zeichnungen und Modelle beschränkt. Sie inspirieren bis heute, gebaut wurden sie nicht. Flächensanierung und Großwohnsiedlungen aus Beton dominierten weiterhin die Bauwirtschaft.

Abb. 20: Der spanische Architekt Ricardo Bofill realisierte labyrinthische Architekturen. Seine Vorstellungen von Freiheit ließen sich vor allem in Feriensiedlungen realisieren, in denen die Logik des Alltags eh außer Kraft gesetzt wird.

Ein Architekt, der die Freiheit der Raumstadt nicht nur als Ideengebäude erträumte, sondern als reales Bauwerk in großem Maßstab umzusetzen versuchte, war der spanische Architekt Ricardo Bofill. Berühmt wurde er durch zwei realisierte Projekte: *La Muralla Roja* von 1973, eine ganz in Rosa gehaltene Feriensiedlung an der spanischen Mittelmeerküste, und einen 1975 errichteten Wohnblock in der Nähe von Barcelona, der bezeichnenderweise den Namen *Walden 7* trägt.

Beide Gebäude weisen eine Cluster-Struktur auf, haben also einen sehr komplexen und kleinteiligen inneren Aufbau. »Wir wollten«, so Bofill rückblickend, »den corbusianischen Block aufbrechen und mit unseren Projekten eine neue Art von Stadt entwickeln. Unsere Bauten sollten dem konventionellen Straßenbild den Rücken zukehren. Im Inneren wollten wir die Bewohner zu einem neuen Miteinander animieren, soziale Experimente provozieren, die Kleinfamilie überwinden. Wir waren jung damals, wir waren Utopisten.«[80]

Die entstandene Architektur hat etwas Fantastisches, die labyrinthischen Treppenanlagen erinnern an die gezeichneten Trompe-l'Œil-Architekturen von M.C. Escher.[81] Die räumliche Komplexität der Architektur war kein Selbstzweck, sondern Voraussetzung für ein gesellschaftspolitisches Programm: »Der Bruch mit dem Trio von Eigentum-Familie-Wohnung wird die Form der Stadt total verändern«, formulierte Bofill 1970 in seinem Manifest *Ausblick auf die Raumstadt*.[82] Seine Version der Raumstadt sollte aus clusterartigen Mikrostrukturen bestehen, die in kollektiver Eigentümerschaft im Selbstbau errichtet werden. Doch auch er scheiterte. »Die ganze damalige Zeit war eigentlich wie ein großer Traum«, so Bofill. »Aus dem Traum ist nichts geworden.«[83]

Später wurde aus dem Sozialrevolutionär ein postmoderner Stararchitekt, der neobarocke Beton-Wohnblocks und futuristische Flughäfen entwarf – und privat in *La Fàbrica* wohnte, einem von ihm 1973-1975 umgebauten Zementwerk, das als Mischung aus Industrieruinenromantik und bourgeoiser Villa, ausgestattet mit postmodernen Rundbögen und geradezu endlosen Treppenanlagen, einem dystopischen Science-Fiction-Film à la *Mad Max* entsprungen zu sein scheint.

Wenn man Architekturgeschichte auch als gesellschaftliches Psychogramm verstehen möchte, ist es für das Anthropozän bezeichnend, dass Bofill die weitestgehende Realisierung seiner Vorstellung von Freiheit in einer Feriensiedlung gelang. Urlaub ist in der kapitalistischen Ökonomie der sanktionierte und massentaugliche Ausbruch aus dem Alltag, also ein zutiefst fiktionaler Raum. Hier darf der Mensch etwas, was ihm ansonsten in der »Zivilisation« – man denke an die Bedeutung der Urhütte bei Laugier – verboten ist: nomadisch leben, vorübergehend Aufenthalt nehmen, ob in der Ferienwohnung, im Zelt oder im Wohnmobil. Möglich ist dieser temporäre (und oft genug nur simulierte) Ausbruch in die Freiheit allein durch die fossile Energie, die in der globalen touristischen Infrastruktur (Bettenburgen, Autobahnen, Flughäfen und Kreuzfahrtschiffe) verfeuert wird.

Außerhalb des Urlaubs ist in der modernen Gesellschaft alles, was ungebunden, heimatlos und suchend ist, eine Bedrohung, die bekämpft werden muss, wovon die gewaltsamen Ansiedlungsmaßnahmen von »Vagabunden«, »fahrendem Volk« und nomadisierenden Indigenen eine lange, schmerzvolle Geschichte erzählen. Die gesellschaftliche Ordnung, die feste Wohnung mit Heim und Herd, darf nicht in Frage gestellt werden. Doch vielleicht wird uns, die Bewohner:innen der wohlhabenden Weltgegenden, dereinst der Klimawandel zu Nomad:innen machen. Auf jeden Fall werden wir vor dem Hintergrund zukünftiger, nicht fossiler Ökonomien über das Existenzminimum (und über das, was der Mensch für ein gutes Leben darüberhinausgehend braucht) neu nachdenken müssen – und zwar nicht nur in Hinblick auf das Wohnen der anderen, für die »proletarischen Massen« oder die Geflüchteten, sondern auf unser eigenes.

Landwirtschaft

Neolithische Revolution • Landwirtschaft und Gewalt • Kunstdünger und die Agrarindustrie • Vom Treibhaus zur urbanen Landwirtschaft • Ein atombombensicherer Tresor

37 Prozent der Landoberfläche der Erde werden landwirtschaftlich genutzt,[84] und die Masse aller Hausrinder ist größer als die Masse aller anderen Wirbeltiere zusammen. Wir leben auf einem Planeten der Rinder. Landwirtschaft – und damit der Mensch – ist für das Erscheinungsbild unseres Planeten zentral, auch wenn heute viele landwirtschaftlich überformte Räume als »Natur« wahrgenommen werden. Außerdem hat Landwirtschaft einen nicht geringen Anteil am Klimawandel: In Deutschland stammen rund acht Prozent der Treibhausgas-Emissionen aus dem Agrarsektor, einen Hauptanteil daran hat die Haltung von Rindern für Fleisch- und Milchproduktion.[85]

All dies ließe sich an Architektur festmachen; zum einen an Landschaftsarchitektur und -planung, also der Gliederung und Formation des Raums (wozu auch die Rodung von klimaschützendem Wald und anschließende Nutzung der Flächen als Treibhausgas produzierende Rinderweiden gehört), zum anderen an den mit der Produktion von Nahrungsmitteln verbundenen Hochbauten, also Ställen, Silos und Schlachthäusern. Doch dieser Fokus wäre zu eng gefasst. Die Rolle, die Landwirtschaft bei der Entstehung des Anthropozäns einnimmt, reicht tief in die Entstehungsgeschichte unserer Zivilisation zurück und lässt sich auch – aber nicht nur – anhand von gestalterischen Eingriffen oder Bauwerken festmachen.

Neolithische Revolution

Als vor rund 10-15 000 Jahren die Landwirtschaft entstand, begann ein Veränderungsprozess, den 1936 der australische Archäologe Vere Gordon Childe als »neolithische Revolution« bezeichnete. Bislang nomadisch lebende Menschen, so Childe, wurden damals sesshaft – wohnend –, um regelmäßig das Feld bestellen zu können. Die Ernte musste gelagert und geschützt werden, was den Zusammenschluss in größeren Interessensverbünden und die Anlage von Sicherungs- und Verteidigungsmaßnahmen nötig machte. An die Stelle der temporären Behausung trat die befestigte Siedlung, und die ersten Städte entstanden. Aufgrund von Bevölkerungswachstum und Ernährungsüberschuss wurden Arbeitskapazitäten frei, Handel und Kultur blühten auf. Mit dieser, wie Childe es 1950 in Anlehnung an die industrielle Revolution nannte, »urbanen Revolution« entstand das, was wir Zivilisation nennen.[86]

Auch wenn der Zusammenhang von landwirtschaftlicher Bodennutzung und der Entstehung von Städten wesentlich komplexer gewesen sein dürfte, als von Childe beschrieben – so weisen etwa Graeber und Wengrow darauf hin, dass es auch Gesellschaften gegeben habe, die teilweise nomadisch, teilweise sesshaft lebten, während andere sich nach Perioden der Sesshaftigkeit wieder für das nomadische Leben entschieden[87] –, führte Landwirtschaft zu dem, was auch unsere Gegenwart kennzeichnet: Anwachsen der Bevölkerung und daraus resultierende Überformung und Umgestaltung der Welt durch den Menschen. »Die Umwelt«, wie es der italienische Architekturhistoriker Leonardo Benevolo 1975 in seiner berühmten *Geschichte der Stadt* auf den Punkt brachte, »wurde entsprechend den Plänen der Menschen verändert.«[88]

Landwirtschaft und Gewalt

Und noch etwas, was das Anthropozän ausmacht, scheint an die Entstehung der Landwirtschaft gekoppelt zu sein: Gewalt gegen und die Ausbeutung von Menschen. Wildbeutende Gesellschaften sind häufig (relativ) egalitär organisiert. Landwirtschaft erfolgt arbeitsteilig; die auf Landwirtschaft und Eigentum an Land basierende Zivilisation, wie wir sie kennen, produziert Ungleichheit und Hierarchie: »Es zeigt sich«, so der Politikwissenschaftler Elmar Altvater, »dass die Arbeitsteilung immer auch Herrschaftsteilung war.«[89] Das Ergebnis der durch die neolithische Revolution hervorgebrachten gesellschaftlichen Ordnung war Unterdrückung, oder anders formuliert: Landwirtschaft ist nicht friedlich. Sie führte, wie sich auch an Skelettfunden nachvollziehen lässt,[90] zu einer Zunahme von Gewalt und, wie der britische Historiker Ben Wilson betont, zum »organisierten Krieg«. Ziel der Kriege war Ausbeutung; schon in Uruk, der vor rund 6000 Jahren gegründeten, in Mesopotamien gelegenen ältesten bekannten Großstadt der Geschichte, wurden Kriegsgefangene versklavt. »Zwangsarbeit«, so Wilson weiter, »wurde zu einer wichtigen Ware, denn die Stadt benötigte immer mehr Muskelkraft, um ihre Tempel zu errichten, ihre Bewässerungskanäle zu graben, ihre Felder zu pflügen und die komplexe urbane Maschinerie einfach am Leben zu halten.«[91]

Die durch Gewalt und Arbeitsteilung entstandene Hierarchie wurde schon in den ersten Städten durch prunkvolle Paläste und reich geschmückte Tempel ausgedrückt. Damit kommt wieder die Architektur ins Spiel, sie diente dazu, die neu entstandene gesellschaftliche Ordnung ästhetisch zu manifestieren – und wurde durch die Arbeitskraft der Unterdrückten und Versklavten ermöglicht. Dieses Prinzip hat sich bis in die Gegenwart gehalten.

Der Begriff Anthropozän drückt aus, dass der Mensch durch sein Handeln den katastrophalen Zustand des Planeten verursacht, eine Grundannahme, die präzisiert werden muss. Denn es sind nicht die Menschen im Allgemeinen, sondern der globalisierte Kapitalismus, die globale Industrialisierung und der daraus resultierende Lebensstil, die zum gegenwärtigen Ausmaß an Zerstörung des Planeten führen. Die »hässliche Blaupause«[92] für die weltweite Industrialisierung, so die kanadische postkoloniale Theoretikerin Katherine McKittrick, sei die seit dem späten 17. Jahrhundert verbreitete nordamerikanische Plantagenwirtschaft gewesen. Sie sei die Reinform der von Menschen betriebenen Unterwerfung anderer Menschen und der Natur unter das Prinzip kapitalistischer Ausbeutung – die in großflächigen Monokulturen aus in Reih und Glied gesetzten Pflanzen ihren räumlichen Ausdruck findet. Für die amerikanische Wissenschaftshistorikerin Donna Haraway ist die auf Sklav:innenarbeit basierende, naturzerstörende Monokultur der Plantage deshalb Ausgangspunkt einer Reihe von »verheerenden Veränderungen verschiedenster Art«.[93] Gemeinsam mit der US-amerikanischen Kulturwissenschaftlerin Anna Lowenhaupt Tsing hat Haraway deshalb den Begriff »Plantationozän« eingeführt, ein, so der deutsche Soziologe Andreas Folkers, »Gegenentwurf zum Westeuropa-zentrierten Anthropozänvorschlag«.[94] In der Argumentation der beiden Autorinnen markiert nicht die Erfindung der Dampfmaschine, sondern die »Kombination aus Sklav*innenarbeit und landwirtschaftlicher Monokultur«, so Folkers zusammenfassend, den Ursprung dessen, was wir – aus dieser Sicht fälschlicherweise – Anthropozän nennen.[95]

Kunstdünger und die Agrarindustrie

Die agrarische Gesellschaft basiert auf einem simplen ökonomischen Grundprinzip: Eine in der Landwirtschaft arbeitende Person muss mit ihrem Ertrag mehr Personen ernähren als sich selbst. Je produktiver sie ist, desto mehr Menschen können einer anderen Tätigkeit nachgehen; ob in der Verwaltung, im Militär, in Kunst, Wissenschaft und Handwerk oder in kultischen Angelegenheiten.

Gleichzeitig ist das Bevölkerungswachstum durch die für den Anbau zur Verfügung stehenden Flächen begrenzt. Eine agrarische Gesellschaft hat also das Interesse, durch Verbesserung der Anbaumethoden den Ertrag pro in der Landwirtschaft arbeitenden Person zu steigern und die für den Anbau zur Verfügung stehenden Flächen zu vergrößern (durch neue Formen der Bewirtschaftung werden Flächen ertragreich, auf denen sich vorher der Anbau nicht gelohnt hat). Die technologischen Innovationen in der Landwirtschaft sind allerdings überschaubar: Sie beschränkten sich in vorindustrieller Zeit auf die mechanische Bearbeitung des Bodens (Harke, Pflug), Arbeitseinsatz von Tieren, Verbesserung beziehungsweise Aufrechterhaltung der Bodenqualität (Brandrodung, Dreifelderwirtschaft, Düngung) sowie künstliche Bewässerung und Terrassierung.

Mit der Industrialisierung änderten sich die Produktivitätsparameter der Landwirtschaft grundlegend: Zunächst verbesserte der Einsatz von Kunstdünger die Bodenerträge, in einem zweiten Schritt reduzierte der Einsatz von Maschinen die notwendige menschliche Arbeitskraft; schließlich führten Zucht, Gentechnik und biochemische Schädlingsbekämpfung zu weiterer Ertragssteigerung.

Die Maschinisierung der Landwirtschaft ist (wie die gentechnische Optimierung) ein Entwicklungsprozess, der übrigens noch nicht abgeschlossen ist: Arbeiteten in Deutschland 1950 noch rund 25 Prozent der Bevölkerung im Agrarsektor, ist es heute nur noch ein Prozent.[96] In einem sogenannten Entwicklungsland wie z.B. Äthiopien, wo weniger Maschinen eingesetzt werden, sind noch 70 Prozent der Bevölkerung in der Landwirtschaft tätig.[97]

Ein wesentlicher Treiber der Ertragssteigerung ist Dünger, der seit der Erfindung des Kunstdüngers (wie alle auf fossilen Rohstoffen beruhende Produkte nur vermeintlich) unbegrenzt zur Verfügung steht. Mitte des 19. Jahrhunderts erkannte der deutsche Chemiker Justus von Liebig, dass durch das Hinzufügen von mineralischen Nährstoffen die Fruchtbarkeit von Böden verbessert werden kann. Der für das Pflanzenwachstum wichtige Stickstoff wurde im 19. Jahrhundert vor allem in Form von Guano aus Südamerika nach Europa importiert. Guano entsteht durch eine chemische Reaktion zwischen dem Dung bestimmter Vogelarten und Kalkstein, das Vorkommen ist deshalb lokal stark begrenzt; der, wie Karl Marx 1857 kritisierte, durch »schlimmste Sklaverei«[98] ermöglichte Abbau führte nicht nur in Südamerika zu einem regionalen Rohstoffkrieg, sondern auch zur Zerstörung diverser lokaler Ökosysteme – und damit perspektivisch zur Vernichtung der Ressource. Erst Anfang des 20. Jahrhunderts gelang es den deutschen Chemikern Fritz Haber und Carl Bosch, den für die industrielle Herstellung von Stickstoffdünger nötigen Ammoniak künstlich herzustellen. 1931 erhielten Bosch und Haber für ihre Entdeckung den Chemie-Nobelpreis. Die in aller Welt entstandenen Düngemittelfabriken liefern bis heute eine Grundlage für die Ernährung der stetig wachsenden Weltbevölkerung, tragen aber auch – zum Beispiel durch Nitratbelastung der Fließgewässer und des Grundwassers – zur Umweltschädigung bei.

Die Produktion von Kunstdünger ist eng mit dem Entstehen der Petrochemie verknüpft; das Haber-Bosch-Verfahren, wie die bis heute gebräuchliche Ammoniaksynthese nach ihren Erfindern genannt wird, benötigt Wasserstoff und Kohlenmonoxid, die wiederum in der Petrochemie bei der Verkokung von Kohle zu Koks entstehen. Fossile Energiewirtschaft und industrielle Landwirtschaft hängen also miteinander zusammen. Und auch der Krieg spielt eine Rolle. Die Entwicklung der industriellen Produktion von Ammoniak in Deutschland wurde vor und während des Ersten Weltkriegs vom Militär finanziert, weil sich aus Ammoniak nicht nur Kunstdünger, sondern auch Sprengstoff herstellen lässt. Haber, dessen Entdeckung bis heute zur Ernährung der Weltbevölkerung beiträgt, erfand für das Deutsche Heer auch eine neue Waffe: Giftgas –, mit dem allein im Ersten Weltkrieg rund 100000 Soldaten getötet wurden.

Die Geschichte des lebensspendenden Kunstdüngers ist also mit dem Krieg verbunden, so wie die Geschichte von Landwirtschaft seit dem Neolithikum bis zur Gegenwart von Tod und Gewalt durchzogen ist. Die neolithische Revolution leitete ein explosives Moment ein, das in der Möglichkeit der atomaren Weltzerstörung kulminierte.

Vom Treibhaus zur urbanen Landwirtschaft

Im Mittelpunkt der Landwirtschaft steht das Land; zwar wird die Bodenqualität durch Bearbeitung und Düngung verbessert und die Pflanzen werden zuweilen künstlich bewässert, dennoch haftet der Landwirtschaft eine gewisse Urtümlichkeit, eine Form von Naturhaftigkeit an, die das Land als Gegenentwurf zur Stadt erscheinen lassen. Trotz aller technischer Innovationen, trotz Traktoren, Dünger und chemischer Pflanzenschutzmittel richtet sich die Landwirtschaft nach dem Zyklus der Jahreszeiten und zieht ihre Kraft aus Sonne, Luft und Boden.

Doch vor dem Hintergrund zunehmender Urbanisierung deutet sich ein Umdenken an; zumindest die Zukunft der Nahrungsmittelproduktion wird nicht mehr nur ländlich, sondern auch urban sein – und damit nicht mehr unter freiem Himmel, sondern in dauerhaft umbauten und übereinandergestapelten Räumen stattfinden; neue architektonische Typologien sind im Entstehen.

Auch hier kann die Moderne als eine Aneinanderreihung von Kippmomenten verstanden werden. Zunächst schränkten die im 19. Jahrhundert entstehenden bürgerlichen Hygienevorstellungen die bis dahin üblichen Formen der urbanen Tierhaltung ein, insbesondere jene, die der Nahrungsmittelversorgung der Armen gedient hatten, wie der österreichische Philosoph Fahim Amir anschaulich an der Vertreibung der Schweine – die bis dahin auch als autonom agierender Abfallverwerter eine wichtige Rolle in der Stadtreinigung innegehabt hatten – von den Straßen New Yorks im 19. Jahrhundert beschreibt.[99] Dann machte im 20. Jahrhundert das Automobil die Kutsche überflüssig und vertrieb so die Pferde aus der Stadt, in der um 1900, wie der italienische Architekturhistoriker Jörg H. Gleiter in Erinnerung ruft, noch mehr Nutztiere lebten als Menschen.[100] Und schließlich führte das Wirtschaftswachstum nach dem Zweiten Weltkrieg zu einem Arbeitskräftemangel in der Landwirtschaft, weil Arbeit in der Fabrik besser bezahlt wurde als die auf dem Bauernhof, ein Prozess, der die Verbreitung industrieller Massentierhaltung beschleunigte.

Den daraus entspringenden neuen Gebäudetypologien wurde keine gesellschaftliche Bedeutung beigemessen, landwirtschaftliche Bauten wurden meist nicht als wichtige gestalterische Herausforderung angesehen, sondern als rein technische Bauaufgabe. Die industrialisierte Bauweise führte im ländlichen Raum zu einer seelenlosen Architektur.

Das ist auch noch heute so. Eines der wenigen zeitgenössischen Büros, die sich ernsthaft mit Architektur für Tierhaltung auseinandersetzen, ist die niederländische Gruppe MVRDV (Winy Maas, Jacob van Rijs und Nathalie de Vries) – das allerdings auch eine Vorliebe für provokante und deshalb aufmerksamkeitserregende Themen und Zugänge hat. Basierend auf statistischen Analysen und den EU-Vorgaben für ökologische Landwirtschaft lancierte es 2001 mit *Pig City* eine konzeptionelle Studie, die die industrielle Massentierhaltung und ihre Logistik (vom Tiertransport bis zu den Schlacht-, Kühl-, Verarbeitungs- und Verkaufseinrichtungen) konsequent weiterdachte und dabei sarkastisch auf die Spitze trieb. Mehrstöckige Schweineställe gibt es seit den 1950er Jahren, aber in der von MVRDV entworfenen *Pig City* sollte die gesamte niederländische Schweinepopulation – 15 Millionen Tiere – in 31 jeweils 622 Meter hohen, jeweils mit einem Schlachthaus im Erdgeschoss ausgestatteten Hochhäuser konzentriert werden.[101] MVRDVs provokante, utopisch-dystopische Vision ist von der Realität noch nicht eingeholt, es wird aber wohl nicht mehr lange dauern. In China wird derzeit ein Schweinehochhaus mit 21 Stockwerken gebaut, in dem jährlich 1,2 Millionen Tiere zur Schlachtreife geführt werden sollen.[102]

Gesellschaftlich akzeptierter als die mehrstöckige Massentierhaltung ist der architektonisch optimierte Anbau von Pflanzen – ein Thema, mit dem sich in den letzten Jahren zahlreiche Architekt:innen auseinandergesetzt haben. In vielen Städten entstanden großflächige Dachgärten, auf denen kommerziell Lebensmittel angebaut werden, und auch größere Hochbauten, in denen mehrstöckiges *indoor farming* betrieben wird.

Historischer Ausgangspunkt für dieses *vertical farming* ist das Gewächshaus (womit wir wieder bei zwei zentralen Baumaterialien des »industriellen Quadrivium-Komplexes« angelangt wären, zum einen Glas und zum anderen Stahl beziehungsweise Eisen). Im 17. und 18. Jahrhundert als sogenannte Orangerie Ausdruck aristokratischer Extravaganz, entwickelte es sich im 19. Jahrhundert mit dem Aufkommen filigraner Eisenkonstruktionen und sinkenden Kosten in der Glasherstellung zu einem bürgerlichen Repräsentationsort, in dem die botanische Beute der Kolonialisierung domestiziert und präsentiert wurde. Mit der Erfindung von Acrylglas und Plastikfolie (also Produkten aus Kunststoff, dem vierten Bestandteil des industriellen Quadriviums) wurde das Treib- und Gewächshaus im 20. Jahrhundert ein zentraler agroindustrieller Produktionsort, in dem jahreszeitliche und klimatische Begrenzungen überschritten und schließlich durch Beheizung und künstliche Beleuchtung gänzlich aufgehoben werden konnten.

Die derzeit größte *Indoor-Farm* der Welt, *Crop One*, wurde 2022 in Dubai errichtet. In einem Gebäude wird auf mehreren künstlich beleuchteten Ebenen – insgesamt 28 000 Quadratmeter – Gemüse angebaut, geerntet werden drei Tonnen pro Tag.[103] *Crop One* gibt einen Ausblick auf eine zukünftige Architektur, in der die Nahrungsmittelproduktion sich vom Boden gelöst hat und urban geworden ist. In Etagen gestapelt, künstlich beleuchtet und von computergesteuerten Robotern gedüngt und bewässert, verdichtet sich die agrokulturelle Nutzung im Raum. So entsteht perspektivisch auf der Erdoberfläche Platz, der – so er nicht als Bauland verwendet wird – entweder zu Natur verwildert oder für regenerative Energieproduktion (mit Windrädern, Solaranlagen oder Biomasse) genutzt werden kann. Das zum hochverdichteten *indoor farming* weiterentwickelte Treibhaus könnte also einen Ausweg[104] aus der wachsenden Flächenkonkurrenz von Naturschutz, Landwirtschaft und regenerativer Energiewirtschaft bieten – gleichzeitig ist es zusammen mit dem Treibhausgas eine zentrale Metapher für den anthropogenen Klimawandel.

Zu dieser gleichzeitig bemerkenswerten wie auch merkwürdigen Ambivalenz passt, dass der für die künstliche Belichtung von *Crop One* benötigte Strom derzeit aus fossilen Energieträgern gewonnen wird und dass mit den Erzeugnissen der Caterer der Fluggesellschaft Emirates beliefert wird, damit die Passagiere der Airline, die den nah gelegenen Flughafen als globales Drehkreuz benutzt, während ihres Fluges frischen Salat essen können.[105]

Ein atombombensicherer Tresor

Auf Spitzbergen, im Norden von Norwegen, nur tausend Kilometer vom Nordpol entfernt, befindet sich ein Bauwerk, in dem sich die Geschichte der Landwirtschaft verdichtet: der Saatguttresor *Svalbard Global Seed Vault*. Weltweit gibt es rund 1400 Einrichtungen, in denen historisches Saatgut aufbewahrt wird,[106] die in Svalbard ist die größte. Sie wurde 2008 eröffnet, Samen von 5000 Nutzpflanzenarten aus aller Welt – vor allem Grundnahrungsmittel wie Weizen, Reis, Hirse, Mais, Gerste und diverse Hülsenfrüchte – werden in den unterschiedlichsten Variationen hier gelagert, oder besser: tiefgefroren.[107]

Abb. 21: Hoch im Norden, direkt am Polarkreis, befindet sich eine unterirdische Saatgutdatenbank. Das ewige Eis soll das genetische Material des Anthropozäns für die Zukunft sichern.

Der *Svalbard Global Seed Vault* ist eine unscheinbare Anlage. Von außen ist nur der Eingang sichtbar, ein leicht schräggestellter Quader, der in der Erde versinkt, denn die Samen sind in den Schächten einer ehemaligen Kohlemine untergebracht. »Die Samen befinden sich«, so die norwegische Saatgutdatenbank in ihrer Selbstdarstellung im Internet, »in einem gefrorenen Berg [...]. Der Permafrost [...] stellt sicher, dass die Samen auch dann lange kühl bleiben, wenn keine künstliche Kühlung vorhanden ist.«[108] Außerdem ist der bunkerartige Tresor nach dem Vorbild von Militäranlagen atombombensicher ausgebaut. Die Tunnel, die in den ehemaligen Stollen führen, sind so geformt, dass sie die Druckwellen einer etwaigen Explosion derart um- und ableiten, dass die Räume, in denen die Samen gelagert sind, nicht beschädigt werden.[109] Zusätzliche Sicherheit bietet auch die geografische Lage: Norwegen, so heißt es in der Selbstbeschreibung der Anlage weiter, sei ein abgelegenes und deshalb sicheres Land. Der Saatguttresor soll auch nach einem atomaren Krieg oder einer großen Umweltkatastrophe die Ernährung der Menschheit garantieren. Selbst wenn alle Kulturpflanzen vernichtet wären, gäbe es in Svalbard noch Samen, um neu anzubauen und nachzuzüchten. Die Anlage sichert, so das Selbstverständnis der vom norwegischen Staat finanzierten Einrichtung, unsere Zukunft. Doch die Planer:innen des Tresors hatten nicht mit dem Klimawandel gerechnet, zu dem die ehemalige Kohlemine, in dem das Saatgut untergebracht ist, selbst beigetragen hat. 2017 war in Norwegen ein sehr warmes Jahr, der hundert Meter lange Eingangsbereich der Anlage wurde von Schmelzwasser geflutet, das dann wieder gefror und so den Zugang zum Saatgut versperrte.

Das Anthropozän macht also auch vor den Orten nicht halt, die der Mensch sich zum Schutz vor den Folgen seines eigenen Handelns geschaffen hat. 2018 wurde die Anlage renoviert, nun soll sie für die nächsten 200 Jahre auch vor den Folgen des Klimawandels geschützt sein.[110]

Handel

Grenzenlose Verfügbarkeit • Das Kapitalozän und die unsichtbare Hand des Emissionshandels • Die kosmische Infrastruktur

Handel ist eine uralte Kulturpraxis des materiellen Austauschs, die fast die gesamte dokumentierte Menschheitsgeschichte durchzieht. Seit jeher reisen Menschen durch die Welt, um mit anderen Menschen Dinge auszutauschen, die sie für nützlich, wichtig und kostbar halten. Bei archäologischen Grabungen in Siedlungen früher menschlicher Kulturen finden sich immer wieder Gegenstände – von Werkzeugen bis Schmucktücken –, die aus weit vom Fundort entfernten Gegenden stammen. Handel war eine Form des kulturellen Austauschs und damit Grundlage der gesellschaftlichen Entwicklung, weil sich mit den Gegenständen auch Weltsichten und Wissensformen ausbreiteten. »Handel« ist heute aber auch die Bezeichnung für die Aktivitäten auf dem Gütermarkt, also jenem Wirtschaftssektor, der für den (kapitalistischen) Vertrieb von Waren zuständig ist. Und schließlich gehört zum Handel auch der Finanzmarkt, der die globale Wirtschaft bestimmt und die ökonomische und organisatorische Grundlage für den Umgang unserer Gesellschaft mit dem Klimawandel bildet. Vier Prozent der CO_2-Emissionen in Deutschland werden dem Handel zugeordnet. Ein kleiner, vermeintlich zu vernachlässigender Anteil, der aber, ganz ähnlich der Landwirtschaft, noch andere, tieferliegende Dimensionen hat.

Grenzenlose Verfügbarkeit

Die architektonischen Repräsentanten des Gütermarktes sind unschwer zu finden; denn sie sind überall; die alltäglichen Gesichter des Gütermarktes sind die Supermärkte und Shopping Malls, in denen unsere Konsumgelüste geweckt und befriedigt werden sollen. Die Voraussetzung für den Gütermarkt im Anthropozän ist die (scheinbar) unbegrenzte und unmittelbare Verfügbarkeit aller Produkte. Sie basiert auf einer Infrastruktur, die von fossiler Energie abhängig ist. Diese Raumstruktur bezeichnet die amerikanische Architekturtheoretikerin Elisa Iturbe als *carbon form*, deren komplexes Geflecht sie an einem Spinatblatt veranschaulicht: »Ein Spinatblatt an sich ist keine *carbon form*. Aber ein Spinat, der mit erdölbasierten Pestiziden und Düngemitteln angebaut, mit benzinbetriebenen Maschinen gesät und geerntet, in Plastikbehältern verpackt mit Lastwagen ausgeliefert und in einem klimatisierten Walmart-Supermarkt verkauft wird, [...] ist [...] eine Ware, die in einem komplexen Netzwerk von *carbon forms* zirkuliert.«[111]

Die Idee der unmittelbaren Verfügbarkeit, die das Spinatblatt zum Teil eines »komplexen Netzwerk von *carbon forms*« werden lässt, bestimmt auch die Architektur der ab den 1960er Jahren zunächst in den USA und dann in aller Welt entstehenden Malls und Einkaufszentren. Ihre Kernmerkmale sind unmittelbare Nähe zu Autobahn oder Schnellstraße, große Parkplätze oder -häuser und eine Gebäudehülle, die bis auf den Eingang und diverse Werbeschriftzüge keinen Bezug zur Umgebung aufbaut. Der Innenraum ist geschlossen und klimatisiert, von einer Art Passage sind einzelne, räumlich und wirtschaftlich voneinander unabhängige Geschäfte zu erreichen.

Als Erfinder der Shopping Mall gilt der österreichisch-amerikanische Architekt Victor Gruen – der allerdings ganz andere Ziele verfolgte, als er 1952 mit dem *Northland Center* bei Detroit den Prototyp für diesen Bautyp schuf. »Ihm schwebte«, so der britische Historiker Sam Wetherell, »eine große, überdachte Agora vor, die von staatlicher Hand verwaltet wird und eine bändigende Wirkung auf die Kräfte des Marktes haben sollte. Seine modernistische Vision zielte auf die Erneuerung des öffentlichen Lebens« ab.[112] Das Ergebnis war das Gegenteil: Der Siegeszug der Einkaufszentren und Malls hatte – vergleichbar mit den Effekten, die derzeit durch den Onlinehandel hervorgerufen werden – zum Niedergang vieler Innenstädte geführt, aber keine neuen räumlichen und sozialen Qualitäten geschaffen. Die Shopping Mall hat keine Geschichte und keine Identität, sie ist wie der französische Ethnologe Marc Augé es 1992 formulierte, ein »Nicht-Ort«.[113] Die architektonische Austauschbarkeit ist kein Zufall, sondern Absicht, weil nicht die lokale Spezifizität, sondern die global verfügbaren Waren im Vordergrund stehen.

1968 gründete Gruen die *Victor Gruen Foundation for Environmental Planning* und 1972 in Wien ein *Zentrum für Umweltplanung*. In seiner *Charta von Wien*, einem Gegenentwurf zur *Charta von Athen*, forderte er die Schaffung von innerstädtischen »Umweltoasen«[114] und wurde so zu einem Vorreiter eines ökologischen Städtebaus. Am Ende seines Lebens wurde aus dem als »mallmaker« oder auch »Schlächter der Altstädte« bezeichneten Gruen, so der Stadtplaner Alex Wall, »einer der ersten, der sich für die nachhaltige Stadt einsetzte«.[115]

Das Kapitalozän und die unsichtbare Hand des Emissionshandels

Shopping Malls, Einkaufszentren und Supermärkte mit ihren Parkplätzen und Kühlregalen sind, was das Phänomen Handel anbelangt, nur die in unserem Alltag besonders gut sichtbare Oberfläche der Konsumgesellschaft. Viel tiefer in die gesellschaftliche Ordnung greift eine andere Form des Handels ein: der Finanzmarkt. Er ist inzwischen größer als der Gütermarkt und funktioniert nach seiner eigenen Logik, in deren Mittelpunkt die Akkumulation von Kapital steht.

Während die naturwissenschaftlich geprägten Erdsystemwissenschaften mit dem Begriff Anthropozän das Individuum beziehungsweise die Menschheit in Verantwortung nehmen, stellt der schwedische Humangeograf Andreas Malm den Kapitalismus als Verursacher in den Vordergrund, weil die Kapitalakkumulation maßgeblich auf der Ausbeutung von Arbeitskraft und natürlichen Ressourcen beruhe: »Dies ist nicht die Geologie der Menschheit, sondern die der Kapitalakkumulation.« Er schlägt deshalb vor, das neue Erdzeitalter nicht als Anthropozän, sondern als »Kapitalozän« zu bezeichnen,[116] schließlich seien Webstuhl, Dampfmaschine und Eisenbahn, um drei frühe Treiber der Industrialisierung zu benennen, im Kapitalismus entstanden. »Verantwortlich für das Kapitalozän oder das Plantationozän ist eben nicht ›die Menschheit‹, sondern historisch spezifische Herrschafts- und Ausbeutungsverhältnisse wie Kolonialismus, Rassismus und Kapitalismus«, so fasst der Soziologe Folkers diese Argumentation zusammen.[117]

Die Diskussion um die »richtige« Bezeichnung des aktuellen Erdzeitalters soll hier weder geführt noch ausführlich nachgezeichnet werden. Wichtig für den Versuch einer spekulativen Archäologie der Gegenwart ist aber, dass die kapitalistische Wirtschaftsweise eine zentrale Gestalterin des Anthropozäns ist: Die Profitlogik macht Natur, Mensch und soziale Beziehungen zur handelbaren Ware und beutet rücksichtslos alle Ressourcen des Planeten aus. Der Finanzkapitalismus treibt diese Entwicklung auf die Spitze. Dass der nach den bisher üblichen Berechnungsformen der Finanzwirtschaft direkt zugeordnete CO_2-Ausstoß gering ist und die Dimension ihrer Verantwortlichkeit nicht sichtbar wird, passt zu ihrem volatilen Wesen.

Doch auch die Finanzwirtschaft sieht inzwischen den Klimawandel als Gefahr an. Extremwetterereignisse, Ernteausfälle und Klimakriege können das Wirtschaftswachstum gefährden, so die einfache – und sicherlich in der systemischen Logik richtige – Einsicht. In der EU wurde 2005 ein neues Finanzinstrument eingeführt, das den Klimawandel mit Hilfe des Marktes stoppen soll:

der Emissionshandel. Für bestimmte Marktbereiche werden Obergrenzen der zulässigen Emissionen festgelegt, Unternehmen erhalten dementsprechend vom Staat in Form von Zertifikaten das »Recht«, die Umwelt zu verschmutzen, und können, so sie ihre CO_2-Emissionen reduzieren, diese »Rechte« weiterverkaufen. So soll das Einsparen finanziell attraktiv werden, zumal perspektivisch die Anzahl der handelbaren Zertifikate verknappt werden soll. Dieser Handel hat keinen physischen Ort, er ist virtuell und fast genauso unsichtbar wie das CO_2, das getradet wird. Auch lässt er sich architektonisch nicht näher bestimmen, die Architektur des Finanzmarktes hat genauso wenig Spezifizität wie Supermarkt und Shopping Mall. Die gläsernen Hochhäuser der Banken und Fondsverwalter sind selten ortsspezifisch, sondern so austauschbar wie die Finanzprodukte, mit und an denen in ihnen gearbeitet wird.

Es gibt einen Gebäudekomplex, der diese Gleichzeitigkeit von Omnipräsenz und Abwesenheit versinnbildlicht, weil er nicht mehr physisch, aber dafür umso stärker im kollektiven Bewusstsein und in der medialen Erinnerung präsent ist: das New Yorker *World Trade Center*. Es wurde am 11. September 2001 von Terroristen zerstört, weil die ikonischen, auf etlichen Ansichtskarten, Postern und Souvenirs von New York verewigten Doppeltürme Symbol für die kulturelle und ökonomische Dominanz der USA waren. Ihr glatter Modernismus versinnbildlichte die Kälte der Macht.

Die Zerstörung der *Twin Towers* machte dem Westen schmerzhaft bewusst, dass weder das 1989 angesichts des bevorstehenden Zusammenbruchs der Sowjetunion vom amerikanischen Historiker Francis Fukuyama verkündete »Ende der Geschichte«[118] eingetreten war noch der von ihm prognostizierte Siegeszug von westlich-liberaler Demokratie und der damit verbundenen kapitalistischen Marktwirtschaft in Aussicht stand. Damals war die Ansicht verbreitet, der westliche Wohlstand gründe auf einer durch Demokratie und Kapitalismus entfachten Innovationsfreudigkeit. Heute wird vor dem Hintergrund der Forschungen zum Klimawandel deutlich, dass einer der wesentlichen Gründe für den Überfluss und Wohlstand der westlichen Industriestaaten – und damit auch für die Überlegenheit im Systemwettkampf mit dem Ostblock – der höhere Energie- und Ressourceneinsatz des Westens war. Basis dafür, so der französische Historiker Christophe Bonneuil, war die Ausbeutung der Ressourcen anderer – meist offiziell »dekolonialisierter«, aber nach wie vor politisch und wirtschaftlich abhängiger – Staaten; ein »ungleicher ökonomischer Tausch«, bei dem die ökologischen Kosten des Wachstums vom Westen externalisiert wurden. »Damit entstand«, so Bonneuil weiter, »eine Kluft zwischen den Volkswirtschaften, die viel Reichtum produzieren, ohne schwere Schäden im eigenen Land zu riskieren, und den anderen, deren Wirtschaftstätigkeit das eigene Territorium stark belastet.« Und die, wie hinzuzufügen ist, nicht immer zu Wohlstand führte. Bonneuil bezeichnet dieses Ungleichgewicht als »ökologische Verschuldung der westlichen Industrieländer«.[119] Die ökologische Ungleichheit, auf der der westliche Wohlstand beruht, hält bis heute an. Inzwischen werden Reparationszahlungen von betroffenen Ländern eingefordert, doch von den westlichen Staaten wird die offenkundige Schuld nicht eingestanden – vermutlich aus Angst, sie dann auch begleichen zu müssen.

Der Architekt der 1973 fertiggestellten *Twin Towers* war Minoru Yamasaki, der bereits die Wohnblocks von *Pruitt-Igoe* errichtet hatte, deren 1972 erfolgte Sprengung von Charles Jencks als das – lange herbeigesehnte – Ende der modernen Architektur gepriesen wurde. 2014 wurde in New York an Stelle der zerstörten *Twin Towers* ein aus mehreren Bauten bestehendes neues Welthandelszentrum eröffnet. Mit seiner *stealth*-artigen Fassade symbolisiert dessen zentrales Hochhaus den festen Willen der USA, ihre globale Vormachtstellung nicht aufzugeben. Dass der ursprüngliche Name *Freedom Tower* in *One World Trade Center* geändert wurde, um chinesische Mieter nicht zu verschrecken, zeugt aber von den Verschiebungen im globalen Machtgefüge, die sich schon lange angekündigt haben.

Die kosmische Infrastruktur

Austausch braucht seit jeher Verbindung und Vernetzung: Handel beruht auf Infrastruktur. Zur Architektur, die der Gütermarkt hervorbringt, zählen deshalb nicht nur die Verkaufsräume, sondern auch die dazugehörigen Bauten des Austauschs: Häfen und Schiffe, Eisenbahnstrecken und Airports, Straßen, Warenlager und Logistikzentren. Diese Infrastrukturen entwickeln sich gemeinsam mit den Technologien der Menschen weiter. Der jüngste Innovationsschub war die Digitalisierung von Information und Kommunikation, für die neue Infrastrukturen entstanden sind: Glasfaserkabel, Satelliten, Rechenzentren etc. Die neue Welt der Daten ist äußerst energieintensiv: Zwei Prozent der globalen CO_2-Emissionen entstehen in Serverparks.[120]

Wie jede infrastrukturelle Innovation wirkt sich auch die Digitalisierung auf Wirtschaft und Handel aus, am Gütermarkt wird die Shopping Mall vom Onlineshop abgelöst werden, am Finanzmarkt verlieren der physische Börsenplatz und seine hyperaktiven Trader an Bedeutung, an ihre Stelle treten digitale Fondsmanager, die Kauf- und Verkaufsentscheidung auf Basis von Deep Learning und künstlicher Intelligenz treffen.

Voraussetzung für KI sind große Datenmengen, die in Rechenzentren verarbeitet und dann an die ausführenden Maschinen weitergeleitet werden. Diese Daten und ihre Verarbeitung sind der Wachstumsmarkt der Zukunft, weil sich aus der computerisierten Auswertung von *big data* die Wahrscheinlichkeit möglicher Zukünfte modellieren und die – nach welchen Kriterien auch immer – sinnvollsten Handlungsmodelle errechnen lassen. Für den Architekturkritiker Niklas Maak sind diese Rechenzentren deshalb die Machtzentren der zukünftigen Gesellschaft.[121] Bislang befinden sie sich eher im Verborgenen, ihre Architektur ist nicht repräsentativ, sondern verschleiernd. Eine der wenigen Ausnahmen ist ein Prestige-Projekt von IBM, das 2005 einen der leistungsstärksten Supercomputer der Welt – mit ihm werden u.a. Klimamodelle errechnet – spektakulär inszeniert in eine ehemalige Kapelle einbaute.[122]

Das algorithmische Weltenhirn als neue Gottheit nimmt den Ort der alten ein.

Doch die meisten Server-Farmen entziehen sich der Sichtbarkeit und verstecken sich in Gewerbeparks. Im 2022 erschienenen *Servermanifest* fordert Maak, diese neuen Machtorte sichtbar zu machen und ihre Macht, ganz im Sinne der von der italienischen Digital-Innovatorin Francesca Bria entwickelten Vorstellung von »Data Commons«,[123] zu demokratisieren.[124] Die Datacenter der Zukunft, so Maak, sollten nicht im Verborgenen agieren, sondern die gleiche öffentliche Aufmerksamkeit und damit verbundene städtebauliche und architektonische Sichtbarkeit erhalten, wie sie heute Parlamente und Rathäuser haben.[125] Die Realität ist aber eine andere, schon aus praktischen Gründen: Server produzieren Wärme, sie müssen gekühlt werden, was viel Energie verbraucht. Verschiedene Unternehmen, u.a. auch Google, haben deshalb mit auf dem Meer schwimmenden Rechenzentren experimentiert, um das Wasser als natürliches Kühlmittel zu nutzen. Microsoft hat mit dem Projekt *Natick* sogar ein Unterwasserzentrum erprobt.[126] Der Vorteil ist laut Microsoft, dass die Server so vor Naturkatastrophen, Terroranschlägen und Diebstahl geschützt seien. Es fällt nicht schwer, hier eine Verbindung zu anarchokapitalistischen Freiheitsphantasien zu ziehen: Auf dem Meeresgrund in internationalen Gewässern sind die Daten nicht nur der öffentlichen Sichtbarkeit, sondern auch nationalstaatlicher Gerichtsbarkeit entzogen.

Wesentlich sichtbarer als die Serverparks wird in Zukunft die Infrastruktur der Datenübermittlung sein. Der Unternehmer Elon Musk betreibt mit seiner Firma Starlink derzeit 3500 Satelliten, in den nächsten Jahren möchte er seine Flotte auf 30000 erhöhen. Dafür baut er in Boca Chica, einem kleinen Ort im Nirgendwo der texanischen Wüste, einen eigenen Weltraumbahnhof, die *Starbase*. Musk ist nicht der Einzige, der das Sternenzelt neu bestücken will. Amazon hat das Konkurrenzprojekt *Kuiper* gestartet, bis 2026 will das Unternehmen rund 2000 weitere Satelliten in die Erdumlaufbahn schießen. Doch China will den Weltraum nicht den USA überlassen, weshalb das chinesische Staatsunternehmen China Satcom rund 13 000 eigene Erdbegleiter plant.[127] Sie alle werden unser Bild vom Himmel verändern; *Bluewaker 3*, der derzeit größte kommerzielle Satellit, erscheint von der Erde aus heller als jeder Stern.[128] So formt sich das Anthropozän ein eigenes, sich fortwährend veränderndes Gesicht am Firmament.

Zukünftige Generationen werden den das Anthropozän prägenden Größenwahn, die Hybris der herrschenden Eliten und die zugrundeliegende Vorstellung von »Markt« und »Handel« nicht anhand der ubiquitären, aber architektonisch bedeutungslosen Shopping Malls, nicht mittels unter Wasser verborgener Rechenzentren, nicht an den Überresten von in menschenleeren Wüsten platzierten Raketenstartplätzen zu rekonstruieren versuchen. Aia und andere zukünftige Archäolog:innen werden nicht einmal in der Erde graben müssen. Ihnen wird ein Blick zum Himmel genügen, weil die hell blinkenden Kommunikationssatelliten auch noch in vielen Jahren als Weltraumschrott um die Erde kreisen und sinnlose Signale senden werden, bis sie irgendwann in die Atmosphäre eintreten und verglühen.

Müll

Am Müll ersticken • Landschaften der Entsorgung • Müll ist eine Goldgrube

Abfall (genauer: dessen Verbrennung) verursacht nur ein Prozent der CO_2-Emissionen. Aus der Architekturgeschichte des Anthropozäns ist er aber aus mehreren Gründen nicht wegzudenken. Zum einen ist mit 55 Prozent über die Hälfte des gesamten Abfallaufkommens in Deutschland Bauschutt: Architektur ist der größte Müllproduzent, den es gibt. Zum anderen ist Müll für Archäolog:innen eine wichtige Quelle der Erkenntnis. Er verrät viel über die Kultur, die ihn hinterlassen hat, und er hilft, vergangenes Geschehen zu rekonstruieren. Die Bedeutung des Mülls unserer Gesellschaft für das Verständnis des Anthropozäns beruht also nicht auf dem statistisch gut zu erfassenden Anteil der Müllverbrennung an den CO_2-Emissionen, sondern ist an andere, weniger genau zu messende Aspekte geknüpft; etwa, was als Müll angesehen wird, wie mit dem Müll umgegangen wird und – die vielleicht wichtigste Frage – warum unsere Gesellschaft davon so viel produziert.

Am Müll ersticken

Tall Chuera liegt im Norden Syriens und war im 3. Jahrtausend vor unserer Zeit mit rund 50 000 Einwohnern ein bedeutendes urbanes Zentrum. In seiner Mitte, zwischen Tempel und Herrscherpalast, befand sich ein großer leerer Platz, der religiösen und zeremoniellen Zwecken diente. Doch irgendwann änderte sich die Nutzung, so der Archäologe Peter Pfälzner, der in dem Areal der längt untergegangenen Stadt Ausgrabungen durchgeführt hat: »Die Stadtbewohner widm[et]en ihr Zentrum in einen städtischen Müllplatz um.«[129] Über die Zeit sammelte sich dort ein zwölf Meter hoher Ascheberg an, der vor allem von verbranntem Hausmüll herrührte. Interessanterweise fand die Vermüllung nicht in einer allgemeinen Verfallsphase statt, sondern in einer Hochzeit der Siedlung. Ursprünglich wurde der Abfall nämlich am Stadtrand entsorgt, was vielen Bewohner:innen anscheinend zu mühselig wurde, als die Stadt größer wurde. »Tall Chuera«, so Pfälzner, »ist das früheste Beispiel einer Stadt, die in der Blüte ihrer Entwicklung an ihrem eigenen Müll erstickt.«

Müll ist eine Erfindung des Menschen. Die Natur kennt keinen Müll, alle Materie befindet sich in einem Kreislauf, wird weiter und weiter genutzt. Der tschechisch-deutsch-brasilianische Medienphilosoph Vilém Flusser bezeichnete als einen Wesenszug von Kultur, dass alles, was sie produziert, irgendwann zu Abfall wird. Er beschrieb in den 1980er Jahren Kultur als einen Kreislauf von »Natur-Halbzeug-Kultur-Abfall-Natur«.[130] Dem Gesetz der Entropie folgend, verliere alles, was durch Kultur entsteht, irgendwann seine Form und werde zu Abfall, einem merkwürdigen Zwischenzustand, bis es schließlich keinen Informationsgehalt mehr habe und, so Flusser, wieder zu »Natur« werde. Dieser Kreislauf gelte für materielle Kulturgüter genauso wie für immaterielle. Doch »in unserer Kultur« so die Kunsthistorikerin Vera Schwamborn, Flusser paraphrasierend, »gibt es ›Kreislaufstörungen‹, der Abfall staut sich«.[131]

Alles, was der Mensch geschaffen hat, wird also irgendwann zu Müll, der für Aia interessant sein könnte. »Für die Geschichtswissenschaft ist die Archäologie des Mülls von unschätzbarem Wert«, so der deutsche Umwelthistoriker Christof Mauch. Nicht in Anbetracht kultureller Artefakte (Kunstwerke, Gebrauchsgegenstände, Bauten etc.), sondern anhand unseres Mülls werden zukünftige Archäolog:innen unsere Gesellschaft decodieren können – was zu einer schmerzhaften Umkehrung des modernen Selbstbildes führen könnte: »Nicht *work*, sondern *waste* wird damit zur Signatur des Menschlichen«, so der Soziologe Folkers.[132] Das liegt auch daran, dass der Müll der Gegenwartsgesellschaft widerständig ist, er zerfällt nicht einfach, wird nicht, wie Flusser hoffte, wieder zu Natur, sondern bleibt für lange Zeit einfach Müll. Luft, Wasser und Wind ausgesetzter Kunststoff braucht mehrere hundert Jahre, bis er zerfällt, und selbst dann auch nur zu Mikroplastik, das in alles Leben eindringt und nicht verstoffwechselt werden kann.

Der gefährlichste Müll, den unsere Kultur hervorbringt, wird die Erzeuger:innen weit länger überdauern: Atommüll strahlt viele 10 000 Jahre. Manche Wissenschaftler, wie zum Beispiel der amerikanische Geologe Peter K. Haff, betonen deshalb, dass nicht die Menschheit, sondern die – von ihr erschaffene – Technosphäre als prägend für das gegenwärtige Erdzeitalter angesehen werden müsse. Aus dieser Perspektive erleben wir gerade den Anfang des Technozäns, dessen Ausmaß und Konsequenzen – Stichwort künstliche Intelligenz – wir noch überhaupt nicht absehen können.

Landschaften der Entsorgung

Müll, so der technische Euphemismus der Gegenwart, wird entsorgt. Was Entsorgung bedeutet, wird deutlich, wenn man sich vor Augen führt, was mit Sorge gemeint ist. Sorge, so der französische Philosoph Michel Foucault, bringt eine »Intensivierung des Selbstbezuges« mit sich, »durch den man sich als Subjekt seiner Handlungen konstituiert«.[133] Vereinfacht ausgedrückt: Wer sich sorgt, reflektiert sein eigenes Handeln, erkennt, dass es Folgen für einen selbst und einen Bezug zu einem selbst hat. Wer sich um den Müll, den er produziert, »sorgt«, macht sich bewusst, welche Auswirkungen der von uns produzierte Abfall auf das Leben auf unserem Planeten hat, und wie das auf ihn selbst zurückwirkt. Wer sich sorgt, erkennt im Müll einen negativen Spiegel seiner selbst. Er sieht und riecht, was er angerichtet und hinterlassen hat.

Die »Entsorgung« befreit uns von dieser Rückkopplungsschleife, erlöst uns vom beschmutzten, verdreckten Selbstbild. Wir müssen uns keine Sorgen mehr um unsere Hinterlassenschaften machen, entfremden uns aber von der Realität, die durch unsere Handlungen entsteht. Die Entsorgung schafft Orte, an denen sich der negative Spiegel unseres Selbst verdichtet. Auch das ist ein Gegenstand der Architekturgeschichte des Anthropozäns, denn die Entsorgung des Mülls hat eine eigene – unübersehbare –Architektur und Landschaft hervorgebracht.

Zu dieser Landschaft zählen ohne menschliche Planung entstandene Müllanhäufungen, wie zum Beispiel der Große Pazifische Müllstrudel zwischen Hawaii und Kalifornien, der aus 80000 Tonnen auf dem Meer schwimmendem Plastik besteht und eine Fläche einnimmt, die viermal so groß wie Deutschland ist. Zur Mülllandschaft zählen auch die von Menschen absichtlich geschaffenen Halden. Eine berühmt-berüchtigte Mülldeponie ist *Fresh Kills Landfill*, die »größte von Menschen geschaffene Erdformation. [...] Selbst vom Weltraum aus ist sie deutlich zu sehen.«[134] *Fresh Kills* liegt im Nordwesten von Staten Island, dem südlichsten, etwas abgelegenen und am geringsten besiedelten Stadtbezirk von New York. Bevor das zwischen zwei Flussarmen gelegene, 890 Hektar große Gebiet als Deponie genutzt wurde, war es Marschland, also ein halb feuchtes Überschwemmungsgebiet. 1948 wurde entschieden, das Gebiet kurzfristig als Müllkippe zu nutzen. Ziel war nicht nur, den Müll von New York zu entsorgen, sondern auch durch die Aufschüttung des Marschlandes mit Müll Bauland zu gewinnen.[135] Doch dieser Plan wurde schnell fallengelassen, das Müllaufkommen von New York war so groß, dass die Fläche weiter als Halde benutzt werden musste. Innerhalb der folgenden 50 Jahren wuchs *Fresh Kills Landfill* zur größten Müllkippe der Welt an – inklusive 70 Meter hohen Müllbergen und erheblichen Umweltschädigungen. Im März 2001 wurde die Deponie geschlossen, nach dem Terroranschlag auf das *World Trade Center* für ein Dreivierteljahr reaktiviert, um Trümmerschutt (und darin verborgene Leichenteile) aufzunehmen.

Nun soll anstelle der Deponie ein großer Park entstehen, drei Mal so groß wie der Central Park. Das Unterfangen ist ambitioniert und komplex, denn »Fresh Kills' Geschichte«, so der amerikanische Umwelthistoriker Martin V. Melosi, »ist von Vergänglichkeit geprägt: von der Salzwiese zur Mülldeponie, zum Friedhof und schließlich zum zukünftigen Park.«[136] Bis 2036 sollen Spielplätze gebaut, ein Mahnmal für die Toten von 9/11 errichtet und das Marschland renaturiert werden. Sogar urbane Landwirtschaft soll betrieben werden können – alles, um die vorherige Naturzerstörung vergessen zu machen. Dazu gehört auch, dass der neue Park nicht nur ein Refugium für erholungsuchende Stadtmenschen, sondern auch für Tiere und Pflanzen werden soll.

Mit der Planung von *Freshkills Park* wurde 2003 das Landschaftsarchitekturbüro Field Operations beauftragt, das auch durch die Transformation einer stillgelegten New Yorker Hochbahnstrecke in den neuartigen urbanen *High Line*-Park internationale Bekanntheit erlangt hat. Zu den Ambitionen des Büros passt, dass für die New Yorker Parkbehörde die Verwandlung der Müllkippe in einen hybriden Landschaftspark ein Musterbeispiel für weitere Transformationsprojekte werden soll, schließlich gibt es genug andere Orte in der Welt, die mit Müll und seinen Folgen zu kämpfen haben. Doch nicht alle sind von dem Konzept für *Freshkills Park* überzeugt. Für manche Kritiker:innen ist das Projekt eine Mogelpackung, denn der teils giftige Müll verschwindet nicht, sondern soll lediglich mit großem technischem Aufwand unter einer ästhetisch ansprechenden Hülle versteckt werden. »Die Landschaft des Freshkills Park hat viele natürliche Eigenschaften, ist aber in hohem Maße technisiert«, gestehen selbst die Parkbetreiber ein.[137] Wenn man aber, so die amerikanische Biologin Katherine Thompson, die »Abscheulichkeit« der Müllkippe aus dem Gedächtnis verbannt, bleibt das nicht ohne Folgen: »Wir entfernen uns immer mehr von der Natur und denken, dass jeder Schaden, den wir der Erde zufügen, wieder rückgängig gemacht oder mit einem malerischen Park versteckt werden kann.« Mit der Einrichtung des Parks gäbe die Stadtverwaltung von New York das falsche Versprechen, ökologisch schädliche Handlungen hätten keine negativen Folgen. Statt das verursachende Verhalten zu ändern, werden bloß dessen Auswirkungen unsichtbar gemacht und damit aus dem Bewusstsein verdrängt. Das Müllproblem bestünde weiter. New York, so Thompson weiter, »bleibt einer der größten Müllproduzenten der Welt«.[138]

Die »Metamorphose von der Einöde zu einer Umweltoase«,[139] wie sie in New York angestrebt wird, hat die frühere Mülldeponie Georgswerder in Hamburg bereits hinter sich. 1948 wurde dort Trümmerschutt abgeladen, dann Hausmüll und ab 1967 auch Sondermüll. So entstand ein über 40 Meter hoher Berg, der nach Schließung der Deponie 1986 mit einer zwei bis drei Meter dicken Schicht aus Kunststoffplanen und Mergel abgedichtet wurde. Auf diesem Berg haben sich seitdem »wertvolle Biotope mit Pflanzenarten aus der Roten Liste« angesiedelt, berichtet die Hamburger Behörde für Stadtentwicklung und Umwelt voller Stolz.[140] Trotz aller oberflächlicher Natürlichkeit muss das Sickerwasser noch immer sorgfältig gereinigt werden, damit keine hochgiftigen Dioxine aus dem eingelagerten Sondermüll ins Grundwasser gelangen.

Das Betreten des 40 Meter hohen künstlichen Berges war verboten, bis er 2013 im Rahmen der Internationalen Bauausstellung zum *Energieberg* nobilitiert und für Besucher:innen zugänglich gemacht wurde. Auf der früheren Müllkippe stehen inzwischen Solaranlagen und Windräder, und mit dem im Inneren des Berges durch die Verfaulung des Hausmülls entstehenden Biogas wird ein Wärmekraftwerk betrieben, 4000 Haushalte werden so mit Strom versorgt. Die ehemalige Mülldeponie wird von der Stadt Hamburg nun als der »Gipfel erneuerbarer Energien« und attraktives Ausflugsziel präsentiert – inklusive eines 900 Meter langen »Horizontwegs«, von dem aus man in die Weite der, von künstlichen Erhebungen wie Müllbergen abgesehen, sehr flachen norddeutschen Landschaft schauen kann.[141] So setzt sich in der Renaturierung jene Haltung fort, die »Entsorgung« in den Vordergrund stellt; mit viel Aufwand wird ein gutes Gewissen und ein tolles Erlebnis generiert, doch Müll und Gift werden nicht aus der Welt geschafft, sondern – ob im Fall von *Freshkills Park*, dem *Energieberg* oder all den anderen »renaturierten« Mülldeponien – nur, einmal mehr, der Sichtbarkeit entzogen.

Müll ist eine Goldgrube

Doch wohin mit dem Müll, wenn er nicht mehr auf die heimische Müllkippe kommt? Man entsorgt ihn anderswo. 2021 exportierte Deutschland rund 750 000 Tonnen Kunststoffabfälle und ist damit Nummer 1 in Europa. Allerdings ist die Tendenz sinkend, vor zehn Jahren war es noch doppelt so viel. »Ein Grund für den Rückgang dürften [...] die Einfuhrbeschränkungen einiger asiatischer Länder für Plastikmüll sein«, so das Statistische Bundesamt.[142] Die Externalisierung ökologischer Kosten funktioniert nur so lange, wie die Importländer von den Einnahmen abhängig sind und glauben, sich deshalb ein ökologisches Bewusstsein nicht leisten zu können. Der größte Abnehmer für deutschen Plastikmüll ist derzeit Malaysia. Da die wahren ökologischen Kosten dieses Exports nicht berechnet werden, ist es für die reichen westlichen Staaten billiger, Abfall nach Südostasien zu transportieren und dort auf illegalen oder informellen Deponien abzulagern, als ihn im eigenen Land zu recyceln.[143]

Ein anderes europäisches »Exportgut« ist Elektroschrott, der meiste landet in Agbogbloshie, einem Stadtteil der ghanaischen Millionenstadt Accra, wo sich die größte Müllkippe Afrikas befindet. 60 000 bis 80 000 Menschen leben inmitten der Abfälle, viele Familien sichern sich ihr tägliches Überleben mit Low-Tech-Recycling, Kinderarbeit ist weit verbreitet. Auf der Suche nach verborgenen Schätzen durchstreifen Menschen die Müllkippe, auf offenen Feuern schmelzen sie aus den kaputten Geräten edle Metalle heraus, wobei sie sich giftigen Dämpfen und Abgasen aussetzen. »250 bis 300 Gramm Gold«, so Mauch, befinden sich »in einer Tonne mit Leiterplatten«.[144] Das sei zwar fünfzig Mal mehr als im

Goldbergbau, aber die Folgen für Mensch und Umwelt sind dramatisch: Agbogbloshie, auch *Toxic City* genannt, gilt als einer der verseuchtesten Orte der Erde. Für die Reedereien, die den Müll von Europa nach Ghana verschiffen, ist das nicht nur ein gutes Geschäft, sondern auch ein in ihren Augen sinnvoller Beitrag zur Kreislaufwirtschaft. Müll ist eine Goldgrube – nur nicht für die, die in Agbogbloshie leben. Sie überleben in einer zerstörten und vergifteten Landschaft, die von ästhetischen Überformungen wie dem *Freshkills Park* oder dem *Energieberg Georgswerder* unendlich weit entfernt ist.

Den eigenen Abfall zu künstlichen Bergen aufzutürmen oder in entfernte Weltgegenden zu exportieren, ist nicht die einzige Form, ihn zu entsorgen. Man kann ihn nach wie vor verbrennen, wie es schon vor 5000 Jahren in Tall Chuera üblich war. Zurück bleibt nur Asche, und natürlich CO_2, aber das sieht man ja nicht. Noch heute werden weltweit rund 40 Prozent des Mülls unter freiem Himmel verbrannt, dabei entstehen nicht nur CO_2-Emissionen, sondern auch Feinstaub und giftige Abgase, die zu gesundheitsschädlicher Luftverschmutzung führen.[145]

Nicht unkontrolliert, sondern »kontrolliert« erfolgt die thermische Abfallentsorgung in Müllverbrennungsanlagen. Sie wurden Ende des 19. Jahrhunderts unter dem Eindruck der Cholera-Epidemien aus hygienischen Gründen entwickelt, die erste, 1874 im englischen Nottingham errichtete Anlage trug den sinnfälligen Namen *Destructor*.[146] Aber erst mit der Verbreitung von organischen Kunststoffen nach dem Zweiten Weltkrieg bekam Hausmüll einen so hohen Brennwert, dass sich damit sinnvoll Heizkraftwerke betrei-

Abb. 22: Auf der Kopenhagener Müllverbrennungsanlage *CopenHill* von BIG befindet sich Dänemarks erste Skipiste. Müll wird zum neuen Wahrzeichen der Stadt.

ben ließen. »Müll zu Energie« war die Reaktion der USA auf die Ölkrise in den 1970er Jahren – aus Abfall wurde eine Energiequelle.

Müllverbrennungsanlagen sind nicht beliebt. Die bei der Verbrennung zurückbleibenden Schlacken (die man häufig im Straßenbau verwendet) und ungereinigte Abgase sind giftig, außerdem sind sie die baulichen Repräsentanten der Schatten- beziehungsweise Abfallseite unserer Gesellschaft. Niemand will eine Müllverbrennungsanlage in seiner Nachbarschaft haben, sie werden deshalb häufig an die Ränder der Städte verbannt. Einen anderen Weg beschritt die dänische Hauptstadt Kopenhagen, die in vielen Bereichen der Stadtplanung ein innovativer Standort ist. Dort eröffnete 2019 eine Müllverbrennungsanlage ganz eigener Art, das als *CopenHill* bekannte *Amager Resource Centre*. 2010 gewann Bjarke Ingels den Wettbewerb für den eigentlich profanen Abfall- und Energiewirtschaftlichen Bau mit einem ganz außergewöhnlichen Vorschlag: Das Kraftwerk sollte sich nicht verschämt verstecken, sondern ein positives Identifikationsangebot machen, attraktiv, aufsehenerregend, spektakulär sein. Es sollte nicht nur eine Müllverbrennungsanlage sein, sondern auch ein künstlicher Berg, auf dem man Ski fahren kann.

Die dafür notwendige volumetrische Höhenstaffelung ergab sich, so Ingels, aus den technischen Abläufen innerhalb der Anlage.[147] Die erste Skipiste Dänemarks ist also kein postmoderner Selbstzweck, sondern zeitgemäßer Funktionalismus, so das Narrativ. Natürlich war sich BIG bewusst, dass es nicht einfach ist, Müllverbrennung positiv aufzuladen, dass Skifahren allein nicht ausreicht, um die negative Konnotation von »Müll« und »Verbrennung« zu übertönen. Als Vorwärtsverteidigung bettete das Büro deshalb ein »Mahnmal« in das Konzept ein. Aus dem Schornstein der Anlage sollten kringelförmige Dampfwolken aufsteigen – immer dann, wenn das Kraftwerk eine weitere Tonne CO_2 produziert hat. Mit diesem »Mahnmal« sollte das unsichtbare Treibhausgas sichtbar gemacht und problematisiert werden. Allerdings sind Verbrennungsanlagen heute so effizient, dass kein Dampf entsteht, weshalb diese Idee wieder fallengelassen wurde. Der Welt bleibt eine ästhetische Verbrämung ihrer Zerstörung erspart.

CopenHill hat für seine Besucher:innen auch ohne didaktisches Dampf-Kunstwerk genug zu bieten: So kann die Skipiste dank speziellem Kunstrasen auch im Sommer genutzt werden (wer braucht heute schon noch Schnee!), und in 78 Metern Höhe gibt es eine Dachterrasse mit Café und spektakulärem Ausblick auf ganz Kopenhagen.

Die Müllverbrennungsanlage ist eine international beachtete urbane Ikone geworden, ein Magnet für Tourist:innen – und eine Goldgrube: Der Skipass kostet zwanzig Euro pro Stunde. Um das Geschäft weiter anzutreiben, wird vom Betreiber ab und an eine »Schatzsuche« angeboten: »Wir haben neun geheime Hinweise auf der Piste versteckt. Wenn Sie alle finden und die Fragen richtig beantworten, können Sie zwei Stunden Skifahren gewinnen.«[148] Die von Guy Debord beschriebene »Gesellschaft des Spektakels«[149] hat also auch die Müllverbrennung erreicht: Müll kann ein Erlebnis sein und Spaß machen. Dazu passt, dass Bjarke Ingels das Ziel seiner Vorgehensweise als »hedonistische Nachhaltigkeit« bezeichnet. Anscheinend ist Ingels nicht nur architektonisch ein Meister des Euphemismus. Nachhaltigkeit ist gut, aber Spaß muss sie halt auch machen.[150]

Im Spannungsfeld der Schätze, die die Tourist:innen auf *Copen-Hill* suchen, und dem Gold, das die Arbeiter:innen in Agbogbloshie aus dem Elektroschrott schmelzen, werden die Archäolog:innen der Zukunft auf eine Gesellschaft der lustvollen Zerstörung stoßen. Die Gesellschaft, die sie zu verstehen versuchen, ist auf ungleich produziertem und verteiltem Müll gebaut: Während die Bewohner:innen des globalen Südens am Abfall ersticken, haben die des (noch) wohlhabenden Westens ihren Spaß daran. Die Zerstörung der Welt, so werden die zukünftigen Archäolog:innen schlussfolgern, haben die reichen Gesellschaften des globalen Nordens zu verantworten. Selbstzerstörung und Müll, unendlich viel Müll, sind zwar nicht der Motor, aber doch das Wesen des Anthropozäns.

INTERMEZZO
Im Labyrinth der Verantwortungslosigkeit

Verantwortung ist die Bereitschaft, sich mögliche negative Folgen des eigenen Handelns vorzustellen und daran das eigene Handeln auszurichten. Diese Form von Verantwortung scheint aber, allen gegenteiligen Beteuerungen zum Trotz, nicht die Stärke der meisten Architekt:innen zu sein – sonst wäre die Welt nicht in dem (baulichen) Zustand, in dem sie heute ist. Es gibt sie, die ehrbaren Kämpfer:innen für eine bessere Zukunft, aber viele profilierte Architekt:innen sind von formaler Selbstbespiegelung getrieben, und selbst die Robin Hoods des ökologischen Bauens hängen zuweilen einem naiven Planungsoptimismus an. Schlimmer noch: Schon aus ökonomischem Kalkül ist die Zunft (wie viele andere auch) kaum an langfristiger Verantwortung interessiert. 2020 drückte Jacques Herzog die entsprechende Ignoranz in dem Text »A Letter from Basel«, den man auch als »Manifest der Verantwortungslosigkeit« bezeichnen könnte, wie folgt aus: »Du fragst mich, was wir Architekten gegen die unübersehbar drohende Umweltkatastrophe tun sollten. Gegen die soziale Ungleichheit. Gegen die Armut. Gegen die Zerstörung der Ressourcen dieses Planeten [...], die Antwort ist: Nichts.« Die Erklärung, warum dem so sei, lieferte Herzog gleich mit: »Architekten haben immer mit den Mächtigen der Welt verkehrt. Sie bauten Paläste, Tempel, Stadien, ganze Städte. Meistens im Zeitgeist, selten als Ausdruck von Erneuerung und Wandel.«[151]

Diese strukturelle Verantwortungslosigkeit findet sich schon im historisch ersten »Zeugnis des Nachdenkens über Architektur«,[152] nämlich in den antiken Mythen über den Baumeister und Bildhauer Daidalos. Geschichten über ihn, das ihm zugeschriebene Labyrinth und den Sturz seines Sohnes Ikarus tauchen von Homer bis Ovid in verschiedenen Überlieferungen auf. Der Entstehungskontext dieser Mythen lässt sich ungefähr am Ende der minoischen Kultur verorten, also um etwa 1500 vor unserer Zeit. Die Erfindung des Labyrinths beschäftigte die Menschen der Antike so intensiv, dass schon damals nach Überresten gesucht wurde.

Tauchen wir kurz in die Geschichte ein: Daidalos ist ein unglaublich begabter, aber auch äußerst unsympathischer Typ. Er ist intelligent und kunstfertig, kann nicht nur Gebäude errichten, sondern auch als Bildhauer die Natur täuschend echt nachahmen. Aber er ist eitel, in selbstverliebter Vermessenheit bringt er seinen eigenen Neffen um, weil dieser begabter zu sein scheint als er selbst. Nach dem Mord flieht er aus seiner Heimatstadt Athen und findet Asyl bei König Minos auf Kreta. Dessen Gattin Pasiphaë begehrt einen wunderschönen Stier – warum, ist wieder eine andere Geschichte –, Daidalos baut für sie eine täuschend echte Kuhattrappe, die es ihr ermöglicht, sich von dem Stier schwängern zu lassen. Pasiphaë gebiert den Minotaurus, ein wütendes, gefährliches, menschenfressendes Mischwesen mit Stierkopf und Menschenkörper. Im Auftrag des Königs baut Daidalos nun das berühmte Labyrinth, in dem der Minotaurus fortan gefangen gehalten wird, bis er schließlich von Theseus, einem griechischen Königssohn, getötet wird. Auch hier hat Daidalos seine Finger im Spiel, Stichwort: Ariadnefaden, weshalb er nun vom wütenden König Minos im selbsterbauten Labyrinth eingesperrt wird. An seiner Misere ist er nicht ohne Schuld, wie der deutsche Architekturkritiker Ulrich Conrads konstatiert: »Fest steht, ohne des Daidalos Dienstbarkeit und erfinderische Fähigkeiten hätte es den Minotaurus und also auch das ganze Folgedrama nicht gegeben.« Der »Taschenspieler, Feinmechaniker, Konstrukteur, Baumeister«, so Conrads, war »immer in jemandes Diensten«, erfüllte »jedwedes Ansinnen [...], das an ihn gestellt wird«, vergaß darüber aber, »die Folgen seines Tuns« zu bedenken.[153] Um es kurz zu machen: Daidalos handelte verantwortungslos.

Und heute? Die Mechanisierung hat der Menschheit eine Macht über die Natur verliehen, wie sie vor dem 19. Jahrhundert nicht vorstellbar gewesen war. Aus dem Umstand, dass »der Zustand der außermenschlichen Natur, die Biosphäre als Ganzes und in ihren Teilen«, wie 1979 der Philosoph Hans Jonas in seinem berühmten Werk *Das Prinzip Verantwortung* schrieb, »jetzt unserer Macht unterworfen ist«,[154] erwächst die Notwendigkeit einer neuen Ethik, eines neuen Verständnisses von Verantwortung. Vor dem Hintergrund der Zerstörung, die die Architektur der Moderne hervorgebracht hat, müssen heutige und zukünftige Architekt:innen sich, an Jonas orientierend, einer grundsätzlichen Gewissensfrage stellen: Sind »die Wirkungen deiner Handlung verträglich [...] mit der Permanenz echten menschlichen Lebens auf Erden, [also] nicht zerstörerisch«?[155]

Bislang werden nicht alle Architekt:innen in ihrem Studium auf einen solchen ethischen Anspruch vorbereitet beziehungsweise zu einem solchen Maß an Verantwortungsbewusstsein ermutigt. Im Gegenteil. Die frühen Modernisten (Anmerkung am Rande: das männliche Genus ist hier mit Absicht gewählt), immer noch oft als Vorbilder und Heroen präsentiert, zeichneten sich vor allem durch Vermessenheit und Selbstüberschätzung aus. Das Bestehende musste zerstört werden, um Platz für das Neue zu schaffen. Sie glaubten, mit ihren Bauten die Welt zu bessern und durch Architektur und Design die Lebensgrundlagen für jenen »neuen Menschen« zu schaffen, der, so der Historiker Gottfried Küenzlen, den Kern einer »sakulären Religion der Moderne« bildete.[156]

Moderne Architektur war also nicht nur Instrument einer pragmatischen Sozialpolitik, sondern auch einer quasireligiösen Gesellschaftsutopie. Wirklich kritisch prüften die Architekt:innen der Moderne den selbsterteilten Erlösungsauftrag und die daraus resultierenden Gestaltungsvorschläge nicht, zu sehr waren sie in der Avantgarde-Hybris gefangen und vom eigenen Fortschrittsglauben berauscht. Viele waren skrupellos, bereit, für die Umsetzung ihrer architektonischen Visionen auch mit totalitären Regimen Allianzen einzugehen. Le Corbusier, um ein prominentes

Beispiel zu nehmen, beteiligte sich nicht nur am Wettbewerb für den Völkerbundpalast in Genf (1927), sondern nahm 1931 am sowjetischen Wettbewerb für einen *Palast der Sowjets* teil und reiste 1934 nach Rom, um dort Benito Mussolini, den *Duce del Facismo* zu treffen. Später liebäugelte er mit den Nazis und arbeitete für das Vichy-Regime. Am Wettbewerb für den *Palast der Sowjets* nahm auch Walter Gropius teil, der sich ab 1933 mit der nationalsozialistischen Herrschaft zu arrangieren versuchte und (wie übrigens auch Mies van der Rohe) der von den Nazis eingerichteten Reichskulturkammer beitrat. Deutschland verließen beide erst 1938. So zeigt sich, dass Le Corbusier, Walter Gropius und Mies van der Rohe keine Vertreter einer sich ihrer politischen Relevanz bewussten und deshalb verantwortungsvoll agierenden Zunft waren, sondern – bestenfalls – pragmatische Opportunisten, die sich der Macht andienten.

Auf die modernistische Vermessenheit und Selbstverblendung folgte nach dem Zweiten Weltkrieg eine Phase des depressiven Realismus, der mit einem halluzinogenen Futurismus gepaart war. Auf der einen Seite wurden seelenlose Großwohnsiedlungen hochgezogen, auf der anderen poppige U- und Dystopien vorgestellt, bei denen aus heutiger Sicht manchmal nicht klar ist, ob die jeweiligen Zukunftsvisionen optimistisch-positiv und pessimistisch-zynisch gemeint waren.

Dem depressiven Realismus und seinem Counterpart, dem halluzinogenen Futurismus, trat mit der Postmoderne eine weitere Form der Verantwortungslosigkeit zur Seite: die neoliberale Marktkonformität. Protagonist:innen wie der amerikanische Architekt Charles Jencks und der britisch-amerikanische Architekturhistoriker Colin Rowe enttarnten auf theoretischer Ebene den missionarischen Eifer und die Verlogenheit der Moderne und gaben damit den Startschuss für ein opportunistisches *anything goes*, das in seiner extremen Form – dem Historismus des 19. Jahrhunderts nicht unähnlich – die Geschichte zum ästhetischen Steinbruch machte, Sozialpolitik eine Absage erteilte und der totalen

Beliebigkeit Tür und Tor öffnete. Womöglich war die Abkehr von der Moderne auch Ausdruck einer Hilflosigkeit, der damaligen Gegenwart gerecht zu werden und eine positive Zukunftsvision zu geben.

Mit von der Partie waren auch Robert Venturi und Denise Scott-Brown, sie nobilitierten 1972 mit *Learning from Las Vegas* nicht nur die Populärkultur, sondern machten mit ihrer klugen Analyse en passant auch die Architektur des Glücksritter-Kapitalismus zum Vorbild. Mies van der Rohes »Less is more« (Weniger ist mehr) stellten sie ein provokantes »Less is a bore« entgegen. Mit dem neuen Schlachtruf nach weniger Langeweile befreiten sie die Architektur der Überflussgesellschaft vom als dogmatisch empfundenen Modernismus und ebneten so einer neoliberalen, marktkonformen Architektur den Weg.

Die Personifikation dieser Transformation ist der höchst ambivalente amerikanische Architekt Philip Johnson. Als Mitbegründer der Architekturabteilung des Museum of Modern Art (MoMA) in New York prägte er mit dem Historiker Henry-Russell Hitchcock den Begriff »International Style« und war mit der 1932 gemeinsam kuratierten Ausstellung *Modern Architecture. International Exhibition* einer der Wegbereiter des globalen Siegeszugs der architektonischen Moderne, zu der er 1949 mit dem *Glass House* selbst eine Ikone beisteuerte. Andererseits sympathisierte er mit dem Faschismus, der amerikanische Architekturkritiker Mark Lamster bezeichnet ihn gar als »unbezahlten Agenten des Nazi-Staates« – und unbezahlt auch nur, weil er wegen seines privaten Vermögens auf Bezahlung nicht angewiesen gewesen sei.[157] Im Sog der Postmoderne trieb Johnson 1986 das »Less is more« kritisierende »Less is a bore« noch weiter auf die Spitze. Lustvoll provokativ und zumindest latent misogyn, dafür aber sprachstilistisch vollkommen, verkündete der damals Achtzigjährige: »I am a whore.« Als Erklärung, warum er sich als Hure bezeichnete, fügte er an: »Und ich werde sehr gut dafür bezahlt, Hochhäuser zu bauen.«[158] Die nächste Etappe der Verantwortungslosigkeit war eingeläutet. In der Entwicklung vom Modernismus zur Postmoderne symbolisiert Johnson einen Berufsstand, der sein Verantwortungsgefühl – so er je eines hatte – komplett verloren hat. Dass sein Antisemitismus und seine frühere Faszination für den Faschismus erst jetzt, fast zwanzig Jahre nach seinem Tod, langsam aufgearbeitet werden, verdeutlicht das Desinteresse der Architekt:innenschaft, sich selbst und ihrem Versagen ins Gesicht zu schauen – das Gleiche gilt übrigens für die Aufarbeitung von Le Corbusiers Nähe zum Faschismus.

Was den architektonischen Opportunismus von Philip Johnson betrifft, ist der Altmeister der Anpassungsfähigkeit von der nachfolgenden Generation längst überholt worden. Ein exemplarisches, zugleich tragisches Beispiel dafür ist der österreichische Architekt Wolf D. Prix. 1968 gründete er mit zwei Kollegen in Wien das Architekturkollektiv *Coop Himmelb(l)au*. Fröhlich-revoltierend gaben sie mit dem Rückenwind von Studierendenprotesten und gesellschaftlichem Aufbruchsgeist voller Furor die Losung »Architektur muss brennen« aus. Sie traten an, »das Bauen von der Zwangsjacke der Funktionalität und den modernen Menschen aus seiner Käfighaltung zu befreien«.[159] Sie entwickelten eine dekonstruktivistische Architektursprache, die sich weder an die Schwerkraft noch an andere Konventionen zu halten schien. Jahre später ist von dem einstigen Feuer wenig übriggeblieben. Prix, der inzwischen ohne seine beiden früheren Partner agiert, plant keine Wolkenschlösser mehr. Nachdem er sich ab den 2000er Jahren der kommerziellen Eventarchitektur zugewandt hatte (und zum Beispiel 2003-2007 die *BMW Welt* in München baute), beteiligte er sich in den 2020er Jahren an autokratischer Agit-Prop-Architektur – unter anderem entwarf er im Auftrag der russischen Regierung ein Opernhaus auf der besetzten Krim. Kritik daran versucht er, mit der nonchalanten Aussage »ich bin kein Moralist« vom Tisch zu wischen.[160]

Prix steht mit dieser opportunistischen Haltung nicht allein. Auch Rem Koolhaas, Säulenheiliger der Gegenwartsarchitektur, baute mit dem 2002 entworfenen Headquarter des chinesischen

Staatssenders CCTV in Peking Repräsentationsarchitektur für ein autoritäres Regime, Herzog & de Meuron taten 2009 mit dem *Vogelnest* genannten, pünktlich zu den Olympischen Spielen eröffneten *Nationalstadion* in Peking das Gleiche; und es ließen sich noch viele andere Büros, Bauten und Staaten nennen. Tragen Architekt:innen für das, was in und mit ihren Bauten gemacht wird, Verantwortung? Und haben sie, den hohen ökologischen Fußabdruck der von ihnen errichteten zukünftigen Technofossilien im Hinterkopf, auch Schuld an der gegenwärtigen planetaren Situation?

Die Schuldfrage wiegt umso schwerer, als Architekten:innen durchaus die Fähigkeit haben, Antworten auf drängende gesellschaftliche und ökologische Fragen zu geben. Ein Beispiel dafür sind die *5 energie-häuser. entwürfe für eine klimagerechte und energiesparende architektur* von Oswald Mathias Ungers, einem weiteren Heroen der jüngeren Architekturgeschichte. Sie entstanden (gemeinsam mit dem Berliner Institut für Bau-, Umwelt- und Solartechnik IBUS) 1979-1980 im Rahmen eines Modellprojekts für Solarsiedlungen. Zu dem Realisierungswettbewerb waren verschiedene Architekten eingeladen worden, Ungers schlug für die Siedlung fünf verschiedene Gebäudetypen vor. »Sein Vorschlag«, so der damals einflussreiche Architekturkritiker Manfred Sack, »ist denkbar einfach, weil er sich vieler alter wirksamer, vergessen gewesener Praktiken erinnert.«[161] So war ein Gebäudetyp zum Teil in den Boden versenkt, um das Wärmespeichervermögen der Erdmasse zu nutzen, schließlich, so Ungers, seien bereits die »ersten menschlichen Behausungen [...] Erdhöhlen«[162] gewesen. Andere passiv wirksame Features waren Gründächer, Glasfassaden, temporäre Dämmungen und thermische Pufferzonen. Alle Typen setzten voraus, dass die Gebäude zu unterschiedlichen Jahreszeiten auch unterschiedlich genutzt werden würden – und das auf gewohnten (auf fossiler Energie beruhenden) Komfort verzichtet werden muss. Für die heutige Architekturdebatte ist bei Ungers' Strategie neben diesem Verzichtsaspekt interessant, dass »der Faktor Energie nicht von Bau- und Haustechnik abhängt, sondern als eigentlich architektonisches Problem, als integrativer Bestandteil des Entwurfs verstanden werden« sollte, so die Architekturhistorikerin Cornelia Escher und der Architekt Lars Fischer.[163] Statt Technik – Solarzellen, Wärmetauscher etc. – zu applizieren, sollten die Raumstruktur und die Nutzungsform selbst die Lösung bieten. Dazu entwickelte Ungers, wie Kim Förster anschaulich macht, Lösungsansätze, die nicht techno-utopisch, sondern architektonisch sind. Ungers' Wettbewerbsbeitrag wurde nicht für die Realisierung ausgewählt, erhielt aber immerhin einen Sonderpreis. Vielleicht waren seine Entwürfe zu radikal, weil sie nicht auf innovative Technologie, sondern auf vergessene architektonische Praktiken setzten. Vielleicht scheiterten sie aber auch, weil die angestrebten Energieeinsparungen, so Kim Förster, »um den Preis eines offensichtlich stärker zurückgezogenen Lebens« erreicht werden sollten.[164] Echte Nachhaltigkeit, so scheint Ungers klar gewesen zu sein, erfordert eine tiefgreifendere Veränderung des Lebensstils als nur symbolischer Konsumverzicht. Für Förster enthalten Ungers' Entwürfe gerade deshalb ein »unerforschtes Potential«, weil sie auf Architektur und Lebensstil statt auf Technik setzen.[165]

Aber warum blieb dieses Potential so lange unentdeckt, und, wichtiger noch, warum blieb es ein Potential, statt als »gelebte Verantwortung«, um nochmals Jonas' Vokabular zu nutzen, »soziale Praxis« zu werden? Ungers griff die in seinen *5 entwürfen* formulierten Ansätze in den darauffolgenden Jahren nie wieder auf, auch nicht bei der IBA 87 in Berlin, die als repräsentative Bauausstellung durchaus den Raum für experimentelles und ökologisches Vorgehen bot, wie an Frei Ottos *Ökohäusern* deutlich wird. Ungers entwickelte sich nicht zu einem Pionier der umweltverträglichen Architektur, propagierte keinen neuen Lebensstil, sondern verfolgte stattdessen vor allem formale Fragen rund um das Quadrat und die Autonomie der Architektur. Die ökologische Dimension seines Beitrags zu dem Solarhaus-Wettbewerb von 1979/80 scheint keiner inneren Überzeugung oder Einsicht in eine Notwendigkeit geschuldet gewesen zu sein, sondern diente wohl eher dazu, die Bedingungen der Ausschreibung zu erfüllen. Das erinnert an die von Philip Johnson beschworene Hure.

Sind Architekt:innen, um nochmals Jonas aufzugreifen, bereit, ihr Handeln auf mögliche zukünftige Folgen hin kritisch zu betrachten? Oder wälzen sie alle Verantwortung auf die mächtigen Auftraggeber:innen ab, deren eilfertige Erfüllungsgehilf:innen sie sind?

Erfreulicherweise scheint ein Umdenken stattzufinden, an verschiedenen Stellen sind zarte Pflänzchen zu entdecken. Auch bei Jacques Herzog. 2022 hielt er einen Vortrag in Madrid, der einen anderen Grundton hatte als der zwei Jahre ältere *Letter from Basel*. In seiner Rede stellt Herzog fest, dass durch den Klimawandel die Verantwortung von Architekt:innen zugenommen habe und Architektur deshalb einen »neuen Kurs« aufnehmen müsse. »Wir werden als Architekten in dieser veränderten Welt nur dann relevant bleiben, wenn wir die Probleme der Gesellschaft erkennen und mit unserer Kreativität auf die konventionelle Praxis einwirken – und so einen Unterschied machen.« Herzog kann sich nun sogar vorstellen, dass ein Vertrag zwischen Architekturbüro und Auftraggeber:in »Vereinbarungen über die Visionen und Ziele eines Projekts« enthalten könnte. Die Verantwortung, so Herzog, die Architekt:innen dann übernehmen, »weitet sich in Gebiete aus, mit denen wir weniger vertraut sind«. Deshalb werde es kein einfacher Weg sein: »Aber wir sollten es auf jeden Fall versuchen.«[166] Selbstredend nur, um die eigene Relevanz zu sichern – und wenn es Teil des vertraglich fixierten (und damit auch pekuniär honorierten) Auftrags ist.

Was passiert, wenn man die neue Verantwortung, die aus der dem Menschen im Anthropozän zugewachsenen Macht erwächst, einfach ignoriert? Auch darauf gibt die Geschichte von Daidalos eine Antwort, die gleichzeitig eine Warnung ist. Nachdem König Minos ihn in das Labyrinth eingesperrt hat, verzagt Daidalos nicht. Denn natürlich weiß er sich zu befreien. Dank seiner unermesslichen kreativen Fähigkeiten vermag er aus Federn und Wachs Flügel zu bauen, mit denen er und sein Sohn Ikarus, Vögeln gleich die Schwerkraft überwindend, dem selbstgebauten Gefängnis entfliehen können.

Doch wieder hat Daidalos die Folgen seiner Erfindung nicht umfassend bedacht. Sein Sohn Ikarus wird übermütig, nutzt die durch die Flügel erlangte neue Fähigkeit, um sich in vorher ungeahnte Höhen aufzuschwingen. Sein Vater hat ihn zwar gewarnt, aber er hört nicht auf ihn. Er kommt der Sonne zu nahe, in ihrer unerbittlichen Hitze schmilzt das Wachs, und Ikarus stürzt in den Tod.

In Zeiten der Erderwärmung bekommt der viele Jahrtausende alte Daidalos-Mythos eine neue Bedeutung. Auch heute gibt es eindringliche Warnungen, übermäßige Erhitzung zu vermeiden – die eigenen Handlungsmuster ändert trotzdem kaum jemand, es wird fröhlich weiter mit Beton, Stahl, Glas und Kunststoff gebaut, zu berauscht sind wir von den Möglichkeiten, die unsere Kunstfertigkeiten eröffnet haben. Dafür riskieren wir das Wohl der Zukunft.

Das Handlungsmuster von Daidalos ist uns also sehr vertraut. Für ein Problem wird eine technische Lösung gefunden, die neue, unerwartete Probleme erzeugt, für die eine neue technische Lösung gefunden wird, die wiederum unerwartete Probleme erzeugt. CO_2-Capturing sowie Geo-Engineerings sind die zeitgenössischen Stichworte für diese Innovationsspirale.

Aber auch das Verhalten von Ikarus ist uns nicht fremd. Berauscht von den Möglichkeiten ignorieren wir die allgegenwärtigen Warnungen. So sind wir heute gleichzeitig Daidalos und Ikarus, wir hoffen auf technische Lösungen und überhören die Warnungen. Das Risiko wird auf die kommenden Generationen abgewälzt. In der – womöglich schon nicht allzu fernen – Zukunft wird für die heutige Verantwortungslosigkeit ein hoher Preis gezahlt werden müssen.

Teil II
ÜBERLEBEN
Galerie der (gescheiterten) Rettungsversuche

> *»Nicht Sein oder Nichtsein des Einzelnen […] ist das Problem, sondern Bewohnbarkeit oder Nichtbewohnbarkeit der Erde.«*[1]
>
> Max Bense

Im Anthropozän hat sich das Verhältnis des Menschen zum eigenen Überleben umgekehrt. Er ist nicht mehr durch seine natürliche Umwelt bedroht, sondern die von ihm ausgehende Naturzerstörung gefährdet die Bewohnbarkeit des Planeten, sodass auch die eigene Fortexistenz bedroht ist.

Der Kampf, den die Menschheit im Anthropozän für ihr Überleben auf der Erde zu führen hat, sollte sich also nicht mehr gegen die Natur richten, sondern gegen die menschliche Zerstörungsmacht. Dieses »Überleben« wurde spätestens seit dem Atombombenabwurf auf Hiroshima 1945 zu einem zentralen Motiv der westlichen Kultur, das sich mit der Ölkrise der 1970er und dem Reaktorunfall von Tschernobyl 1986 weiter intensivierte. Mit dem Wissen um den Klimawandel hat es nun einen neuen Höhepunkt erreicht.

Aus architekturgeschichtlicher Sicht steht dabei die Frage im Mittelpunkt, wie der Planet – die Umwelt – so gestaltet werden kann, dass er weiter bewohnbar bleibt: »Nicht Sein oder Nichtsein des Einzelnen […] ist das Problem«, so der deutsche Semiotiker Max Bense schon in den 1960er Jahren, »sondern Bewohnbarkeit oder Nichtbewohnbarkeit der Erde.« Die meisten Architekt:innen sahen – und sehen – ihre Arbeit dabei als Teil der Lösung, nicht als Teil des Problems an; *Überleben durch Design* titelte zum Beispiel 1954 der österreichisch-amerikanische Architekt Richard Neutra.

Von Architekt:innen und den Vertreter:innen der verwandten Ingenieursdisziplinen wurden verschiedene, sich zum Teil ergänzende, zum Teil ausschließende Strategien entwickelt, um die Bewohnbarkeit der Erde zu ermöglichen und so das Überleben der Menschheit zu sichern. Wie, so würde sich das Wesen aus der Zukunft irgendwann fragen, haben die Architekt:innen des Anthropozäns auf die drohende Unbewohnbarkeit des Planeten zu reagieren versucht? Welche Strategien haben sie entwickelt? Welche architektonischen Artefakte sind dabei entstanden?

Aia begibt sich also auf die Suche nach Materialisierungen dieser Strategien, nach gebauten Manifestationen, an denen das Scheitern – oder Gelingen – solcher architektonischen Rettungsversuche nachvollziehbar wird.

Vermeidung

Kraft der Sonne • Drop City, domes *und der Ausstieg aus dem System* • *Kunst der Bauvermeidung* • *Optimierung des Bestehenden als Geschäftsmodell*

Für Architekt:innen ist der nächstliegende Beitrag zum Erhalt der planetaren Bewohnbarkeit die Vermeidung umweltschädigender Bautätigkeit. Beim Bau von Gebäuden sollte so wenig Energie wie möglich verbraucht werden, zum Beispiel indem man Vorhandenes weiterentwickelt oder wiederverwendet und für den Neubau nur Materialien nutzt, für deren Erzeugung wenig Energie aufgebracht werden musste – also nicht Stahl und Beton, sondern zum Beispiel Lehm und Holz. Darüber hinaus muss der Energieverbrauch der Gebäude im Betrieb minimiert werden, indem zum Kühlen natürliche Ventilation, zum Wärmen solare Energie verwendet und durch gute Dämmung Wärmeverluste reduziert werden. Außerdem kann durch in die Architektur integrierte technische Applikationen – Solarkollektoren, Wärmepumpen, Windräder, um die gängigsten zu nennen – regenerative Energie gewonnen werden. Im Sinne einer Kreislaufwirtschaft sollten darüber hinaus nicht nur Material- und Energieaufwand betrachtet werden, sondern auch der Wasser- und Flächenverbrauch. So lautet zumindest das technologische Narrativ der nachhaltigen Architektur.

Kraft der Sonne

1957 präsentierten die amerikanischen Designer:innen Charles und Ray Eames eine kleine kinetische Skulptur, in der sich grundlegende Konflikte der Nachhaltigkeitsdebatte symptomatisch verdichten. Auf den ersten Blick sieht das Objekt wie ein unschuldiges Kinderspielzeug aus, es hat glänzende Sonnenspiegel und viele, sich munter im Kreis drehenden Teile. Das Ganze hatte keine spezielle Funktion, weshalb die beiden es *The Solar Do-Nothing Machine* tauften, womit sie gleichzeitig auf eine technische Besonderheit verwiesen: Die Maschine wurde von zwölf Solarzellen angetrieben, einer damals brandneuen Technologie.

Entstanden war die Skulptur allerdings in einem konkreten Kontext. Ein Akteur der Großindustrie, die Aluminium Company of America (Alcoa), hatte auf der Suche nach »werbewirksamen Konzepten«[2] das Paar beauftragt, etwas aus dem damals noch wenig verbreiteten Leichtmetall zu entwerfen. Es ging also darum, durch interessante Gestaltung die Nachfrage nach einem bislang wenig verbreiteten Material anzukurbeln. Zunächst wollten die beiden den Auftrag ablehnen, denn das Leben sei, so Charles Eames, »zu voll mit realen Problemen, als dass hypothetische eingeführt werden sollten«. Doch dann entwickelten sie über den Umweg der Solarzelle einen in ihren Augen sinnvollen Zugang: »Dann kam uns der Gedanke, dass es Dinge gibt, die es wert sind, beworben zu werden, und der Schutz natürlicher Ressourcen gehört dazu. Eine Demonstration von Solarenergie als praktischer Energiequelle schien ein nicht uninteressanter Weg zu sein.«[3] So offenbart

Abb. 23: 1957 bauten Ray und Charles Eames eine *Solar Do-Nothing Machine*: Die Verwendung regenerativer Energie als Werbung für die energieintensive US-Aluminiumindustrie? Greenwashing *avant la lettre*.

The Solar Do-Nothing Machine als Greenwashing *avant la lettre* das konfliktreiche Spannungsfeld, in dem sich nachhaltige Architektur bis heute bewegt: Eine Branche (hier die Aluminium-Industrie), die sehr, sehr energieaufwendig ist, will Werbung für ihre Produkte machen, auf der Suche nach Sinnhaftigkeit machen die damit beauftragten Gestalter:innen etwas anderes. Doch was bewirkt dieser womöglich subversive Akt? Schafft er – *The Solar Do-Nothing Machine* ist hier ein austauschbarer Platzhalter für viele andere, vergleichbare Projekte – wirklich ein Bewusstsein für eine neue, umweltschonende Form der Energiegewinnung oder steigert er doch nur die Nachfrage nach umweltschädlichem Aluminium?

Der erste technisch »sinnvolle« Einsatz der 1954 marktfähig gewordenen Solarzelle war übrigens einer, der ebenfalls mit Bewegung in Zusammenhang steht: Solarzellen wurden 1958 zur Stromversorgung des amerikanischen Vanguard-I-Satelliten eingesetzt. Der militärisch-industrielle Komplex war fortan treibender Akteur der technologischen Weiterentwicklung der Solarenergie.[4]

Abb. 24: Solare Architektur, die sich um sich selbst dreht: das *Heliotrop* von Rolf Disch, 1994.

Nicht um die Erde, sondern um sich selbst dreht sich ein Gebäude, das als paradigmatisch für die architektonische Anwendung von Solarenergie angesehen werden kann: das 1994 von Rolf Disch in Freiburg errichtete *Heliotrop*. Es handelt sich um ein zylinderförmiges, dreigeschossiges Einfamilienhaus, die eine Hälfte des Baukörpers ist komplett verglast, die andere gut gedämmt. Dank eines raffinierten technischen Features scheint das Gebäude alles richtig zu machen: Der Baukörper kann sich um sich selbst drehen, um je nach Jahreszeit die vollverglaste Seite zur Sonne hin (Winter) oder von ihr weg (Sommer) zu drehen – weshalb das Gebäude nach sich am Stand der Sonne ausrichtenden Pflanzen benannt wurde. »Das Heliotrop«, so der Architekt auf seiner Webseite, »war das erste Haus der Welt, das mehr Energie produzierte, als in seinem Innern verbraucht wird.«[5]

Trotz aller ökologischer Performance liegt dem Gebäude aber eine Haltung zugrunde, die nicht in die Zukunft führen kann. Das Einfamilienhaus ist mit ca. 130 Quadratmetern Wohnfläche relativ groß und steht zudem frei in der Landschaft, statt Teil einer dichten, urbanen Struktur zu sein. So benötigt es die gleiche energie- und ressourcenintensive Infrastruktur wie jedes konventionelle Einfamilienhaus im suburbanen Raum. Die Technik wird also genutzt, um im Wohnen das – historisch gesehen junge – Komfortlevel des fossilen Zeitalters aufrechtzuerhalten; das Gebäude dreht sich nicht nur technisch, sondern auch sinnbildlich allein um den Lebensstil der privilegierten Menschen, die in ihm wohnen. Das Gebäude »bewirbt«, um Charles Eames zu paraphrasieren, eine Wohnform, die überhaupt nicht nachhaltig ist, aber mit der technischen Perfomance das schlechte Gewissen der oberen Mittelschicht beruhigt, die sich so ein aufwendiges Öko-Einfamilienhaus leisten kann. Es ist quasi der architektonische Vorläufer des Tesla, die immobile Variante des schick designten und als Distinktionsmerkmal fungierenden Elektroautos. Wie dieses verspricht es, dass wir mit der richtigen Technik so weiterleben können wie bisher. Überträgt man den (in Deutschland üblichen) Flächen- und Materialverbrauch des *Heliotrop* auf den Wohnbedarf der wachsenden Weltbevölkerung, wird deutlich, dass diese Rechnung nicht aufgehen kann. Wirklich nachhaltig sind auch die ökologischsten Einfamilienhäuser nicht. Obwohl das *Heliotrop* – dessen Bezeichnung sich der Architekt, anscheinend in Erwartung größerer wirtschaftlicher Erfolge und zur Abwehr etwaiger Nachahmungen, markenrechtlich schützen ließ – zur Erbauungszeit Anfang der 1990er Jahre als Wegweiser in eine nachhaltige Zukunft verstanden wurde, erscheint es Aia im zukünftigen Rückblick eher als Menetekel des Scheiterns.

Drop City, domes *und der Ausstieg aus dem System*

Was aber ist die Alternative? Natürlich der Ausstieg aus dem »etablierten System«.[6] Zumindest war das eine während der gesellschaftlichen Umbrüche der 1960er und 1970er Jahre – Stichwort »Hippie-Kultur« – weitverbreitete Vorstellung. In den USA entstanden damals zahlreiche Aussteiger:innen-Communitys, die nicht nur sozial, sondern auch ökologisch neue Wege gehen wollten. Eine Pilgerstätte dieses »Back to the Land-Movement« war die 1965 von einer Gruppe junger Künstler:innen gegründete *Drop City* in Colorado. Ziel ihrer Bewohner:innen war ein freies Leben jenseits bürgerlicher Konventionen und in einem engen Verhältnis zur Natur. Ein zentrales Identifikationselement dieser alternativen Gemeinschaften waren in Eigenregie errichtete Kuppelbauten, die sogenannten *domes*. Sie drückten, so der Designtheoretiker Joachim Krausse, die »Träume eines von Zwängen und Bevormundungen befreiten Lebens« aus, während der rechte Winkel für Unterdrückung und Unfreiheit stand.[7]

Abb. 25: Ist der Ausstieg aus dem System die Lösung? In den 1960er Jahren zogen die ersten Hippies in Kommunen aufs Land – und wohnten dort oft in selbstgebauten Kuppelbauten à la Buckminster Fuller.

Die *domes* der Aussteiger basierten auf einer Erfindung von Richard Buckminster Fuller, eines amerikanischen Ingenieurs, dessen Werk jeden »konventionelle[n] Architekturbegriff« sprengt, so der deutsche Kunsthistoriker Hanno-Walter Kruft.[8] Fullers Vorschläge reichten von Turmhäusern, die per Luftschiff in vorher von Bomben gesprengten Löcher »gepflanzt« werden sollten, bis hin zu den berühmten geodätischen Kuppeln, die für die *domes* Pate standen. Er entwickelte aber auch ein Auto, eine neue Form der Weltkarte und imaginierte schwimmende und fliegende Städte.

Fuller ist bis heute eine höchst kontroverse Figur: Er wurde für seine Visionen als »Held«[9] gefeiert, wegen seiner Technik- und Planungsgläubigkeit als »Technokrat« geschmäht oder gar als »verrücktes Genie«[10] belächelt. Die *domes* basieren auf einem genialen Konstruktionsprinzip, an dem Fuller seit den 1940er Jahren arbeitete und das er 1954 patentieren ließ. Im Kern geht es darum, durch eine Kombination von Stäben (Druck) und Seilen (Zug) Material zu sparen und eine leichte, fast ephemere Erscheinung zu ermöglichen. Dieses Prinzip taufte er *Tensegrity*, ein selbsterfundener Begriff, den er aus den Wörtern *tension* (Zugspannung) und *integrity* (Zusammenhalt) zusammensetzte. Fullers Ruhm basiert aber nicht nur auf seinen konkreten Projekten und technischen Leistungen, sondern auf ingenieurswissenschaftlichen Welterklärungsmodellen. So propagierte er in vielen Vorträgen und Schriften ein weiteres von ihm erfundendes Prinzip, das er *Dymaxion* nannte. Diesen Neologismus hatte er aus den Wörtern *dynamic maximum tension*, also so etwas wie maximal dynamische Spannung, gebildet. Für Fuller waren *Dymaxion* und *Tensegrity* konstruktive und philosophische Modelle. Nicht nur Konstruktion und Ästhetik seiner Projekte waren radikal andersartig und sprengten deshalb konventionelle Vorstellungen, sondern auch der darin seinen Ausdruck findende Gestaltungsanspruch, der über den der Klassischen Moderne weit hinausging. Fuller »tendierte«, wie Kruft möglichst neutral zusammenfasst, »zu einer weltumspannenden Planung, die von einer Erfassung aller Energie-Reserven bis zu einer totalen Kontrolle des Klimas reichen«.[11]

Die Vorstellung, das bestehende gesellschaftliche System hinter sich zu lassen, entsprach dem Aufbruchsgeist der Gründer:innen von *Drop City*. Sie verehrten Fuller, und auch Fuller schien von ihnen angetan, zumindest verlieh er der *Drop-City*-Kommune 1966 den anscheinend nur einmal vergebenen *Dymaxion Award for poetically economic structural accomplishments* (was man am ehesten mit »Preis für poetisch-ökonomische Strukturleistungen« übersetzen könnte).[12] Doch die *droppers*, wie die Mitglieder der Kommune sich selbst nannten, »kaperten die Ideale des Technokraten«,[13] so die amerikanische Architekturtheoretikerin Felicity D. Scott. Entgegen Fullers Intentionen verfolgten sie keine industrielle Massenproduktion, keine globale Planung, sondern improvisierten mit Müll, recycelten Baumaterialien und kostengünstigen Halbzeugen.

Wichtiger Antreiber dieser anarchisch-subkulturellen Aneignung von Fullers Kuppeln war Steve Baer, der 1966 zur *Drop-City*-Kommune stieß. Wie Fuller war er kein ausgebildeter Architekt, sondern eher ein Erfinder. Baer modifizierte Fullers geometrisches Prinzip und erweiterte es um DIY-Ansätze, die er 1969 in seinem *Dome Cookbook* veröffentlichte. Das kleine Flugblatt war mehr als eine Bauanleitung, es war, so Baer selbst, gefüllt mit »Anleitungen, wie man geradezu aus dem Gefängnis ausbrechen kann« – mit Gefängnis war die damalige Gesellschaft gemeint.[14] Ob es wirklich hunderttausend Mal verkauft wurde, wie die amerikanische Journalistin Kate Daloz in einem Bericht über ihre Kindheit in einem Kuppelbau meint,[15] sei dahingestellt, aber das *Dome Cookbook* wurde zu einer viel gelesenen Anleitung für Improvisation. Die Bewohner:innen von *Drop City* fuhren mit Baer die Autofriedhöfe der Umgebung ab, weil sich Autodächer gut als Bauteile eigneten, für andere Konstruktionen nutzten sie Kronkorken, die sie in Bars und Restaurants einsammelten. Sie bauten, wie einer ihrer Gründer meinte, ihre kleine utopische Welt aus dem »Abfall unserer Gesellschaft«.[16] Doch der Stadt in »naturromantischer Walden-Nachfolge«[17] den Rücken zu kehren, um wie die »Dome-Fans« in selbstgebauten Kuppelbauten zu wohnen, trägt nicht zur Veränderung der abgelehnten Zustände bei – und ist auch kein Lösungsmodell für eine immer weiter anwachsende Weltbevölkerung.

Interessanterweise haben die *domes* eine höchst ambivalente Wirkungsgeschichte. Wenn Aia sich auf ihre Spur begäbe, würde sie nicht nur in Hippie-Kommunen fündig werden. Rund 300 000 geodätische Kuppeln wurden nach Fullers Plänen gebaut, sie waren seine erfolgreichste Erfindung.[18] Nicht alle spiegeln die Sehnsucht nach einer alternativen Lebensform wider, viele Anwendungskontexte stehen eher für deren Gegenteil. Etliche geodätische Kuppeln wurden gebaut, um den globalen Machtanspruch der USA zu untermauern. Ein wichtiger Geschäftspartner von Fuller war das US-Außenministerium, es beauftragte ihn mit der Konstruktion von Kuppeln, die auf internationalen Messen und Weltausstellungen eingesetzt wurden, zum Beispiel 1967 in Montreal. Seine Erfindung diente also nicht nur der Vermeidung von Weltzerstörung, sondern auch der Befeuerung jener Wirtschaftsform, die wesentlich zu genau dieser Zerstörung beiträgt. Davon kann auch nicht der Umstand ablenken, dass sich in Fullers Kuppel in Montreal heute ein *Biosphère* genanntes und vom kanadischen Umweltministerium finanziertes Museum befindet, das sich dem Naturschutz widmet. Das *dome* war also nicht nur ein »Werkzeug der sozialen Befreiung« der amerikanischen Gegenkultur,[19] wie Scott ausführt, sondern für das US-Außenministerium auch »ein wirksames Werkzeug der globalen Kolonisierung, das bald von Moskau, Mailand und Montreal bis Kabul, Delhi, Rangun und Casablanca auftauchte«.[20]

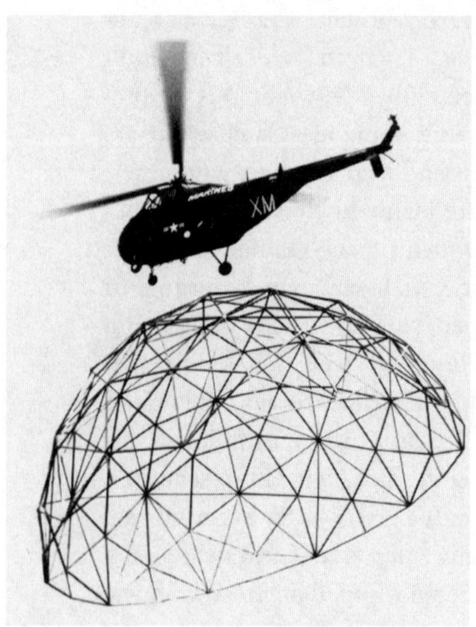

Abb. 26: Buckminster Fuller war bei seinen Auftraggebern nicht wählerisch. Ein wichtiger Geschäftspartner war das amerikanische Militär, das seine geodätischen Kuppeln als mobile Wartungshallen nutzte.

Ein anderer großer Abnehmer von Fullers Erfindung war schon

ab 1954 das US-Militär, insbesondere Spezialeinheiten der Marine. Die fertig montierten Kuppeln konnten mit Hubschraubern in unzugängliches Gelände transportiert werden und dienten dort als Wartungshallen oder Unterstellmöglichkeit für Kriegsgerät. Außerdem wurde Fullers Technik vom Militär für den Bau von Radarkuppeln genutzt.[21]

Aia würde in den geodätischen Kuppeln von Buckminster Fuller eine Dreieinigkeit von ökologischer Gegenkultur, militärischem Vormachtstreben und kapitalistischer Wirtschaftspolitik vorfinden – und sie als Mahnmale einer höchst schizophrenen Gesellschaft zu lesen wissen.

Kunst der Bauvermeidung

Gibt es einen Weg aus solcher Schizophrenie? Vielleicht ist die wahre Kunst der Vermeidung von Umweltzerstörung durch Architektur das Vermeiden sämtlichen Neubaus. Denn wenn es um die Reduktion von Material- und Energieverbrauch geht, wäre es das Konsequenteste, möglichst wenig zu bauen – zumindest in jenen Weltregionen, in denen kein Bevölkerungswachstum stattfindet.

Dort, wo die Bevölkerung wächst und der Wohnraum knapp ist, so scheint es, muss geordnet, geplant und neu gebaut werden – allerdings immer unter der Vorgabe, dass Ressourcen nicht verschwendet werden. Hier können die zur Energie- und Materialeinsparung entwickelten Techniken und architektonischen Maßnahmen sinnvoll zur Anwendung kommen. So weit das bekannte Narrativ der ökologischen Architektur, bei dem, aller proklamierten Nachhaltigkeit zum Trotz, am Ende doch durchscheint, dass Architektur Teil der Bauwirtschaft – einer an Wachstum interessierten Branche – ist. Denn egal, wie gut ein Gebäude gedämmt wird, und unabhängig davon, wie CO_2-neutral die verwendeten Materialien sind und wie regenerativ die zum Heizen und Kühlen ausgebeuteten Energiequellen: Je weniger gebaut wird, desto weniger wird der Planet zerstört.

Die Münchner Architekt:innen Reem Almannai und Florian Fischer haben deshalb eine radikale Forderung. Ihrer Ansicht nach braucht es ein gesetzlich vorgeschriebenes Wohnflächenlimit. Dazu haben sie einige interessante Berechnungen angestellt: Wenn jede:r in Deutschland statt 47,7 nur 45 Quadratmeter Wohnfläche in Anspruch nehmen würde, könnten im Bestand 2,5 Millionen mehr Menschen untergebracht werden. Zum Vergleich: Etwa eine Million Menschen sind in den letzten Jahren aus Syrien nach Deutschland geflüchtet. Noch mehr Menschen könnten im Bestand untergebracht werden, wenn alle Bewohner:innen Deutschlands ihre Wohnfläche auf den im staatlich geförderten sozialen Wohnungsbau festgelegten Standard beschränken würden, nämlich 31,5 Quadratmeter pro Person. Dann gäbe es – rein rechnerisch – in Deutschland eine Wohnraumreserve für rund 30 Millionen Menschen, und zwar ohne einen einzigen Neubau.[22] Die Flächen sind also vorhanden, sie sind lediglich ungleich verteilt. Es fehlt aber die Bereitschaft der Privilegierten, Raum zu teilen – sie bunkern sich lieber ein, als etwas abzugeben, was vielleicht auch daran liegt, dass es noch zu wenig positive Vorbilder gibt, wie man Raum mit anderen Menschen gemeinschaftlich nutzt, aber sicherlich auch daran, dass der gesellschaftliche Druck auf Flächenverbraucher:innen nicht groß genug ist. Im Gegenteil: Wer viel Wohnfläche verbraucht, beweist, wie erfolgreich er:sie ist. »Bauscham« existiert noch nicht.[23] Aber ein Leben, das negative Auswirkungen vermeiden oder zumindest reduzieren will, erfordert einen weniger verschwenderischen Lebensstil als den, der sich im fossilen Zeitalter etabliert hat. Um nach der historischen Phase der Individualisierung wieder das *common*, die gemeinschaftlich bewirtschaftete Allmende zu denken und zu leben, brauchen wir einen entsprechenden politischen Willen – und andere ökonomische Modelle.

Doch solange Bauen an Profit, Rentabilität und Maximierung von Gewinn ausgerichtet ist und die ökologischen Kosten von exzessiver Raumnutzung externalisiert werden können, werden wir wohl kaum lernen, das kostbare Gut Wohnfläche gemeinschaftlich zu nutzen. Vielleicht werden wir irgendwann, wenn der ökologische Wert von Raum gesellschaftlich mehr Anerkennung genießt, sparsamer mit unseren Wohnflächen umgehen.

Dann könnte es sogar sein, dass wir die sowjetischen *Kommunalkas* als Vorbild für gemeinschaftliches Wohnen entdecken. Nach der Oktoberrevolution 1917 wurden die großzügigen aristokratischen und bürgerlichen Wohnungen zimmerweise an proletarische Familien übergeben, die Küchen und Bäder gemeinsam nutzten. Die Neubewohner:innen sollten die Ideale der sozialistischen Gesellschaft im Kleinen leben. Unter Stalin wurden die *Kommunalkas* allerdings auch zu Orten von Kontrolle und Denunziation – aber man muss ja nicht alles von einem möglichen Vorbild übernehmen.

Würde man das Wohnflächenlimit von Almannai und Fischer umsetzen, könnte an die Stelle des Neubauens das Umbauen treten, denn die vielen zu großen Wohnungen und Wohnhäuser müssten – mit möglichst wenig Aufwand – in gemeinschaftliche Räume und kleinteilige, individuell nutzbare Einheiten zerlegt werden. Die Aufgabe von Architekt:innen wäre dabei, die Potentiale für neue Wohnformen im Bestand zu entdecken.

Potentiale im Vorhandenen zu entdecken, ist nicht nur eine Aufgabe im Umgang mit Raum, sondern auch mit Materialität. Wie man den Abfall in der Bauindustrie reduzieren kann, zeigt das Brüsseler Büro Rotor DC. Es sammelt seit 2014 alles noch Verwendbare aus Häusern, die abgerissen werden: Wand- und Deckenpaneele, Türen, Fenster und Rahmen, Fliesen, Steinplatten, Waschbecken und Klos, damit sie an anderen Orten wie-

Abb. 27: Rotor DC aus Brüssel sammelt seit 2014 gebrauchte Bauteile und Materialien: Kreislaufwirtschaft als Alternative.

der eingesetzt werden können. Sparsamkeit ist eine Tugend, die jahrhundertelang üblich war, berauscht durch die scheinbar unbegrenzte Verfügbarkeit (fossiler) Energie aber vergessen wurde – und nun womöglich wieder in Mode kommt.

Wenn es um die Vermeidung von negativen ökologischen Folgen geht, gibt es einen noch radikaleren Weg als Umbauen und Wiederverwerten: das Nicht-Bauen. Ein überzeugendes Beispiel für diese Strategie ist eine Platzgestaltung der französischen Architekt:innen Anne Lacaton und Jean-Philippe Vassal, die für ihre konzeptionelle Arbeitsweise 2021 den mit 100 000 US-Dollar dotierten Pritzker-Preis, eine Art Nobelpreis der Architektur, erhielten. Mitte der 1990er Jahre hatte sich der Bürgermeister von Bordeaux vorgenommen, seine Stadt zu verschönern. Das damals noch junge und wenig bekannte Büro erhielt den Auftrag, den Place Léon Aucoc neuzugestalten. Sie begannen mit einer Analyse der Nutzung und kamen zu der Erkenntnis, dass der Platz, so wie er war, gut funktionierte. Nur öfter saubergemacht werden müsse er und die Pflanzen häufiger gegossen. Gebaut haben sie dort deshalb nichts.

Ob Aia davon erfahren wird? Wohl kaum, denn Nicht-Bauen wird man nicht archäologisch erforschen können. Gelungene Vermeidung hinterlässt keine physischen Spuren.

Optimierung des Bestehenden als Geschäftsmodell

Vermeidung von Bauen wird nicht von vielen Architekt:innen praktiziert. Um die Weltzerstörung durch Architektur zu reduzieren, werden, wenn überhaupt, eher die Erstellung und der Betrieb von Gebäuden optimiert. So wurden für die Produktion von Zement neue Verfahren entwickelt, die weniger Wasser verbrauchen und weniger CO_2 freisetzen, es kommen nachwachsende Baustoffe zum Beispiel aus Holz und Bambus zum Einsatz, außerdem wird besser gedämmt und mit recycelten oder zumindest recyclingfähigen Materialien gearbeitet. Um diese Bemühungen zu dokumentieren, sind seit den 1990er Jahren mehrere Zertifizierungssysteme entwickelt worden: LEED in den USA, DGNB in Deutschland und BREEAM in Großbritannien. Die meist als gemeinnützig agierenden, aber von der Bauwirtschaft getragenen Anbieter legen Kriterien fest, nach denen ein Gebäude ökologisch ist, zum Beispiel den Energie- und Wasserverbrauch, die eingesetzten Materialien, aber auch die Verkehrsanbindung oder ob es bei der Planung ein Beteiligungsverfahren gab. Wenn ein Gebäude genügend Kriterien erfüllt, erhält es ein Zertifikat, bei besonders guter ökologischer Performance sogar eines in Silber, Gold oder gar Platin. Der DGNB reicht ein »Erfüllungsgrad« von 50 Prozent, um das normale Zertifikat zu vergeben, Platin gibt es ab 80 Prozent. Ein lukratives Geschäftsmodell, denn die Zertifizierung sowie die zusätzlich angebotene Beratung und Schulung kosten natürlich Geld. Und da das Geschäftsmodell selbst auch nachhaltig sein soll, werden zudem regelmäßige Rezertifizierungen angeboten.

Wer Gutes tut, will das kommunizieren. Das gilt auch für Nachhaltigkeitszertifikate, schließlich lassen sich mit ihnen höhere Mieten rechtfertigen oder die Investitionsauflagen von institutionellen Anlegern erfüllen. Deshalb gibt es die Zertifikate nicht nur in Form einer Urkunde, sondern auch als Tafel, die im oder am Gebäude montiert werden kann. »Neben unserer witterungsresistenten Plakette aus Aluminum [sic!] bieten wir Ihnen jetzt auch zwei Plaketten aus nachhaltigen Materialien [...] an«, wirbt die DGNB entsprechend.[24]

Im Prinzip kann so jedes Gebäude zum Werbeträger für Nachhaltigkeit werden, denn begutachtet werden nur die verwendeten Materialien, die eingesetzten Energieströme etc., aber nicht die Nutzung des Bauwerks. Auch eine Shopping Mall, eine Autofabrik oder ein Flughafen können mit »Platin« bewertet werden.

»Der dominierende *modus operandi* ist nach wie vor radikal extraktiv«, beruht also weiterhin auf der Ausbeutung natürlicher Ressourcen, so der Philosoph Peter Sloterdijk, »er weist kaum eine Spur von Sinn für das Nachwachsende auf. Wenn sich inzwischen auch alle Welt mit dem Label ›Nachhaltigkeit‹ dekoriert, handelt es sich zumeist und aufs Ganze gesehen (einzelne lokal überzeugende Projekte ausgenommen) um nicht mehr als einen wenig frommen Selbstbetrug.«[25] Einrichtungen wie die DGNB organisieren für diesen Selbstbetrug, dem kapitalistischen *modus operandi* entsprechend, den – lukrativen und werbewirksamen – Ablasshandel.

Laboriert wird nur an den Symptomen, nicht an den Ursachen. Das zugrundeliegende ökologische Problem – hervorgerufen durch ein auf stetigem Wachstum und Ausbeutung natürlicher Ressourcen basierendes Wirtschaftsmodell – bleibt nicht nur erhalten, sondern wird durch den Ablass weiter gestärkt. Die Zertifizierung ist Auswuchs einer ökonomischen Logik, die das Falsche optimiert. Architekt:innen machen sich auch hier zu Erfüllungsgehilf:innen eines Systems, das an der Katastrophe und ihrem Management Geld verdient. Ob Aia sich diesen Selbstbetrug anhand der Plaketten, die sie in den Überresten von Hotels, Bürotürmen und Einkaufszentren finden wird, wird erschließen können?

Anpassung

Anpassung als Machtinstrument • Die Klimaanlage, eine technische Unabhängigkeitserklärung • Der Traum von lokaler Resilienz • Deiche, Schutzwehre und ein mechanischer Moses • Künstliche Habitate als totale Rückzugsorte

Die Erderwärmung lässt sich nicht vermeiden, die Rede von Vermeidung ist meist ein Selbstbetrug. Er betrifft nicht nur das Bauwesen, sondern alle Lebensbereiche und Wirtschaftssektoren. Die politisch vereinbarten Zielsetzungen, welche maximale Erwärmung (1,5 °C, 2 °C, 3 °C ...) bis zu welchem Zeitpunkt nicht überschritten werden soll, können nicht eingehalten werden, weil in der gegenwärtigen Realität nicht annähernd genügend CO_2-Emissionen eingespart werden. Es sieht nicht so aus, als ob sich die Erderwärmung in erträglichen Grenzen halten wird, wir müssen uns auf die Folgen – Überflutungen, Dürren etc. – vorbereiten. An die Seite, wenn nicht sogar an die Stelle der Vermeidung tritt deshalb die Anpassung.

Anpassung als Machtinstrument

Anpassung hat verschiedene Ebenen. Es beginnt mit einer scheinbaren Banalität, nämlich dass Architektur – zumindest die traditionelle – historisch betrachtet immer auf ihre Umwelt reagiert hat. »Ausschlaggebend für die Behausung waren das Klima und die Nutzung natürlicher Ressourcen, die man vor Ort oder in der nächsten Umgebung vorfand«, so erklärt etwa der deutsche Architekt Günter Pfeifer das Grundprinzip von architektonischer Anpassungsleistung.[26] Im Wechselspiel zwischen den natürlichen Bedingungen und den jeweiligen sozialen, ökonomischen und politischen Strukturen der Besiedelnden entstanden in unterschiedlichen Regionen der Erde deshalb unterschiedliche Gebäudetypologien, die sich den vorliegenden klimatischen Bedingungen und den vorhandenen Baumaterialien optimal anpassten: steile oder flache Dächer, dichte oder lockere Bebauung, geschlossene oder offene Baukörper, auf Stelzen oder mit Kellern, Wände aus Naturstein, Holz, Lehm oder Ziegelstein usw. Die Vielfalt, die den Reiz von historischer Architektur ausmacht, beruht zu einem wesentlichen Teil auf der Kompetenz, auf die jeweiligen Rahmenbedingungen zu reagieren.

Moderne Architekt:innen glaubten, ohne dieses im traditionellen Bauen eingeschriebene Wissen auskommen zu können. Mit dem Furor der Befreiung von überkommenen Ästhetiken, Formen und Typologien verabschiedeten sie sich nicht nur von formalen Traditionen, sondern verloren auch ihre klimatologische Kompetenz.

In manchen Kontexten war es allerdings unumgänglich, auf die klimatischen Rahmenbedingungen zu reagieren, weshalb Architekt:innen nach neuen – der Ästhetik der Moderne gemäßen – architektonischen Mitteln suchten. Ein bekanntes Beispiel dafür ist Le Corbusiers *Brise-soleil* (Sonnenbrecher), ein in die Architektur integriertes Verschattungselement, oder die Arbeit von Maxwell Fry und Jane Drew. Die beiden britischen Architekt:innen übersetzten die formale Sprache moderner westlicher Architektur in andere kulturelle und klimatische Kontexte. Ihr berühmtestes Werk ist die indische Millionenstadt Chandigarh, an deren Errichtung sie in den frühen 1950er Jahren gemeinsam mit Le Corbusier arbeiteten. Ausgangspunkt ihres Erfolges ist jedoch ihre Tätigkeit in den britischen Kolonien in Westafrika in den späten 1940er Jahren – weshalb ihre Arbeit unter dem euphemistischen Schlagwort »Tropical Architecture« bekannt wurde. Die Auseinandersetzung mit dieser architekturhistorischen Sackgasse ist auch aus heutiger ökologischer Perspektive wichtig, denn, wie die Journalistin Camilla Ghisleni den breiten postkolonialen Diskurs in der Architektur zusammenfasst, »die Dekolonisierung von Architektur ist ein notwendiger Schritt zu ihrer Dekarbonisierung«.[27] Das architektonische Wissen indigener Kulturen kann Wege in eine fossilfreie Form der Anpassung an extreme Klimabedingungen weisen, weshalb es, so es durch koloniale Gewalt nicht vollständig zerstört ist, nun (wieder)entdeckt werden muss.

Zu verabschieden sind hingegen die »Tropical Architecture« und ihre Abkömmlinge; sie war eine »räumliche Fantasie einer [...] weißen Kolonialkultur«, so der australische Historiker Warwick Anderson[28] – und als solche ein Instrument des Kolonialismus. Die Moderne, die sich an »tropisches« Klima anpasst, ist nicht Ausdruck von Emanzipation, sondern ein politisches Machtinstrument, das lokales Wissen zerstörte und als machtvolle Repräsentation kolonialer Herrschaft Ausbeutung und Unterdrückung förderte.[29]

Die Klimaanlage, eine technische Unabhängigkeitserklärung

Einen anderen Weg der Klimaanpassung schlugen in den 1950er Jahren die ungarischen Architekten Victor und Aladár Olgyay ein. Auf Einladung des früheren Bauhäuslers Marcel Breuer kamen die Zwillingsbrüder 1949 ans MIT in Cambridge (Massachusetts) und forschten dort über solare und »bioklimatische« Architektur. 1956, inzwischen waren sie nach Princeton ans *Architecture Laboratory* gewechselt, entwickelten sie eine Art Klimamaschine, die sie *Ther-*

Abb. 28: Die Gebrüder Olgyay überprüfen die Auswirkungen der Sonnenstrahlung auf ein Gebäude in dem von ihnen entwickelten *Thermoheliodon*. In der Moderne setzte sich ein anderes Konzept durch; die Klimaanlage machte die Anpassung an lokale Klimabedingungen überflüssig.

mohelidon nannten. Darin konnten Architekturmodelle, gut sichtbar unter einer durchsichtigen Kuppel platziert, künstlich erzeugten klimatischen Bedingungen ausgesetzt werden. Diese Simulation umfasste den »Bogen des Sonnenverlaufs, aber auch Wind, Feuchtigkeit und Bodenbeschaffenheit« verschiedener amerikanischer Regionen.[30] Ziel war, die klimatologische Performance der entworfenen Gebäude zu testen, um sie nach dem Test besser an die jeweiligen Situationen anpassen zu können.

Doch die moderne Architektur verfolgte den von den Olgyays eingeschlagenen Weg nicht weiter. Statt die Simulation von Klimabedingungen zu nutzen, um Architektur besser an das Klima anzupassen, nutzte das Bauwesen die technischen Möglichkeiten der Klimasimulation, um ganze Gebäude von dem sie umgebenden natürlichen Klima abzukoppeln und in ihnen eine eigene, künstliche Atmosphäre zu schaffen: Die Rede ist von der Klimaanlage. Erfunden hatte sie schon 1902 der amerikanische Ingenieur Willis Haviland Carrier (das von ihm begründete Unternehmen Carrier ist bis heute Weltmarktführer).[31] Statt mit architektonischen Mitteln Erwärmung zu vermeiden, konnten Gebäude fortan durch eine technische Infrastruktur auf eine angenehme Temperatur gekühlt werden. Architektur wurde von ihrer Umgebung unabhängig.

Allgemeine weltweite Verbreitung erlangte diese Technologie (zunächst in den reichen westlichen Ländern) erst in den 1950er Jahren, als durch den Ölboom viel günstige Energie zur Verfügung stand – denn Klimaanlagen sind Stromfresser. Die Klimafolgen dieser Erfindung sind dramatisch. 2018, so die Internationale Energieagentur (IEA), verursachten Klimaanlagen und Ventilatoren rund zehn Prozent des globalen Stromverbrauchs – Tendenz steigend. Bis 2050, so die Schätzungen der IEA, wird die Anzahl von Klimaanlagen sich global verdreifachen und der damit verbundene Energieverbrauch sich mehr als verdoppeln.[32] Solange der Strom aus fossilen Quellen stammt, wird durch Klimaanlagen die Klimakrise nur weiter verschärft. Obendrein sind die Substanzen, die als Kühlmittel verwendet werden, selbst klimaschädlich (und zerstören zudem, sofern es sich um FCKW handelt, die Ozonschicht). Häufig emittieren die Gase ungeschützt, sowohl während des Betriebs als auch am Ende des Produktzyklus. Klimaanlagen verstärken also das Phänomen, das sie lindern sollen. Zwar wird die unmittelbare Umgebung kurzfristig kühler, aber langfristig wird es auf der Erde durch sie heißer.

Könnten wir auch ohne? Bjarke Ingels propagiert, sich wieder verstärkt mit vernakulärer Architektur (also traditionellen Bauweisen, die auf einen spezifischen lokalen Kontext reagieren) und ihren klimatologischen Kompetenzen auseinanderzusetzen. In seinem Werkbericht *Hot to Cold. An Odyssee of Architectural Adaptation* stellt er Fotos von zwölf modernen Hochhäusern Abbildungen traditioneller Bauten aus Grönland, Griechenland, Burkina Faso und China gegenüber.[33] Während die modernen Hochhäuser mit ihren gleichförmigen Stahl-Glas-Fassaden sich sehr ähneln und kaum erkennen lassen, dass die Gebäude sich an weit voneinander entfernten, klimatisch sehr unterschiedlichen Orten befinden, gleichen die traditionellen Gebäude einander nicht, jedes ist eigen-, wenn nicht sogar einzigartig, weil es in Form und Material auf seine jeweilige Umgebung reagiert. Ingels bezieht sich in dem begleitenden Text auf Bernard Rudofsky. Der österreichisch-amerikanische Architekt hatte 1964 im MoMA in New York die Ausstellung *Architecture without Architects* kuratiert. Die Ausstellung und die begleitende Publikation leisteten mit der Wiederentdeckung traditioneller und insbesondere außereuropäischer Bauformen nicht nur einen wichtigen Beitrag zur Kritik an der Moderne, sondern auch am Eurozentrismus der Architekturgeschichte. Sie stellte – wie sechzig Jahre später Ingels – historisch gewachsenes, häufig rurales Wissen aus der ganzen Welt den meist unter profitorientiertem Effizienzdruck entstandenen und dadurch seelenlosen Zweckbauten gegenüber. Zu dem Mythos der Ausstellung trug sicherlich auch bei, dass später DIY-Aktivist:innen, die als Nicht-Architekt:innen Architektur erstellten, sich gerne auf sie beriefen, da sie sich dadurch historisch legitimiert sahen.

Auch Ingels vereinnahmt die Ausstellung für sich. Er argumentiert, die von Rudofsky propagierte vernakuläre Architektur sei kein Gegensatz zur zeitgenössischen Raumproduktion, sondern eine wichtige Wissensressource, die es zu nutzen gelte. Sie zeige »Wege zur ultimativen Symbiose von Architektur und ihrer Umgebung«. In seiner Argumentation transformiert er »Architektur ohne Architekten« in »Maschinenbau ohne Maschinen«. Wir bräuchten, so Ingels, »Gebäude, die weniger von Gebäudetechnik abhängig sind«.[34] Eine hehre Forderung, vielleicht aber auch nur ein Marketing-Gag, mit dem Ingels die eigenen Großprojekte und ihre spektakuläre Formensprache moralisch-ökologisch zu legitimieren versucht. Es bleibt zu bezweifeln, ob Aia in *CopenHill*, der müllverbrennenden Skipiste in Kopenhagen, oder anderen seiner Werke wirklich gelungene Symbiosen von Architektur und Umwelt entdecken wird.

Die Architektur des Anthropozäns kommt jedenfalls (noch) nicht ohne Klimaanlage und künstliche Atmosphären aus, Aia würde bei ihren Ausgrabungen auf etliche stoßen. Sie befinden sich in Verwaltungs- und Produktionsgebäuden, in Konsumtempeln und in absurden Kunstwelten wie zum Beispiel gekühlten Skihallen oder geheizten, mit künstlichen Sandstränden und tropischen Pflanzen garnierten Indoor-Schwimmlandschaften. Vor allem aber würde sie in den Ruinen der menschlichen Siedlungen, insbesondere in den von Erwärmung und Überhitzung besonders stark betroffenen Gebieten, etliche Kästen finden, die an den Außenfassaden der Gebäude angebracht waren. Die kleinen Maschinen sind als technische Relikte Zeugen des paradoxalen Versuchs, eine immer heißer werdende Welt bewohnbar zu halten, indem man die Innenräume mit künstlich gekühlter Luft versorgt – und damit die Außenwelt noch heißer macht.

Der Traum von lokaler Resilienz

Neben Hitze und Kälte ist Wasser das große architektonische Thema des Anthropozäns. Der Klimawandel führt in manchen Gebieten zu dort bislang unbekannten Formen von Trockenheit, andere sind wegen des ansteigenden Meeresspiegels von Überflutung bedroht. Außerdem kommt es zu mehr Extremwetterereignissen, wozu neben Sturmfluten auch Starkregen und daraus resultierende Überschwemmungen zählen. Anpassung bedeutet deshalb, sich auf diese in Zukunft zur Normalität gehörenden Extremsituationen vorzubereiten – inklusive der dann eintretenden (vorübergehenden) Unbewohnbarkeit. Die Bauten und Organisationsfähigkeiten, die dann für das Errichten von Flüchtlingslagern und anderen Formen temporärer Notunterkünfte notwendig sind, werden unter den Begriffen »Katastrophen-« oder »Postdisaster-Architektur« in den Kanon der zukünftigen Entwurfs- und Gestaltungsaufgaben eingereiht.

Entwickelt werden aber auch proaktive Strategien der Anpassung, die die Wahrscheinlichkeit von Katastrophen reduzieren sollen. Der städtische Raum, so ein immer häufiger formuliertes Stadtentwicklungsziel, soll resilient werden und seine Widerstandsfähigkeit gegen extreme Wetterereignisse verbessern. Erreicht werden soll das durch eine Kombination verschiedener Maßnahmen. Gegen die Auswirkungen von Hitze helfen vor allem Grünflächen, kleine Parks, die in den Stadtquartieren den Bewohner:innen fußläufige Möglichkeiten zur Abkühlung und Erholung bieten, aber auch Grünfassaden und -dächer. Die Begrünung der Stadt hat aber nicht nur eine kühlende Funktion, sondern dient auch dazu, bei starken Regenfällen vor Überschwemmungen zu schützen, weil bepflanzte Flächen – anders als die, die mit Asphalt versiegelt sind – Niederschlag besser aufnehmen können. Die klimaresiliente Stadt, so wird häufig gefordert, soll ein Schwamm werden, der Wasser aufsaugt, wenn es davon zu viel gibt, und es erst wieder abgibt, wenn es benötigt wird. Vorbild für derartige bauliche, umwelttechnologische Anpassungen sind häufig natürliche Strukturen, neben dem Schwamm zum Beispiel das Korallenriff, dessen künstliche Nachahmungen die Wellen von Sturmfluten brechen und so Küstenstädte vor Überschwemmungen schützen sollen.

Viele Städte haben Klimaschutzpläne entwickelt, noch ist unklar, was davon umgesetzt wird. Ein ambitioniertes Beispiel stammt aus Kopenhagen. *Skybrudsplan* (Wolkenbruch-Plan) nennt die dänische Hauptstadt ihre Maßnahmen gegen die Folgen von Starkregen. Rund 300 Projekte sollen dazu beitragen, dass die Stadt zu einem Schwamm wird. Begrünte Dächer und entsiegelte Flächen sollen Regenwasser aufsaugen und bei Erwärmung durch Verdunstung die Luft kühlen; mit dieser natürlichen Klimaanlage, so die Idee, soll sowohl die Stadt gekühlt als auch vor Sturzflut und Überschwemmung geschützt werden. Um bei extremen Starkregen die Kanalisation nicht zu überlasten, sollen Parkanlagen im Notfall auch als Wasserrückhaltebecken fungieren; Multicodierung ist das Schlagwort für diese Art von Mehrfachfunktionalität. So werden in Kopenhagen viele neue Fahrradwege gebaut, die auch einen weiteren Nutzen haben: Bei Starkregen werden sie zu zusätzlichen Kanälen, die das Regenwasser direkt ins Meer leiten. Viele dieser Maßnahmen beugen nicht nur den Folgen von Starkregen vor, sondern reagieren auch ganz unmittelbar auf die Erderwärmung, weil vormals versiegelte Flächen zu kühlendem Grünraum umgestaltet werden – Hitzevorsorge mit den Mitteln der Landschaftsarchitektur.[35]

Ein anderes Beispiel für Anpassung an die Folgen des Klimawandels findet sich in New York. Die Stadt beschäftigt sich seit dem Wirbelsturm Sandy, der 2012 zu einer großen Überschwemmung führte, intensiver mit Küstenschutz. Entlang der Südspitze von Manhattan soll eine *Big U* genannte, rund 16 Kilometer lange Pufferzone vor dem Meer schützen. Wie der Name schon andeutet, wurde das Projekt 2014 unter anderem von Bjarke Ingels' Büro BIG und dem niederländischen Büro One Architecture entwickelt. Das große U, wie Ingels betont, sei kein »Schutzwall«, sondern »eine Aneinanderreihung von gesellschafts- und umweltfreundlichen Attraktionen [...], die zufälligerweise auch das Hinterland vor Flutwasser« schütze.[36] Das Projekt umfasst die Anlage von neuen Parkflächen, die Flutwellen abschwächen sollen, sowie beweglichen Elementen, die eine Schutzmauer bilden können. Die beweglichen Elemente sind exemplarisch für den gesamten Ansatz des Projektes. Da sie, so die Architekten, von lokalen Künstler:innen verschönert würden, könnten sie nicht nur Wasser abhalten, sondern würden zugleich den Uferbereich ästhetisch aufwerten und dank einer integrierten Beleuchtung den Ort auch für die alltägliche Nutzung sicherer machen. *Big U*, so die Logik, ist also auch dann ein Gewinn, wenn die – zu verhindernde – Katastrophe nicht eintritt. Das Projekt soll, ausgestattet mit einem Budget von 335 Millionen US-Dollar, angeblich bis 2050 realisiert werden.[37]

Anpassungsmaßnahmen sollen keine Angst machen, sondern begeistern. Deshalb wird in vielen Klimaprojekten mit Win-win-Momenten argumentiert. Die resiliente, widerstandsfähige Stadt, so die nicht nur dem Kopenhagener *Skybrudsplan* und dem *Big U* zugrundeliegende Haltung, schützt nicht nur vor Katastrophen, sondern macht Stadt auch im Normalbetrieb attraktiver. Politiker- und Planer:innen scheinen zu glauben, dass nur durch das Versprechen oder zumindest der in Aussichtstellung von Zugewinnen – welcher Art auch immer – die bequemen Wohlstandsgesellschaften für eine Transformation zu gewinnen sind.

Deiche, Schutzwehre und ein mechanischer Moses

Doch um den Folgen des Klimawandels wirksam zu begegnen, wird in vielen Städten der Aufbau von Resilienz alleine nicht ausreichen. Der Weltklimarat IPCC warnte 2021 vor einem Anstieg des Meeresspiegels von durchschnittlich 60 bis 100 Zentimetern bis zum Jahr 2100.[38] Die Auswirkungen des Klimawandels sind höchstwahrscheinlich heftiger, als wir es uns vorstellen wollen: Viele Küstenstädte und -regionen werden in nicht allzu ferner Zukunft unbewohnbar sein, wenn sie nicht besser gegen Wasser geschützt werden. Aber wie mit derartigen Gefahren umgehen?

Abb. 29: Zwei Fluttore, jedes über 200 Meter breit, schützen seit 1997 den Hafen von Rotterdam vor Überschwemmungen.

Ein mögliches Vorbild sind die Niederlande, die seit Jahrhunderten dem Meer durch technische Veränderungen Land abgerungen haben – rund ein Viertel der Landesfläche liegt unterhalb des Meeresspiegels. Diese Regionen bleiben nur trocken, weil sie von Deichen und Pumpwerken vor dem Wasser geschützt werden. Sie sind ständig von Überschwemmungen bedroht, und das Risiko steigt mit dem Klimawandel immer weiter an.

Abhilfe schafft immer aufwendigere Technik. Nach der großen Sturmflut 1953 begannen die Niederlande mit dem Bau des größten Hochwasser-Schutzsystems der Welt. Nach rund 40 Jahren Bauzeit war es 1997 abgeschlossen. Die *Deltawerke*, so der offizielle Name, bestehen aus 13 einzelnen Bauwerken, mit denen vier ins Land hineinreichende Meeresarme in den Mündungsgebieten von Rhein, Maas und Schelde geschlossen werden können. Allein das Oosterschelde-Sturmflutwehr ist neun Kilometer lang; zwischen seinen 65 Betonpfeilern befinden sich große Stahltore, die im Falle einer Sturmflut geschlossen werden. Gigantisch ist auch das Sperrwerk, das den Hafen von Rotterdam schützt; jedes seiner beiden Tore ist 210 Meter breit. Doch für die zukünftigen Herausforderungen des Klimawandels sind selbst die *Deltawerke* nicht gewappnet. Sie sind nur für einen möglichen Anstieg des Meeresspiegels um 40 Zentimeter ausgelegt. Eine Option ist deshalb der Bau eines neuen Schutzsystems, das wesentlich größer und höher ist als das bestehende – und mit enormen Kosten verbunden. Eine andere Option, die in den Niederlanden inzwischen ebenfalls diskutiert wird, ist der Rückzug. In nicht allzu ferner Zukunft könnte Land, das dem Meer in der Vergangenheit abgerungen worden war und seitdem besiedelt wurde, wieder aufgegeben werden.[39] Rückzug ist also angesagt.

Vor dieser weitreichenden Entscheidung stehen auch andere Städte und Regionen. So beschloss 2022 das Parlament von Indonesien, eine neue Hauptstadt namens Nusantara zu bauen, weil Jakarta, die bisherige Kapitale, langsam im Meer versinkt; 40 Prozent der Stadtfläche liegen unterhalb von Normalnull, nicht nur wegen des steigenden Meeresspiegels, sondern weil Teile der Hauptstadt auf sumpfigem Boden gebaut wurden und deshalb unter dem eigenen Gewicht jedes Jahr bis zu 25 Zentimeter absacken.[40] Etwas aufzugeben, was keine Zukunft hat, kann auch eine Form von Anpassung sein.

Nicht aufgegeben werden soll hingegen Venedig. Auf rund hundert kleinen Inseln und Sandbänken erbaut, ruhen die Fundamente der meisten Gebäude auf Holzstämmen, die vor Jahrhunderten in den Grund getrieben wurden. Allein für die Kirche Santa Maria della Salute sollen rund eine Million Eichenpfähle verbaut worden sein. Doch das Hochwasser bedroht diese Konstruktionen; zum Schutz der Stadt wurde 2020 nach fast 20 Jahren Bauzeit deshalb ein gigantisches Hochwassersperrwerk in Betrieb genommen. Es trägt den Namen *Mose*, eine Abkürzung der recht technischen Bezeichnung *Modulo Sperimentale Elettromeccanico* (Experimentelles elektromechanisches Modul). Die Abkürzung entspricht zugleich der italienischen Form von Moses, des biblischen Propheten, der zur Rettung seines Volkes das Wasser teilen konnte. Diese Aufgabe übernehmen bei dem Sperrwerk 78 Fluttore, ein jedes dreißig Meter hoch und zwanzig Meter breit, jeweils fünf Meter dick und 250 Tonnen schwer.[41] Es wird also kein Aufwand gescheut, um Venedig zu schützen. Doch die technische Bezeichnung verweist auf noch eine andere wichtige Eigenschaft dieser Schutzmaßnahme. Das italieni-

Abb. 30: Ein 2020 eingeweihtes elektromechanisches Sperrwerk soll Venedig vor Überflutung schützen. Es heißt *Mose*, nach dem biblischen Propheten, der das Wasser teilen konnte.

sche »sperimentale« heißt auf Deutsch »experimentell«; *Mose* ist keine geprüfte Lösung, sondern ein Testlauf, es wird etwas ausprobiert, ob es wirklich funktioniert, wird man noch sehen. Damit ist *Mose* Sinnbild für die Situation, in der wir heute leben: Wir wissen nicht, ob die Maßnahmen, die wir zur Bewältigung des Klimawandels ergreifen, ausreichen. Ob Venedig wirklich von *Mose* vor dem Untergang gerettet werden kann, bleibt also abzuwarten.

Künstliche Habitate als totale Rückzugsorte

Erst die Anpassung an die Umgebung ermöglichte es dem Menschen, die Welt für sich bewohnbar zu machen. Geht man den Weg der Anpassung bis ins Extrem, landet man in künstlichen Habitaten, die sich von der Umgebung möglichst vollständig abkapseln. Wenn die Welt draußen nicht mehr bewohnbar ist, erscheint die perfekte, in sich geschlossene Innenwelt als mögliche Rettung.

So dachte wohl auch der Ingenieur und Bauunternehmer Jay Swayze, der auf der Weltausstellung 1964 in New York einen unterirdischen Wohnbunker präsentierte. »Als ehemaliger Militärausbilder in chemischer Kriegsführung«, so Swayze rückblickend 1980, »wusste ich, dass die drei Möglichkeiten, wie die Menschheit sich selbst zerstören konnte, die Kernspaltung, das Nervengas oder die bakterielle Kriegsführung waren.«[42] Der Bunker schütze, so Swayze, aber nicht nur vor den Auswirkungen eines atomaren Krieges, sondern auch vor »Stürmen oder ungemütlichen Temperaturen«.[43]

Mit architektonischen Mitteln simulierte er Normalität im Untergrund: Neben den klassischen Innenräumen gab es beispielsweise Räume, die mit Vordächern und Bodenbelägen eine Terrasse vortäuschten. Doch das *Underground Home* ahmte die Realität nicht nur nach, sondern bot durch mediale Techniken eine verbesserte Version der Wirklichkeit an. So waren hinter den Fenstern bewegliche Fototapeten installiert, aus denen man je nach Laune auswählen konnte; u.a. den Grand Canyon, aber auch die Golden

Gate Bridge von San Francisco oder die Skyline von New York. Die Technik ermöglichte eine Gleichzeitigkeit von Erlebnissen, wie sie in der oberirdischen Realität nur schwer möglich wären, zum Beispiel, so Swayze im Verkaufsprospekt von 1964: »In der Küche geht die Sonne auf, während auf der ›Außen‹-Terrasse eine sternenklare Nacht herrscht.« Nicht nur Lichtsituation, Temperatur und Luftfeuchtigkeit konnten gesteuert, sondern auch Wind nachempfunden werden. Das *Underground Home*, so die Architekturhistorikerin Beatriz Colomina, »war eine Maschine, die ihr eigenes Wetter, ihre eigene Außenwelt schuf«.[44]

Die Präsentation des *Underground Home* auf der Weltausstellung in New York wurde von General Electric finanziert, das dort auch Modelle für neue Atomkraftwerke vorstellte. Mitten im Kalten Krieg, in einer politisch unsicheren Zeit – erst zwei Jahre zuvor war die Stationierung sowjetischer Atomwaffen auf Kuba, also in unmittelbarer Nähe der USA, abgewendet worden –, versprach Swayze dem von der Moderne geängstigten Individuum totale Sicherheit: »Ein Ort, an dem es seine eigene Welt beherrscht – eine Welt der totalen Leichtigkeit und des Komforts, der Sicherheit, der Geborgenheit und vor allem der Privatheit.«[45] Ein ökonomischer Erfolg war das Projekt nicht, Swayze bekam auf der Weltausstellung keinen einzigen Auftrag – vielleicht, weil sein Umgang mit den Bedrohungen seiner Gegenwart zu katastrophisch war. Anscheinend wollten sich damals nicht genügend Menschen ausmalen, dass bald die Welt untergeht. Die amerikanische Historikerin Lori Walkers vermutet, dass Swayze am Ende der Weltausstellung das Geld fehlte, um das *Underground Home* ordnungsgemäß rückzubauen. Sie geht deshalb davon aus, dass es sich noch immer unter der Erde von New York befindet.[46] Aia oder andere zukünftige Archäolog:innen könnten es dort also dereinst entdecken, und daraus die Träume und Ängste der Menschen dieses Zeitalters rekonstruieren.

Abb. 31: Buckminster Fuller und Shoji Sadao planten 1959, einen Teil von Manhattan mit einer Kuppel zu überdachen. Sie sollte ein Leben ohne »die unangenehmen Auswirkungen von Klima« ermöglichen.

Wahrscheinlich wird Aia bei ihren Recherchen auch auf eine andere dystopische Innenwelt stoßen. 1959 imaginierten Buckminster Fuller und der japanische Architekt Shoji Sadao den *Dome over Manhattan*, eine geodätische Kuppel mit einem Durchmesser von drei Kilometern. Sie sollte Midtown Manhattan überdecken; eine Kombination aus einem gigantischen *Thermoheliodon*, das die Stadt wie ein Architekturmodell unter der Plexiglashaube von der Außenwelt abschirmt, und dem *Underground House*, in dem eine technisch kontrollierte Innenwelt ein sicheres, komfortables und ästhetisches Leben ermöglichen sollte. »Von innen gibt es einen nicht unterbrochenen Kontakt zur Außenwelt«, so Fuller, »Sonne und Mond werden die Landschaft bescheinen, und der Himmel wird vollkommen sichtbar sein, aber die unangenehmen Auswirkungen von Klima, Hitze, Staub, Ungeziefer, grellem Licht usw. werden von der Haut so reguliert, dass das Interieur wie der Garten Eden wird.«[47] Fuller und Sadao stellten sich derartige Kuppelbauten allerorten vor, in New York genauso wie in der Arktis und Antarktis.

In einer künstlichen Innenwelt, so ihre Vorstellung, ließe es sich besser leben als in der natürlichen Umgebung. Heute schwer vorstellbar, aber Fuller und Sadao sahen ihre *domes* nicht als Dystopie, kommunizierten sie nicht als Warnung vor Umweltzerstörung, sondern als eine technische Möglichkeit, mit einer veränderten Umwelt umzugehen. So erscheint am Horizont eine kontrollierte Innenwelt, eine Mischung aus Flucht und totaler Anpassung: die Zukunft einer Gesellschaft, die ihre Umwelt aufgegeben hat, weil sie durch menschliches Handeln so zerstört wurde, dass sie unbewohnbar geworden ist.

Abb. 32: Braucht die Natur eine neue, künstliche Heimat, in der der Mensch sie vor sich selbst schützt? Im *Eden Project* sollen 5000 Pflanzenarten vor dem Aussterben geschützt werden.

Den künstlichen Garten Eden, den Fuller und Sadao in Aussicht stellten, könnte Aia in Großbritannien entdecken. In Cornwall findet sich das vom britischen Architekten Nicolas Grimshaw entworfene *Eden Project*, ein rund 20000 Quadratmeter großer Gewächshaus-Komplex, der 2001 nach sechs Jahren Planungs- und Bauzeit eröffnet wurde. In mehreren unterschiedlich großen, miteinander verschnittenen geodätischen Kuppeln werden verschiedene Vegetationszonen simuliert, um rund 5000 verschiedenen Pflanzenarten, die so vor dem Aussterben geschützt werden sollen, eine Heimat zu bieten. Der Garten Eden des Anthropozäns ist eine künstliche, von Menschen gemachte Welt, die logische Konsequenz eines Zeitalters, in dem sich der Mensch zum gottähnlichen, die Welt bestimmenden Schöpferwesen erhoben hat.

Über eine Million Menschen besuchen jährlich das *Eden Project* – es ist also auch ein erfolgreiches Geschäftsmodell, das Tourist:innen in eine abgelegene Region lockt. Ursprünglich als pädagogische Einrichtung konzipiert, die für Nachhaltigkeit sensibilisieren sollte, ist *Eden Project* mit heutigem Wissen um den Klimawandel vor allem Ausblick auf eine dystopische Zukunft. Es präsentiert keine Lösung, sondern fungiert, wie die griechische Architekturtheoretikerin Lydia Kallipoliti meint, als »Theater der neoliberalen Gouvernementalität« und als »Souvenir« für eine unwiederbringlich untergegangene Wirklichkeit.[48]

Affektive Ambivalenz nennt man in der Psychologie die Gleichzeitigkeit von gegensätzlichen Gefühlen, zum Beispiel Angst und Begeisterung. Die Vorstellung, dass die Welt untergehen und die

Menschheit nur noch in künstlichen Habitaten leben könnte, jagt vielen einen Schrecken ein. Gleichzeitig scheint sie auch zu faszinieren – wovon die beschriebenen Architekturen genauso zeugen wie etliche Blockbuster, die Weltuntergangsszenarien darstellen. Diese affektive Ambivalenz spiegelt die Gegensätzlichkeit der Verwendungsformen; geschlossene, künstliche und umfassend kontrollierte Welten tauchen im ökologischen Kontext auf, wenn die Welt gerettet werden soll, aber auch im militärischen, wenn die Welt schon zerstört ist.

Was also wird Aia von den Strategien der Anpassung lernen? Vielleicht, dass der prometheische Glaube des Menschen, dank Technik in allen noch so widrigen Umweltbedingungen überleben zu können, nicht zum Erhalt der Bewohnbarkeit, sondern zu deren Zerstörung führt. In den Klima-Maschinen, die als kleine Kästen an den Fassaden hängen, und ihren großen Geschwistern, den in sich geschlossenen künstlichen Habitaten, wird sie keine sinnvollen Rettungsversuche erkennen. Dass der Mensch sich von seiner Umgebung abgrenzt und den Bezug zur natürlichen Mitwelt verliert, scheint der Anfang vom Untergang zu sein.

Neustart

Die unsichtbare Smart City • Neue Gesellschaftsmodelle in der Wüste • Postfossile Fantasien • Paradoxale Strategien zwischen Repräsentation und neuem Naturverhältnis • Ein unbaubarer Traum

Die meisten Eingriffe zur Anpassung und Vermeidung sind mühsam, kleinteilig und in ihrer Wirksamkeit begrenzt. Großmaßstäbliche, hohe Wirksamkeit versprechende Maßnahmen hingegen führen im Extremfall dazu, dass die Gesellschaft ihre Lebensform immer weiter den sich verändernden (Klima-)Bedingungen anpasst, bis sie sich von der – vormals – natürlichen Umwelt komplett abgekoppelt hat und nur noch in einer Kunstwelt existiert. Viel attraktiver erscheint deshalb manchen die Vorstellung, alle Probleme von Grund auf zu lösen. Ein Gegenentwurf zur Anpassung ist deshalb der radikale Neustart. Ein besseres Betriebssystem installieren und dann einfach nochmal neu anfangen; ein attraktiver Gedanke, auch wenn dieses Vorgehen nicht garantiert, dass das Ergebnis des Neustarts eine weniger künstliche, kontrollierte und abgeschlossene Welt ist – oder Schlimmeres.

Projektionsfläche und Testfeld für Neustart-Ideen sind häufig der Entwurf oder gar die Gründung einer neuen Stadt. Sie sollen politische Zielvorstellungen veranschaulichen und, so sie auch gebaut werden, als Vorbild fungieren. Die »Idealstadt« ist als gesellschaftspolitisches Instrument in der westlichen Kultur seit langem angelegt, im Prinzip ist schon das Himmlische Jerusalem des Neuen Testaments eine Idealstadt. Und auch unabhängig von der Rückbindung an die christliche Tradition sind Städte als verdichtete Form menschlichen Zusammenlebens gut geeignet, um neue soziale Organisationsformen zu veranschaulichen. 1516 nutzte Thomas Morus in *Utopia* die Beschreibung einer Stadt, um die Funktionsweise einer (vermeintlich) idealen Gesellschaft zu illustrieren. Auch Tommaso Campanella beschrieb 1602 in *Der Sonnenstaat* die vorbildliche Ordnung anhand eines Stadtentwurfes. Im Mittelpunkt seiner kreisrunden Sonnenstadt steht ein Tempel, auf den alle Straßen zulaufen. In diesem Tempel wird die energiespendende Sonne verehrt, weshalb der Soziologe Mathias Greffrath Campanellas Idealstadt als »erste Öko-Utopie« bezeichnet. Campanella bezahlte allerdings teuer »für seinen Vorstoß ins sozialistische Solarzeitalter«, wie Greffrath schreibt, denn er saß »zwei Jahrzehnte in vatikanischen Kerkern«, allerdings nicht wegen seiner frühsozialistischen Ideen, sondern »wegen der Ketzerei mit der Sonne«.[49]

Doch nicht nur in der utopischen Literatur, sondern auch in Wirklichkeit wurden und werden neue Idealstädte geplant und gebaut, um eine bessere Gesellschaftsordnung zu realisieren. Diese Städte sind ein bedeutender Topos in der Architekturgeschichte der Neuzeit. Häufig waren sie Machtdemonstrationen und Selbstinszenierungen von Herrschenden, die sich durch eine von ihnen ersonnene und erbaute Stadt verewigen wollten; immer sind Idealstädte Ausdruck einer politischen Vision, die Auskunft über die Gesellschaft gibt, zu der sie eine Alternative darstellen sollen.

Die unsichtbare Smart City

Als Norbert Wiener 1950 in »How U.S. Cities Can Prepare for Atomic War« vorschlug, die Stadt zu entdichten, damit ein möglicher Atombombenangriff weniger zerstörerische Wirksamkeit entfaltete, präsentierte er noch eine weitere Maßnahme: die kommunikative Verknüpfung. Denn die größte Gefahr eines atomaren Angriffs sah Wiener neben der unmittelbaren Letalität im darauffolgenden »Zusammenbrechen jeglicher Informations- und Kommunikationssysteme«, wie der Architekturhistoriker Georg

Vrachliotis erläutert. Wiener entwickelte deshalb das Ideal einer dezentralen Stadt – die durch ihren streng radialen Aufbau formal an die Sonnenstadt von Campanella erinnert und in der alle Einheiten durch moderne Kommunikationstechnologien miteinander verknüpft sein sollten. Dabei ging es Wiener, so Vrachliotis weiter, nicht um die »Neugründung ganzer Städte, sondern [er] verstand seinen Vorschlag lediglich als eine Ergänzung zu bereits bestehenden Stadtstrukturen« durch »die Regelung und Kontrolle von Information im Raum«.[50]

Damit griff er dem vorweg, was heute als Smart City diskutiert wird. Denn Regelung und Kontrolle von Information im Raum sind auch der Kern dieser technologischen Utopie in Stadtform. Der Begriff ist seit den 2000er Jahren im städtebaulichen Diskurs verankert, entscheidende Treiber waren Technologiekonzerne, die sich einen attraktiven Markt für ihre Produkte versprachen. Alphabet, der Mutterkonzern von Google, wollte ab 2017 in Toronto sogar ein eigenes, futuristisches Stadtquartier errichten, in dem durch vielfältige Sensoren und Überwachungstechnologien möglichst viele Daten über das Verhalten der Bewohner:innen erfasst und zur Optimierung verschiedenster Prozesse (von selbstfahrenden Autos über Gesundheitsdienstleistungen bis hin zu neuen Governance-Modellen) genutzt werden sollten. Das Ganze sollte Blaupause für ein Geschäftsmodell sein, weshalb man es als einen weiteren großen Schritt in Richtung der »Refeudalisierung« von Stadt werten kann.[51]

Zwar wurde 2020 das Vorhaben von Alphabet abgeblasen, angeblich, weil durch die Corona-Epidemie der Immobilienmarkt unkalkulierbar geworden sei, aber unabhängig davon ist Smart City inzwischen ein vielschichtiges Leitbild geworden, das auch in ganz pragmatischen Stadtentwicklungsdiskursen Eingang gefunden hat. Als weit gefasstes Schlagwort für die digitalisierte und deshalb (angeblich) intelligente(re) Stadt umfasst es dabei sehr viele unterschiedliche Aspekte; zum Konzept der Smart City zählen digitale Bürgerämter genauso wie die sensorbasierte Verkehrssteuerung. So soll zum Beispiel die Luftverschmutzung gemessen werden, um bei lokaler Überschreitung von Grenzwerten den Verkehr automatisch umzulenken oder die Zuteilung von Fahrstreifen für Autos oder Fahrräder an das reale Verkehrsaufkommen anzupassen. Nicht ohne Grund entdecken nun die Automobilhersteller die Smart City als ihren Zukunftsmarkt. Volkswagen zum Beispiel will in Zukunft auch Mobilitätsdienstleister sein und bietet deshalb schon in einigen Städten Shuttle-Services an, die mit Hilfe von Algorithmen die Routen nach Nachfrage und Verkehrssituation für jede Fahrt neu berechnen.

Die unter dem Begriff Smart City vermittelte Idealstadt erfordert keine Stadtneugründung. Die Smart City bildet vielmehr einen – fast unsichtbaren – Layer, der auch auf bestehende Stadtstrukturen gelegt werden kann. Das ökologische Versprechen dieses neuen technischen Betriebssystems von Stadt ist – neben anderen, wie z.B. mehr Sicherheit –, dass durch Überwachung und intelligente Steuerung Energie und Ressourcen gespart werden und damit die Zerstörung der Umwelt reduziert werden kann. Dieses Versprechen wird nicht nur positiv aufgenommen, es weckt auch Ängste und Abwehrreflexe. Rem Koolhaas etwa spricht verächtlich von der »dummen Stadt«. In ihr, so der Stararchitekt, sei eine »neue Dreifaltigkeit [...] am Werk: [...] Werte wie Freiheit, Gleichheit und Brüderlichkeit wurden [...] durch Komfort, Sicherheit und Nachhaltigkeit ersetzt.«[52] Die Utopie kann auch eine Dystopie werden, schreibt der Politologe Adrian Lobe, denn wenn »eine Stadt sich selbst steuert, überwacht sie alle, die in ihr leben«. Die Smart City, in der ubiquitäre Sensoren künstliche Intelligenzen mit Informationen füttern, aus der diese dann die (vermeintlich) beste Steuerung ableiten, könne das Ende der Demokratie bedeuten, wie wir sie heute kennen. Denn wenn »Maschinen untereinander kommunizieren«, so Lobe weiter, »ist politische Kommunikation überflüssig«.[53] Dann trete die informationelle Steuerung, die aus Überwachung und Berechnung von Wahrscheinlichkeiten abgeleitet ist, an die Stelle von menschlichen Entscheidungen, die auf dem Austausch von Argumenten beruhten. Die totale Smart

City, so die Sorge, wird voraussichtlich keine freie, sondern eine kontrollierte, Verhaltensanpassung fördernde Lebenswelt produzieren.

Neue Gesellschaftsmodelle in der Wüste

Die Smart City mit ihrer vermeintlich intelligenten Steuerung ist nur ein möglicher Ansatz für einen Neustart. Ein anderer fokussiert nicht auf Technologie, sondern auf das soziale und ökonomische Betriebssystem der Gesellschaft. Ein bevorzugter Ort für Idealstädte mit diesem Ziel scheint die Wüste zu sein.

Ein Beispiel dafür ist *Arcosanti*, eine 1970 vom Architekten Paolo Soleri gegründete Siedlung in der Wüste von Arizona. 5000 Menschen, so seine Vorstellung, sollten dort zusammenleben. Umgesetzt wurden seine Pläne nur teilweise, die Überbleibsel der Utopie kann man allerdings noch besichtigen. *Arcosanti*, so die Selbstbeschreibung der von Soleri initiierten Stiftung, die sich seit seinem Tod um den Ort kümmert, soll Vorbild und Inspirationsquelle für »widerstandsfähige und gleichberechtigte Gemeinschaften [sein], die nachhaltig in die natürliche Umwelt integriert« sein wollen.[54] Inspirieren soll in *Arcosanti* nicht nur die Architektur, sondern auch ein Gesellschafts- und Lebensmodell. »Es sollte jeden Tag Aufführungen, Feste, gemeinsame Gelage geben«, so beschreibt Niklas Maak die Wunschvorstellung von Soleri, »es wurden freie Liebe und freie Selbstentfaltung und Leben im Einklang mit der Natur versprochen.«[55] Dafür plante Soleri, den Moden der 1970er Jahre entsprechend, eine hochdichte Megastruktur.

Heute leben in *Arcosanti* rund sechzig Menschen in einem Dutzend kleiner Betonbauten, »Kuben und Gewölbe«, die »an ein mediterranes Dorf aus Beton«[56] erinnern und »wie ein Kult-Ort eines hochentwickelten Indianerstamms« anmuten.[57] Rund 25 000 Besucher:innen kommen pro Jahr, um den unerfüllten Zukunftstraum zu besichtigen. Die Bewohner:innen leben von Workshops und von Kunsthandwerk, als Andenken verkaufen sie Töpferwa-

Abb. 33: *Telosa* soll in der Wüste von Arizona entstehen, bis 2030 sollen in der von BIG entworfenen Stadt 50000 Menschen leben, natürlich ist auch hier alles nachhaltig …

ren und selbstgebaute Windspiele. Die gescheiterte Utopie als Take-away ist nicht billig, manches Windspiel aus Bronze kostet mehr als tausend Dollar. Seit die kapitalistische Realität in die Gegenkultur eingezogen ist, generiert das Scheitern einen ansehnlichen Mehrwert: Eine Million Dollar erwirtschaftet der Souvenirladen jedes Jahr.

Ein anderes, zeitgenössischeres Beispiel für eine Zukunftsvision in der Wüste ist *Telosa*, ein vom amerikanischen Milliardär Marc Lore 2021 initiiertes Stadtentwicklungsprojekt, dessen Name sich vom griechischen Wort für Ziel, *telos*, ableitet. Mit E-Commerce für Amazon und Walmart hat Lore viel Geld verdient, nun will er in der US-amerikanischen Wüste – wo genau, ist noch nicht bekannt – eine ökologische Musterstadt bauen. Schon 2030 sollen dort 50000 Menschen leben, irgendwann sollen es fünf Millionen sein.[58] Die Renderings und Animationsfilme der von Bjarke Ingels' Architekturbüro BIG entworfenen Idealstadt zeigen ein fast naives Zukunftsbild mit retrofuturistischer Schwebebahn, Transportdrohnen und Flugtaxis. Mobilität ist wichtig, denn in *Telosa* soll jede wichtige Einrichtung des täglichen Lebens innerhalb von 15 Minuten erreicht werden können. Dieses Zeit-Raum-Mobilitäts-Konzept wurde erstmals 2016 von dem französisch-kolumbianischen Stadtforscher Carlos Moreno formuliert und ist inzwischen Leitbild von vielen Städten (u.a. Paris) geworden. Bei Moreno beziehen sich die 15 Minuten allerdings auf den Zeitraum, den Fußgänger- oder Fahrradfahrer:innen für eine Wegstrecke benötigen, nicht wie in *Telosa* auf Elektroautos oder Flugtaxis.

In den Visualisierungen der Zukunftsstadt haben Hochhäuser grüne Dächer, schließlich soll sie nachhaltig sein. Das Wahrzeichen ist ebenfalls ein Hochhaus, aber kein gewöhnlicher Kubus, sondern ein Hyperboloid. Er ist leicht verzerrt, womöglich, damit er dynamisch zukunftszugewandt wirkt, und transparent, mutmaßlich, damit man erkennt, dass er als Wasserspeicher dienen soll. Der Entwurf folgt nicht technisch-funktionalen Kriterien, sondern soll als *architecture parlante*, also als sprechende Architektur (diesen Begriff nutzte der Architekturhistoriker Emil Kaufmann, um die französische Revolutionsarchitektur zu beschreiben) auch eine Geschichte erzählen; alles ist Hightech, und die Architektur spricht die Sprache einer technik-optimistischen Gegenwart: *Telosa*, so das ambitionierte Ziel von Lore, soll »die nachhaltigste Stadt der Welt« werden.[59]

Neuartiger als das ökotechnologische und verkehrsplanerische Konzept mitsamt seiner architektonischen Ausformung ist in *Telosa* die ökonomische Leitidee. Sie soll, so Lore, zu einem neuen »Gesellschaftsmodell« führen. »Der Kapitalismus«, so Lore weiter, »war ein unglaubliches Wirtschaftsmodell, aber er hat erhebliche Mängel, insbesondere was die Ungleichheit bei Einkommen und Vermögen betrifft. Und viele dieser Mängel gehen auf das Modell des Landbesitzes zurück.«[60] Deshalb sollen Grund und Boden von *Telosa* einer Stiftung gehören, deren Einnahmen das umfassende Bildungssystem der Stadt finanzieren. In dem »Equitism« genannten Wirtschaftsmodell sind aber auch die Bewohner:innen Anteilseigner der Stadt. »Stellen Sie sich vor«, so wirbt Lore um zukünftige Bewohner:innen, »Sie leben in einer Stadt mit einem Wirtschaftssystem, in dem die Bürgerinnen und Bürger einen Anteil am Land haben; je besser es der Stadt geht, desto besser geht es den Einwohnern.«[61] Die Vorschläge für ein anderes Wirtschaftssystem kommen also nicht nur aus dem hippiesken bis linksliberalen Lager, sondern auch aus dem Herzen des Kapitalismus selbst – das selbstredend weiter »kapitalistisch« schlägt.

Derartige Entwürfe sind Idealstädte für wenige: *Gated Communitys* für Wohlhabende, die den Gesellschaftsvertrag aufkündigen, sich aus der gesamtgesellschaftlichen Verantwortung verabschieden und sich auf der Flucht vor globalen Veränderungen in die Wüste zurückziehen.

Postfossile Fantasien

Ebenfalls dem Herzen des Kapitalismus entsprungen und auch in der Wüste verortet sind jene postfossilen Fantasien, die seit den 2000er Jahren in den ölreichen arabischen Staaten am Persischen Golf vorangetrieben werden. Auch sie sind Neustarts, und zwar des energetischen Betriebssystems; sie beruhen auf der Erkenntnis, dass das Zeitalter der fossilen Energie zu Ende gehen wird und, sofern die Eliten der erdölfördernden Staaten sich den erlangten (aber extrem ungleich verteilten) Wohlstand erhalten wollen, neue, vom Öl-Export unabhängige Ökonomien aufgebaut werden müssen. Von Katar bis Saudi-Arabien haben verschiedene Regierungen Entwicklungspläne aufgestellt, die zur Förderung von Wirtschaft und Tourismus neben imposanten Großevents und ambitionierten Kulturstätten auch (in ihren Augen) architektonisch attraktive Städte vorsehen. Spektakuläre Bauprojekte sollen internationale Aufmerksamkeit wecken, Investoren anziehen und zugleich der lokalen Identitätsproduktion dienen.

Sie sind aber genauso sehr Projektionsfläche für die – zum Teil gigantomanischen – Wunschträume von Architekt:innen und Immobilienentwickler:innen. Dazu schrieb Rem Koolhaas 2007: »Wir leben in einer Zeit der Vervollständigung, nicht der Neuanfänge. Der Welt gehen die Orte aus, an denen sie neu beginnen kann.« Zu den wenigen Orten, an denen er noch Möglichkeiten für einen Neuanfang sieht, gehören die arabischen Wüsten. »Sand und Meer entlang des Golfs sind wie eine unberührte Leinwand, eine ultimative Tabula rasa, in die neue Identitäten eingeschrieben werden können.«[62]

Auf einer solchen leeren Leinwand wurde 2007-2014 *Masdar* errichtet, eine ökologische Modellstadt 30 Kilometer östlich von Abu Dhabi, der Hauptstadt der Vereinigten Arabischen Emirate, mitten in der Wüste und praktischerweise direkt neben dem Flughafen der Kapitale. Nachhaltigkeit sollte – schließlich sind die Arabischen Emirate ein sehr konservatives Land – mit lokaler Kultur verknüpft werden, um langfristig neue ökonomische Perspektiven für das bislang vom Öl- und Gasexport abhängige Land zu erschließen. »Masdar City«, erklärt Norman Foster, der den Masterplan erstellt hat, »kombiniert modernste Technologien mit den Planungsprinzipien traditioneller arabischer Siedlungen, um in der Wüste einen kohlenstoffneutralen und abfallfreien Ort zu schaffen.«[63] Nicht nur die Gebäude, sondern auch ihre Funktionen sollten innovativ sein; *Masdar* war als Wissenschaftsstadt gedacht, in der erneuerbare Energiequellen und nachhaltige Technologien entwickelt und eingesetzt werden; so sollten z. B. die Bewohner:innen keine Autos, sondern eine Schnellbahn benutzen. Auch das Umfeld der Stadt wurde in die Planung miteinbezogen. »Auf dem Land rund um die Stadt werden Wind- und Fotovoltaikanlagen [sowie landwirtschaftliche] Experimentierfelder und Anbauflächen entstehen, so dass der Ort völlig energieautark sein wird«, heißt es bei Foster weiter.[64] Die Wirklichkeit ist weniger spektakulär. Zwar ist in *Masdar* die supranationale Internationale Agentur für Erneuerbare Energien (Irena) angesiedelt, aber viele der ganz praktischen Vorhaben wurden nicht umgesetzt. Ein Beispiel: Weil die Bewohner:innen nicht auf ihre Autos verzichten wollten, setzt man nun auf individuelle E-Mobilität. Das ursprünglich geplante Schnellbahnnetz wurde nicht realisiert, wohl auch wegen der Weltfinanzkrise von 2007. Stattdessen entstehen nun Parkplätze. Selbst in den sagenhaft reichen und autokratischen arabischen Staaten hält die wirtschaftliche und politische Realität manchmal nicht ein, was Technikoptimist:innen sich von ihr erhoffen.

Ebenfalls Teil der nationalen Entwicklungsstrategie eines erdölexportierenden Wüstenstaats, aber wesentlich radikaler als *Masdar*, ist das saudi-arabische Projekt *The Line*.[65] Wie in den Vereinigten Arabischen Emiraten soll mit dem Bau einer neuen Stadt die Modernisierung des Landes vorangetrieben werden. Die zukünftige Stadt – seit 2023 wird gebaut – befindet sich im Norden des Landes und soll ab 2040 neun Millionen Menschen beherbergen, davon allerdings nur 20 Prozent Saudi-Araber:innen. Die große Mehrheit der Stadtbewohner:innen soll aus dem Ausland kom-

Abb. 34: Die Zukunftsstadt *The Line* in Saudi-Arabien soll, so die Erwartung ihrer Erbauer, eine »zivilisatorische Revolution« auslösen. Sie ist hochverdichtet und 500 Meter hoch, nur 200 Meter breit, aber dafür ca. 170 Kilometer lang – und natürlich, so die Behauptung, nachhaltig.

men, erwünscht sind vor allem hochgebildete Innovationstreiber, die in offiziellen Broschüren zu *The Line* als »Free Thinkers«[66] bezeichnet werden. Für sie soll ein attraktiver, zukunftsweisender *place to be* geschaffen werden – in dem sicherlich auch Billiglohnarbeiter:innen leben werden, die sich um Service und Komfort der neuen Elite kümmern sollen.

Die städtebauliche Idee von *The Line* ist einfach. Während traditionelle Städte von innen nach außen wachsen, soll mit *The Line* ein präzise definierter, hochverdichteter Mega-Stadtraum geschaffen werden, dessen Name räumliches Programm ist: 200 Meter breit, 500 Meter hoch und etwa 170 km lang; eine dünne Linie, die sich von der Küste des Roten Meeres bis ins gebirgige Landesinnere durch die arabische Wüste zieht. Das Ganze ist weniger eine Stadt (die aus unterschiedlichen Gebäuden besteht), sondern eher ein einziges, riesiges Gebäude. Weil in diesem 500 Meter hohen Gebäude weit über hundert Stockwerke übereinandergestapelt sind, soll die Bevölkerungsdichte zehn Mal so hoch sein wie die von Manhattan – und die Stadt deshalb weniger Energie verbrauchen. Wie in *Telosa* spielt auch hier Zeit eine wichtige Rolle, alle wichtigen Einrichtungen des sozialen Lebens sollen innerhalb von fünf Minuten zu Fuß erreichbar sein – auch die natürliche Wüstenlandschaft, die direkt hinter der mit Solarzellen belegten und deshalb spiegelnden Fassade des nur 200 Meter breiten Mega-Gebäudes beginnt.

Die neue Stadt-Gebäude-Megastruktur soll CO_2-neutral sein, Automobilverkehr und damit verbundene Abgase gibt es in ihr nicht, stattdessen einen Hochgeschwindigkeitszug, der die beiden Enden von *The Line* miteinander verbindet. Die Energie dafür stammt aus den Solarzellen der gigantischen Außenfassade, auch die Meerwasserentsalzungsanlagen, die *The Line* mit Wasser versorgen, werden mit Solarenergie betrieben. Wasser braucht *The Line* viel, denn die urbane Innenwelt ist begrünt, damit ein behagliches Raumklima entsteht. Natürlich wird Kreislaufwirtschaft großgeschrieben, um so wenig Ressourcen wie möglich zu verbrauchen. Man könnte meinen, es entstünde ein ökologischer Garten Eden, wie ihn schon Buckminster Fuller versprochen hatte.

Aber der Garten Eden, der mit *The Line* vorgestellt wird, ist unheimlich. Die Architekturbüros, die für *The Line* bislang tätig sind – alternde Architekturstars wie z. B. der Brite Peter Cook, der einst als Mitglied der Gruppe *Archigram* poppige Fantasiewelten entwarf, oder der *Coop Himmelb(l)au*-Mitbegründer Prix –, sind alle Meister einer Spektakelarchitektur, die seit den 2000er Jahren ihren globalen Siegeszug feierte, aber keineswegs für ökologische Nachhaltigkeit steht. Wie zu erwarten, sind die von ihnen entwickelten Visionen ästhetisch faszinierend: Manche erinnern an eine Weiterentwicklung der Welten, die im Computerspiel Minecraft entstehen, zeigen wild aufeinandergestapelte Bauklötzchen mit Wasserfällen, Parks und spektakulären Ausblicken, andere sind eher verstörend, weil sie mit dynamisch-zackigen Körpern und extremen Gebäudeschluchten dystopische SciFi-Bilder erzeugen. Bei aller Unterschiedlichkeit zeigen die Entwürfe, dass ein 500 Meter hohes Gebäude, das als vertikale Stadt organisiert ist, eine aufregende, architektonisch berauschende Aufgabe darstellt. Zuversicht, dass die Zukunft erfreulich wird, vermitteln sie aber nicht. Denn die Smart City, die mit *The Line* realisiert werden soll, nutzt Überwachungstechnologien nicht nur, um die ökologische Performance zu sichern, sondern auch für Aufrechterhaltung und Ausbau der autoritären Herrschaft in Saudi-Arabien. *The Line* steht für eine Gesellschaft, die in abgekapselten Räumen lebt, in denen sie überwacht und unterdrückt werden kann – dass die Technologien, die dazu genutzt werden, innovativ und ökologisch nachhaltig sind, macht die Angelegenheit nicht besser.

Unabhängig von der gesellschaftspolitischen Dimension kann zudem bezweifelt werden, ob *The Line* technisch realisierbar ist – und ob es so ökologisch ist, wie es sich geriert. Denn selbst wenn der Betrieb von *The Line* dank Solarenergie und Kreislaufwirtschaft energetisch betrachtet so nachhaltig sein sollte wie behauptet, ist der Bau so aufwendig, dass es lange dauern wird, bis das dabei freigesetzte CO_2 wieder eingespart ist. Der karbonen Logik ist nicht so einfach zu entkommen.

Paradoxale Strategien zwischen Repräsentation und neuem Naturverhältnis

Bei aller Unterschiedlichkeit haben *Telosa*, *Masdar* und *The Line* etwas gemeinsam: Hinter den Idealstadt-Entwürfen stecken Einzelpersonen mit einer starken Vision und den finanziellen und/oder politischen Mitteln, diese voranzutreiben. Innovative Vorstellungen über das Verhältnis von Mensch und Natur – ein Themenfeld, in dem es dringend radikaler Veränderungen bedarf – treffen auf zügellose Macht- und Repräsentationspolitik.

Besonders deutlich wird das am Beispiel von Nusantara, der seit 2019 geplanten neuen Hauptstadt von Indonesien. Sie soll nicht auf Java, sondern auf der weniger dicht bevölkerten Insel Borneo gebaut werden, einerseits, um dort die wirtschaftliche Entwicklung anzukurbeln, angeblich aber auch, weil dort weniger vulkanische und seismische Aktivitäten zu erwarten seien als auf Java.[67] Auch hinter dieser Planstadt stand mit Joko Widodo, dem damaligen Präsidenten von Indonesien, ein (in diesem Fall zumindest demokratisch legitimierter) politischer Akteur als treibende Kraft, und wie in Brasília sollte auch hier alles ganz schnell, quasi modern-megaloman erfolgen.

Ob der Bau einer neuen Hauptstadt notwendig ist, ist in Indonesien umstritten, zumindest scheint offenkundig, dass Präsident Widodo sich mit dem Bau ein Denkmal setzen möchte. War in Brasília noch das Flugzeug als Ausdruck fortschrittlicher Technik die stadtplanerische Metapher, so ist in Nusantara, ganz zeitgemäß, nicht nur Technik, sondern auch Nachhaltigkeit das offizielle Leitbild der Gestaltung. Nusantara soll eine Smart und eine »Forest City« sein: Alle Gebäude sollen »umweltfreundlich« errichtet werden und 75 Prozent der Stadtregion »grün« bleiben, damit jede:r Bewohner:in innerhalb von zehn Minuten eine grüne »Erholungsfläche« erreichen kann, so die bislang spärlichen Statements auf der offiziellen Webseite.[68] Dahinter stehen, wie in der Golfregion auch, strategische Entwicklungsziele: »Wir wollen ein neues Indonesien aufbauen«, so Präsident Widodo 2023. »Dabei geht es nicht nur darum, die Gebäude physisch umzuziehen. Wir wollen eine neue Arbeitsethik, eine neue Mentalität und eine neue grüne Wirtschaft.«[69]

Nicht zuletzt geht es auch hier – wie einst in Brasília – um Identitätspolitik: Das Zentrum dieses neuen Indonesiens soll nicht das von der früheren Kolonialmacht Niederlande geprägte Jakarta sein. In der neuen Hauptstadt sollen, so die Idee, eigene Traditionen wiederbelebt werden. Damit will man auch Vorbild für andere Entwicklungsländer sein, so der indonesische Chefarchitekt Sofian Sibarani. Auch über ein neues Mensch-Natur-Verhältnis denkt er nach: »Wir versuchen, [eine Stadt zu schaffen, die] mit der Natur arbeitet, anstatt gegen sie zu arbeiten.«[70] In Borneo gibt es große intakte Regenwaldgebiete, Heimat für vom Aussterben bedrohte Orang-Utans, Zwergelefanten, Nashörner und Leoparden. Der Plan: Die Tiere sollen durch die neue Hauptstadt nicht vertrieben werden, sondern ihren Lebensraum behalten.

Ob das gelingen kann, wird von lokalen Umweltschützer:innen in Frage gestellt, wie auch das gesamte Nachhaltigkeitskonzept. Die neue Stadt wird zum Teil auf dem Gebiet eines Nationalparks errichtet, ein Schutzgebiet für Orang-Utans ist direkt betroffen. Auch das Energiekonzept von Nusantara scheint zweifelhaft, denn in Indonesien stammen nur 11,5 Prozent der Energie aus erneuerbaren Quellen, der meiste Strom wird in Kohlekraftwerken produziert. Auch das Mobilitätskonzept ist nicht überzeugend; selbst wenn es in der neuen Hauptstadt keine Autos mit

Verbrennungsmotor geben soll und tatsächlich ein guter ÖPNV eingerichtet werden wird, werden viele Flugreisen in das 1300 Kilometer entfernte Jakarta notwendig sein, das mit seinen 32 Millionen Einwohnern vorerst der wirtschaftliche Power Player des Landes bleiben wird. Die CO_2-Bilanz im Mobilitätssektor wird also erst mal negativ sein, und auch die anderen Aspekte der ökologischen Performance von Nusantara klingen womöglich nur auf dem Papier gut. Die Vision einer nachhaltigen Forest City im Regenwald wird sich, so ist zu befürchten, als Trugbild entpuppen. Doch unabhängig davon ist noch offen, ob das Projekt überhaupt jemals im geplanten Umfang fertiggestellt wird – und 2045, wenn der 100. Jahrestag der Unabhängigkeit Indonesiens ansteht, dort tatsächlich rund zwei Millionen Menschen leben werden. Bislang scheinen internationale Investoren noch nicht so viel Geld zur Verfügung gestellt zu haben wie erhofft.[71] Da hilft auch nicht das Motto der neuen Stadt, das die Wunschprojektionen ganz unterschiedlicher Ideologien und Geisteshaltungen unter einen Hut bringen will: »Lokal integriert, global verbunden, universell inspiriert«.[72]

Ein unbaubarer Traum

Viele Idealstädte scheitern, unabhängig davon, von wem und mit wie viel Geld sie gebaut werden sollen. Entweder wird in der realen Erprobung deutlich, dass die Umsetzung den Erwartungen, die an das Konzept gestellt wurden, nicht entspricht, oder sie werden einfach nie fertig, wie zum Beispiel *Arcosanti*, die skurrile Touri-Attraktion.

Vielleicht ist es deshalb besser, gleich ein Konzept für eine Idealstadt zu entwickeln, das gar nicht realisiert werden soll, sondern als »konkrete Utopie«[73] im fiktionalen Raum der Kunst verweilt, wie zum Beispiel die *Air-Port-City* des – ursprünglich als Architekten ausgebildeten – argentinischen Künstlers Tomás Saraceno. Seit 2007 experimentiert er mit Modellen für fliegende Städte, in denen man freier leben kann als auf der Erde. Sie sollen als autarke Biosphären in zwei bis drei Kilometern Höhe schweben. Diese Zukunft nennt er *Aeroscene*, das Zeitalter, in dem wir als freie Menschen in den Lüften leben werden, eine Idee, die 1960 schon Buckminster Fuller gemeinsam mit Shoji Sadao skizzierte, als er mit *Cloud 9* gigantische in der Luft schwebende geodätische Kugeln (Fuller und Sadao gingen von 1,6 Kilometern Durchmesser aus) als zukünftige Habitate imaginierte.

Abb. 35: Der als Architekt ausgebildete Künstler Tomás Saraceno erforscht, wie Spinnen Vernetzungen herstellen.

Mit der zumindest symbolischen Umsetzung des Luftzeitalters arbeitet Saraceno an einem »der ambitioniertesten Projekte der Gegenwartskunst«, so der Kunsthistoriker Michael Lüthy.[74] In interdisziplinären Teams mit Biolog:innen und Physiker:innen erforscht Saraceno beispielsweise Spinnen. Von ihnen will er lernen, wie soziale Systeme interagieren und Netzwerke errichtet werden. Aus Seilen und an Buckminster Fullers *domes* erinnernden Konstruktionen baut er Installationen, in denen die Besucher:innen das Leben in luftigen Höhen ausprobieren können. Und in Langzeitprojekten wie dem *Museo Aero Solar* (seit 2007) und der *Aerocene Foundation* (seit 2015) experimentiert Saraceno beispielsweise mit aus Plastiktüten zusammengeklebten und nur von der Sonne erwärmten Heißluftballons, mit denen er sogar Flugversuche unternimmt, um die zukünftigen Höhen zu erobern. Seine Ballons sind in der Lage, Strecken von mehreren hundert Kilometern zurückzulegen, und seine Ergebnisse stellt er für Nachahmer:innen als *open source* zur Verfügung, auf der Projektwebseite www.aerocene.org kann man sich ein »Explorer Kit« ausleihen oder Bauanleitungen herunterladen.

Die von Saraceno imaginierte *Air-Port-City* braucht weder egomane Präsident:innen noch visionäre Milliardär:innen, weil sie nicht an einem Ort, sondern in vielen Köpfen entsteht. Ihre Wirksamkeit entfaltet die *Air-Port-City* nicht allein in ihren temporären Materialisierungen, sondern vor allem in den Vorstellungen, die sie in den Rezipient:innen weckt.

Auch für Saraceno ist die Wüste eine wichtige Inspirationsquelle. In den spiegelglatten Oberflächen der bolivianischen Salzwüste Salar de Uyuni entdeckte er ein Gefühl von Unendlichkeit, das der Vorstellung eines Lebens in der Luft nahekommt. Die »Reflexionen der 12000 Quadratkilometer großen Oberfläche [der Salzwüste] sind so stark und ungebrochen«, so der Architekturkritiker Florian Heilmeyer, dass sie »sich oben und unten vollständig aufzulösen scheinen«.[75] Man fühlt sich, als wäre man bereits in den Wolken.

Doch die Wüste ist nicht unberührt; in ihr spiegeln sich die Widersprüche der Gegenwart. Für den Bau von *The Line* (wie übrigens auch für Nusintara) wurden lokale Minderheiten zwangsumgesiedelt, teilweise mit Gewalt, in Saudi-Arabien kam es sogar zu Toten. *Arcosanti* bekam den Klimawandel zu spüren, im Sommer 2023 war es so heiß, dass die Lebensader der Siedlung, der Souvenirladen, wegen der großen Hitze nur noch vormittags geöffnet hatte. Und in den argentinischen Salzwüsten Salinas Grandes und Laguna de Guayatayoc, in denen Saraceno seine Flugversuche durchführte, wurden Lithiumvorkommen entdeckt, die nun – gegen den Widerstand der indigenen Gruppen – ausgebeutet werden sollen. Vielleicht sind Wüsten also doch nicht die richtigen Orte, um Zukunftsstädte zu bauen; längst sind sie Objekt neokolonialistischer Begierden geworden, und es scheint, als fiele hier die letzte »Grenze der Kapitalakkumulation«, wie die türkische Anthropologin Gökçe Günel vermutet.[76]

Was aber bleibt von den vorgestellten Versuchen, durch den Bau einer Stadt eine bessere Gesellschaft zu errichten? Vielleicht werden, aller Skepsis zum Trotz, Städte wie *The Line* oder *Telosa* ein Erfolg, auf den man einst zurückblicken wird wie auf die Gartenstädte. Als 1902 Ebenezer Howard *City of Tomorrow* veröffentlichte, erschien seine Idee schließlich auch unrealistisch, wenige Jahre später war daraus eine regelrechte Bewegung entstanden, die sein Gartenstadtkonzept – mit einigen Kompromissen und Abstrichen – an vielen Orten umsetzen konnte. Vielleicht werden *Telosa*, *The Line* und Co. aber auch wie *Arcosanti* nie fertiggestellt und faszinieren als unvollendete Ruinen eines unerfüllten Zukunftstraums kommende Generationen.

Woran also wird Aia die Idee des Neustarts im Anthropozän nachvollziehen können? An den bronzenen Windspielen, die sie in den Überresten von *Arcosanti* entdecken wird? Oder an den 500 Meter hohen, den Himmel spiegelnden Fassadenfragmenten, die sie als Überreste von *The Line* in Saudi-Arabien entdecken könnte? Vielleicht wird sie sich, dem Vorbild Tomás Saracenos folgend, aus dem Plastiktüten-Müll der menschlichen Zivilisation einen solaren Heißluftballon bauen und mit ihm langsam durch die Lüfte schweben, in die Freiheit, ins unendliche Nirgendwo des Himmels.

Reparatur

Rekonstruktion und Restauration • Radical Repair und Reparation • Architektur der Reparaturgesellschaft • Vom Genie zur Pfleger:in

Eine andere Strategie, den Zerstörungen zu begegnen, die die Menschheit auf der Erde verursacht hat, ist die Reparatur. »Das menschliche Wesen«, so die amerikanische Philosophin Elizabeth V. Spelman, »ist ein Reparaturtier.« Für sie ist der Mensch nicht nur ein Homo sapiens, sondern auch ein »*Homo reparans*«.[77] Etwas reparieren zu können, es »wieder ins Gleiche zu bringen«, wie die wörtliche Bedeutung von »reparieren« meint,[78] ist eine grundlegende Eigenschaft des Menschen, mit der er sich in Bezug zu seiner Umwelt setzt. »Historisch gesehen«, so der kolumbianisch-amerikanische Anthropologe Arturo Escobar, »war Reparieren ein wesentlicher Bestandteil der alltäglichen Aufgabe, am Netz des Lebens zu weben.«[79]

Mit der Massenproduktion der kapitalistischen Moderne und ihrem Wachstumsparadigma, so die Kritik der derzeit allerorts aufkeimenden *Repair*-Kultur, sei diese Praxis verlorengegangen. Einen Gegenstand zu reparieren ist heute in der Regel teurer, als ihn neu zu kaufen, ebenso sind Abriss und anschließender Neubau meist kostengünstiger als eine Sanierung. Unter der falschen Annahme, dass Rohstoffe und Energie unendlich verfügbar sind, wird vieles so produziert, dass Kaputtgegangenes nicht repariert werden kann, wenn nicht sogar – Stichwort »geplante Obsoleszenz« – ein schneller Verschleiß oder Verfall bewusst eingebaut sind, um Neukauf zu fördern.

Rekonstruktion und Restauration

Interessant ist allerdings, dass der Begriff »Reparatur« in der Architekturwelt nicht alleine in ökologisch progressiven Milieus verwendet wird, sondern von verschiedenen Akteur:innen zur Beschreibung von höchst unterschiedlichen Strategien. Ein Framing von Reparatur im Architekturdiskurs findet sich beispielsweise seit den 1970er Jahren in westdeutschen Debatten über Denkmalpflege und Städtebau. Damals wurde im Zuge der Kritik an der Moderne mit der »Stadtreparatur« ein Gegenbild zur damals üblichen »Kahlschlagsanierung« entwickelt. »Stadtreparatur« meinte, die bestehende – oft gründerzeitliche – Struktur von Stadt zu erhalten und bestehende Lücken zu füllen; wo noch Zerstörungen aus dem Zweiten Weltkrieg bestanden, sollten die früheren Gebäude rekonstruiert werden. Mit der deutschen Wiedervereinigung wurde diese Strategie neues Paradigma, dieses Mal, um den Abriss (der vielverwendete Euphemismus hierfür lautete »Rückbau«) vor allem von Bauten der sozialistischen Moderne in der DDR (aber auch in der während der Moderne in Westdeutschland entstandenen Stadt) zu legitimieren. Mit Abriss der moderner Architektur und der Rekonstruktion von Gebäuden und Stadtstrukturen aus der Vorkriegszeit sollten die »Wunden« – so ein von Befürworter:innen der Rekonstruktion häufig verwendeter Begriff –, die durch die Moderne (und den Krieg) entstanden seien, »geheilt« werden. Da die Vertreter:innen dieser konservativen Architekturströmung die zerstörten Gebäude nicht originalgetreu wiederaufbauen, sondern nach eigenen Vorstellungen nachempfinden wollten, bezeichneten sie ihre Vorgehensweise als »Kritische Rekonstruktion«.[80] Mit dem der linken Theoriewelt entlehnten Adjektiv wollten sie – womöglich sogar vor sich selbst – vertuschen, dass die angestrebte »Stadtreparatur« nicht nur vormoderne Stadtstrukturen wiederherstellt, sondern letztlich auch ein vordemokratisches Gesellschaftsbild verherrlicht. Vorläufiger Höhepunkt dieser Bewegung war die Rekonstruktion des Berliner Stadtschlosses.[81]

Derartige mehr oder weniger virtuose Rückbezüge auf die Vergangenheit kommen in der Geschichte der Architektur wiederholt vor. Insbesondere der rasante Fortschritt der Moderne erzeugte eben nicht nur Begeisterung, sondern auch Zukunftsangst. Sich dann der eigenen Identität durch Rekonstruktion der Vergangenheit versichern zu wollen, ist anscheinend auch Merkmal der Epoche, in der die Menschheit sich der von ihr verursachten Weltzerstörung bewusst wird, aber keine positive Zukunftsvision entwickeln kann. Es scheint ein Bedürfnis dieser – unserer – Zeit zu sein, sich selbst ungeschehen und rückgängig machen zu wollen. Unabhängig davon, ob es sich bei der Rekonstruktion von historischer Architektur um eine oberflächliche Flucht in eine ästhetisch »bessere« Vergangenheit handelt oder um die symbolische Vorwegnahme einer tiefgreifenden gesellschaftspolitischen Restauration – die fatalen ökologischen und sozialen Wunden, die das Anthropozän zu verantworten hat, bleiben bestehen.

Aia könnte derartige »kritische« Rekonstruktions- und Reparaturversuche an vielen Orten entdecken, in Deutschland zum Beispiel im wiederaufgebauten Berliner Schloss oder in der Neuen Altstadt Frankfurt. Deren ästhetischen Hüllen sollen eine vermeintlich unschuldigere, aber auf jeden Fall vergangene Zeit zumindest architektonisch wieder lebendig werden lassen. Für die lokal wie global auftretenden ökologischen und sozialen Verwerfungen, die das Anthropozän hervorgebracht hat, bietet diese Form von Reparatur keine Lösungen, sondern ist – durch Abriss und Neubau – Teil des Problems.

Radical Repair und Reparation

Doch es gibt auch ein anderes Konzept von Reparatur. Es ist auf den ersten Blick dem oben beschriebenen nicht unähnlich, denn auch hier geht es um das Arbeiten mit vorgefundenen Strukturen und Materialien. Es bezeichnet sich aber als »radikal«, weil es nicht an der Wiederherstellung einer ästhetischen Oberfläche ansetzt, sondern an einst üblichen ökonomischen und sozialen Kreisläufen, die wieder aktiviert werden sollen. Reparieren wird zu einer Metapher für einen neuen Weg, natürliche Ressourcen zu schonen, und in den gestalterischen Disziplinen wird diskutiert, welche Rolle diese alte kulturelle Praxis in Entwurfsprozessen einnehmen könnte: Wichtig ist den Akteur:innen, dass Reparatur als gesellschaftliches Projekt und als Instrument einer »großen Transformation« verstanden wird. »Wenn wir über Reparatur sprechen«, so etwa der amerikanische Historiker Jason W. Moore, »müssen wir analytisch präzise sein und Reparatur von einem *Fix*, im Sinne einer oberflächlichen *Korrektur*, unterscheiden.«[82] Die sich als progressiv verstehenden Akteur:innen bezeichnen die von ihnen angestrebte Form der Reparatur nicht nur als »radikal«, sondern auch als »groß«, weil sie den Reparaturbegriff ausdehnen; er umfasst bei ihnen nicht allein – wie in der Alltagssprache – die Instandsetzung technischer Objekte, sondern auch Formen von Heilung, wie Spelman schreibt: »Aber auch unser Körper und unsere Seele sind von Natur aus Brüchen und Rissen unterworfen, für die wir […] Rezepte zur Heilung und Tröstung suchen.«[83] Noch radikaler und noch größer wird dieses Verständnis von Reparatur, wenn sich mit der Ausweitung des Gegenstands der Reparatur auch der Akt der Reparatur ändert: Es geht nicht mehr nur um das Wiederherstellen eines vorherigen Zustands, sondern auch um einen Ausgleich, die Kompensation für das unwiederbringlich Zerstörte. Aus Reparatur wird Reparation, ein Aspekt, der insbesondere in postkolonialen Perspektiven eine Rolle spielt. »Sobald wir Reparatur in diesem erweiterten Sinne denken, sind wir gar nicht mehr an die Vergangenheit gebunden«, erläutert der amerikanische Philosoph und

Politologe Olúfẹ́mi O. Táíwò.[84] Dann geht es bei Reparatur, der »großen« oder »radikalen« Reparatur, letztlich darum, die – globale – gesellschaftliche Ordnung neu zu erfinden, wie Moore ausführt: »Reparatur und Wiederaufbau umfassen auch eine grundlegende Umbildung bürgerlicher Gewohnheiten, Geisteshaltungen und Gefühlszustände, um den Aufbau einer egalitären Welt bewerkstelligen zu können, und zwar sowohl was die Bewusstseinslage betrifft als auch die gebaute Umwelt in jeglicher Form.«[85]

Architektur der Reparaturgesellschaft

Was aber ist die Aufgabe von Architekt:innen in dieser grundlegenden Form von Reparatur? Wie können Design und Architektur »sich an der radikalen Reparatur unseres Planeten beteiligen?«, wie etwa die britische Kuratorin Beatrice Galilee fragt.[86] Wie also baut man für eine Gesellschaft, die nicht auf ökonomischem Wachstum und soziale Ungleichheit erzeugender Ausbeutung basiert, sondern auf Nachhaltigkeit und Suffizienz, auf Verzicht und Genügsamkeit?

Auch in einer solchen Gesellschaft werden Architekt:innen weiterhin versuchen, lebenswerten Raum zu gestalten – allerdings mit weniger Material- und Energieaufwand als heute. »Den Beweis«, so die Architekten Florian Hertweck und Markus Miessen in Anspielung auf Scott-Browns und Venturis »Less is a Bore«, dass dieses »Weniger nicht langweilig sein muss [...], müssen nicht zuletzt Architekt*innen bringen«.[87]

Vielleicht würde Aia auf der Suche nach einem solchen Beweis in Berlin fündig werden. Dort versucht der dänische Architekt Anders Lendager, das Prinzip der Kreislaufwirtschaft anzuwenden. Beim Umbau eines ehemaligen Parkhauses im Stadtteil Neukölln sollen die Bauteile des benachbarten Kaufhauses verwendet werden, das – von einem anderen Büro, aber im Auftrag des gleichen Investors – saniert und dafür entkernt werden soll. Rolltreppenstufen sollen, falls die Pläne jemals umgesetzt werden, zu Fassadenelementen werden, Betonträger zu Stützen etc. »Form follows availability« lautet das Motto Lendagers.[88] Er lehnt sich damit an das berühmte modernistische Credo »Form follows function« an – 1896 vom amerikanischen Architekten Louis Sullivan geprägt und vom späteren Funktionalismus zur Legitimation allerlei ästhetischen Schreckens missbraucht –, nur dass nun nicht mehr die technische Funktion, sondern die umweltgerechte Verfügbarkeit im Vordergrund steht.

Ob seine Weiterentwicklung zu überzeugenderen Ergebnissen führt oder sich als reines Greenwashing entpuppt, bleibt abzuwarten,[89] denn vorerst sind die Planungen gestoppt. Der Investor ist pleitegegangen, und Aia wird wahrscheinlich das moralisch-ethische Dilemma der Gegenwartsarchitektur (wie bei vielen anderen Projekten auch) in diesem Fall nicht am realisierten Gebäude, sondern anhand von Plänen, Texten und Renderings nachvollziehen müssen.

Dennoch zeichnet sich hier jenseits der Realisierungschancen des konkreten Beispiels die Möglichkeit einer neuen Ästhetik ab, nach der auch andere suchen. Der britische Architekturkritiker und Kurator Phineas Harper etwa erklärt die Hightech-Architektur der 1970er und 1980er Jahre zu einem möglichen Vorbild für eine zukünftige Architektur der Reparatur. 1971 kehrten Renzo Piano und Richard Rogers im *Centre Pompidou* in Paris die vormals versteckte technische Infrastruktur nach außen und machten sie so sichtbar; damals eine revolutionäre Geste. Und im 1978-1986 errichteten *Lloyd's Building* in London machte Rogers sogar die Vorrichtungen zur Fensterreinigung zum ästhetischen Highlight. Wenn wir diese Entwicklung in die Zukunft interpolieren, wird für Phineas Harper eine neue Architektur vorstellbar. »Wenn Hightech-Architektur den Vorgang der Reinigung ästhetisch artikuliert«, so fragt Harper, »welche neuen Formen und architektonischen Vorrichtungen könnten dann eine Architektur der Wartung verkörpern?«[90]

Vom Genie zur Pfleger:in

Die Architektur der Reparatur wird nicht nur zu einer neuen Ästhetik, sondern auch zu einem neuen professionellen Selbstverständnis führen. Nicht mehr ein (meist männlicher) entwerfender Genius macht den Beruf aus, sondern die Fähigkeit zur Einfühlung in das Vorgefundene und die Improvisation damit. Ein anderer Aspekt der Reparatur, der in den Gestaltungsdisziplinen thematisiert wird, ist die Pflege. Gute Pflege erhält Architektur und macht Reparatur überflüssig. Für eine gut zu pflegende Architektur hält die traditionelle vernakuläre Architektur etliche Beispiele bereit, sei es das norddeutsche Reetdach, das nicht mit Ziegeln (gebrannter Lehm, also mit CO_2-Emission verbunden), sondern mit getrocknetem Schilf (nachwachsender Rohstoff, der CO_2 bindet) gedeckt wird, dafür allerdings regelmäßig ausgebessert und erneuert werden muss, oder, um den außereuropäischen Raum zu konsultieren, die Moschee von Djenné in Mali.

Bei diesem 1905 von französischen Architekten in Anlehnung an lokale Bautraditionen errichteten Gebäude sind die Ziegelsteinmauern mit einer schützenden Lehmschicht bedeckt, die jedes Jahr erneuert werden muss. Dieser permanente Reparaturmodus hat in der Moschee, wie Harper ausführt, auch eine formale Dimension: Die dekorativ wirkende Struktur der Fassade ist kein Selbstzweck, sondern das Grundgerüst für die Instandhaltungsarbeiten[91] – funktional betrachtet nicht unähnlich der techno-futuristischen Architektur des Pariser *Centre Pompidou* oder des Londoner *Lloyd's Building*.[92]

Abb. 36: Die Moschee von Djenné wird jedes Jahr erneuert – ein fortwährender Reparaturprozess, eine andauernde Pflege.

So wird eine Architektur vorstellbar, die die Vergänglichkeit des Materials und dessen Instandhaltung aktiv in den Entwurf einbezieht. Statt auf die vermeintliche Unzerstörbarkeit von Stahl, Glas, Kunststoff und Beton zu setzen, orientiert sie sich an der historisch nachvollziehbaren Langlebigkeit von natürlichen Materialien wie Holz und Stein, ohne dabei historisierend zu sein. Architekt:innen werden dann zu fürsorglichen Pfleger:innen, die das Gebäude über einen langen Lebenszyklus begleiten. Diese Haltung vertreten aber nicht nur sich als progressiv, links oder postkolonial verstehende Akteur:innen; schon 1995 postulierte etwa Vittorio Lampugnani, dass Architekt:innen und Planer »mehr Wartungsdienste leisten«[93] müssten; diese konservativ-rekonstruierende Haltung wurde 2024 von der Bundestagsfraktion der (in Teilen) rechtsextremen AfD aufgegriffen.[94] Der entscheidende Unterschied zwischen »rechter« und »linker« Reparaturfantasie ist, dass die einen das Bild einer vergangenen Gesellschaftsform rekonstruieren, während die anderen eine neue, integrative Form des Zusammenlebens etablieren wollen.

Wenn man die gesellschaftspolitisch progressive – »linke« – Idee von Reparatur ernst nimmt, gilt es, die Dichotomie von gestaltender Schöpfungskraft und bewahrender Reparatur zu überwinden, von der sogar noch Spelman spricht, wenn sie konstatiert: »Schöpfer:innen beginnen neu, sie reparieren nicht, was bereits existiert.«[95] Doch für die Vertreter:innen der *Repair*-Kultur ist Reparatur mehr als die Wiederherstellung des Vorgefundenen; Reparatur, die gleichzeitig Reparation (im Sinne von Wiedergutmachung) ist, sei ein gleichermaßen schöpferischer wie politischer Akt, der keinen Endpunkt habe. Der französische Künstler Kader Attia, der sich in seiner Arbeit unter anderem mit den Wunden des Kolonialismus befasst, bringt diese Haltung in einem programmatischen Essay über Architektur, Reparatur und Wiederaneignung auf den Punkt: »Sowohl im subatomaren wie im makrogalaktischen Maßstab ist alles ein endlos repariertes System, das auf Vollkommenheit abzielt, ohne sie jemals zu erreichen.«[96]

Modifikation

Phantasmen der instrumentellen Vernunft • Raumschiff Erde • Whole Earth Catalog *und der ökologische Kapitalismus • Entgrenzung der Landschaft • Von schamanistischer Magie zur Selbstvergötterung*

Wenn Reparatur nicht zum Ziel führt, muss – in der Logik technischen Denkens – tiefgreifender in das System eingegriffen werden. Das System muss nicht repariert, sondern grundlegend modifiziert werden. Der Sammelbegriff für Modifikationen des Erdsystems, die dem Klimawandel entgegenwirken sollen, ist Geo-Engineering. Anders als bei der Anpassung geht es dabei nicht um eine Adaption an die Umgebung, sondern um die Veränderung der Umwelt selbst. Geo-Engineering wirkt also nicht lokal, sondern global, es ist großmaßstäblich und verspricht deshalb hohe Wirksamkeit – birgt aber ebenso große Risiken. Der britische Historiker Peter Frankopan erinnert an Lehren der Geschichte: »Menschliche Eingriffe in die natürliche Umwelt haben fast überall und in fast jeder Hinsicht verheerende Ergebnisse gebracht […].«[97] Aber haben wir, wenn Vermeidung, Anpassung und Reparatur scheitern sollten, überhaupt eine andere Wahl?

Phantasmen der instrumentellen Vernunft

Die unter dem Begriff Geo-Engineering – oder neuerdings, etwas bescheidener, *Climate Engineering* – verhandelten Maßnahmen lassen sich grob in zwei Gruppen einteilen: das *Solar Radiation Management* (SRM) und das *Carbon Dioxide Removal* (CDR).

SRM zielt auf die Steuerung der Sonneneinstrahlung. Es ist räumlich geordnet: Es beginnt an der Erdoberfläche, deren Rückstrahlfähigkeit (im Fachjargon: Albedo) erhöht werden kann, und geht dann weiter zur Wolkendecke, die aus gleichem Grund aufgehellt werden soll. Der nächste räumliche Schritt betrifft die obere Atmosphäre. Der niederländische Atmosphärenchemiker Paul J. Crutzen, der 2002 den Begriff Anthropozän geprägt hat, schlug 2005 – frustriert von dem fehlenden politischen Willen, die CO_2-Emission wirksam zu reduzieren – vor, die Sonneneinstrahlung durch das Einbringen von Schwefeldioxid in die Stratosphäre zu reduzieren. Diesen Effekt kennt die Klimaforschung von Vulkanausbrüchen, etwa 1815 vom indonesischen Tambora oder 1991 beim Ausbruch des philippinischen Pinatubo. Neben den großen Mengen Staub und Ruß, die bei der Eruption in die Atmosphäre geschleudert werden, hat vor allem das bei einem Vulkanausbruch austretende Schwefeldioxid klimatische Folgen. Es führt durch chemische Reaktionen zur Bildung kleiner Wassertropfen in der Atmosphäre, sogenannter Aerosole, die das Licht der Sonne zurück in den Weltraum reflektieren. In der Folge kühlt die Erde ab, beim Pinatubo führte das für ein Jahr zu einer Reduktion der Durchschnittstemperatur um 0,5 Grad Celsius. Das Ausbringen von Schwefeldioxid ist zwar kostengünstig, aber das Vorgehen gilt als riskant, da noch völlig unklar ist, welche langfristigen Aus- und Nebenwirkungen es auf das globale Klimasystem und die Biosphäre haben würde. Der Vorschlag von Crutzen, obgleich wohl eher als Provokation gemeint, löste eine breite Diskussion um Geo-Engineering aus.

Schließlich führt das Solarmanagement in den Weltraum. Die technisch wohl aufwendigste Möglichkeit, die Sonneneinstrahlung zu verringern, ist das Einbringen von reflektierenden Partikeln und schattenspendenden Sonnenschirmen in den Weltraum. Sie sollen, so die Idee, am inneren Lagrange-Punkt installiert werden, einer etwa 1,5 Millionen Kilometer von der Erde entfernten Position im Weltall, an der sich die Anziehungskraft von Erde und Sonne aufheben. Auch diese Idee wird seit mehreren Jahren diskutiert, derzeit verfolgt sie u.a. der deutsche Raumfahrt- und Technologiekonzern OHB, der dazu 2021 gemeinsam mit verschiedenen Hochschulen und Forschungseinrichtungen ein »Kompetenznetzwerk Geo-Engineering« gegründet hat.[98] Das Ganze klingt weit mehr nach Science-Fiction als die Einbringung von Schwefeldioxid in die Atmosphäre.

Die verschiedenen Möglichkeiten des Solarmanagements erscheinen einigen Akteur:innen als eine ernsthafte Handlungsoption, zumindest, wie der Klimaethiker Christian Baatz und der Philosoph Konrad Ott betonen, als »Notlösung beziehungsweise *ultima ratio* zur Vermeidung eines katastrophalen Klimawandels«.[99]

Das Gegenstück zum *Solar Radiation Management* ist das *Carbon Dioxide Removal* (CDR). CDR ist der Sammelbegriff für Maßnahmen, die auf eine Reduktion von Kohlendioxid abzielen, das bereits in die Atmosphäre gelangt ist. Ein Mittel dazu ist die großmaßstäbliche Bindung von CO_2 in Biomasse, das heißt das Anlegen von neuen Waldflächen, die Renaturierung von Mooren – im Prinzip alles sinnvolle Renaturierungsmaßnahmen, die auch unter »Vermeidung« fallen –, aber auch artifizielle Maßnahmen wie die Düngung von Ozeanen, um das Algenwachstum zu stärken, wodurch ebenfalls CO_2 gebunden werden soll. Neben diesen – mehr oder weniger – natürlichen Maßnahmen werden auch neue technische Anlagen entwickelt; künstliche Bäume sollen CO_2 aus der Luft filtern, was allerdings ein recht aufwendiges Unterfangen ist.

Abb. 37: Mit Filteranlagen soll der Luft CO_2 entzogen und unter der Erdoberfläche eingespeichert werden.

Großes Interesse an derartigen technischen Verfahren zur Entnahme von CO_2 aus der Atmosphäre hat auch die Automobilindustrie. Zusammen mit dem Schweizer Start-up Climeworks realisiert beispielsweise Audi auf Island das weltweit zweitgrößte Projekt für *Direct Air Capture and Storage*. Luft wird mit Ventilatoren in eine Anlage gezogen, in der das CO_2 in einem energieintensiven Prozess aus der Luft herausgefiltert wird. Der hohe Energieaufwand ist einer der Gründe, warum das Vorhaben auf Island realisiert wurde: Dort steht Geothermie als (nach menschlichem Maßstab) regenerative Energiequelle zur Verfügung. Der zweite Grund ist, dass auf Island das CO_2 vergleichsweise sicher und unkompliziert eingelagert werden kann. Es wird 2000 Meter tief unter die Erde gepumpt, wo es mit dem dort vorhandenen Gestein eine chemische Reaktion eingeht und so dauerhaft gebunden wird. Noch steht die Überführung der Technologie in einen industriellen Maßstab aus. So sollen zunächst lediglich 4000 Tonnen CO_2 pro Jahr der Atmosphäre entzogen werden, langfristig soll die Technologie angeblich dafür sorgen, dass Audi, »bis 2050 unternehmensweit bilanzielle CO_2-Neutralität« erreicht.[100]

Über die spezifischen Unternehmensziele hinaus wird mit CDR ein neuer energetischer Metabolismus vorstellbar: CO_2 wird nach der Absorption aus der Atmosphäre nicht unterirdisch eingelagert, sondern wieder in erneut verbrennbare – CO_2-neutrale – Kohlenstoffverbindungen rückverwandelt. Vielleicht ist das der wahre Grund, warum die Automobilindustrie an der Technologie interessiert ist.

Sowohl beim *Carbon Dioxide Removal* als auch beim *Solar Radiation Management* soll der Klimawandel durch menschliche Eingriffe in das Erdsystem gemildert, aufgehalten oder rückgängig gemacht werden. Ob es dabei – wieder – unvorhergesehene und deshalb unbeabsichtigte Kollateralschäden gibt, ist nicht absehbar. Die Bewertung dieser Vorgehensweise ist deshalb höchst ambivalent. »Die Reaktionen auf den anthropogenen Klimawandel müssen ebenfalls anthropogen sein«,[101] argumentiert etwa der amerikanische Philosoph Benjamin Bratton. Vielleicht führt dieser Technikoptimismus tatsächlich zur Lösung vieler Probleme, allerdings ist sich die Wissenschaftscommunity prinzipiell einig, dass Geo-Engineering kein Ersatz, sondern nur eine Ergänzung zur konsequenten Reduktion der CO_2-Emission sein kann. Vielleicht führt Geo-Engineering auch zur Verschlimmerung der gegenwärtigen Situation, wie der belgische Klimawissenschaftler Joeri Rogelj befürchtet. Für ihn ist Geo-Engineering »keine Lösung, sondern ein extrem gefährliches Pflaster, welches das Problem der globalen Erwärmung verdeckt, ohne es zu heilen, und das ein falsches und ungerechtfertigtes Gefühl der Klimasicherheit erzeugt, während das eigentliche Problem weiter schwelt«.[102]

Raumschiff Erde

Ob Aia bei ihrer Erkundung den inneren Lagrange-Punkt je erreichen wird? Die Idee des Geo-Engineerings wird sie auf jeden Fall besser nachvollziehen können, wenn sie seine facettenreichen Wurzeln kennenlernt. Einer der Vorväter des Geo-Engineerings ist der schon mehrfach erwähnte Buckminster Fuller. 1968 schrieb er einen visionären Text mit dem Titel *Bedienungsanleitung für das Raumschiff Erde*. Dort entwarf er das Bild der Erde als ein komplexes, aber auch endliches System, eine Art Maschine, mit der die Menschheit ihren Weg durch Raum und Zeit beschreitet. Zwar war Fuller nicht der Erste, der die Welt als Maschine beschrieb, aber die Metapher des Raumschiffs vermochte es zum einen, in einem von Raumfahrt begeisterten Zeitalter emotional zu berühren, zum anderen veranschaulichte sie die Fragilität, Begrenztheit und Verletzlichkeit der Erde. »Was unser Raumschiff so interessant für mich macht«, so Fuller, »ist die Tatsache, daß es ein mechanisches Fahrzeug ist – ganz wie ein Automobil.«[103] Diese Perspektive ist Grundlage für das Geo-Engineering, denn nur wenn wir den Planeten als Maschine – also als etwas, das durch ein *engine*, also einen Motor, angetrieben wird – wahrnehmen, können wir mit ihm *engineering*, also ingenieurwissenschaftlich-technische Anwendungen betreiben. Erst durch die Wahrnehmung des Planeten als Maschine, als »Geoengine«, so die britische Geografin Kathryn Yusoff, entstanden »ontologische Modelle des Denkens über die Erde – oder Geontologien –, die die gesellschaftlichen Übereinkünfte und die operativen Räume erschaffen, in denen Vorstellungen von Handlungsfähigkeit und Kontrolle in Erdprozessen aufeinander abgestimmt werden«.[104] Ohne das technizistische Bild der Erde als »Geoengine« ist Geo-Engineering nicht möglich.

Whole Earth Catalog *und der ökologische Kapitalismus*

Für die Überzeugungskraft der Metapher »Erde als Raumschiff« war auch die berühmte Fotoserie *Earthrise* zuträglich, die der Astronaut William »Bill« Anders 1968 während der Apollo-8-Missionen von der Erde machte; eine kleine blaue Murmel, die im unendlichen schwarzen Weltall schwebt. Erst der Blick von außen öffnete die Augen für die Verwundbarkeit und Endlichkeit des Planeten – und erschloss zugleich neue Möglichkeitsräume.

Das Bild der Erde im All zierte auch mehrere Cover des *Whole Earth Catalog*, der von 1968 bis 1972 erschien. Vielleicht wird Aia das Geo-Engineering unserer Zeit besser verstehen, wenn sie eine Ausgabe dieses Versandhauskatalogs der amerikanischen Gegenkultur in die Hände bekommt, weil darin vieles – auch viel Widersprüchliches – zusammenkommt, was die damals entstehende amerikanische Ökobewegung auszeichnet. Der Untertitel des Katalogs lautete »Access to Tools«, es ging also ganz pragmatisch um den Zugang zu Werkzeugen. Der Katalog versammelte dazu Gerätschaften, mit denen die Umwelt verändert werden konnte, »*tools* aller Art, von geodätischen Kuppeln über Garten- und Outdoor-Equipment bis zu frühen Computern«,[105] wie der Kurator Anselm Franke aufzählt. In der Idee, aneignungsoffene Werkzeuge zur Verfügung zu stellen, drückt sich der Geist der Hippie-Kultur, des Empowerment und des DIY aus: der emanzipatorische Traum, in einer immer weiter technisierten und dadurch auch entfremdeten Welt eigene Handlungsmacht zurückzugewinnen, durch die der Ausstieg aus dem System möglich wird.

Das, was mit diesen Werkzeugen verändert werden sollte, war, wie der Name des Katalogs nahelegt, die ganze Welt. Dieser Zugriff war total und holistisch gemeint. Deshalb waren die versammelten Werkzeuge nicht nur praktisch-technischer Natur, sondern auch esoterisch-spiritueller; es gab im Katalog neben Solarzellen und Windrädern auch Bücher »zu Themen wie Kybernetik, Psychologie, Esoterik und Umweltschutz«. Dadurch, so Franke weiter, erzeugte der Katalog eine »Synthese zwischen Techno-Deterministen und Back-To-Nature-Romantikern«.[106]

Und nicht zuletzt handelte es sich beim *Whole Earth Catalog* um ein unternehmerisches Projekt. Sowohl der Katalog als auch die in ihm vorgestellten Produkte kosteten Geld, es ging nicht (nur) um reale Emanzipation, sondern auch ums Verkaufen, schließlich ist Konsum in der Marktwirtschaft eine Form von Ersatz-Empowerment. Der *Whole Earth Catalog* war ein Tool des Kapitalismus, der zum einen die amerikanische Ideologie der Machbarkeit ins Feld der ökologischen Diskurse transportierte, zum anderen den realen Veränderungswunsch in symbolischem Konsum zu sublimieren half. Dieses Muster wirkt noch heute nach: So meint etwa der Kunsthistoriker T.J. Demos, die »Begrifflichkeit des Anthropozän-Diskurses diene der ideologischen Unterstützung einer neoliberalen Finanzialisierung der Natur, einer anthropozentrischen politischen Ökonomie und der Befürwortung von Geo-Engineering als bevorzugte – aber wahrscheinlich katastrophale – Methode zur Bekämpfung des Klimawandels«.[107]

So gesehen, scheinen die gegenwärtigen Geo-Engineering-Konzepte lediglich ein dystopisch-neoliberal-ökologisches Update des *Whole Earth Catalog* zu sein; größenwahnsinnige Ideen, die Welt zu retten, denen ein tiefer Glauben an die technische Machbarkeit eingeschrieben ist – und mit deren Verkauf eine Menge Geld verdient werden kann.

Entgrenzung der Landschaft

Während das SRM noch Science-Fiction ist und das *Carbon Dioxide Removal* sich noch in der Phase der kleinmaßstäblichen Erprobung befindet, ist eine andere Technologie schon auf dem Weg zur Marktreife: *Carbon Dioxide Capture and Storage* (CCS). Anders als beim CDR wird beim CCS das CO_2 direkt am Entstehungsort, also bevor es durch einen Schornstein in die Atmosphäre gelangt, aus den Abgasen abgeschieden und dann als verflüssigtes Gas zu langfristigen Lagerorten transportiert. Ein weit fortgeschrittenes Beispiel für die praktische Umsetzung dieser Technologie ist das Unternehmen Northern Lights, eine vom norwegischen Staat unterstützte Kooperation der Petrol-Unternehmen Equinor, Shell und TotalEnergies. In einem ersten Schritt will Northern Lights jährlich 1,5 Millionen Tonnen CO_2 einspeichern, das direkt an den Entstehungsorten, zum Beispiel Stahlwerken oder Zementfabriken, abgesondert, unter Druck verflüssigt und dann mittels Pipelines und Schiffen zu einem Speicher tief unter dem Meeresboden verbracht werden soll. Dazu sollen jene unterirdischen Höhlen und Gesteinsschichten genutzt werden, aus denen einst Erdgas entnommen wurde. Langfristig sollen so jedes Jahr fünf Millionen Tonnen CO_2 »entsorgt« werden.[108] Ein anderer Baustein in der von Northern Lights geplanten Wertschöpfungskette ist Wasserstoff. Er soll in Norwegen aus Erdgas hergestellt und dann als »sauberer« Energieträger in die ganze Welt geliefert werden; das bei der Umwandlung von Erdgas im Wasserstoff entstandene CO_2 soll direkt vor Ort unterirdisch eingelagert werden.

Wann Northern Lights mit der Einspeicherung von CO_2 unter der Nordsee beginnen wird, ist unklar, in den offiziellen Verlautbarungen wurde der Starttermin von 2024 auf 2025 verschoben. Aber ein Besucherzentrum, das das Vorhaben ausführlich erklärt, wurde bereits 2022 vom norwegischen Ministerpräsidenten eingeweiht. Die Politik ist am Erfolg interessiert, »die Entwicklung einer umfassenden CCS-Wertschöpfungskette«[109] ist ein erklärtes Ziel der norwegischen Regierung. Allerdings ist es merkwürdig, wie der Soziologe Markus Schroer anmerkt, dass nun »exakt dieselben Kräfte, die die Probleme überhaupt erst verursacht haben, mit der Aufgabe der Rettung des Planeten beauftragt« werden.[110] Allerdings verfügt allein die Petrol-Industrie, die bis heute Gas und Öl aus den Tiefen der Erdoberfläche holt, über die technischen Fertigkeiten, um CO_2 dort wieder einzuspeichern. So erscheint CCS auch als eine Möglichkeit, die Petrol-Industrie in die postfossile Transformation einzubinden. Denn wenn die Emission von CO_2 in nicht allzu ferner Zukunft mit relevanten Kosten verbunden sein wird, wird CCS wirtschaftlich äußerst attraktiv.

Auch das Baugewerbe wird von CCS profitieren. Wie beim solaren Management wird beim CCS die (vom Menschen zwecks ökonomischer Ausbeutung umgestaltete) Landschaft ausgedehnt, nicht ins Weltall, aber immerhin unter den See- oder Erdboden. Im Entstehen ist eine neuartige Prozesslandschaft, die mit der, die das Petrol-Zeitalter hervorgebracht hat, vergleichbar sein wird. »Grundsätzlich erfordert die Abscheidung klimarelevanter Mengen an Kohlendioxid eine Infrastruktur in der Größenordnung der heutigen Ölindustrie – aber nun, um den Kohlenstoff wieder unter die Erde zu bringen«, so die amerikanische Umweltwissenschaftlerin Holly Jean Buck.[111] Und diese Infrastruktur – Pumpstationen, Pipelines, Hafenanlagen usw. – muss zum Großteil neu gebaut werden. Denkt man die Entwicklung von CCS und CDR weiter, wird ein großmaßstäblicher »Umbau der Erde« vorstellbar.[112]

Dieser große Umbau, so er denn kommt, wird eine große Spielwiese für die Industrie, aber auch für Architekt:innen und Landschaftsgestalter:innen, die sich als prometheische Weltgestalter:innen sehen. Das Architekturkollektiv *Design Earth* (Rania Ghosn und El Hadi Jazairy) oder der australische Architekt Liam Young skizzieren diese Zukunft bereits heute – als Vertreter:innen einer jüngeren Generation von Architekt:innen, die nicht mehr im Bauen selbst die Erfüllung sucht, stehen sie der sich am Horizont des Möglichen abzeichnenden Umgestaltung der Welt allerdings kritisch gegenüber. Deshalb erstellen sie für ihre Architektur-Reflexionen keine konkreten Bau- oder Planungsprojekte mitsamt verkaufsfördernder Renderings, sondern entwickeln künstlerisch-spekulative Filme, Zeichnungen und Comics, in denen sie düstere Dystopien imaginieren: faszinierend, aber auch besorgniserregend.

Von schamanistischer Magie zur Selbstvergötterung

Wo rührt diese Besorgnis her? Warum Angst haben vor einer Zukunft, die der Mensch selbst gestaltet hat und – so zumindest die Überzeugung der Technikoptimist:innen – weiterhin selbst gestalten kann? Vielleicht wegen der prometheischen Anmaßung, die dem Geo-Engineering zugrunde liegt. Einst war die Gestaltung der Welt den Gottheiten vorbehalten. Dazu gehörte auch das Wetter, das zumindest seit der neolithischen Revolution einen entscheidenden Einfluss auf die Überlebenschancen der Menschen hatte. Um gutes Wetter und damit gute Ernten zu bekommen, mussten die Gottheiten beschworen und angebetet, mit Tänzen erfreut, durch schamanistische Magie beeinflusst oder mit Opfern gütig gestimmt werden.

Nun, im Anthropozän, müssen zur Wettermanipulation keine Gottheiten mehr beschworen werden. Seit den 1940er Jahren wurde die Kunst der Wetterbeeinflussung vom Menschen technisch angegangen; durch Injektion von Chemikalien sollten Stürme umgelenkt und Regenwolken zum Abregnen gebracht werden, um so entweder Unwetter zu vermeiden oder landwirtschaftlich genutzte Flächen mit Regen zu versorgen. Noch ist keine Methode entwickelt worden, mit der sich zielgenau und sicher das Verhalten von Regenwolken steuern lässt. Die chinesische Regierung nutzte 2008 dennoch die auch *cloud seeding*, also Wolkenimpfung genannte Technik, um die Olympischen Sommerspiele von Peking nicht von Regenwolken verschatten zu lassen, und in Pakistan wurde 2023 künstlicher Regen genutzt, um den Smog in der Millionenmetropole Lahore zu reduzieren. Der Erfolg der neoschamanistischen Technik war dabei allerdings überschaubar. In der Erwartung, dass die Manipulation von Wetter auch im Krieg als Waffe eingesetzt werden könnte, wurden viele dieser Experimente vom Militär gefördert. Und auch wenn die Wirksamkeit der verschiedenen Manipulationsversuche wissenschaftlich noch nicht nachgewiesen werden konnte, bannten die Vereinten Nationen 1977 vorsorglich Wettermodifikationen in der auch Umweltkriegsübereinkommen genannten ENMOD-Konvention (ENMOD ist die Abkürzung für *Environmental Modification* und umfasst mehr als nur Wettermanipulationen).

Offenkundig ist es aller menschlicher Gestaltungsmacht zum Trotz noch ein großer Schritt, um von der lokalen Wettermanipulation – die auch noch nicht wirklich funktioniert – zur kontrollierten und gezielten globalen Modifikation des Klimas zu kommen. Der Mensch ist zwar die treibende geologische Kraft; die Erde so zu gestalten, wie er es will, vermag er trotzdem (noch) nicht. Er beeinflusst zwar den Verlauf der Dinge, aber nicht deren Richtung.

Vielleicht kann man angesichts der Verunsicherung, ja teilweisen Verzweiflung, die die Menschen im Anthropozän umtreibt, Techniken von der Wettermanipulation bis zum Geo-Engineering auch als eine Form von zeitgenössischer Konzeptkunst verstehen: Der Mensch hat sich zur umfassenden, aber eben nicht allmächtigen Schöpfer-Gottheit aufgeschwungen.

Was also ist, jenseits der Beschreibung der jeweiligen technofantastischen Visionen, das Wesen von Wettermanipulationen und Geo-Engineering? Vielleicht lässt es sich so zusammenfassen: In ihnen setzt sich die moderne Selbstbehauptung des Menschen gegenüber seiner natürlichen Umwelt fort; es »zeichnet sich«, wie Peter Sloterdijk meint, »eine Art von neo-prometheischem, um nicht zu sagen hyper-prometheischem Aufbegehren ab«.[113] Der Mensch ist nun auch bei Wetter und Klima, den in vormodernen Zeiten für das Überleben noch grundlegenden Einflussfaktoren, nicht mehr hilflos der Willkür der Gottheiten oder dem Unbill der

Natur unterworfen. Er ist nicht mehr nur »Herrscher und Besitzer der Natur«, wie René Descartes zu Beginn des Zeitalters der Aufklärung, dem Ausgangspunkt der modernen Weltunterwerfung, proklamierte, sondern auch ihr Gestalter und Schöpfer. Er ist in der Lage, den ganzen Planeten – gottgleich – zu verändern.

»Wir sind wie Götter, und wir sollten ebenso gut werden wie sie.« Diese Behauptung – oder war es eine Weissagung? – stellte Stewart Brand, der Gründer des *Whole Earth Catalog*, dessen erster Ausgabe als Motto voran. Der erste Teil des Satzes verspricht, durch Geo-Engineering eingelöst zu werden: In der Modifikation der Lebenswelt ist der Mensch seine eigene Gottheit geworden. Nur, wie gut der Mensch darin sein wird, das ist noch offen.

Allerdings scheint Brand seine eigene Prophezeiung doch in Zweifel gezogen zu haben. Denn nach dem Ende des *Whole Earth Catalog* engagierte er sich in den 1970er Jahren in einem noch zukunftsweisenderen Projekt, beförderte eine Entgrenzung, über die man sich ob seiner Begeisterung für die *Earthrise*-Bilder und Fullers Raumschiff jedoch nicht wundern muss: Er publizierte Bücher über *Space Colonies* und träumte von der Besiedlung des Weltraums.[114] Wenn alle irdischen Rettungsversuche scheitern, ist die Flucht ins All der letzte Ausweg.

INTERMEZZO
Willkommen in der gedehnten Gegenwart

Architekt:innen schauen nach vorne, wollen etwas gestalten, etwas verändern. Sie denken nicht ans Gestern, sondern ans Morgen und Übermorgen, denn etwas zu bauen ist – sieht man von Katastrophenarchitekturen, Behelfsbauten und temporären Konstruktionen ab – immer eine Spekulation auf die Zukunft. Es wird viel Geld, Material und Arbeitszeit investiert, die eine (ökonomische, praktische, soziale) Rendite (für den Investor, die Auftraggeber:in, die Nutzer:innen) erbringen sollen. Allem Gebauten ist also eine Vorstellung von Zukunft eingeschrieben, eine Annahme, wohin sich die Gesellschaft entwickeln wird. Im Idealfall, so das Selbstverständnis vieler Architekt:innen, ist gute Architektur dabei nicht nur Reaktion auf einen wahrscheinlichen, sondern auch Katalysator eines wünschenswerten zukünftigen Zustands.

Nicht immer ließ sich dieser Anspruch in der unmittelbaren baulichen Realität einlösen. Wer kann schon Wolkenbügel oder schwebende Städte bauen? In der Architekturgeschichte gibt es deshalb eine lange Reihe ungebauter, für das Selbstverständnis der Disziplin aber zentraler Entwürfe. Dazu zählen visionäre Zukunftsplanungen, die (wie 1925 der *Plan Voisin* von Le Corbusier) mit Umsetzungsabsicht erstellt wurden, im Rückblick aber völlig unrealistisch erscheinen. Doch damals war der Glaube an die totale Gestaltbarkeit der Zukunft ungebrochen, die Grenze zwischen »utopisch« und »zukünftig« unscharf, weshalb der amerikanische Historiker und Architekturkritiker Lewis Mumford 1922 noch voller Überzeugung seiner *Story of Utopias* Oscar Wildes Aphorismus »Eine Weltkarte, in der Utopia nicht verzeichnet ist, ist keines Blickes wert ...« als Motto voranstellen konnte. Mit der Modernekritik nach dem Zweiten Weltkrieg ging der Planungsoptimismus mehr und mehr verloren. An die Stelle räumlich konkreter Zukunftsvisionen traten konzeptionell-programmatische Projekte (wie 1960 die *Cloud 9* von Buckminster Fuller und Shoji Sadao oder 1959-1960 die *Ville Spatiale* von Yona Friedman), die den diskursiven Vorstellungs- und Möglichkeitsraum erweitern sollten, aber nicht beanspruchten, baulich realisiert werden zu können. Sie waren im klassischen Sinne utopisch, imaginierten eine Architektur der Emanzipation und Freiheit, die in ihrer Radikalität die alltägliche Bauproduktion allenfalls inspirieren sollte. Im Zuge von Pop- und Postmoderne traten düstere Dystopien (wie zum Beispiel 1964 die *Walking City* von *Archigram*, 1969 das *Continuous Monument* von *Superstudio* oder 1972 die *Voluntary Prisoners of Architecture* von Rem Koolhaas et al.) hinzu, die, mehr oder minder dezidiert, auf eine kritische Auseinandersetzung mit Architektur und Gesellschaft zielten.

Mit den detaillierten Klimasimulationen, die durch die Supercomputer der Gegenwart möglich sind, steht ein erneuter Paradigmenwechsel im Verhältnis von Architektur und Zukunftsvorstellung an. »Während die Utopien seit Thomas Morus oder Campanella – seien es die frühsozialistischen und marxistischen Utopien oder die Technofiktionen im Stile von *Archigram* oder *Superstudio* – ihr treibendes Moment aus der Hoffnung auf Emanzipation des Menschen bezogen«, so Jörg Gleiter, »ist die Zukunft nicht mehr mit Freiheitsversprechen [...] aufgeladen.«[115] An die Stelle der Utopie – als Wunschbild – ist das Katastrophenszenario getreten, eine technische Interpolation der Gegenwart in die Zukunft, bei der es durch Variation einzelner Parameter zu unterschiedlich dramatischen Ausformungen kommen kann. Großrechner und künstliche Intelligenz ermöglichen immer komplexere Simulationen. Sie sind nicht utopisch, sondern »realistisch«, und dienen nicht der Vorstellung besserer, sondern – im besten Falle – der Verhinderung schlechterer Zukünfte, also der Gefahrenabwehr. Nicht das Best-Case-, sondern das Worst-Case-Szenario ist die Goldwährung der gegenwärtigen Zukunftsforschung. Inzwischen wird zwar nicht die Sinn-, aber doch die Zweckhaftigkeit derartiger Zukunftsvorstellungen in Zweifel gezogen. »Dass wir uns realistische Bilder von der Zukunft machen ›müssen‹, bedeutet nicht, dass uns das auch gelingen wird«, so der schwedische Philosoph Nick Bostrom. »Vorhersagen über zukünftige technische und soziale Entwicklungen sind notorisch unzuverlässig – so unzuverlässig, dass sogar schon vorgeschlagen wurde, bei unseren Planungen und Vorbereitungen ganz auf sie zu verzichten.«[116]

Was bedeutet das für Architekt:innen? Durch die Erkenntnis, dass Architektur Zerstörung mit sich bringt, wird sich ihr Verhältnis zur Zukunft grundlegend ändern. Auf eine bessere Zukunft können sie im Moment nicht bauen, die erprobten Muster der Wunschprojektion funktionieren nicht mehr. Statt utopisch-programmatische Wunschvorstellungen in ein fiktives Übermorgen zu projizieren, müssen sie sich mit Katastrophenszenarien auseinandersetzen, die auf – möglichst detaillierten – Simulationen aufbauen. Es geht also nicht mehr darum, mit Architektur positive Zukunftsvorstellungen umzusetzen, sondern um das Gegenteil: »Es gilt«, so Gleiter, »die simulierte Zukunft zu verhindern.«[117]

Doch statt zu tun, was wichtig wäre, verbleiben viele in einem »unentschlossenen Erregungszustand«,[118] wie der Schriftsteller Kim Stanley Robinson die gegenwärtige gesellschaftliche Verfasstheit bezeichnet. Daraus folgert Donna Haraway: »Vielleicht ist das Zaudern ein treffenderer Name als Anthropozän oder Kapitalozän.«[119]

Natürlich gibt es auch Architekt:innen, die nicht zaudern, sondern, ganz prometheisch, an die Kraft der technischen Machbarkeit glauben. Der Prototyp dieser positivistischen Haltung ist Bjarke Ingels, der sich immer wieder als Optimisten bezeichnet. Er hat 2020 sogar einen globalen Masterplan gegen den Klimawandel entwickelt, den er letztlich als Chance und Inspiration für Gestaltung ansieht. In Anlehnung an »Less is more« hat er für seine pragmatisch-opportunistische Haltung einen eigenen Claim gefunden: »Yes is more«, zu dem er auch ein Manifest verfasst hat; selbstredend in Form eines Comics.[120]

In einer Zeit, in der kein Zutrauen in die eigenen Handlungsmöglichkeiten besteht und deshalb niemand mehr Entscheidungen trifft, wird die Gegenwart ins Unbestimmte ausgedehnt – was den pragmatisch-opportunistischen Selbstvermarktern à la Ingels in die Hände spielt. Mit populistischen Gegenpositionen zum Zaudern können sie ihre Bekanntheit steigern und marktgängige Pseudolösungen anbieten. Am Ende werden sie dafür bezahlt, in spektakulärer Weise ihren Auftraggeber:innen – und der Welt – zu versichern, dass alles anders wird und doch so bleiben kann, wie es ist.

Im Modus des Zauderns, das auch ein verzweifeltes Beharren ist, wird echter Zukunftsgestaltung kein Denk- und Experimentierraum zugestanden. Im Modus des Zauderns haben Architekt:innen eine klare Aufgabe: Mit den zur Verfügung stehenden Technologien der Vermeidung und Anpassung, mit kleinteiligen Reparaturen und gegebenenfalls auch größer angelegten Modifikationen sollen sie das Eintreten der Katastrophe hinauszögern und, wie Holly Jean Buck meint, für die Gegenwart »Zeit kaufen«.[121] Diese Form von Architektur ist, den eigenen, zuweilen propagandistisch anmutenden Beteuerungen zum Trotz, keine echte Zukunftsgestaltung. Sie blickt nicht nach vorne, sondern bleibt in der gedehnten Gegenwart gefangen – durchaus nicht unfreiwillig, schließlich lassen sich mit ihr gute Geschäfte machen.

Die Gegenwart, so die Strategie der Zaudernden, wird gedehnt, gestreckt und verlängert. Die Dehnung verhindert, dass man sich eine bessere, eine wünschenswerte Zukunft überhaupt vorstellen kann, weil die Gegenwart unendlich erscheint – bis die gedehnte Zeit zerreißt und die Gesellschaft an ihren Dysfunktionalitäten kollabiert. Es bleibt zu hoffen, dass wir eine gemeinsame Vorstellung von Zukunft entwickeln, bevor die gekaufte Zeit abgelaufen ist.

Teil III
FLUCHT
Dystopien eines besseren Lebens

»Die Erde bleibt das Schicksal des Menschen, auch wenn er sie eines Tages aus der Ferne des Raumes nicht mehr erblicken können sollte: Er macht aus allem, was er bewohnt und befährt, kleine Erden mit ihrer und seiner Geschichte.«[1]

Hans Blumenberg

Die Geschichte der Architektur ist bislang meist als eine Geschichte erzählt worden, die räumliche Ausdehnung als selbstverständlich voraussetzt. Die Menschheit bändigt die Natur und nimmt den Planeten in Besitz. Legt Felder und Äcker an, baut – immer wieder neue – Häuser, Dörfer, Städte. Doch die Besiedelung hat auch eine Kehrseite, die bislang wenig beachtet wurde: Eine Geschichte der Architektur ist immer auch eine Geschichte von Flucht, Vertreibung und Kolonisierung; eine häufig versteckte Geschichte, weil durch das Machtinstrument Architektur die Spuren des Vorherigen absichtsvoll überschrieben werden. Wo Bauten von vertriebenen Menschen erhalten blieben, kommen sie – so sie nicht als Spolien trophäenhaft in das Neue übernommen wurden – meist erst bei archäologischen Ausgrabungen wieder zum Vorschein.

2024 sind laut UN-Flüchtlingshilfswerk rund 110 Millionen Menschen auf der Flucht, und aller Erwartung nach werden es in den nächsten Jahren wesentlich mehr; zum einen, weil heute noch besiedelte Gebiete wegen drohender Überhitzung oder Überschwemmung nicht weiter bewohnt werden können, und zum anderen, weil wegen der klimatischen Veränderungen lebenswichtige Ressourcen knapper und damit kriegerische Konflikte wahrscheinlicher werden. Das *Institute for Economics & Peace* (IEP) geht davon aus, dass bis 2050 1,2 Milliarden Menschen ihre Heimat werden verlassen müssen.

Die Zerstörung, die wir über die Welt gebracht haben, wird dazu führen, dass immer mehr Menschen sich auf die Suche nach einer neuen Heimat begeben werden müssen. Deshalb ist nicht das Wohnen, um nochmals Heidegger aufzugreifen, die zukünftige Seins-Form oder, mit Hannah Arendt, die *conditio humana* des Menschen, sondern die vielen Formen von Flucht. Vor dem Hintergrund von Globalisierung und Klimawandel betrifft »Migration«, wie der französische Soziologe Bruno Latour postuliert, »alle Welt«.[2]

Im dritten Teil dieser archäologischen Expedition begibt Aia sich deshalb auf die Suche nach den Architekturen der Flucht. Sie geht davon aus, dass Flucht und Migration tatsächlich ein wesentliches gesellschaftspolitisches Merkmal des Anthropozäns sind, weil sich in ihr soziale Ungleichheit symptomatisch verdichtet. Zwar zeigt der *Human Development Index* der UNO (fast) dauerhaft und (fast) überall aufwärts, es geht also, sehr grob gesprochen, (fast) allen Menschen seit Jahrzehnten immer besser – aber die bessere Versorgung (Ernährung, Bildung, Gesundheitswesen) wird mit jener Naturzerstörung erkauft, die das Anthropozän ausmacht; und zwar vor allem dort, wo es den Menschen ohnehin schlecht geht. Der Wohlstand in den reichen Ländern wächst schneller, als die Armut in den ärmeren Ländern sinkt, weshalb nicht nur die Naturzerstörung, sondern auch die Ungleichheit weiter zunimmt.

Aia beginnt ihre Suche deshalb an jenen Orten, an denen Migrant:innen den herrschenden Machtstrukturen unterworfen werden, also an Grenzen und in Lagern. Von diesem *Reality Check* ausgehend, betrachtet sie die Architektur der – vermeintlichen – Alternativen, die derzeit propagiert werden: neue Städte, die das Meer zur Erweiterung des menschlichen Lebensraums nutzen wollen, und Projekte, die sich mit der ultimativen Flucht befassen: einem zukünftigen Leben in den Weiten des Alls.

Lager

Grenzen, Mauern, Zäune • Das Flüchtlingslager, eine Stadt ohne Zukunft • Architektur der guten Absichten • Der Container als gebaute Form der (unterlassenen) Hilfeleistung

1964 zeichnete die britische Gruppe *Archigram* eine riesige Wohnmaschine, ein künstliches Lebewesen, das sich auf acht stählernen Teleskop-Beinen durch eine nicht näher definierte Landschaft bewegt. Sie nannten das merkwürdige Monstrum *Cities: Moving* oder *Walking City*. Zeichnung und Titel implizieren, dass eine Stadt sich bewegen können sollte. Aber wofür? Vermutlich ohne es zu beabsichtigen, haben *Archigram* mit der *Walking City* eine Metapher für eine zentrale Herausforderung des Anthropozäns geschaffen. Sie entwarfen das Bild einer mobilen Stadt, fluchtbereit und auf der Suche nach einem Ort, an dem es sich noch leben lässt: Wohin ziehen, wenn die planetaren Lebensgrundlagen zerstört sind?

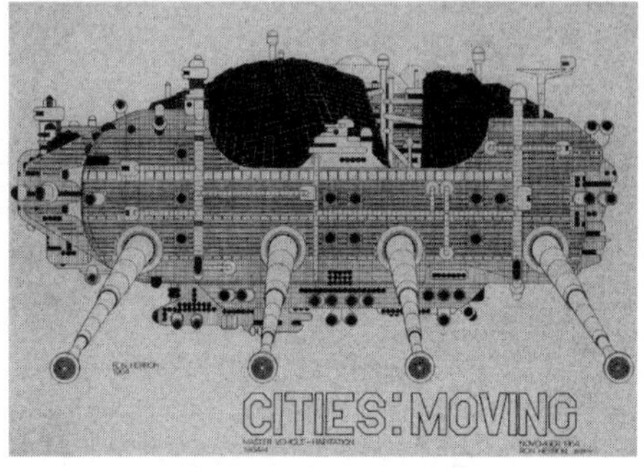

Abb. 38: *Walking City*, eine poppige Provokation der Gruppe *Archigram* von 1964. Die sich durch den Raum bewegende Stadt ist die perfekte Metapher für eine Gesellschaft, die vor sich selbst auf der Flucht ist.

Flucht in großem Maßstab ist heute real. Aber nicht die Städte selbst bewegen sich, sondern die Menschen. Ob sie an einem Ort ankommen, den sie neue Heimat werden nennen können, ist den meisten ungewiss. Auf dem Weg dorthin müssen sie – oft genug todbringende – natürliche (Gebirge, Wüsten, Meere, Flüsse) und architektonische (Grenzzäune und -mauern) Hindernisse überwinden. Und sollten sie an einem – zuweilen auch nur vermeintlich – sicheren Ort ankommen, ist unklar, ob sie sich dort eine neue Existenz aufbauen dürfen. Immer droht, dass sie in Abschiebeeinrichtungen eingesperrt, in Notunterkünften »verwahrt« oder in Auffanglagern nur geduldet werden. Die dafür gebauten Gebäude bezeichnet der österreichische Architekt Theo Deutinger als »Anti-Architektur«,[3] denn sie zielen nicht darauf, »Wohnen« zu ermöglichen, sondern zu verhindern. Aia wird auf ihrer Suche nach Architekturen der Flucht vielfältigen baulichen Typologien der Abschreckung, Ausgrenzung und Erniedrigung begegnen – und ökonomischen Interessen, die diese bedingen.

Grenzen, Mauern, Zäune

Eine Struktur, mit der sich Aia beschäftigen wird, ist die Grenze. Die Grenze ist eine Raumfigur, die je nach Kultur räumlich unterschiedlich präzise definiert und ausgeformt wird. Zu unterscheiden sind beispielsweise offene und befestigte, bewachte und unbewachte, natürliche und künstliche Grenzen. Folgt man Markus Schroer, ist die Grenze Architektur *per se*: »Wann immer eine Grenze zwischen Innen und Außen gezogen wird, können wir von Architektur sprechen.«[4] Insofern ist die Grenze zwischen Territorien, Herrschaftsgebieten, Staaten etc. nicht bloß Architektur, weil sie mit Pfählen, Steinen, Mauern oder Zäunen tatsächlich gebaut wird, sondern weil sie – unabhängig von ihrer materiellen Ausformung – ein Innen und ein Außen definiert. Die baulich gesicherte Grenze ist keine Eigenart des Anthropozäns, sofern man nicht (wie allerdings nur noch wenige Wissenschaftler:innen) den Beginn des Anthropozäns an den Anfang der Landwirtschaft und der »neolithischen Revolution« verortet. Die erste überlieferte Grenzmauer stammt aus der frühen sumerischen Hochkultur und sollte um 2050 vor unserer Zeit das Territorium der mesopotamischen Städte gegen nomadische Eindringlinge schützen[5] – ein, wie auch bei allen später errichteten Grenzmauern, erfolgloses Unterfangen. Wesentlich für jede Grenze ist, dass sie das, was sie voneinander trennt, auch miteinander in Verbindung bringt. Sie ist immer, so Schroer, ein Ort der Begegnung und des Austauschs: »Eine unüberwindbare Grenze ist ein Widerspruch in sich.«[6] Das Potential der Begegnung ist der Grenze architektonisch eingeschrieben, zu ihrem Repertoire gehören neben abgrenzenden Mauern und Zäunen immer auch Übergänge, Tore, Kontrollposten etc., also räumliche Situationen, an denen Kontakt aufgenommen werden kann und Durchwegung möglich ist. Aber zum Wesen der Grenze gehört auch, dass diese Begegnungsmöglichkeit selten symmetrisch ist, sondern meist dominante Richtungen hat. Die gesicherte Grenze ist ein Ort, an dem Ungleiches aufeinandertrifft, nicht frei, sondern reguliert, und die Form der Regulation wird meist von dem:derjenigen bestimmt, der:die mehr Macht hat – der Soziologe Steffen Mau bezeichnet sie deshalb als »machtvolle Sortiermaschinen«.[7] An der Grenze wird Ungleichheit räumlich und baulich manifest.

Eine zeitgenössische Grenze, die das veranschaulicht, ist die zwischen den USA und Mexiko. 1994 schlossen die beiden Staaten ein Freihandelsabkommen, das die jeweiligen Märkte für Produkte des je anderen Landes öffnete. Entlang der Grenze siedelten sich auf der mexikanischen Seite zahlreiche Unternehmen – zum Beispiel Zulieferer der Automobilindustrie – an. Mit billigen mexikanischen Arbeitskräften fertigen sie seitdem Produkte für den US-amerikanischen Markt. Zur Verfügung standen diese Arbeitskräfte u.a. auch, weil die traditionell geprägte mexikanische Landwirtschaft nicht mit den Erzeugnissen der US-amerikanischen Agrarindustrie konkurrieren konnte, die seit der Öffnung des mexikanischen Marktes im Land angeboten wurden, weshalb viele Bauern arbeitslos geworden waren.

Das Freihandelsabkommen führte in Mexiko zu Binnenmigration, was auch den Migrationsdruck in Richtung USA erhöhte. Zeitgleich zur Öffnung der Grenze für Waren wurde deshalb die Grenze für Menschen undurchlässiger gemacht. Der demokratische US-Präsident Bill Clinton, der seinen Wahlkampf 1992 mit dem Slogan »It's the economy, stupid« geführt hatte, veranlasste 1994 den Bau von Grenzzäunen, mit denen die Migration von Mexikaner:innen in die USA sowie der Drogen- und Waffenschmuggel unterbunden werden sollten. Seitdem wurden 1125 Kilometer Zaun und Mauer errichtet. Neben baulichen Maßnahmen (schwimmende Barrieren auf dem Grenzfluss Rio Grande, Stacheldraht- und Blechzäune, Betonmauern) werden zur Sicherung der 3144 Kilometer langen Grenze auch paramilitärische Patrouillen sowie Drohnen und Videoüberwachung eingesetzt. Einen vorläufigen Höhepunkt erreichten derartige Maßnahmen während der Präsidentschaft von Donald Trump, der den Bau einer großen Mauer zu Mexiko zum Kernprojekt seiner Amtszeit 2017 bis 2021 erhob.

Mit der Grenze und dem sozioökonomischen Gefälle, das sie festigt, wird viel Geld verdient. Doch die durch den Freihandel entstandene wirtschaftliche Dynamik führte nicht zu einem Abbau der ökonomischen und sozialen Ungleichheit zwischen den USA und Mexiko, wie man gut an der Doppelstadt El Paso-Ciudad Juárez nachvollziehen kann: El Paso ist eine wohlhabende Großstadt, sie zählt zu den sichersten der USA, die direkt angrenzende Ciudad Juárez ist von Gewalt, Drogenhandel und Armut geprägt, die mexikanische Millionenstadt zählt mit mehr als 3000 Morden pro Jahr zu den gefährlichsten Orten der Welt.

Die architektonische Verfestigung und Inszenierung der Grenze durch Mauern und Zäune hat mehrere Funktionen: Sie soll Migration abwehren und das wirtschaftliche Gefälle aufrechterhalten – sowohl durch konkrete physische Unüberwindlichkeit als auch durch psychologische Abschreckung. Sie ist sowohl innen- wie außenpolitisch Symbol einer Politik der Abschottung, deren soziale Auswirkungen (Stichwort Abschiebung) weit über die eigentlichen Baumaßnahmen hinausreicht.

Auch die Europäische Union schottet sich – mehr oder minder erfolgreich – mit Grenzarchitekturen ab, baulich am bedrückendsten in Ceuta und Melilla, den beiden spanischen Exklaven in Afrika.

Dort sollen mehrere Reihen von bis zu zehn Meter hohen Stacheldrahtzäunen verhindern, dass Menschen von Afrika aus nach Europa gelangen – sie werden trotzdem immer wieder überwunden.[8] Weiträumige Anlagen mit Grenzzäunen gibt es auch an anderen EU-Außengrenzen, zum Beispiel zwischen Polen und Weißrussland sowie zwischen Griechenland und der Türkei. Aber die wirksamste Barriere auf dem Weg nach Europa ist eine natürliche Grenze: das Mittelmeer. Wie jede Grenze ist auch diese durchlässig, aber der Einsatz, den die Migrant:innen bei der Überwindung riskieren, ist enorm, und damit sind nicht die exorbitanten Summen gemeint, die von Schleusern verlangt werden, sondern etwas noch viel Wertvolleres als alles Geld: das eigene Leben. 2010 bis 2020 gelangten rund zwei Millionen Flüchtende über die sogenannte Mittelmeerroute in die EU, im gleichen Zeitraum ertranken dort rund 30000 Menschen.

Die Grenzen der Gegenwart erhalten also nicht nur materielle Ungleichheit aufrecht, sondern sind auch ein tödlicher Anachronismus. Ihr vermeintlicher Nutzen wird vom Anthropozän *ad absurdum* geführt. Denn die ökologischen Auswirkungen des Anthropozäns – Dürren, Überschwemmungen, Epidemien, radioaktive Strahlung etc. – sind planetar, nicht national. Sie machen nicht an von Menschen gezogenen, politischen Grenzen halt, sie lassen sich nicht, um nochmal Mau aufzugreifen, aussortieren. Und dennoch werden diese Grenzen weiter ausgebaut, weil die reichen Länder versuchen, dadurch die globalen Flucht- und Migrationsbewegungen aufzuhalten – auch um bestehende Wirtschaftsprozesse zu schützen. Dass sie für die Fluchtursachen – wachsende ökonomische, soziale und klimatische Ungleichheit – sowohl die historische als auch die ethische Verantwortung tragen, blenden sie dabei selbstredend aus.

Die zukünftigen Grenzen werden, so ist zu befürchten, für Menschen noch schwieriger zu überwinden sein als die der Gegenwart. Die Grenzzäune der USA zu Mexiko und der EU nach Süden und Osten sind möglicherweise nur Vorboten einer Zeit, in der die selbstgerechten Inseln des Wohlstands sich vor einem als feindlich, als bedrohlich wahrgenommenen Außen komplett abschotten. So oder so zeugen sie aber schon im Hier und Jetzt von einer pervertierten Ökonomie – und der Weigerung, Schuld an globaler Ungleichheit und Weltzerstörung einzugestehen.

Das Flüchtlingslager, eine Stadt ohne Zukunft

1950 beriefen die Vereinten Nationen einen Hohen Flüchtlingskommissar, der sich um die Millionen von Menschen kümmern sollte, die durch den Zweiten Weltkrieg ihr Zuhause verloren hatten oder geflüchtet waren. Das Amt des UNHCR (*United Nations High Commissioner for Refugees*) entwickelte sich, nachdem dieser zunächst vorwiegend in Europa tätig gewesen war, über die Jahre zu einer wichtigen humanitären Organisation. Häufig auch *UN-Flüchtlingshilfe* genannt, ist das UNHCR inzwischen in 135 Ländern aktiv und hat über 20000 Mitarbeitende. Es »schützt und unterstützt [...] Flüchtlinge, Asylsuchende, Binnenvertriebene sowie Staatenlose und Rückkehrer« – eine Beschreibung, die laut UNHCR derzeit weltweit auf rund 110 Millionen Menschen zutrifft.[9]

Zu den Aufgaben des UNHCR zählen nicht nur der Aufbau, sondern auch die Verwaltung von Flüchtlingslagern. Letztere wird immer wichtiger; zwar sind die Lager eigentlich nur für eine temporäre Unterbringung von Geflüchteten gedacht, doch viele bestehen über mehrere Jahre, sogar Jahrzehnte hinweg und wachsen zu informellen Städten heran. Die durchschnittliche Aufenthaltsdauer in einem Lager beträgt 17 Jahre,[10] in vielen leben Familien über mehrere Generationen hinweg.

Eine Ursache von Flucht und Migration ist die fehlende ökonomische Perspektive, eine andere sind kriegerische Konflikte; beides, wie der Sozialpsychologe Harald Welzer zeigt, oft Folgen des anthropogenen Klimawandels.[11] Ob des gewaltsamen Hintergrunds nimmt es nicht Wunder, dass die architektonische und städtebauliche Anlage von Flüchtlingslagern militärische Wurzeln hat. Im Ersten Weltkrieg wurden Militärlager, die durch Veränderungen der Frontlinie ins Hinterland gerückt waren, »von humanitären Hilfsorganisationen übernommen, um Familien zu beherbergen, die durch den Krieg vertrieben wurden«, wie der amerikanische Architekt und Politikberater Matthew Jelacic erklärt. Dieses »Militärlager-Modell wurde fortan in der ganzen Welt – unkritisch – übernommen, um die Unterbringungen von Vertriebenen zu organisieren.«[12] So wurden nach dem Zweiten Weltkrieg viele Flüchtlinge in vormaligen Kasernen sowie in für das Militär entwickelten Baracken und Notbehausungen (zum Beispiel den aus Wellblech hergestellten *Nissenhütten*) untergebracht.

Flüchtlingslager, so könnte man sagen, sind militärische Planstädte: Zelte entlang eines rechtwinkeligen Rasters, in denen viele Tausende Menschen untergebracht werden; das größte Flüchtlingslager der jüngeren Vergangenheit, Kutupalong in Bangladesch, beherbergt beispielsweise über 600 000 Geflüchtete. Viele Lager haben die gleiche Einwohner:innenzahl wie eine Großstadt, weshalb manche Migrationswissenschaftler:innen zu ihrer Beschreibung den vom französischen Anthropologen Michel Agier geprägten Begriff »Camp Cities« verwenden. Doch die Ausgangsbedingungen einer derartigen Lagerstadt und einer Großstadt sind grundlegend andere. »Viele Flüchtlingslager«, so führt etwa der niederländische Anthropologe Bram J. Jansen aus, »befinden sich absichtlich oder aufgrund der Umstände in unbedeutenden, abgelegenen Gegenden. So etwa in der Nähe von Grenzübergängen, an denen Flüchtlinge ins Zufluchtsland einreisen, oder – entsprechend der Funktion von Lagern (Separation) – weit weg von den Hauptsiedlungsgebieten des Aufnahmelandes.«[13] Und während Stadtgründungen auf Dauer ausgerichtet sind, ist das Lager immer temporär gedacht, weil sowohl die aufnehmenden Staaten als auch die Geflüchteten selbst »Furcht vor einer ›Normalisierung‹, sprich, einer endgültigen Verwandlung des Lagers in eine ›feste‹ (permanente) Stadt« haben, wie der Architekt Philipp Misselwitz noch 2009 erläuterte.[14] Mit der sogenannten Flüchtlingskrise von 2015/2016 hat sich die Perspektive auf Flüchtlingslager allerdings geändert. Ihre Urbanisierung werde nun »als eine Lösungsmöglichkeit betrachtet, weil durch sie alternative Existenzmöglichkeiten in an Krisengebiete angrenzenden Ländern gestaltet werden können«, erklärt Jansen.

Wie das konkret aussehen könnte, lässt sich gut am in Jordanien gelegenen Lager Zaatari nachvollziehen, das 2012 errichtet wurde. Innerhalb kürzester Zeit bauten die Geflüchteten aus Syrien dort informelle Ökonomien auf, es entstand sogar eine 1,8 Kilometer lange, »Champs-Élysées« genannte Einkaufsmeile mit 2500 bis 3000 kleinen Geschäften und Restaurants. Die wirtschaftliche Dynamik war so groß, dass auch das Umland profitierte und jordanische Geschäftsleute in Start-ups im Camp zu investieren begannen.[15] Flüchtlingslager, so die daraus abzuleitende Erkenntnis, müssen für aufnehmende Länder keine Belastung sein, sondern können zu wirtschaftlicher Prosperität beitragen.

Deshalb, so argumentiert beispielsweise eine Gruppe um die jordanische Architektin Rania Aburamadan, solle »das Konzept der Dauerhaftigkeit [...] in die räumliche Konfiguration eines Flüchtlingslagers eingebettet werden«[16] – mit entsprechender Stadtplanung, die nicht auf einem abstrakten Raster aufbaut, sondern die Topografie und Sozialstruktur der Umgebung miteinbezieht und so eine Voraussetzung für eine gelingende Einbettung schafft. Kilian Kleinschmidt, der von 2013 bis 2014 das Lager Zaatari als Mitarbeiter des UNHCR geleitet und dort die Entwicklung informeller Ökonomien unterstützt hat, sieht in Geflüchteten ein wirtschaftliches Potential. Er schlägt deshalb vor, die Lager in Zukunft als Sonderwirtschaftszonen zu entwickeln – und zwar auch als gezielte Ansiedlungsmaßnahme in Europa. »Die Hälfte von Ostdeutschland ist leer. Halb Süditalien ist leer. Spanien ist leer. Viele Orte in Europa sind völlig menschenleer«, so der frühere Entwicklungshelfer, der inzwischen als Berater für verschiedene Unternehmen arbeitet. »Man könnte einige dieser leeren Städte in Freihandelszonen umwandeln, in denen man eine neue Bevölkerung ansiedeln und Möglichkeiten für Entwicklung, Handel und Arbeit schaffen könnte. Man könnte sie als spezielle Entwicklungszonen betrachten, die tatsächlich als Impuls für ein andernfalls verarmendes, verwahrlosendes Gebiet genutzt werden.«[17]

Noch werden Flüchtlingslager nicht als Sonderentwicklungszonen oder zukünftige Städte geplant, sondern als Übergangsorte ohne Zukunft. Sie sind »materiell betrachtet [...] auf Mobilität angelegt«, so wieder der Anthropologe Jansen, weil sie »durch eine politische Entscheidung in kürzester Zeit aufgelöst werden können«. Diese Ambiguität macht sie repräsentativ für das Anthropozän. Als typischer »Ort des 21. Jahrhunderts«[18] sind sie »Zeugen widersprüchlicher Erzählungen und komplizierter Hoffnungen«,[19] wie der amerikanische Architekt Charlie Hailey meint. Die Spannungsfelder Permanenz und Flüchtigkeit, militärisch geprägte Administration und informelle Ökonomie, Leid und Hoffnung, die die Camp City prägen, sind Spiegel einer Gesellschaft, die keine Vorstellung hat, wie sie ein planetares Miteinander organisieren will – und deshalb ihre Probleme nur verwaltet, statt sie wirklich zu lösen.

Die Camp Cities sind als zeitlich unbestimmte, hybride Übergangsorte ein Sinnbild der Gegenwart: Wir wissen, wovor wir werden fliehen müssen, aber wir wissen noch nicht, wohin. Aia wird an den Überresten der Camp Cities (es gibt ihrer so viele, dass sie wohl zahlreiche materielle Spuren hinterlassen werden) die Versäumnisse unserer Zeit also gut nachvollziehen können.

Architektur der guten Absichten

Ein weiteres Sinnbild unserer Zeit sind außerdem die Bauten selbst, in denen Geflüchtete untergebracht werden. Wohnen wurde 1966 von der UN zum Menschenrecht erklärt, und die zur Verfügungstellung von Notunterkünften ist eine Hauptaufgabe des UNHCR. Doch die Mittel dafür sind knapp. Wenn Flüchtlingslager aufgebaut werden, um auf plötzlich auftretende Krisen- und Notsituationen zu reagieren, geschieht dies deshalb zunächst meist mit Hilfe von einfachen Zelten. Doch irgendwann soll etwas Stabiles, Dauerhafteres her, zwar kein richtiges Haus – das Lager soll ja nicht permanent sein –, aber doch so etwas wie eine Hütte. 2016 hat der UNHCR deshalb einen Katalog mit verschiedenen Arten von Flüchtlingsunterkünften herausgebracht.[20] Er ist in die Kapitel Notfall- (»Emergency«), Übergangs- (»Transitional«) und Dauerunterkünfte (»Durable«) unterteilt und soll zeigen, wie mit verschiedenen architektonischen Typen auf unterschiedliche Situationen und Budgets reagiert werden kann. Das minimalistische *UNHCR-Family-Tent* für drei Personen kostet beispielsweise 420 US-Dollar und ist sehr schnell aufzustellen. Kostengünstiger sind Notunterkünfte, die aus lokal vorhandenen Materialien gebaut werden können, zum Beispiel das *Wooden Gable Frame Shelter*. Es wird mit Bauanleitungen, Materiallisten und Konstruktionszeichnungen in verschiedenen Versionen vorgestellt. Alle Varianten basieren auf einer Holzkonstruktion, die entweder mit UNHCR-Plastikfolie bespannt, mit Lehm und Stroh ausgekleidet oder mit Blech bedeckt werden kann. Je nach Ausstattung betragen die Errichtungskosten zwischen 200 und 300 US-Dollar, allerdings müssen die Baumaterialien lokal beschafft werden und Arbeitskräfte zur Verfügung stehen. Das braucht Zeit, die oft nicht vorhanden ist. Die teureren Zelte können wesentlich schneller in großer Anzahl geliefert und errichtet werden. Einige der im Katalog vorgestellten Notunterkünfte knüpfen an lokale – hier afrikanische – Bautraditionen an, so zum Beispiel die auf runden Grundrissen basierenden Modelle *Tuareg* und *Tukul Shelter*. Die Zusammenstellung wirke deshalb, so die amerikanische Architekturkritikerin Karrie Jacobs, »wie eine überarbeitete und hochspezialisierte Ausgabe von *Architektur ohne Architekten*, dem Klassiker von Bernard Rudofsky«.[21]

Eine Sonderstellung unter den vom UNHCR promoteten Notunterkünften nimmt die *Refugee Housing Unit* (*RHU*) ein. Sie ist keine Architektur ohne Architekten, sondern Ergebnis eines langwierigen Gestaltungsprozesses. Entwickelt wurde *RHU* von der schwedischen NGO Better Shelter. Wie der Name schon besagt, ist ihr Anspruch, Notunterkünfte zu entwickeln, die besser sind als die, die es schon gibt. Kernidee von *RHU* ist, ein industriell hergestelltes »Home in the Box«[22] zur Verfügung zu stellen. 2013 kam *RHU* auf den Markt. Es kostet 1630 US-Dollar und besteht aus einem Rahmen, der aus Stahlelementen zusammengesteckt wird, sowie Wand- und Deckenpaneelen aus Polypropylen. Besonders wichtig: Es kann sehr platzsparend in Pappkartons verpackt werden, was die Logistik vereinfacht.

Abb. 39: Seit 2013 gibt es eine mit Unterstützung der Ikea Foundation entwickelte Flüchtlingsunterkunft. Natürlich kann sie, wie beim schwedischen Möbelhaus üblich, in Pappkartons verschickt werden. Eine Selbstbauanleitung gibt es auch.

RHU wurde mit Design- und Architekturpreisen bedacht und im MoMA New York ausgestellt, und auch ökonomisch ist es erfolgreich: 85 000 Notunterkünfte wurden seit Markteinführung ausgeliefert. Auf den ersten Blick also die perfekte Lösung – ermöglicht durch gutes Design. Dazu passt, dass hinter der gemeinnützigen Non-Profit-Organisation die Ikea Foundation als Financier steht. Gut gestaltet, in praktischen Pappkartons verpackt und mit einer Aufbauanleitung versehen, ist *Better Shelter* das Ikea für Geflüchtete, die *Low-Cost*-Variante von »Wohnst du noch oder lebst du schon?«.

Doch mit dem vermeintlich perfekten *RHU* gibt es auch Probleme. Unterschiedliche klimatische Bedingungen und kulturelle Kontexte erfordern andere Raumkonzepte. So wurde die Notbehausung von muslimischen Geflüchteten nicht gut angenommen, weil der frontseitige Eingang einen Einblick in den ganzen Wohnraum ermöglicht, wodurch Frauen, die sich im Innenraum aufhalten, von fremden Männern gesehen werden können. »Selbst eine entschlossene Gruppe von Designern mit Zugang zu den intellektuellen und logistischen Ressourcen von Ikea, einem Unternehmen, das dem großen Projekt der Moderne, der Massenproduktion von lebensnotwendigen Dingen für alle Menschen auf dem Planeten, vielleicht am nächsten kommt, kann keine universelle Unterkunft entwerfen und herstellen«, so Jacobs.[23]

Seit 2018 bietet *Better Shelter* eine minimalistische – und wesentlich kostengünstigere – Variante an, die *RHU Structure*. Hier wird nur die Metallstruktur, die in zwei Stunden aufgebaut werden kann, geliefert, ohne Paneele. Die Struktur soll zunächst mit Plastikplanen abgedichtet und später mit lokalen Baumaterialien (Holz, Stroh, Lehm etc.) gefüllt und den jeweiligen Bedürfnissen entsprechend erweitert, angepasst und verändert werden. Dadurch, so die Idee, wird aus der provisorischen Notunterkunft ein dauerhaft(er)es Haus. »Die Arbeit mit dem, was vor Ort verfügbar ist, kurbelt nicht nur die lokale Wirtschaft an, sondern macht auch die Wartung und Reparatur viel einfacher«, so der schwedische Designer Johan Karlsson, der Better Shelter 2009 initiiert hat.[24] Im Vordergrund steht nun nicht mehr die vermeintlich perfekte Lösung, sondern ein möglichst einfaches Tool, mit dem die zukünftigen Bewohner:innen eigene Lösungen entwickeln können. An die Stelle der anmaßenden »Architektur der guten Absichten«, die so oft scheitert und, wie Colin Rowe darlegte, für die moralisierende Architektur der Moderne so typisch sei,[25] ist bei Karlsson 2023, nach zehn Jahren praktischer Erfahrung (auch der Begrenztheit der eigenen Wirksamkeit), eine neue Form von Bescheidenheit getreten: »Wir mischen uns so wenig wie möglich ein.«[26]

Und dennoch gibt es noch viel zu tun; zum einen, so Karlsson, sei der CO_2-Abdruck von *Better Shelter* noch zu hoch, u.a., weil viel Kunststoff eingesetzt werde. Dieser sei aber, so der Designer, in Bezug auf Gewicht und Kosten nach wie vor das beste Material. Zum anderen seien die Produkte von Better Shelter noch immer teurer als Zelte. Das wolle er ändern, und seine Strategie ist einfach: »Wir müssen noch an der Kosteneffizienz und der Skalierbarkeit arbeiten.«[27] Einsparungen und Wachstum – die ökonomische Logik, die die gegenwärtige globale Ungleichheit hervorgebracht hat, regiert auch das Denken, mit dem diese Ungleichheit gelindert werden soll. Ob das gelingen kann?

Container als gebaute Form der (unterlassenen) Hilfeleistung

Eine Architekturgeschichte, die sich mit Flucht im Anthropozän beschäftigt, könnte noch viele Beispiele zeigen; fehlen aber darf nicht die Arbeit des japanischen Architekten Shigeru Ban, der neben seiner Tätigkeit als internationaler Stararchitekt seit Jahren Architektur für Not- und Katastrophensituationen entwickelt; von Nepal bis Marokko, von Ruanda bis in die Ukraine. Zu seinen bekanntesten humanitären Projekten zählt das *Paper Partition System*. Diese modularen, aus Pappröhren zusammengesteckten Raumteiler schaffen Privatheit, wenn in Not geratene Menschen in großen Hallen untergebracht werden müssen. Genutzt wurde dieses System erstmals 2011 nach dem Tōhoku-Erdbeben in Japan, in jüngerer Vergangenheit kam es 2022 in Polen und Frankreich bei der Unterbringung ukrainischer Flüchtender zum Einsatz.[28]

Ein anderes Beispiel für die Arbeit von Ban, der für seine humanitäre Arbeit ein *Volunteer Architecture Network* gegründet hat, ist das *Turkana House*, das er 2017-2019 im Auftrag von UN-Habitat, dem Wohn- und Siedlungsprogramm der Vereinten Nationen, für sudanesische Flüchtlinge in einem Lager in Kenia entwickelt hat.[29] Ähnlich wie das *Tukul Shelter* orientiert sich auch Bans *Turkana House* an traditioneller afrikanischer Architektur, die Ban aber mit der für seine Arbeit typischen, auf Pappröhren basierenden Konstruktion neu interpretiert. Die vielfältigen Varianten, die er für UN-Habitat entwickelt und in einem mehrjährigen Pilotversuch getestet hat, sind nicht nur temporäre Notunterkünfte, sondern können zu langlebigen Dauer-

Abb. 40: Der Architekt Shigeru Ban wurde für seine Flüchtlingsunterkünfte – hier ein *Paper Temporary House* nach einem Erdbeben in Ecuador 2016 – mit dem renommierten Pritzker-Preis ausgezeichnet.

unterkünften ausgebaut werden. Bans Arbeit steht für den Versuch, die Erfordernisse der Krisenhilfe (geringe Kosten, schnelle Verfügbarkeit) mit den Bedürfnissen der Nutzer:innen (individuelle Anpassbarkeit und kulturelle Identifikationsmöglichkeit) in Einklang zu bringen, ohne übergeordnete Aspekte wie ökologische Nachhaltigkeit und – wie auch immer man diese definieren möchte – formal-ästhetische Qualität zu vernachlässigen.

Für sein soziales Engagement erhielt Ban 2014 den Pritzker-Preis – aber seine Projekte sind nicht repräsentativ, sondern eine Ausnahme, und fast scheint es, als sei die Preisvergabe eines der vielen Feigenblätter, mittels derer sich die Architekturszene im reichen globalen Norden ihre politische Ignoranz schönmalt. In Realität stehen vielen Geflüchteten nicht einmal die Papphütten von Ban zur Verfügung. Denn selbst jene Geflüchteten, die, auf welchen Wegen auch immer, im reichen Europa ankommen, erhalten nur selten vernünftigen Wohnraum. Die meisten Erstaufnahmelager sind überfüllt und schlecht ausgestattet, und auch nach der Verteilung warten selten bessere Bedingungen.

Der auf politischer Ebene verbreitete Unwille, auch für Geflüchtete lebenswerten Wohnraum zur Verfügung zu stellen, kulminiert im sogenannten Flüchtlingscontainer. Sie gleichen jenen Bürocontainern, die sich häufig auf Baustellen finden, sind industriell herstellbar, unbegrenzt skalierbar, einfach zu transportieren und können sogar vor Ort so gestapelt werden, dass mehrstöckige Gebäude entstehen. Und anders als zum Beispiel experimentelle und partizipatorische Bauprojekte bieten sie außerdem einen bürokratisch einfach überprüfbaren (Mindest-)Standard.

Natürlich eröffnen auch Container-Siedlungen den Geflüchteten Möglichkeiten zur Aneignung, von gemeinsamer Nutzung von Innen- und Außenräumen bis hin zu symbolischen Akten, zum Beispiel durch Dekorationen.[30] Aber allen Aneignungsversuchen zum Trotz bleiben die Container allenfalls »Architektur auf Zeit«[31]; sie sind keine Immobilien, die Container-Siedlung kann jederzeit wieder abgebaut werden – und signalisiert so, dass die Geflüchteten nicht erwünscht sind, sondern nur ihr vorübergehender Aufenthalt geduldet wird: bloß keine »Normalisierung«, kein Ankommen, keine neue Heimat.

Was also wird Aia auf ihrer Suche nach den Architekturen der Flucht vorfinden? Die Bauten von Shingeru Ban wohl kaum, Pappe und Papier verrotten zu schnell, dann eher die Metallstangen von *Better Shelter*, die sich so praktisch wie ein *Billy*-Regal in die ganze Welt verschicken lassen, oder einen Wohncontainer, das nach martialischem Grenzzaun, militärisch geordnetem Zeltlager und provisorisch umgenutzter Turnhalle letzte Glied in der Kette der Anti-Architekturen. Aia wird in den Containern eine Verwandtschaft zu den (auch als Überseecontainer bekannten) standardisierten Großraumbehältern erkennen, mit denen die Produkte der globalisierten Wirtschaft auf der Suche nach realem Profit und vermeintlichem Mehrwert um die Welt transportiert werden.

Ob Aia dadurch womöglich sogar den Eindruck gewinnen wird, dass die reichen westlichen Gesellschaften des Anthropozäns in Geflüchteten weniger Menschen als vielmehr entindividualisierte Wirtschaftsgüter gesehen haben?

Inseln

Die schwimmende Stadt • Eskapismus im Inselkapitalismus • Postapokalyptische (Über-)Lebens(t)räume

Wohin fliehen, wenn es keinen – bewohnbaren – Lebensraum mehr gibt? Die wundersame *Walking City*, so zeigt eine Zeichnung aus der Serie von *Archigram*, kann auch über Wasser laufen, mit ihr könnte man sich also auf die Suche nach einsamen, noch unbekannten Inseln in den Weiten der Weltmeere machen, also in jenen Raum vordringen, auf den seit langem die Möglichkeiten einer anderen, im Idealfall besseren gesellschaftlichen Ordnung projiziert werden. Schon Platon platzierte seinen Idealstaat *Atlantis* auf einer untergegangenen Insel. Dieses Motiv wurde mit den Entdeckungsreisen der Neuzeit umgekehrt: Fortan wurden ideale Formen des Zusammenlebens nicht auf untergegangenen, sondern, den kolonialistischen Zeitgeist aufgreifend, auf noch unentdeckten Inseln gesucht. Den Anfang machte Thomas Morus, der mit seiner 1516 erschienenen Geschichte von der Insel *Utopia* zum Namensgeber des neuzeitlichen Genres der politischen Idealvorstellung wurde. Auch Francis Bacon nutzte das Motiv der Insel, um in seinem 1627 erschienenen Fragment *Neu-Atlantis* eine bessere Gesellschaft zu imaginieren. Er verortete sie in der Südsee.

Auch heute ist das Meer eine Projektionsfläche. Es wird als neuer kapitalistischer Möglichkeitsraum entdeckt, die Ausbeutung von Bodenschätzen am Meeresgrund und die Produktion regenerativer Energie an der Wasseroberfläche (durch Wind- und Wellenkraftwerke sowie schwimmende Solaranlagen) werden von vielen Unternehmen und Staaten vorangetrieben. Eine neue Phase der Kolonisierung und Urbanisierung wird imaginiert, diesmal nicht mehr der Landflächen, sondern des Meeres, dieses bislang häufig noch als »frei« wahrgenommenen Raums. Auslöser für diese Expansion ist auch der Klimawandel; vor dem Hintergrund des ansteigenden Meeresspiegels entwerfen Architekt:innen zum Teil utopische, zum Teil unternehmerisch-pragmatische künstliche Inseln und schwimmende Städte, die in Zukunft Lebensraum für Menschen bieten sollen, deren ursprüngliche Wohnorte überschwemmt wurden.

Die schwimmende Stadt

Eine europäische Referenz für eine Stadt, die ins Wasser gebaut ist, ist Venedig. Während der Völkerwanderung dienten die Inseln, auf denen die Stadt später errichtet wurde, der Bevölkerung des Festlandes als Rückzugs- und Schutzraum – Flucht ist also eine von Venedigs Wurzeln. Außerhalb des Architekturkanons des globalen Nordens ist Wohnen und Bauen auf dem (Meer-)Wasser weit verbreitet, man denke nur an die balinesischen Pfahlbauten, die Stelzenhäuser im Mekong-Delta oder die der Moken in Südostasien sowie an Tenochtitlán, die einstige Hauptstadt der Azteken.

Eine wichtige zeitgenössische Referenz für schwimmende Städte, wie sie derzeit als mögliches Zukunftsszenario für von Überflutung bedrohte Regionen diskutiert werden, entstand 1960 für die Bucht von Tokio. Der Entwurf *Tokyo Bay* stammt von Kenzō Tange, einem der wichtigsten japanischen Architekten des 20. Jahrhunderts, der u.a. 1953 das Friedensmuseum in Hiroshima realisierte, in dem an den Atombombenabwurf er-

Abb. 41: Kenzō Tange schlug 1960 eine schwimmende Megastruktur vor, die die Bucht von Tokio bedecken sollte.

innert wird. 1959 setzte er sich im Rahmen einer Lehrtätigkeit am MIT in Cambridge (Massachusetts) mit der Bebauung der Bucht von Boston auseinander, in der er mehrere Inseln mit schwimmenden Bauten verbinden wollte. 1960 wandte er diese Idee auf die Bucht von Tokio an, zu deren Überbauung damals von mehreren Architekten Pläne erstellt wurden,[32] alle mit dem Ziel, für die wachsende Metropole neuen Siedlungsraum zu schaffen. Tange entwarf eine Megastruktur für fünf Millionen Bewohner:innen, die eine Verbindung zwischen der Hauptstadt und der gegenüberliegenden Seite der Bucht herstellte. Dem vom CIAM ab 1933 propagierten Ideal der funktionalen Stadt folgend, war der Kern dieser neuen Stadt eine 18 Kilometer lange, für den Automobilverkehr optimierte Verkehrsachse. Rechtwinklig zu dieser Achse erschlossen weitere autobahnartige Straßen mehrstöckige, zeltartige Wohnbauten sowie monumentale Türme, die durch mehrstöckige Brückenbauten miteinander verbunden waren – alles auf dem Wasser. Für diese Struktur verwendete Tange das Bild einer Wirbelsäule (die zentrale Auto-Achse), von der aus sich die Rippen (die abgehenden Straßen) erstrecken.

Diese technik- und fortschrittsoptimistische Zukunftsvision in biologistischem Gewand hätte, so sie realisiert worden wäre, vielleicht eine völlig neue Form von mit Wasser verknüpfter Stadt hervorgebracht, vielleicht aber auch nur die Naturzerstörung, die das Anthropozän kennzeichnet, auf das Meer ausgedehnt. Was der einflussreiche britische Architekturtheoretiker Reyner Banham in den 1970er Jahren noch als »Meisterwerk«[33] feierte, kann man heute zumindest ambivalent betrachten: Neben die Faszination für den radikalen Entwurf tritt das Erschrecken über die Brutalität, mit der Natur überformt werden soll.

Die Architektur von Tange steht in enger Verbindung zu den Visionen der Metabolisten. Diese Gruppe von japanischen Architekten, die meisten von ihnen Schüler von Tange, bildete sich Ende der 1950er Jahre. Als 1960 in Tokio die World Design Conference unter dem Motto »Was Designer zur menschlichen Umwelt des kommenden Zeitalters beitragen können« stattfand, stellten sie ihr Manifest *Metabolism 1960: Proposals for New Urbanism* vor, das eine Reihe von radikalen städtebaulichen Entwürfen zusammenstellte. Ihre Megastrukturen bezeichneten die Metabolisten als natürliche Systeme mit eigenem Stoffwechsel. Sie imaginierten, so Hanno-Walter Kruft, »eine Architektur, in der sich Mensch, Maschine und Raum zu einem organischen Körper verbinden«.[34] Ideelles Gegenüber der gigantischen Megastruktur war die zellenartige Wohnkapsel, die, so Kruft weiter, »als bewegliche, präfabrizierte Einheit einen ähnlichen [...] Stellenwert gewinnt wie die Urhütte«. Die Idee des natürlichen Organismus hatte aber auch eine politische Dimension: Auf der Suche nach einer Identität für das postfaschistische Japan verbanden die Metabolisten (westliche) Fortschrittsphantasmen mit einer in der »japanischen kulturellen Tradition« verankerten Vorstellung von »Vergänglichkeit«, so der australische Architekt Raffaele Pernice, wodurch sie das Bild einer Architektur entwarfen, die nicht statisch ist, sondern »fähig, ›metabolische‹ Veränderungen zu vollziehen«.[35] Diese biologischen Metaphern sprengten die Vorstellungskraft der europäischen Funktionalisten, und somit wurden die Metabolisten, wie Rem Koolhaas und der Schweizer Kurator Hans Ulrich Obrist rückblickend feststellen, die »erste nicht-europäische Avantgarde der modernen Architektur«.[36]

Einer der Mitbegründer der Metabolisten war Kiyonori Kikutake. Bereits 1958 hatte er mit *The Marine City* ein Konzept für eine schwimmende Megastruktur entwickelt, die er u.a. 1959 auf dem CIAM im niederländischen Otterlo vorstellte. Sie sollte einen Durchmesser von vier Kilometern haben und auf dem offenen Meer, fernab der Küste schwimmen, um dort per Schiff angeliefertes Erdöl unmittelbar zu Dünger und Kunststoff weiterzuverarbeiten. Die Insel war also ein Hybrid von Hafenanlage, Raffinerie und Fabrik, für die 5000 Arbeiter:innen war zudem eine Wohnsiedlung im räumlichen Zentrum der schwimmenden Stadt vorgesehen. Ausgangspunkt für den Entwurf war kein euphorisch-futuristischer Technikoptimismus, sondern ein eher ästhetisches

Unbehagen. Die als hässlich wahrgenommene Anlagen der fossilen Industrie sollten vom Land aufs Meer verbannt und so der Sichtbarkeit entzogen werden. *The Marine City* folgt also der für das Anthropozän typischen Strategie, die Kosten des Wachstums (hier visuelle Umweltverschmutzung) zu externalisieren (also an einen anderen Ort zu verlagern).[37]

Kikutake differenzierte seine Vision einer schwimmenden Stadt in den 1960er Jahren immer weiter aus, es entstanden Varianten mit organischen Grundformen, er dachte über unterschiedliche Konstruktionsformen für schwimmende Plattformen und im Meeresboden verankerte Bauten nach. Die von ihm erdachten maritimen Megastrukturen sollten, den biologistischen Vorbildern der Metabolisten entsprechend, durch eine Art organische Zellteilung wachsen und so eine natürliche Umgebung für bis zu 500 000 Menschen bilden. 1968 entwickelte Kikutake mit der *Ocean City* das umfassendste Konzept für eine Stadt auf dem Wasser. Wichtiger Bestandteil dieses Entwurfs waren schwimmende, »Control Tower« genannte Hochhäuser von 500 Meter Höhe und tausend Meter Tiefgang. Über der Wasseroberfläche sollte gewohnt werden, unter Wasser Raum für Industrieanlagen und Lebensmittelproduktion sein. Die Türme waren miteinander verbunden, so dass die schwimmende Konstruktion sich aussteifte und auch Unwettern standhielt; sie konnte aber auch, so seine Überlegung, bei unruhiger See einfach in stille Gewässer weiterziehen.

Im gleichen Jahr wie Kikutake stellten Buckminster Fuller und Shoji Sadao, die gemeinsam bereits 1959 den *Dome over Manhattan* und 1960 die in der Schwerelosigkeit schwebende *Cloud 9* imaginiert hatten, ebenfalls eine schwimmende Megastruktur für die Bucht von Tokio vor. Im Auftrag eines japanischen Unternehmers hatten die beiden die *Tetrahedron City* entworfen, eine vierseitige, transluzente Pyramide mit 3,2 Kilometer Kantenlänge. Die *Tetrahedron City* sollte in 300 000 Apartments Platz für eine Million Menschen bieten und zudem einen im Inneren der Struktur liegenden Hafen beherbergen. Für die Energieversorgung sahen Fuller und Sadao, ganz zeitgemäß, einen eigenen kleinen Kernreaktor vor – der Auftraggeber des Entwurfs war einer der treibenden Akteure der Einführung von Atomkraftwerken in Japan gewesen.[38]

Abb. 42: *Tetrahedron City* (1968) ist ein weiterer gigantomanischer Vorschlag von Fuller und Sadao. Sie sollte schwimmen können und eine Million Menschen beherbergen. Die Kantenlänge der Pyramide beträgt 3,2 Kilometer.

Tanges Plan für die Erweiterung von Tokio, Kikutakes utopische Visionen und Fullers gigantischer *Tetrahedon* haben – zumindest auf den ersten Blick – nichts mit Flucht zu tun. Im Gegenteil; die *Marine City* beispielsweise war, so legte Kikutake dar, »weder zur Vergrößerung des Landes noch zur Flucht vom Land« gedacht, vielmehr sei es ihm bei dem Entwurf um einen »Vorschlag für den Aufbau der Welt von morgen«[39] gegangen.

Interessant ist aber, warum die Idee der schwimmenden Stadt in der zweiten Hälfte des 20. Jahrhunderts gerade in Japan so intensiv diskutiert wurde. Dafür gibt es mehrere historische Gründe. »Die Landgewinnung in der Bucht von Tokio hat eine lange Geschichte«, so der Historiker Stefan Hübner, genauso wie »amphibische oder schwimmende Anpassungskonzepte«.[40] Wichtiger ist aber ein anderer Aspekt. Die vielfältigen Ideen für schwimmende Städte entstanden in einem Land, in dem wenige Jahre zuvor rund 200 000 Menschen an den unmittelbaren Folgen der Atombombenabwürfe über Hiroshima und Nagasaki gestorben waren. Die Architekturhistorikerin Hyunjung Cho argumentiert, »dass es für die Metabolisten fast unmöglich schien, sich eine technologiegetriebene Utopie vorzustellen, ohne die Kriegszerstörungen und Nachkriegsruinen zu berücksichtigen«. Sie folgert daraus, dass »das Wesen des Metabolismus in seiner Überlebenstaktik liegt, in der Fähigkeit, Krisen zu überstehen und sich von Schocks zu erholen«, weshalb sie den Metabolismus als eine »Überlebensarchitektur« bezeichnet.[41] Die Wohnkapseln, so könnte man sich vorstellen, dienen im kollektiven Unterbewusstsein als ultimativer Schutzraum, während die schwimmende Stadt eine mobile Lebensweise ermöglicht, die sich einfach aus der Gefahrenzone wegbewegen kann. Der Wunsch, dass die »Welt von morgen« und »die menschliche Umwelt des kommenden Zeitalters« auch eine Fluchtmöglichkeit vor den Folgen der im Anthropozän erlangten Zerstörungsmacht bereitstellen würde, ist in die Entwürfe für schwimmende Städte eingeschrieben.

Keines der oben vorgestellten Projekte wurde umgesetzt. Allerdings bekam Kikutake 1975 die Möglichkeit, einen schwimmenden Ausstellungspavillon zu realisieren. Dieses Modell einer schwimmenden Stadt hieß *Aquapolis* und entstand im Rahmen der International Ocean Exhibition in Okinawa, 40 Millionen US-Dollar investierte der japanische Staat in das Prestigeprojekt, das neben einer Ausstellung über schwimmende Städte und regenerative Energiegewinnung auf dem Meer auch eine kleine Müllverbrennungsanlage beherbergte. Mit einer Grundfläche von 100 mal 104 Metern war die *Aquapolis* wesentlich kleiner als alles vorher von Kikutake imaginierte – aber dafür gebaut. Nach der Ausstellung wurde *Aquapolis* an den chinesischen Staat verkauft, der sie dann als Bohrinsel im Südchinesischen Meer einsetzte.[42]

Abb. 43: 1975 realisierte Kiyonori Kikutake *Aquapolis*, eine Art Modell einer schwimmenden Stadt. *Aquapolis* wurde erst als Ausstellungspavillon und dann als Bohrinsel genutzt.

Kikutakes Mitte der 1950er Jahre gestarteter Versuch, mit einer schwimmenden Stadt der Zerstörung durch Industrialisierung, durch atomare Verseuchung – kurz: dem Leben im damals beginnenden, aber noch nicht als solches wahrgenommenen Anthropozän – zu entfliehen, endete nur zwanzig Jahre später als Förderanlage der Petroindustrie. Die schwimmende Stadt, die eine bessere Zukunft ermöglichen oder zumindest anschaulich machen sollte, wurde zur Infrastruktur für deren Zerstörung: Dem Anthropozän kann man so einfach nicht entfliehen.

Eskapismus im Inselkapitalismus

Es gibt aber Wege, zumindest den unmittelbaren Auswirkungen des Anthropozäns zu entkommen – wenn man nur genug Geld mitbringt. Im 21. Jahrhundert sind künstliche Inseln im Trend, zumindest am Persischen Golf. Das Emirat Dubai sucht seine postfossile wirtschaftliche Zukunft im Tourismus, und neben Wolkenkratzern und Luxushotels sollen mehrere künstliche Inseln zahlungskräftige Kundschaft anlocken.

2001 begann der Bau von *Palm Jumeirah*, dem ersten von drei geplanten künstlichen Inselkomplexen. Der Bau einer künstlichen Insel ist aufwendig, schließlich soll sie den Naturkräften – Wind und Wellengang – trotzen können. Die Grundform dieser Inseln ist, wie der Name schon sagt, einer Palme nachempfunden; von einem Stamm zweigen fächerförmig mehrere Palmwedel ab; zusätzlich gibt es eine kreisförmige Umrandung, die das fünf Quadratkilometer große Archipel aus der Luft wie ein Emblem aussehen lässt. Neben der ikonischen Wirkung hat dieser feingliedrige Aufbau noch einen anderen Zweck: Bei nur

Abb. 44: Die 2008 fertiggestellte künstliche Insel *Palm Jumeirah* in Dubai ist Teil einer großangelegten Stadtentwicklungsstrategie. Aufgrund der feingliedrigen Form gibt es sehr viele Grundstücke mit eigenem Strand – sehr zur Freude der Investor:innen.

fünf Quadratkilometern Grundfläche beträgt die immobilienwirtschaftlich wertvolle Küstenlinie beachtliche 78 Kilometer, auf den Palmblättern hat jedes Grundstück einen eigenen Strand, was für die Vermarktung äußerst vorteilhaft ist. Wer von der unmittelbaren Nähe zu Strand und Meer aber auch Zugang zu aufregender maritimer Natur erhofft, wird enttäuscht; der Bau der Insel hat Flora und Fauna der umgebenden Gewässer nachhaltig geschädigt, die Inseln sind nicht nur künstlich, sondern, aus meeresökologischer Perspektive betrachtet, auch größtenteils tot.[43]

1,5 Milliarden US-Dollar kostete der Bau der 2008 eingeweihten künstlichen Insel, Zielgruppe für die Villen und Apartments ist der globale Jetset.[44] Inzwischen leben dort rund 10 000 Menschen, es gibt Luxushotels, Restaurants und Geschäfte. Von den beiden weiteren ursprünglich geplanten Inseln wurde eine nicht realisiert, auf der anderen, *Palm Jebel Ali,* wurde die Landgewinnung zwar abgeschlossen, die Bautätigkeit aber wegen der Weltfinanzkrise 2008 abgebrochen. Allerdings wurde 2023 deren Wiederaufnahme angekündigt. Ungebrochenes Vertrauen in das Geschäftsmodell besteht weiterhin: *Palm Jebel Ali* ist mehr als doppelt so groß wie *Palm Jumeirah*.[45]

Inzwischen wird das Modell der Emirate von Saudi-Arabien kopiert. Parallel zur Retortenstadt *The Line* plant die staatliche Entwicklungsgesellschaft Neom den Bau einer künstlichen Insel im Roten Meer. *Sindalah* will, so die Selbstbeschreibung, die »globale Yachting-Community sowie Besucher, die erlesenen Luxus suchen«, ansprechen.[46] Nebst einem Yachthafen und mehreren Luxushotels soll es natürlich auch einen Golfplatz auf der nicht einmal einen Quadratkilometer großen Insel geben.[47] Einer globalen ökonomischen Elite soll hier, so wieder die Selbstbeschreibung, »dank des idealen Klimas ganzjährig Vergnügen« ermöglicht werden. In *Sindalah* verdichtet sich die klimatische Ungerechtigkeit der Gegenwart. Denn genau die globale ökonomische Elite, die sich dort im »idealen Klima« vergnügen und erholen können soll, ist für einen Großteil des Klimawandels verantwortlich: Nach einer Studie des in Paris ansässigen World Inequality Lab verursachen die reichsten zehn Prozent der Weltbevölkerung fast 50 Prozent des globalen CO_2-Ausstoßes.[48]

Künstliche Inseln zu bauen ist teuer. Es verwundert deshalb nicht, dass es Petrodollars sind, die ihren Bau ermöglichen. Das Geld, das mit der Zerstörung der Welt verdient wurde, wird eingesetzt, um zu zeigen, dass man sich eine neue, bessere, schönere Welt schaffen kann – anthropozentrischer Größenwahn *at its best*.

Den prekären Zustand der neoliberalen Weltverhältnisse würde Aia bei ihrer Suche auch an einem weiteren Inselprojekt in Dubai festmachen können – so es, wenn Aia den Planeten Erde untersucht, noch existiert. *The World* heißt eine neun mal sechs Kilometer große Inselgruppe, die, ihrem Namen entsprechend, die Weltkarte – mehr oder weniger frei interpretiert – abbildet. Um möglichst viel Küstenlinie zu erzeugen, sind die Kontinente als Archipele angelegt: Die in Dubai präsentierte Miniaturversion der Welt besteht aus 300 Inseln. Sie sind teilweise gerade groß genug für eine großzügige Villa – *The World* ist die mit eigenem Strand ausgestattete Superreichenversion der Schrebergartensiedlung. Hier kann man, ganz neokolonialistisch, ein Land besetzen und besiedeln. 2003 wurde das Projektvorhaben angekündigt, aber auch in Dubai schlug die Finanzkrise zu, nur eine kleine Anzahl Inseln wurde bislang bebaut. Einen noch schlimmeren Prestigeverlust bedeutete 2011

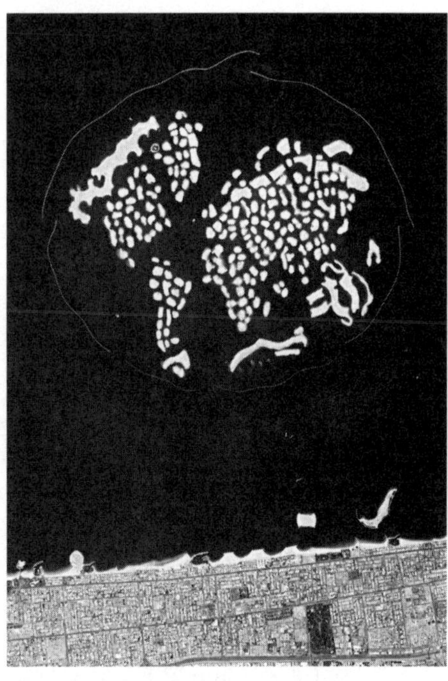

Abb. 45: Die künstliche Inselgruppe *The World* vor Dubai, eine Schrebergartensiedlung für Superreiche, ist vom Untergang bedroht, wenn nicht der Sand, auf dem sie gebaut ist, immer wieder neu angeschüttet wird.

die Meldung, dass *The World* der Untergang drohe. Beim Aufschütten der Inseln war etwas schiefgegangen, sie sackten ab, gleichzeitig versandeten die dazwischenliegenden Wasserflächen.

Dagegen wird seitdem angeschaufelt. Die Welt darf nicht untergehen – zu viel Geld steht auf dem Spiel. Inzwischen scheint es mit *The World* bergauf zu gehen, zumindest in »Libanon«, so das Tourismusportal *Travelnews*, steppt der Bär, Tourist:innen können vom Dubaier Festland aus Tagestouren zu dem dort befindlichen Beachclub buchen, und auch für »Europa« soll ein Investor gefunden worden sein: Auf der nach Monaco benannten Insel gibt es seit 2023 sogar wieder einen Hotelbetrieb.[49] Die Welt geht also doch noch nicht unter, es muss nur regelmäßig neuer Sand an den Strand gebaggert werden. Die (künstlichen) Trauminseln als Kulisse für den Eskapismus der globalen Eliten aufrechtzuerhalten, ist eben aufwendig.

Postapokalyptische (Über-)Lebens(t)räume

Irgendwann, so kann man unschwer vermuten, werden die Superreichen, die für einen Großteil des weltweiten CO_2-Ausstoßes verantwortlich sind, für die angerichtete Zerstörung zur Rechenschaft gezogen; genauso wie schon heute die vom Klimawandel besonders stark betroffenen Staaten von den Industrienationen (bislang allerdings noch erfolglos) Reparationen einfordern.[50] Dann wäre es für die betroffenen Personen vorteilhaft, außerhalb des Zugriffs nationalstaatlicher Gerichtsbarkeit zu leben.

Genau das offeriert das in den USA gegründete The Seasteading Institute. Die Idee: Statt an Land einfach in internationalen Hoheitsgewässern leben – Staatenlosigkeit *de luxe*. Das Konzept wird seit 2008 durch den amerikanischen Ökonomen Patri Friedman und den unter anderem mit dem Finanzdienstleister PayPal und der Datamining- und Überwachungsfirma *Palantir* reich gewordenen Unternehmer Peter Thiel verbreitet. The Seasteading Institute schlägt dauerhaftes Wohnen auf dem Meer vor, zum Beispiel auf schwimmenden Plattformen, in maritimen Architekturen oder auf Kreuzfahrtschiffen.

Die Idee des *Seasteading* »steht im größeren historischen und ideologischen Kontext«, schreiben der Ökonom und Politikwissenschaftler Julian Dörr und der Jurist Olaf Kowalski.[51] Sie basiert auf einer Melange aus chauvinistischen Freiheitsfantasien und kapitalistischem Technik- und Fortschrittsglauben, die in den 1960er und 1970er Jahren in Kalifornien entstand und sich von dort aus – Stichworte wären Silicon Valley, Apple, Google et al. – in die Welt verbreitet hat, der *Whole Earth Catalog* war ihr erstes, wirkmächtiges Sprachrohr. Die britischen Medientheoretiker Richard Barbrook und Andy Cameron bezeichnen sie als »Kalifornische Ideologie«.[52] Zu dieser Ideologe gehört auch eine libertäre Ablehnung staatlicher Steuerung. Für Dörr und Kowalski ist das *Seasteading* ein »logischer Schritt zur Verwirklichung der kalifornischen Weltanschauung: Hier bietet sich die vermeintliche Chance, gänzlich neu anzufangen und außerhalb aller Hoheitsgewässer eine bessere Welt nach eigenen Vorstellungen zu schaffen.« Zu dieser gehört vor allem, dass die Bewohner:innen einer maritimen Siedlung, so die *idée fixe*, jedwedem staatlichen Zugriff (von Steuern bis Freiheitsstrafen) entzogen sind, da sie sich außerhalb von staatlichen Hoheitsgewässern befinden.

2017 gründeten zentrale Akteure des Seasteading Institute die Firma Blue Frontiers. Ihr Geschäftszweck: die Errichtung schwimmender Städte. Einer der Mitbegründer war Marc Collins, ein Geschäftsmann und früherer Tourismusminister des in der pazifischen Südsee gelegenen Inselstaates Französisch-Polynesien. Blue Frontier beabsichtigte, dort eine schwimmende Sonderwirtschaftszone zu errichten, die Regierung zog aber eine angeblich beabsichtigte Genehmigung zurück, die Firma gibt es inzwischen nicht mehr.

Eine andere Ausgeburt anarcho-kapitalistischer Fantasie war die in den 2010er Jahren kursierende Projektidee für das sogenannte *Freedom Ship*, kein normales Schiff wie die legendäre *Patris II*, sondern ein 1400 Meter langer, 110 Meter hoher und für 80000 Bewohner:innen ausgelegter Koloss, der, je nach Planungsstand, mit einem Flughafen oder einem Hubschrauberlandeplatz ausgestattet werden sollte.[53] Leben wie auf einem Kreuzfahrtschiff; der Rückzug in die Staatenlosigkeit *de luxe* wird als Lebenstraum dargestellt. Für manche:n mag das als bessere Welt erscheinen – nur ist es eben eine für sehr wenige, dafür aber sehr reiche Menschen.

Das Meer ist aber nicht nur eine Projektionsfläche für libertär-neoliberale Freiheitsträume, sondern auch eine konkrete Gefahr für küstennahe Siedlungen. Wegen des ansteigenden Meeresspiegels sind etliche derzeit besiedelte Küstenregionen von Überflutung bedroht. Das Konzept der schwimmenden Städte erlebt deshalb eine Renaissance, sie könnten die Überlebensräume der Zukunft sein, weil ihnen kein Hochwasser etwas anhaben kann. Während die Küstenstädte der Welt im Wasser versinken, bleiben ihre schwimmenden Pendants immer oben auf – so zumindest die Argumentation, mit der sich verschiedene Projekte in der Öffentlichkeit präsentieren.

Besonders anschaulich ist das beim Projekt *Maldives Floating City*. Die Malediven, eine Inselgruppe im Indischen Ozean, ist massiv bedroht; ihr höchster Punkt liegt derzeit fünf Meter über Normalnull, und 80 Prozent des Landes befinden sich weniger als einen Meter über dem Meeresspiegel. Hinter dem Projekt, für das 2023 von den lokalen Behörden die Baugenehmigung erteilt wurde, stehen nicht nur ein Bauunternehmen und ein Architekturbüro aus den Niederlanden, sondern auch die Regierung der Malediven selbst. Entsprechend deutlich grenzt sich das Vorhaben von *Seasteading*-Ideen ab.[54] So wird in der Pressemitteilung des Investors betont, dass es sich bei der für 20000 Bewohner:innen geplanten *Maldives Floating City* um die erste schwimmende Stadt handele, die in Kooperation mit einem Staat geplant sei. Für die rund tausend avisierten schwimmenden Flachbauten sollen die gleichen Eigentumsrechte wie an Land gelten. Und natürlich sei alles ökologisch und naturnah. Hervorgehoben wird auch, dass die schwimmende Stadt nur zehn Bootsminuten vom internationalen Flughafen der Hauptstadt entfernt ist – Widersprüche, so lernt Aia immer wieder, schließen sich in unserer Gesellschaft anscheinend nicht aus. Um Investitionen für eine internationale Zielgruppe noch attraktiver zu machen, erhalten ausländische Käufer:innen eine dauerhafte Aufenthaltserlaubnis. Bei der schwimmenden Stadt, auch das ist den Initiatoren wichtig, handele es sich um ein in lokalen Traditionen verankertes, also keineswegs »künstliches« Projekt: Die Bewohner:innen der Malediven hätten lange vom Fischfang gelebt, und das Leben auf dem Wasser sei für sie deshalb etwas sehr Gewohntes. Und nicht zuletzt, so die Selbstdarstellung von *Maldives Floating City*, sei das Vorhaben auch ein Instrument lokalen Empowerments: »Die Malediver werden ihr Schicksal umschreiben – von Klimaflüchtlingen zu Klima-Innovatoren …«

Ein noch spektakuläreres Vorhaben als die schwimmende Stadt der Malediven wird vom US-amerikanischen Unternehmen Oceanix geplant. Es möchte, so der Anspruch in der Selbstdarstellung, »die nächste Grenze für die menschliche Besiedlung« überschreiten. Der Weg dorthin führt auf das Wasser und stellt sich dabei einer zentralen Herausforderung des Klimawandels: »Wir schaffen neues Land für Küstenstädte, die nach nachhaltigen Möglichkeiten suchen, sich auf den Ozean auszudehnen und sich gleichzeitig an den Anstieg des Meeresspiegels anzupassen.«[55] Die erste Version dieser schwimmenden Stadt ist für 12 000 Bewohner:innen konzipiert und soll als neues Stadtviertel der koreanischen Küstenstadt Busan angeblich bis 2025 fertiggestellt werden.[56]

Abb. 46: Bjarke Ingels plant für das amerikanische Unternehmen Oceanix eine schwimmende Stadt. Eine erste Version soll – mit Unterstützung von UN-Habitat – vor Korea entstehen.

Spektakulär ist dieses Projekt aus drei Gründen. Erstens, weil Bjarke Ingels für die Architektur verantwortlich ist. Der Stararchitekt erarbeitete ein System, das sich wie eine Bienenwabe aus sechseckigen Modulen aufbaut. Jede der Plattformen ist 4000 Quadratmeter groß und soll Platz für 300 Menschen bieten. Sechs Module bilden ein »Dorf«, sechs »Dörfer« eine Stadt. Die einzelnen Plattformen können aber auch andere Funktionen haben, zum Beispiel vor Sturm schützen oder als landwirtschaftliche Fläche genutzt werden. Laut Ingels soll die Energie, die die schwimmende Stadt (die genauso wie die sie erbauende Firma *Oceanix* heißt) verbraucht, aus erneuerbaren Quellen stammen, in der schwimmenden Stadt soll kein Müll anfallen und die Menschen sich außerdem vegan ernähren – ein in sich geschlossener Kreislauf. Die Idee der japanischen Metabolisten, sich von der natürlichen Umwelt abzugrenzen und einen künstlichen Organismus aufzubauen, wirkt bis in die Gegenwart fort.

Der zweite Aspekt, der Oceanix interessant macht, sind die Köpfe hinter dem Unternehmen. Ein Mitbegründer ist nämlich genau jener Marc Collins, der bereits Blue Frontiers mit ins Leben gerufen hatte. Mit Oceanix, so der Schriftsteller und Wissenschaftsjournalist Daniel Oberhaus, wollte Collins der Idee einer schwimmenden Stadt »ohne ideologischen Ballast« nachgehen – *Seasteading light*, so könnte man sagen.[57] Eine Abkehr von libertär-kapitalistischem Gedankengut zeichnet sich aber auch für das eigentliche Seasteading Institute ab. Es gibt sich inzwischen weniger radikalkapitalistisch und argumentiert im Duktus des Nachhaltigkeitsdiskurses: »Seasteading«, so etwa Friedman 2017 im Titel eines von ihm verfassten Pamphlets, »wird die Umweltzerstörung rückgängig machen, die Armen bereichern, die Kranken heilen.«[58] Den ökologischen und humanitären Zielen wird allerdings noch ein »und die Menschheit von den Politikern befreien« angefügt – die alte, anarcho-kapitalistische Agenda besteht also noch, wenn auch nur als ein Ziel unter mehreren. Das merkt man auch Oceanix an, wie Oberhaus darlegt. Er beschreibt anschaulich, welche Organisationsformen von dem Unternehmen diskutiert wurden: »Wenn eine dieser schwimmenden Gemeinschaften auf dem Meer in der Nähe von New York City geparkt werden würde, könnte sie ein neuer Stadtbezirk oder als eigenständige Stadt unter der Gerichtsbarkeit des Bundesstaates behandelt werden. Oder sie könnte eher wie Washington, D.C., aussehen, das die meiste Zeit seiner Geschichte über keine eigene lokale Regierung hatte.«[59] Der alte Traum der regierungsfreien Unabhängigkeit hallt nach, nicht nur in Worten, sondern auch in Bildern: Auch wenn die erste Realisierung als Stadtteil einer existierenden Stadt erfolgen soll, stellen die meisten Renderings, die BIG und Oceanix auf ihren Webseiten zeigen, eine Megastruktur dar, die als Insel auf dem freien Meer schwimmt; Land ist nicht in Sicht.

Was an Oceanix aber, drittens, wirklich – und auch im eigentlichen Wortsinn – aufregend ist, sind die Projektpartner, die das Vorhaben unterstützen. Dass die Stadtverwaltung von Busan mit an Bord ist, versteht sich von selbst, überraschend aber ist ein anderer politischer Player: die UN-Habitat, deren Logo auf der Webseite von Oceanix prangt und dem Vorhaben einen höchst seriösen Anstrich gibt.

2019 fand im New Yorker UN-Headquarter ein sogenannter »High-Level Roundtable on Sustainable Floating Cities« statt. Neben den Vertretern von Oceanix und verschiedenen Wissenschaftler:innen nahm mit Amina J. Mohammed die stellvertretende Generalsekretärin der UN an der Runde teil, anwesend waren außerdem die geschäftsführende Direktorin von UN-Habitat sowie ihr Stellvertreter – eine seitens der UN also tatsächlich äußerst hochrangig besetzte Runde. In ihrer Ansprache verdeutlichte Mohammed, die zu Beginn ihrer Karriere in der Bauwirtschaft tätig gewesen war, in martialisch-militärischer Sprache, was sie sich von der Zusammenkunft erhofft: »Schwimmende Städte können Teil unseres neuen Arsenals sein.«[60] Auf dem Wasser zu leben, so Mohammed weiter, sei eigentlich gar nichts Neues, denn »in Lagos reagieren die städtischen Armen auf Landmangel und wachsende Bevölkerung, indem sie in schwimmenden Dörfern am Stadtrand leben«. Nun ginge es darum, so die stellvertretende Generalsekretärin der UN weiter, Technologien zu entwickeln, um schwimmende Städte so zu bauen, dass sie »nachhaltig, widerstandsfähig und lebenswert« seien. Auch die Rollenverteilung dafür ist für sie klar:

»Regierungen können ein Umfeld und Anreize schaffen, in dem Innovationen gedeihen können. Und die lokalen Behörden können den Bau von Pilotprojekten erleichtern. Sie können mit Architekten, Ingenieuren und Interessenvertretern zusammenarbeiten, um herauszufinden, wo schwimmende Gebäude und Gemeinschaften ein sinnvolles Element der Stadt- und Klimaplanung sind. Ich sehe die Rolle der Vereinten Nationen nicht nur darin, eine solche Vielfalt von Interessengruppen zusammenzubringen, sondern auch darin, mit Städten auf der ganzen Welt zusammenzuarbeiten, um sicherzustellen, dass diejenigen, die am meisten von dieser Diskussion profitieren könnten, Zugang zu den notwendigen Fähigkeiten, Kenntnissen und Ressourcen erhalten.«[61]

2022 fand ein zweiter »High-Level Roundtable on Sustainable Floating Cities« im UN-Headquarter statt. Bei der UN, so scheint es, hatte sich in der Zwischenzeit das Bild verfestigt, dass schwimmende Städte eine realistische Option für zukünftige Siedlungsformen sein könnten; zwar nicht »der Königsweg«, aber doch »Teil des Arsenals an Klimaanpassungsstrategien, das uns zur Verfügung steht«.[62] Auch die Vermittlerrolle, die die UN sich zugeschrieben hatte, schien erfolgreich gewesen zu sein; neben den Teilnehmenden der ersten Veranstaltung waren beim zweiten Roundtable auch der Bürgermeister von Busan und die UN-Botschafterin der Malediven zugegen. Dass ein Prototyp in Busan entstehen soll, war schon vor diesem Treffen klar gewesen, die UN-Habitat, Busan und Oceanix hatten bereits im November 2021 eine entsprechende Absichtserklärung unterzeichnet. Mit dem zweiten Roundtable sollte die nächste Entwicklungsstufe eingeleitet werden, nämlich das »Verständnis für die Möglichkeiten, die schwimmende Infrastrukturen für städtische Küstengebiete und SIDS [Small Island Developing States] bieten, unter den Mitgliedstaaten« zu steigern und »Partnerschaften zwischen den Mitgliedstaaten und Unternehmern, Investoren und Wissenschaftlern« zu fördern.[63]

Inzwischen wurden auch in Japan Pläne für eine nachhaltige, sich selbst versorgende, vier Quadratkilometer große schwimmende Stadt vorgestellt.[64] Sie soll *Dogen City* heißen und auch eine touristische Attraktion sein, Wohnraum ist neben 10000 dauerhaften Bewohner:innen auch für 30000 Besucher:innen eingeplant. Über die (gegenwärtige) Zielsetzung der UN-Pläne schießt dieses Projekt weit hinaus, denn *Dogen City* soll auch eine Startrampe für Raketen und Raumfähren beherbergen – ein letztlich konsequenter Gedanke, schließlich ist das All ein noch viel größerer zu kolonisierender Siedlungsraum als die irdischen Ozeane.

Die Zukunft wird zeigen, ob *Dogen City*, *Oceanix Busan* und *Maldives Floating City* tatsächlich realisiert werden. Wenn, dann würde Aia sie womöglich als logische Fortentwicklungen der *Walking City* beschreiben und ihren Bau als Beginn einer neuen, vielen Menschen das Überleben sichernden Anpassungsstrategie an den Klimawandel bezeichnen. Die schwimmenden Städte wären dann eine »Inspirationsquelle für architektonische und städtebauliche Visionäre«[65] unter den zukünftigen Architekt:innen – eine Eigenschaft, die Banham bereits den radikalen Projekten der japanischen Metabolisten der 1960er Jahre zugeschrieben hatte.

Vielleicht wird Aia von den schwimmenden Megastrukturen auch gar nicht begeistert sein, sondern diese neuen urbanen Metabolismen als Dystopien wahrnehmen, deren Bewohner:innen ein besseres Leben anstrebten, aber entfremdet und entwurzelt wie Schiffbrüchige auf dem Meer umhertrieben.

Oder bei Aia setzt sich eine dritte Lesart durch: Auch wenn Ingels versichert, dass das Leben in schwimmenden Städten nicht nur für Reiche, sondern für alle Menschen erschwinglich sei, könnte Aia sie auch als eine weitere Variante architektonisch manifestierter Ungleichheit interpretieren.[66] Dann erscheint die Kooperation zwischen einer Institution, die gerne eine Weltregierung wäre, aber keine ist, einem Unternehmen, das keine Regierung will (aber trotzdem Kooperationen mit staatlichen Institutionen einzugehen versucht), und einem Architekten, der meint, dass »Nachhaltigkeit Spaß machen« sollte (und so die Welt retten will),[67] als eine Mesalliance, die sich gebildet hat, um in *Public Private Partnerships* ein *Seasteading light* als Überlebens(t)raum für Reiche und Wohlhabende zu realisieren.

Bjarke Ingels lebt übrigens mit seiner Frau auf einem Hausboot, das im Hafen von Kopenhagen liegt. Gemeinsam haben sie auf einer über 40 Meter langen Autofähre »eine loftartige Wohnfläche mit Terrassen geschaffen, die in der Farbe des Wassers leuchten«, wie eine auflagenstarke Architekturzeitschrift berichtet.[68] Die Räume sind mit »verschiebbaren Glasflächen« ausgestattet; das sich so ergebende Panorama »vereint die Vergangenheit, Gegenwart und Zukunft von Kopenhagen auf einen Blick«, so Ingels in der Homestory. Das Magazin berichtet außerdem von einem »Glaspavillon für die Schlafsuite« und einer Dachterrasse für »360-Grad-Ausblicke«. Doch damit nicht genug: »Unter Deck verwandelte sich der Schiffsrumpf in ein futuristisches Spielzimmer für alle Altersgruppen.« Mit diesem Hausboot habe Ingels die »Chance«, so der euphorisierte Journalist weiter, »das zu praktizieren, was er predigt«, schließlich propagiere er schon lange »das Leben auf dem Wasser« – auch aus ganz praktischen Gründen, denn, so Ingels weiter: »Wenn der Meeresspiegel steigt, werden die Hausboote mit angehoben.« Das Leben auf dem Hausboot ist allerdings beschwerlich, erfahren die Leser:innen: Einmal seien die Wasserleitungen eingefroren gewesen, weshalb das Paar »vor dem Treffen mit einem Kunden in S. Pellegrino baden« musste.

Ob auf der künstlichen Insel *Sindalah* in Saudi-Arabien, in den Plänen für schwimmende Städte für Korea, Japan und die Malediven oder auf dem eigenen Hausboot in Kopenhagen: Das prickelnde Elysium ist – anscheinend – nicht allen vergönnt. Denn bei Flucht geht es immer auch darum, wer sich welche Art von Flucht leisten kann.

Weltraum

Der Mond und die Nazis • Kosmischer Kolonialismus • Mission zum Mars • Terraforming als planetarer Pragmatismus • Der ökologische Cyborg

Was tun, wenn das Meer erobert und besiedelt ist, sich dabei aber herausstellt, dass auch die Weiten der Ozeane keinen Schutz vor den Katastrophen des Anthropozäns bieten? Dann bleibt nur noch das All als Fluchtraum übrig, und der planetare Exodus steht an. Kann die Menschheit, wenn sie den Lebensraum Erde endgültig zerstört hat, auf dem Mond und dem Mars oder, freischwebend, in den unendlichen Weiten des Weltraums leben? »Die Menschheit ist verloren, wenn wir nicht die Erde verlassen«, meinte etwa der Physiker Stephen Hawking. »Die Ausbreitung in den Weltraum wird die Zukunft der Menschheit völlig verändern.«[69]

Kein Wunder also, dass Architekt:innen darüber nachdenken, wie ein Leben im Weltraum aussähe und wie ein Überleben in einer so lebensfeindlichen Umwelt zu ermöglichen wäre. Für eine architekturtheoretische Durchdringung der Weltraumbesiedlung gibt es bislang dennoch nur erste Ansätze, obwohl es neben neuartigen technischen Gerätschaften – Raketen, Raumschiffen, Schutzanzügen – für die Besiedlung des Weltraums auch Architektur braucht. Dieser Bedarf besteht auf unterschiedlichen Ebenen, denn man benötigt Gebäude sowohl im Weltraum (fliegende Städte, Raumkolonien, Forschungsstationen) als auch auf der Erde (Raketenstartrampen und Weltraumbahnhöfe),[70] vor allem aber anschauliche Entwürfe zur Vermittlung der kostspieligen Entwicklungsvorhaben. Wie bei schwimmenden Städten und künstlichen Inseln helfen spekulativ-visionäre Planungen, zukünftige Lebensweisen (hier: extraterrestrische Siedlungen) vorstell- und bewertbar sowie – so zumindest das Interesse der meisten Verfasser:innen derartiger Entwürfe – auch wünschenswert zu machen.

Im Vergleich zu anderen Topoi der Architekturgeschichte ist Weltraumarchitektur ein junges Genre, es beginnt eigentlich erst mit der Erschließung des Weltraums im 20. Jahrhundert. Die zentralen Akteure waren dabei die USA und die UdSSR. Im Wettkampf zwischen Kapitalismus und Kommunismus war die Raumfahrt Symbol für die angestrebte Überlegenheit des jeweiligen Systems, gleichzeitig aber auch Innovationsmotor (Stichwort: Raketentechnologie) für die Rüstungsindustrien der beiden Staaten. Jenseits dieser in beiden Systemen sehr ähnlichen politischen Funktion hatten die Expansionspläne sehr unterschiedliche ideengeschichtliche Wurzeln. In ihnen spiegelten sich nicht nur die zentralen gesellschaftspolitischen Konflikte der Moderne wider, sondern auch bis heute aktuelle kolonialistische Expansionswünsche, technizistische Machbarkeitsphantasmen und ganz unterschiedliche Vorstellungen von einem sinnvollen Leben.

Für die Eroberung des Alls gibt es in der Geschichte des Anthropozäns drei Projektionsflächen: den Mond als nächstgelegenen Himmelskörper, den Mars als nächstgelegenen Nachbarplaneten und die unendliche Weite des Universums, also jenes Raums, der, zumindest nach der Definition der US Airforce, 80 Kilometer über der Erdoberfläche beginnt und dann, wie es scheint, nicht mehr endet. Viele mit der Besiedelung des Weltraums verbundene architektonische Projekte (seien sie konkrete, technische Vorbereitungen oder fantastische Imaginationen) teilen eine erschreckende, alle Ideologien übergreifende Perspektive: die Vorstellung, dass der Planet Erde dereinst aufgrund anthropogener Umweltzerstörung unbewohnbar sein wird und es deshalb einer alternativen Lebenswelt bedarf – und der Mensch in der Lage ist, sich eine solche zu erschaffen.

Der Mond und die Nazis

Bei der Rede zu seiner Nominierung als Präsidentschaftskandidat der Demokratischen Partei proklamierte John F. Kennedy 1960 eine »New Frontier«. Mit dem Bild der neuen Grenze griff er ein zentrales Motiv der US-amerikanischen Identität auf: die (permanente) Ausweitung des eigenen Herrschaftsgebietes, die mittels der vermeintlichen Überlegenheit der eigenen Werte – Freiheit allen voran – legitimiert wurde. Die »Pioniere von einst gaben ihre Sicherheit, ihren Komfort und manchmal ihr Leben auf, um eine neue Welt zu schaffen«, so Kennedy 1960 in seiner berühmten Rede. Die Grenze der »Pioniere von einst« war die zum »Wilden Westen«; als die US-amerikanischen Eroberungen die Küste des Pazifiks erreichten, hörte diese Grenze auf zu existieren. Die »neuen Grenzen«, von denen Kennedy sprach, richteten sich gen Osten (gegen die UdSSR) und nach oben, in Richtung der Sterne.[71] Nach der erfolgreichen Wahl zum Präsidenten verkündete Kennedy 1961, dass noch im selben Jahrzehnt ein Mensch – selbstredend ein Amerikaner – auf dem Mond landen und sicher zur Erde zurückkehren solle.

Die Mondlandung war für Kennedy aber kein Endpunkt, sondern der Auftakt zu einer »noch aufregenderen und ehrgeizigeren Erforschung des Weltraums, vielleicht über den Mond hinaus, vielleicht sogar bis zum Ende des Sonnensystems«.[72] Alles natürlich, um, wie Kennedy betonte, die amerikanische »Freiheit der Wahl« gegen das »zielstrebige Fortschreiten des kommunistischen Systems« zu verteidigen.[73]

Bereits 1958, also ein Jahr nachdem die Sowjetunion den *Sputnik*-Satelliten in die Erdumlaufbahn gebracht hatte, war unter Kennedys Vorgänger Dwight D. Eisenhower die US-amerikanische Raumfahrtbehörde NASA gegründet und 1960 das *Apollo*-Programm ins Leben gerufen worden. Nach herben Rückschlägen – so verbrannten 1967 beispielsweise drei amerikanische Astronauten bei einem Bodentest der ersten *Apollo*-Raumkapsel –

war es am 20. Juli 1969 dann so weit: Neil Armstrong betrat als erster Mensch den Mond.

Die erste Mondlandung – die von rund 500 Millionen Menschen live am Fernseher verfolgt wurde – hatte zwei geradezu antagonistische Effekte: Zum einen demonstrierte sie, zu welchen technischen Leistungen die Menschheit fähig ist, dass sie tatsächlich den Himmel, diesen vormals den Göttern vorbehaltenen Raum erobern, ja irgendwann in ihm sogar leben (und damit endgültig deren Platz einnehmen) könne; zum anderen führte sie der Menschheit die Begrenztheit ihres Mutterplaneten vor Augen. Aus dem All aufgenommene Fotografien des Blauen Planeten wurden – beispielsweise auf dem Cover des *Whole Earth Catalog* – zu Sinnbildern einer neuen Selbstwahrnehmung. Die Perspektive auf die Erde hatte sich verändert. Sie konnte nun erstmals von »außen« gesehen werden – und erschien dabei klein, verletzlich und gefährdet. Die Mondlandung wurde zu einem Fanal für das Entstehen der Ökobewegung.

Bis 1972 führte die NASA fünf weitere bemenschte Mondmissionen durch, danach stellten die USA das *Apollo*-Programm aus Kostengründen ein. Seitdem ist kein Mensch mehr auf dem Mond gelandet, aber die Erfahrung der technischen Selbstüberhöhung muss, so scheint es, von anderen Nationen unbedingt wiederholt werden. So betreibt China ein eigenes Mondlandungsprogramm, 2029, pünktlich zum achtzigsten Jahrestag der Gründung der Volksrepublik, sollen zwei Taikonauten, so das chinesische Äquivalent zum Astronauten, den Mond betreten; Indien will selbiges bis 2040 erreichen, spekuliert möglicherweise aber wie Japan auf einen Mitflug im 2017 gestarteten US-amerikanischen Mondprogramm *Artemis*, das mit internationalen Partner:innen – darunter auch die europäische Raumfahrtagentur ESA – umgesetzt werden soll.

Anhand welcher Architekturen und Artefakte würde Aia das Unterfangen Mondlandung verstehen und rekonstruieren können? Auf dem Erdtrabanten würde sie vielleicht eines der drei berühmten *Lunar Roving Vehicle* finden, die Fahrzeuge, mit denen sich

Astronauten 1971 und 1972 auf dem Mond bewegten. Oder sie würde sich mit den die Weltraumfahrt unterstützenden Bauten befassen, sich nach Cape Canaveral begeben (von wo aus die NASA seit den 1950er Jahren Raketen ins All schießt) und dort die Überreste gigantischer Montagehallen oder der Startrampe *Launch Complex 39* finden, von der die *Apollo*-Missionen abhoben. Vielleicht würde sie aber auch tiefer in die Geschichte der US-amerikanischen Expansion auf den Mond eintauchen. Dann würde ihre Recherche sie auch nach Peenemünde und ins Konzentrationslager Mittelbau-Dora führen.

Ein wichtiger Mitarbeiter im Mondfahrtprogramm der NASA war Wernher von Braun, ein deutscher – und später amerikanischer – Raketenpionier. Schon ab 1932 (im Alter von gerade einmal zwanzig Jahren) entwickelte er im Auftrag der Wehrmacht Raketentriebwerke für ein neues Waffensystem, 1937 wurde er Technischer Direktor der neu gegründeten Heeresversuchsanstalt Peenemünde. Eine von ihm dort entwickelte Rakete flog 180 Kilometer hoch und drang so als erstes von Menschen gebautes Objekt in den Weltraum ein. Doch von Braun war nicht nur ein ehrgeiziger und erfolgreicher Raketenforscher, sondern auch Nationalsozialist. 1937 trat er der NSDAP bei, 1940 der SS (der er manchen Quellen zufolge bereits 1933 angehört haben soll), noch Ende 1944 wurde er mit dem Ritterkreuz, einem hohen Kriegsverdienstorden, ausgezeichnet. Die unter ihm entwickelten Raketenantriebe waren Grundlage der nationalsozialistischen »Vergeltungswaffen«. Gefertigt wurden die Raketen, von denen sich die NS-Führung eine Wende im längst verlorenen Krieg erhoffte, unter anderem von Zwangsarbeiter:innen; in Peenemünde befand sich ab 1943 eine KZ-Außenstelle, später wurde die Produktion der Raketen in unterirdische Stollen im dafür eingerichteten Konzentrationslager Mittelbau-Dora verlegt, wo tausende Gefangene Zwangsarbeit leisten mussten und zu Tode kamen. Mit Kriegsende wurde von Braun von den Amerikanern inhaftiert. Mit weiteren NS-Wissenschaftlern wurde er 1945 in die USA gebracht, wo er fortan in der US-amerikanischen Raketenforschung arbeitete. Für seine Verwicklung in das NS-System musste er sich weder rechtlich noch moralisch verantworten. Bei der Überwindung der »New Frontier« des Kalten Krieges war den Amerikanern sein Know-how in der Waffenentwicklung wichtiger als seine Nazi-Vergangenheit.[74]

Das KZ Mittelbau-Dora, wo rund 60000 KZ-Häftlinge als Zwangsarbeiter:innen arbeiteten, von denen rund 20000 nicht überlebten,[75] zählt genauso zu den archäologischen Artefakten, die an die Mondlandung erinnern, wie die Wracks von Mondfahrzeugen oder die Überbleibsel der Startrampe in Cape Canaveral. Nicht nur die atomare Aufrüstung im Kalten Krieg (modifizierte Interkontinentalraketen dienten als Vehikel für Satellitenstarts und erste bemenschte Raumflüge), sondern auch die nationalsozialistische Ideologie und die tödliche Logik des Konzentrationslagers – kurzum: der deutsche »Geist der Barbarei« – sind der ersten Mondlandung, diesem Triumph der amerikanischen »Freiheit der Wahl«, und den Fotos des Blauen Planeten, die uns die Fragilität und Verletzlichkeit der Erde vor Augen führen, eingeschrieben.

Kosmischer Kolonialismus

Die positive Identifikation mit dem Weltraum setzte in der UdSSR wesentlich früher ein als in den USA und hatte eine ganz andere ideologische Grundlage. Das gilt auch für Pläne extraterrestrischer Siedlungen, erste Entwürfe wie zum Beispiel die *Fliegende Stadt* von Georgi Krutikow entstanden schon in den 1920er Jahren an der WChUTEMAS, einer sowjetischen Entsprechung zum Bauhaus.

Die Kulturwissenschaftlerin Heike Delitz sieht diese »vorauseilende Weltraumbegeisterung« der sowjetischen Avantgarde – den Systemwettkampf des Kalten Krieges gab es damals ja noch nicht – in dem Wunsch nach einer Architektur begründet, »die sich aus gesellschaftstheoretischen Gründen gegen das private Bodeneigentum ›wehrte‹« und sich deshalb – geradezu paradigmatisch – vom Boden, vom Irdischen abheben wollte.[76] Folgt man dieser Argumentation, führt die revolutionäre Aufhebung sozialer Hierarchie direkt in die Schwerelosigkeit des Weltalls.

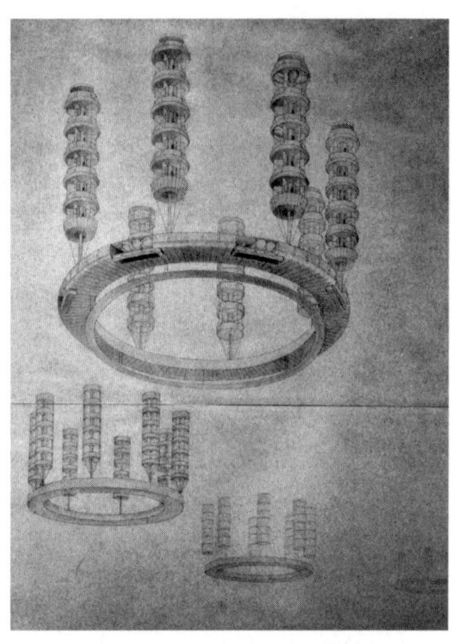

Abb. 47: 1927 entwarf Georgi Krutikow an der WChUTEMAS eine *Fliegende Stadt*. Die Eroberung des Weltraums hat nicht nur eine militärisch-technische, sondern auch eine ideologische Bedeutung: Sie sollte postmortale Gerechtigkeit ermöglichen.

Ideengeschichtlich noch tiefer greift der Erklärungsansatz, den der Philosoph Boris Groys und der Historiker Michael Hagemeister herausgearbeitet haben. Sie setzen beim russischen Kosmismus an, einer pantheistischen philosophischen Strömung, die ihre Ursprünge im späten 19. Jahrhundert hat. Einer der zentralen Akteure des Kosmismus war der Philosoph Nikolai Fjodorow. Fjodorow wies, so Groys, in seinen Schriften auf einen inneren Widerspruch der sozialistischen Bewegung hin. »Der Sozialismus versprach die vollendete soziale Gerechtigkeit.« Dieses Versprechen löse er allerdings nicht ein, da viele, die für ihn kämpften, vor der Realisierung der politischen Zielvorstellung sterben würden. Für Fjodorow, so Groys, beruhe der Sozialismus daher auf einer »Ausbeutung der Toten zugunsten der Lebenden«. Dieser Ungerechtigkeit könne der Sozialismus nur Abhilfe schaffen, »wenn er sich für [...] eine künstliche Auferstehung all derjenigen Generationen einsetzt, welche die Grundlage für seinen Erfolg geschaffen haben«.[77] Die Überwindung des Todes aber führe zu einem Mehrbedarf an Lebensraum, weshalb sich Fjodorow für eine »Verwandlung der Himmelskörper in Wohnorte« einsetzte.[78] Für die Kosmisten war die Besiedelung des Weltraums also Voraussetzung für wahren Sozialismus und – postmortale – Gerechtigkeit.

Ein anderer Wegbereiter der sowjetischen Raumfahrt war der russische Erfinder Konstantin Ziolkowski. Er wurde von der sowjetischen Propaganda als »Vater der modernen Raketentechnik« bezeichnet, weil seine »kosmonautischen Berechnungen [...] und konstruktiven Innovationen«[79] die Grundlage für das sowjetische Raumfahrtprogramm bildeten. 1935, kurz vor seinem Tod, veröffentlichte Ziolkowski eine *Kosmische Philosophie*, in der er sehr weit in die Zukunft blickte. Sein Interesse an der Raumfahrt begründete sich nicht in der Suche nach sozialistischer Gerechtigkeit, vielmehr hatte er, wie Hagemeister erläutert, das Überleben der Menschheit als Ganzes im Blick. Wenn in mehreren Milliarden Jahren die Sonne erlösche, so Ziolkowskis Sorge, sei auch das Leben auf der Erde dem Tode geweiht. Um die menschliche Zukunft dennoch zu sichern, müssten, so folgerte Ziolkowski, nicht nur Mond und Mars, sondern auch Räume jenseits unseres Sonnensystems erkundet, beherrscht und besiedelt werden.

Der Stalinismus beendete die Luftschlösser der Kosmisten und der russischen Avantgarde, erst nach Stalins Tod nahm die sowjetische Weltraumforschung wieder Fahrt auf. 1955 wurde der Weltraumbahnhof Baikonur in Betrieb genommen, 1957 von dort mit *Sputnik 1* der erste künstliche Satellit in die Erdumlaufbahn geschossen. Der nächste Höhepunkt der sowjetischen Raumfahrt folgte 1961, als Juri Gagarin mit dem Raumschiff *Wostok 1* die Erde umrundete: Er war der erste Mensch im Weltraum, 1963 folgte Walentina Tereschkowa als erste Frau. Während die US-Amerikaner 1969 als Erste den Mond betraten, brachte die UdSSR 1971 mit der *Saljut 1* die erste Raumstation zum längeren Aufenthalt ins All.

Ein nächster großer sowjetischer Entwicklungsschritt in Richtung Besiedelung des Weltraums war 1986 die Entsendung der Raumstation *Mir*, die von 1989 bis 1999 durchgehend bewohnt wurde. Sie umkreiste die Erde in einer Entfernung von knapp

400 Kilometern und war modular aufgebaut, an den Kern wurden im Laufe der Zeit weitere Einheiten angedockt. Die Raumstation war also keine abgeschlossene Entität, sondern Mittelpunkt eines Systems, das wachsen, das größer und raumgreifend werden konnte. Zu dieser Eigenschaft passt auch ihr Name: »Mir« bedeutet im Russischen »Frieden« und »Dorfgemeinschaft«, aber auch »Welt« und »Reich«; das Vorhaben, den Weltraum zu besiedeln, ist eben nicht nur mit sozialistischen Idealen, sondern auch mit imperialen Machtfantasien aufgeladen.

Auch die USA arbeiteten an der Besiedelung des Weltalls – allerdings nicht so konsequent wie die UdSSR. Die Landung auf dem Mond, so hatte Kennedy bereits 1961 skizziert, sollte nur der Anfang einer weiteren Expansion in den Weltraum sein. Die NASA entsandte 1973 – also zwei Jahre nach der UdSSR – mit dem (übrigens vom berühmten Industriedesigner Raymond Loewy gestalteten) *Skylab* eine eigene Raumstation ins All, doch der Systemwettkampf im Weltraum wurde den USA zu kostspielig. Vor dem Hintergrund der wirtschaftlichen Probleme, die die Ölkrise ausgelöst hatte, kürzte Präsident Nixon der NASA das Budget, das *Skylab* wurde nur bis 1974 im ursprünglichen Sinne genutzt und 1979 verschrottet.

Die US-amerikanische »space colonization«, so ein damals auch umgangssprachlich gebräuchlicher Ausdruck, wurde fortan nicht mehr nur vom Staat, sondern auch von privatwirtschaftlichen Akteur:innen betrieben – womit die Grundlage für die gegenwärtige Kommerzialisierung des Alls gelegt war. Einer der frühen privaten Förderer der Weltraumbesiedelung war Stuart Brand, der Gründer des *Whole Earth Catalog*. Er unterstützte unter anderem Gerard O'Neill, einen damals in Princeton lehrenden Astrophysiker. O'Neill träumte, dem Narrativ der US-amerikanischen Expansion folgend, Mitte der 1970er Jahre davon, die »High Frontier«[80] zu überwinden, und behauptete schon 1974, dass »wir innerhalb der nächsten zwei Jahrzehnte angenehmen, autarken Wohnraum im Weltraum bauen können«.[81]

Diese Siedlungen bezeichnete O'Neill als »Weltraumkolonien«. Dass dies ein programmatisch zumindest problematischer Begriff war, schien ihm bewusst gewesen zu sein, immerhin merkte er an, dass »wir den Weltraum kolonisieren [können], ohne jemanden auszurauben oder zu verletzen und ohne etwas zu verschmutzen«.[82] Die für die zukünftigen Siedlungen – deren erste er *Island One* taufen wollte – notwendigen Baumaterialien sollten deshalb nicht von der Erde stammen. »Da der Mond eine reiche Quelle für Titan und Aluminium ist, ist es naheliegend, dass diese Metalle in den Kolonien in großem Umfang verwendet werden.«[83] Als Bauplatz im All hatte er den schwerelosen äußeren Lagrange-Punkt zwischen Sonne, Mond und Erde ausgemacht; jede Siedlung – von denen es seiner Vorstellung nach unbegrenzt viele geben könnte – sollte in zwei Zylindern mit einem Durchmesser von 3,2 Kilometern und einer Länge von 32 Kilometern untergebracht werden; groß genug, um nach O'Neills Berechnungen jeweils 20 Millionen Bewohner:innen zu beherbergen. Die »Lebensbedingungen in den Kolonien sollten viel angenehmer sein als an den meisten Orten der Erde«, so O'Neills optimistische Prognose – unter anderem wegen »kontrolliertem Klima und gemäßigtem Wetter«.[84] Die von ihm imaginierte Lebenswelt sollte möglichst weitgehend dem Leben auf der Erde entsprechen, in der Raumkolonie sollten »normale Schwerkraft, normaler Tag- und Nachtzyklus, natürliches Sonnenlicht« vorherrschen. Besonders wichtig war O'Neill die Simulation von Städten und Landschaften in »einem erdähnlichen Erscheinungsbild«.[85] Diese Erdähnlichkeit vermittelte er für seine politische Lobbyarbeit »mit einem Architekturmodell [...], detaillierten künstlerischen Renderings und sogar einem Kurzfilm«, so die Architekturtheoretikerin Scott.[86] Seine Vision folgte, wie Scott resümiert, weder architektonisch noch gesellschaftspolitisch einer utopischen Idee, sondern »Gewinninteressen von Unternehmen« und »konservativen Idealen«.[87]

Anderen politischen Zielen verschrieben – aber auch erdähnlich – war die Gestaltung der sowjetischen Raumstationen. Verantwortlich dafür war die Architektin Galina Balaschowa, die von 1957 bis zu ihrer Pensionierung 1990 als Innenarchitektin und Designerin im Experimental-Konstruktionsbüro OKB-1 arbeitete, das in der Sowjetunion für die Planung von Raketen und Raumfahrtausrüstung zuständig war. Dort »widmete« sie sich, so der Architekt Philipp Meuser, ab 1963 »der Entwicklung von Wohnmodulen für Raumschiffe und Weltraumstationen«.[88]

Ihre Entwürfe muten seltsam konventionell an, zwar in anderer Weise als die »opportunistische Nutzung von Bildern«[89] bei O'Neill, aber eben doch auffallend wenig futuristisch; Balaschowa bediente mit ihren in Pastelltönen gehaltenen Aquarellen – einer vormodernen und vorrevolutionären Darstellungsform – von Sesseln, Sofas und Bücherregalen eher traditionelle Wohnvorstellungen, als dass sie avantgardistische Räume entwarf. Auf diese Konventionalität ist die Weltraumarchitektin überraschenderweise besonders stolz: »Aber als die Amerikaner bei uns waren [...], verschlug es ihnen die Sprache«, berichtet sie rückblickend. »Sie kannten nur Interieurs, die ringsum metallen waren und verglichen unsere Kapseln mit einem guten Hotel.«[90]

Abb. 48: Die Architektin Galina Balaschowa entwarf von 1963 bis 1990 Innenausstattungen für sowjetische Weltraumstationen. Dazu fertigte sie Aquarelle an – ein merkwürdiger Kontrast zu der avancierten Technologie, die sie darstellte.

Der Ausgangspunkt der sowjetischen Raumfahrt war eine utopische Wunschvorstellung, es ging um die Auflösung sozialer Hierarchien, um postmortale Gerechtigkeit für verdiente Vorkämpfer:innen des Kommunismus und die menschheitsrettende Flucht in ferne Galaxien. Der US-amerikanische Zugriff war ein anderer. Die kapitalistische »Freiheit der Wahl«, von der Kennedy sprach, sollte sich räumlich ausdehnen (und dabei den Markt erweitern), am utopischen Potential der Schwerelosigkeit, von der sich die sowjetische Avantgarde der 1920er Jahre ein Moment der Befreiung versprochen hatte, hatte die US-amerikanische Ideologie kein Interesse. Vielmehr sah O'Neill vor, dass die von ihm konzipierten zylindrischen Habitate die Gravitationskraft der Erde simulieren, indem sie um die eigene Achse rotieren. Die neue Welt sollte der alten möglichst weitgehend entsprechen, und so stand der konsumgetriebene *American Way of Life* auch im All im Mittelpunkt des amerikanischen Glücksversprechens.

Die sowjetische Raumfahrt verabschiedete sich ebenfalls von der Schwerelosigkeit. Für die Inneneinrichtung der Raumstationen definierte Balaschowa über Farben und Materialien ein klares Oben und Unten. »Für den Komfort braucht es die Schwerkraft«, erklärt sie, »es ist unmöglich, ohne Fußboden und Decke zu leben.«[91] Denkt man die Aussage der langjährigen Weltraumarchitektin zu Ende, kommt man zu einem ernüchternden Schluss: Die Freiheit der Schwerelosigkeit, in der es kein Oben und Unten gibt, ist nicht auszuhalten. An die Stelle der sozialistischen Utopie traten deshalb Komfort, Bequemlichkeit und simulierte Bodenhaftung.

Mission zum Mars

Im Anthropozän entstanden Bautypologien, die sich global ausgebreitet haben; Autobahnkleeblatt und Bungalow, um zwei anschauliche Beispiele zu nennen, gibt es, mehr oder weniger, überall. Die Idee einer zukünftigen Besiedlung des Roten Planeten steht bislang eher für das Gegenteil. Sie gehört zwar zum Imaginationsraum der Moderne und taucht kontinuierlich (mitsamt der Vorstellung von intelligenten, als »Marsianer« oder »Marsmenschen« bezeichneten Lebewesen) in Science-Fiction-Romanen, Hollywood-Blockbustern und anderen popkulturellen Formaten auf, aus den Entwürfen für eine zukünftige Marsbesiedelung ist aber – auch wenn sie im Rahmen von staatlichen und privatwirtschaftlichen Raumfahrtprojekten immer wieder angefertigt werden und inzwischen verschiedene irdische Simulationsversuche durchgeführt wurden – bislang keine eigene architektonische Typologie entstanden.

Ein Grund dafür ist möglicherweise die technische Komplexität des Unterfangens. Zum einen ist der Mars sehr weit entfernt, zum anderen herrschen dort für Menschen äußerst lebensfeindliche Bedingungen. In der Marsatmosphäre gibt es kaum Sauerstoff, und die mittlere Temperatur beträgt -63 Grad Celsius. Um dort menschliche Existenz zu ermöglichen, muss – wie bei einer Raumstation – mit großem technischen Aufwand eine von der Außenwelt komplett abgeschlossene, die Lebensbedingungen der Erde nachahmende Kunstwelt geschaffen werden. Immer wieder gibt es aber Menschen, die sich von dieser Komplexität nicht abschrecken lassen und erforschen, wie es sich in einer solchen Kapselwelt, die irdische Lebensbedingungen simuliert, leben lässt.

Ein besonders spektakuläres Beispiel ist das Projekt *Biosphere 2*. Nach sechs Jahren Vorbereitung starteten im September 1991 acht als »Bionauten« bezeichnete Wissenschaftler:innen eine Probe aufs Exempel. Zwei Jahre lang wollten sie ohne Unterbrechung in einem von der natürlichen Umwelt komplett abgegrenzten künstlichen Ökosystem leben. 150-200 Millionen US-Dollar hatte der Milliardär Edward Bass zur Verfügung gestellt, um in der Sonora-Wüste in Arizona mit der *Biosphere 2* genannten Gewächshaus-Anlage den Prototyp für eine über 200 000 Kubikmeter umschließende, erdähnliche Ersatzwelt

Abb. 49: In der Sonora-Wüste von Arizona sollte in *Biosphere 2* Anfang der 1990 Jahre das Leben auf dem Mars erprobt werden. Das Experiment scheiterte, nun forscht dort die University of Arizona über Klimawandel und nachhaltiges Unternehmertum.

zu schaffen, wie sie dereinst auf dem Mars zu errichten sei, »einen kleinen Garten Eden inklusive Regenwald, Ozean, Süß- und Salzwassermarschland, Savanne und Wüste«.[92] Die acht Proband:innen sollten »gemeinsam mit 3800 Tier- und Pflanzenarten« in der »irdischen Raumstation« ein gemeinsames Ökosystem bilden, in dem »alle Luft, alle Lebensmittel und alles Trinkwasser selbst produziert werden« sollten.[93]

Aia könnte *Biosphere 2* auf drei Ebenen als Meilenstein für die weitere Entwicklung der Marsbesiedelung ansehen – wissenschaftlich, wirtschaftlich und politisch. Vordergründig ging es um die Frage, ob und wie Überleben in einer in sich geschlossenen Welt möglich ist; diese Ebene könnte man als wissenschaftliches Experiment bezeichnen, für das es sowohl Vorbilder (zum Beispiel in den frühen 1970er Jahren das russische Projekt *Bios 3*) als auch Nachfolger gab.

Das zweijährige Experiment in *Biosphere 2* lief weniger glatt als erwartet: Eine Bionautin verletzte sich und musste außerhalb der Station ärztlich behandelt werden, und auch das Ökosystem der Anlage funktionierte nicht wie erwartet; viele Vögel und Kleinsäuger starben, während sich Ameisen und Kakerlaken explosionsartig vermehrten. Als schließlich der Beton in der Gebäudekonstruktion Sauerstoff aus der Innenraumatmosphäre absorbierte und die Proband:innen quasi erstickt wären, wenn nicht neuer Sauerstoff von außen hinzugeführt worden wäre, hatte sich der Versuchsaufbau »geschlossene Kapsel« selbst ad absurdum geführt.

Doch für die Initiatoren war das wissenschaftliche Experiment damit noch nicht gescheitert, schließlich, so die damalige Argumentation, gliche die in *Biosphere 2* eingetretene Situation genau dem, was bei weiterer Verbrennung fossiler Energieträger auf der Erde zu erwarten sei. »Viele Wissenschaftler, die sich mit dem globalen Wandel und den Auswirkungen von Treibhausgasen befassen, sind der Meinung, dass die Atmosphäre der Erde in hundert Jahren so aussehen wird wie die Atmosphäre von *Biosphere 2* heute«, so der Projektleiter eines zweiten, sechsmonatigen Versuchs 1995 in einem CNN-Interview. »Dieser Ort ermöglicht es den

Wissenschaftlern […], die Auswirkungen von erhöhtem CO_2 und anderen Treibhausgasen auf Menschen, Pflanzen und Tiere zu untersuchen und zu überwachen.«[94]

Neben wissenschaftlichem Erkenntnisinteresse war – das ist die zweite Ebene – wirtschaftlicher Erfolg ein wichtiges Anliegen für die *Biosphere* 2-Initiatoren, wie der norwegische Umwelthistoriker Peder Anker klarstellt: »Der Beweggrund für das privat finanzierte Biosphere 2-Projekt war, Gewinn zu machen.«[95] Edward Bass und das von ihm begründete Unternehmen Space Biosphere Venture rechnete damit, dass *Biosphere* 2 nach dem erfolgreichen Experiment eine profitable touristische Attraktion, eine Art Disneyland werden würde. Ein weiteres ökonomisches Ziel von Space Biosphere Venture war, die Erfahrung der Proband:innen zu nutzen, um neue Produkte für »Energieeffizienz, Recycling, Abfallverarbeitung, Abwasserentsorgung, mikrobielle Kompostierung und andere neue Lösungen für die Umweltprobleme auf der Erde« zu entwickeln. Zwar erregte *Biosphere* 2 großes mediales Aufsehen – wirtschaftlich erfolgreich war es nicht.

Nach Ende des Experiments stand *Biosphere* 2 lange leer, verfiel und wechselte mehrmals die Besitzer. Inzwischen gehört die Anlage der University of Arizona, die dort einen Forschungscampus eingerichtet hat. In diesem will sie sich laut Eigenbeschreibung »in der Umweltforschung von Weltrang […] und im Unternehmertum engagieren, um Lösungen für die großen Herausforderungen der Menschheit – Klimawandel, Verlust der biologischen Vielfalt und nachhaltige Entwicklung – auf der Erde und darüber hinaus zu finden«.[96] In gewisser Weise werden durch die jetzige Nutzung die ursprünglichen Ziele – sowohl wissenschaftliche wie auch wirtschaftliche – wieder aufgegriffen.

Die dritte Ebene von *Biosphere* 2 war eine politische. Bass, dessen Familie ihr Vermögen in der Ölindustrie gemacht hatte, hoffte, im Falle einer Umweltkatastrophe über einen exklusiven Schutz- und Überlebensraum auf der Erde zu verfügen. Damit war er ein Vorreiter heutiger Milliardäre wie den mit Amazon reich gewordenen Jeff Bezos oder Tesla-Chef Elon Musk, die – den kommenden

Weltuntergang im Kopf – in die Raumfahrt investieren. Wir wollen »den Weg ins Weltall ebnen«, so etwa Bezos, »damit unsere Kinder dort eine bessere Zukunft bauen können«.[97] Bass und Bezos offenbaren eine apokalyptisch-antiegalitäre Haltung: Die Welt wird untergehen, und die Reichen der Gegenwart erkaufen sich – ob auf der Erde oder im Weltall – eine sichere Zukunft, während der Rest der Bevölkerung seinem Schicksal überlassen wird.

Zu der dystopisch-antidemokratischen Zukunftsvorstellung, die *Biosphere 2* eingeschrieben ist, passt, dass der Projektleiter, der 1995 die angebliche Bedeutung des Experiments für die zukünftige Klimaforschung pries, kein Geringerer war als der später rechtsextreme Polit-Aktivist, Verschwörungstheoretiker, Klimaschutz-Gegner und Trump-Berater Steve Bannon.

2017 verkündeten die Vereinigten Arabischen Emirate, innerhalb der nächsten hundert Jahre eine Marskolonie errichten zu wollen – der nächste logische Schritt nach den künstlichen Inseln im Meer.[98] Um diese extraterrestrische Zukunft vorzubereiten, stellten – wer sonst – Bjarke Ingels und sein Büro BIG 2020 erste Pläne für eine *Mars Science City* in Dubai vor. Unter großen Kuppeln, die sehr an die *domes* von Buckminster Fuller aus den 1950er und 1960er Jahren erinnern, soll erforscht werden, wie, so Ingels, »eine spezifische Marsarchitektur aussehen könnte«.[99] Inspirationsquelle für den Entwurf war, so der Stararchitekt Ingels, »traditionelle Architektur, die sich durch Anpassungen an das regionale Klima und die Landschaft entwickelt hat«.[100] Will Ingels untersuchen, ob arabische Architektur – also die Tradition, der sich der Auftraggeber der *Mars Science City* verpflichtet fühlt – ein Vorbild für künftige Marsbesiedelungen sein kann? Oder versteht er die geodätische Kup-

Abb. 50: In Dubai plant Bjarke Ingels eine *Mars Science City*, die an den *Dome over Manhattan* von Buckminster Fuller und Shoji Sadao erinnert.

pel von Buckminster Fuller, der er formale Elemente entlehnt hat, als die Architektur, die die Gesellschaft der Zukunft zu ihrer Tradition erklären wird? Womöglich wollte der Meister der Architektur- und Selbstvermarktung damit aber auch nur zum Ausdruck bringen, dass die einer Marslandschaft ähnelnde Wüste von Dubai genau der richtige Ort für eine *Mars Science City* ist.

Abb. 51: Norman Foster entwickelte 2013 die *Lunar Habitation,* halb-unterirdische Kuppelbauten, die aus Mondstaub mit einem 3-D-Drucker hergestellt werden sollen.

In einem anderen Weltraum-Projekt hat sich Ingels mit der NASA zusammengetan. Gemeinsam mit der auf 3-D-Druck spezialisierten Baufirma ICON errichtete BIG 2021 im Johnson Space Center in Houston einen Prototyp: die *Mars Dune Alpha*. In Zukunft, so die Vision, sollen die Behausungen auf dem Mars mit einem 3-D-Drucker aus vor Ort verfügbarem Material hergestellt werden. Ein ähnliches Verfahren hatte Norman Foster bereits 2013 für eine Mondbasis im Auftrag der europäischen Weltraumbehörde ESA entwickelt, nun geht es mit der gleichen Technik auf einen anderen Himmelskörper. »Mars Dune Alpha soll einem ganz bestimmten Zweck dienen – die Menschen auf das Leben auf einem anderen Planeten vorzubereiten«, so Jason Ballard, Gründer und CEO von Ingels Projektpartner ICON.[101] 2023 startete die NASA in dem von Ingels entworfenen Gebäude einen mit den *Biosphere* 2-Experimenten vergleichbaren Test: in *Mars Dune Alpha* simulierten vier Astronaut:innen einen einjährigen Aufenthalt auf dem Mars. Damit sollten Erkenntnisse über das Leben in totaler Isolation von der Außenwelt gewonnen werden, schließlich will die NASA um das Jahr 2040 herum eine bemenschte Marsmission durchführen. Die Besiedelung des Mars rückt also näher oder, um es mit den euphorischen Worten von Ingels auszudrücken: »Mars Dune Alpha bringt uns dem Ziel, eine multiplanetare Spezies zu werden, einen Schritt näher.«[102]

Schneller als die NASA will Elon Musk zum Mars, er hat mit seiner Firma Space X das Jahr 2029 als Ziel ausgegeben. Jeff Bezos, der mit Blue Origin unter anderem touristische Flüge ins All anbietet, sieht die Zukunft der Menschheit eher in frei flottierenden Raumkolonien und wärmte 2019 O'Neills Idee der rotierenden Zylinder auf: »Wenn wir uns draußen im Sonnensystem befinden, können wir eine Billion Menschen im Sonnensystem haben, was bedeutet, dass wir Tausende von Mozarts und Tausende von Einsteins haben würden. [...] Das wäre eine unglaubliche Zivilisation.«[103]

Die NASA beteiligt sowohl Space X als auch Blue Origin an der für 2029 geplanten Mondlandung, die laut der Raumfahrtbehörde zur Vorbereitung von »zukünftigen Astronautenmissionen zum Mars« dient.[104] Außerdem hat sie 2023 Blue Origin beauftragt, die Rakete für die nächste robotische Marsmission zu bauen, geplanter Starttermin für die elfmonatige Reise ist Ende 2024.

Das Projekt, bei dem das Magnetfeld des Roten Planeten untersucht werden soll, trägt den Namen »Escape and Plasma Acceleration and Dynamics Explorers«, was in NASA-Pressemitteilungen mit »EscaPADE« abgekürzt wird.[105] Der Wortsinn von »Escapade« bezeichnet im Englischen ein Abenteuer, aber auch einen Seitensprung; für eine Marsmission, die die Menschheit einst zu einer »multiplanetaren Spezies« machen soll, vielleicht keine geschmackvolle, aber aus der Perspektive von Weltraumwissenschaftler:innen anscheinend passende Beschreibung, ganz nach dem Motto: Die Menschheit geht der Erde fremd.

Terraforming als planetarer Pragmatismus

In den 1970er Jahren bekam die NASA den gesetzlichen Auftrag, wie Scott schreibt, »sich an der geowissenschaftlichen Forschung und der Klimaüberwachung zu beteiligen«, mit dem Ziel, mehr »Wissen über die Erde«[106] zu erlangen. Die Raumfahrt sollte, so die neue politische Zielsetzung, einen konkreten Anwendungsnutzen haben. Auch heute ist vielen Weltraum-Enthusiasten wichtig, dass ihre Leidenschaft keinem Selbstzweck dient – keine unredliche Eskapade ist –, sondern den Menschen auf der Erde. »Wenn wir es schaffen, auf dem Mars zu überleben, haben wir hier auf der Erde eine bessere Chance, echte Nachhaltigkeit zu erreichen«,[107] sagt etwa die Geophysikerin Christiane Heinicke, die am Zentrum für angewandte Raumfahrttechnologie und Mikrogravitation (ZARM) der Universität Bremen über Mond- und Marsstationen forscht und bereits ein Jahr in einer Mars-Simulation der NASA in einem Vulkankrater auf Hawaii verbracht hat. »Das Überleben auf dem Mars könnte uns lehren, wie wir auf der Erde nachhaltiger leben können«, argumentiert auch Justin McGuirk, der 2019 eine Ausstellung über Leben auf dem Mars im Londoner Design Museum kuratierte.[108] Die »Mission zum Mars«, so scheint es, ist immer auch eine »Mission zum Planeten Erde«.[109]

In einer vom Kapitalismus geprägten (und perspektivisch unbewohnbar gemachten) Welt versteht es sich von selbst, dass der ökonomische Aspekt nicht zu kurz kommen darf – »New Space« ist der Schlachtruf für die Kommerzialisierung des Weltraums. Tatsächlich ist der Weltraum aus dem Alltag auf der Erde nicht mehr wegzudenken. Das Mobilfunknetz, interaktive Navigationssysteme oder aktuelle Wetterdaten – etliche uns selbstverständliche, alltägliche (kommerzielle) Dienstleistungen beruhen auf der Überwachung der Erde aus dem All. Gleiches gilt für die für wissenschaftliche Klimasimulationen notwendigen Daten, was wiederum zur Legitimation der Kommerzialisierung des Weltraums genutzt wird. »Damit ist die private Raumfahrt Teil der Lösung für den Klimawandel und mehr Nachhaltigkeit auf der Erde«, meint etwa, hier stellvertretend für etliche andere privatwirtschaftliche Akteure aufgeführt, der Bund der Deutschen Industrie (BDI).[110]

Den erdnahen Orbit überlassen die westlichen Staaten mehr und mehr von privatwirtschaftlichen Interessen geleiteten Akteuren. Axiom, ein von einem früheren NASA-Direktor gegründetes Unternehmen, hat bereits private Flüge für Weltraumtourist:innen zur Internationalen Raumstation (ISS) durchgeführt. Die Firma entwickelt derzeit außerdem ein bewohnbares Modul für die ISS, das nach deren für 2030 geplanten Abwrackung als Ausgangspunkt für eine neue, kommerzielle Raumstation fungieren soll. Diese muss sich in Zukunft am Markt behaupten, kein Wunder also, dass Axiom mit der Gestaltung der Innenausstattung des neuen Moduls einen äußerst erfolgreichen Designer beauftragt hat: Philippe Starck.

Berühmt wurde Starck unter anderem mit einer Zitronenpresse, die auch als »Saftrakete«[111] bezeichnet wird. Im von ihm entworfenen Raumstations-Modul werden die Hobby-Astronaut:innen weich gepolstert sein, wie der Designer erklärt: »Im Gegensatz zu den Zwängen des irdischen Lebens, ermöglicht das Leben im Weltraum Freiheit in alle Richtungen. Meine Vision ist es, ein komfortables Ei zu schaffen, freundlich, mit weichen Wänden, ganz im Einklang mit der Wirkung, die die Schwerelosigkeit auf die Bewegungen des menschlichen Körpers hat.«[112] Den Weltraumreisenden soll etwas geboten werden, weshalb sich Starck noch etwas ganz Besonderes ausgedacht hat: »Der Ausblick, den die großen Fenster auf das Universum eröffnen, wird auf den Wänden mit Hunderten, in wechselnden Farben leuchtenden Nano-LEDs fortgesetzt.«[113] Sein Design hält Starck anscheinend für dem Sternenmeer des Universums ebenbürtig. Nicht nur die Raumstation soll durch schickes Styling aufgewertet werden, Axiom hat von der NASA auch den Auftrag erhalten, die Raumanzüge für die nächste *Artemis*-Mondmission herzustellen, und arbeitet dafür mit dem Modelabel Prada zusammen.[114] Wenn die Reise in den Weltraum zur durchdesignten Lifestyle-Option wird, muss auch das Outfit stimmen.

Während Axiom den Weltraum Superreichen zugänglich macht, die einen aufregenden Ausflug machen wollen, forschen andere darüber, wie ein zukünftiger Alltag im All aussehen könnte. Schließlich ist es nicht nur ein Erlebnis-, sondern in der Logik der Marsforschung vor allem ein zukünftiger Lebensraum. Das Massachusetts Institute of Technology (MIT), die für Ingenieurs- und Technikwissenschaften angesehenste Universität der USA, hat dazu den Forschungsbereich »Space Exploration« aufgebaut. Dessen Mission: »Demokratisierung des Zugangs zur Weltraumerkundung«.[115] Trotz (oder in der Logik entgrenzter Marktwirtschaft: wegen) dieses hehren Anspruchs kooperiert es mit Unternehmen wie Jeff Bezos' Blue Origin. Die Wissenschaftler:innen des MIT überlegen, wie die zukünftige Lebenswelt im Weltraum aussehen könnte: »Wir entwerfen die Artefakte [...], um die Menschheit für das tägliche Leben im Weltraum zu begeistern und zu befähigen«; dazu gehören zum Beispiel Musikinstrumente, Modeartikel und Lebensmittel für die Schwerelosigkeit – alles Produkte, die in Zukunft an Weltraumreisende verkauft werden können.[116] Ihre bisherige Forschungsarbeit haben sie im *A Whole Space Catalog*[117] zusammengefasst, er schließt den Kreis zum *Whole Earth Catalog*, in dem schon einmal – damals noch mit linken DIY-Träumen gewürzt – amerikanische Machbarkeitsideologie und anarcho-kapitalistisches Self-Empowerment eine Allianz eingingen.

Dem neuen Katalog ist der Titel *Into the Anthropocosmos* vorangestellt – und damit »ein Begriff«, wie der japanische Internet-Unternehmer und frühere Direktor des MIT Media Lab Joichi Ito schreibt, »der die Idee aufgreift, dass wir unsere Rolle im Universum genauso verantwortungsvoll betrachten, wie das Anthropozän unsere Verantwortung für diese Welt zum Ausdruck bringt.«[118] Er vergleicht die Entwicklung des Internets mit dem der Erschließung des Weltalls: Was erst militärisch motiviert war, wird schließlich kapitalistisch verwertet. Bei diesem Prozess, so argumentiert Ito, müsse man aber die Interessen des Allgemeinwohls im Blick behalten. Deshalb bedürfe es »einer neuen Generation von ›Weltraumplanern‹ und ›Weltraumarchitekten‹, die ein solch expansives Wachstum koordinieren«.[119] So wie im 19. Jahrhundert »Stadtplaner die chaotischen Metropolen [...] in ›geplante Städte‹ umgewandelt haben«, erklärt die Leiterin der MIT Space Exploration, Ariel Ekblaw, sollen sie heute die Struktur entwickeln, auf die eine spätere ökonomische Ausbeutung aufbauen kann.[120]

Der Anthropokosmos, das vom Menschen geformte Weltall, so die Vision, wird zum Alltagsraum, in dem wir uns irgendwann genauso selbstverständlich bewegen wie heute in einer Großstadt. Doch durch die Raumfahrt ändert sich auch die Art, wie wir die Erde selbst konzeptionalisieren. Aus dem All wirkt sie klein, sie ist, wie Buckminster Fuller sagte, letztlich nicht mehr als ein Raumschiff, das sich durch die Weiten des Alls bewegt: eine steuerbare und gestaltbare Umgebung. Durch diesen Blick reduziert sich die vormalige »Welt« auf ein »Erdsystem«. Das lässt einen anderen Umgang mit ihr möglich erscheinen: Das Anthropozän – das Zeitalter, in dem der Mensch die Entwicklung der Erde bestimmt – lässt sich neu interpretieren, und an die Stelle des unbeabsichtigt folgenreichen Eingreifens kann ein ebenso folgenreiches, aber planvolles Handeln treten.

Vorbild für diese technokratische Neugestaltung sind Raumstation und Raumschiff, die aus rein wirtschaftlich-pragmatischen Gründen ökologisch optimiert sind. Sparsamer Umgang mit Energie, Nutzung regenerativer Energiequellen, Recycling und Reduktion von Abfall sind im geschlossenen System der Weltraumkapsel eine einfach nachvollziehbare Notwendigkeit; man sprach deshalb damals von »space ecology« (Weltraumökologie) und »cabin-ecology« (Kapselökologie).[121] Laut Peder Anker war der *Whole Earth Catalog* die zentrale Publikation, »die verbreitete, dass die Umweltprobleme auf der Erde mit Hilfe von Technikhandbüchern für Kapselökologie gelöst werden können«.[122]

Die Technologien, mit Hilfe derer das All als Lebensraum für Erdbewohner:innen erschlossen werden soll, kehren also, ganz pragmatisch, zum Mutterplaneten zurück. Doch während der *Whole Earth Catalog* damals kleinteilig argumentierte, lässt sich dieser Transfer inzwischen auch großmaßstäblich denken. So spekuliert Benjamin Bratton, in Zukunft könnten Techniken des Terraformings – also der Umwandlung von »Ökosystemen anderer Planeten oder Monde, damit sie erdähnliches Leben beherbergen können« – auch auf die Erde rückübertragen werden: »Die sich abzeichnenden ökologischen Folgen des so genannten Anthropozäns legen nahe, dass wir die Erde in den kommenden Jahrzehnten terraformen müssen, wenn sie ein lebensfähiger Wirt für ihr eigenes Leben bleiben soll.«[123]

Abb. 52: Kishō Kurokawa errichtete 1972 in Tokio den *Nakagin Capsule Tower* – inspiriert von Raumstationen, standen für die Bewohner:innen nur zellenartige Wohnkapseln zur Verfügung.

Wenn Aia also nach architektonischen Überbleibseln sucht, um die menschliche Besiedelung des Weltalls nachzuvollziehen, wird sie nach Weltraumbahnhöfen recherchieren, sich mit Entwürfen oder Prototypen von Kapseln (wie den *Dome over Manhattan*, das *Eden Project* oder die *Mars Science City*) befassen und Gebäude untersuchen, die von den minimalistischen Lebensbedingungen in Raumstationen inspiriert sind (wie der 1972 von Kishō Kurokawa errichtete und 2023 abgerissene *Nakagin Capsule Tower* in Tokio). In diesen Untersuchungen wird ihr klar werden, dass eine Folge der Weltraumbesiedelung ein Paradigmenwechsel in der menschlichen Wahrnehmung und Gestaltung der Erde war. Statt sie als gegebene Entität wahrzunehmen, erschien sie den Menschen im Anthropozän als zu gestaltendes Objekt. Die Besiedlung des Weltraums, so wird Aia folgern, war der Kulminationspunkt des Anthropozäns, weil der Mensch durch sie seine Erdgebundenheit überwandte und Anthropokratie erreichte.

Der ökologische Cyborg

Der Blick vom Weltraum auf die Erde veränderte aber nicht nur das Verständnis des Menschen vom Planeten Erde und wie man auf ihm leben sollte, sondern auch das vom Menschen selbst. Parallel zur Mondlandung entstand – wieder einmal – die Idee von einem neuen Menschen, dieses Mal von einem, der nicht die natürliche

Umwelt unterwerfen will, sondern der mittels der von ihm geschaffenen Technik mit der natürlichen Umwelt eine neuartige Symbiose eingeht. Dabei verwandelt er sich in etwas, das über sein Menschsein hinausgeht: Er wird, wie Anker es nennt, zu einem »ökologischen Cyborg«, der in der Raumkapsel aus eigenem Überlebenswillen ganz selbstverständlich Energie spart, Material recycelt und Abfall kompostiert. Der Mensch verschmilzt mit dem Raumanzug zu einem – physisch wie moralisch – neuen Wesen. »Der Cyborg«, so Peder Anker, »wurde zum Modell für ein Leben in ökologischer Harmonie mit der natürlichen Welt. [...] Bilder von Astronauten in Raumanzügen, Menschen, die sich mit Robotern beschäftigen, und der Einsatz verschiedener bionischer Geräte waren Beispiele für das ökologische Leben der Zukunft.«[124] Der Mensch, so die zugrundeliegende, futuristisch-optimistische Vorstellung, könne sich technisch weiterentwickeln, und die Eroberung des Weltalls sei ein Schritt dahin. Der Blick in die Zukunft paart sich mit dem Blick in die Vergangenheit. Virgin Galactic, eine weitere private Weltraumfirma (für die Norman Foster einen Weltraumbahnhof gebaut hat), hat 2023 die fossilen Überreste eines Früh- und eines Vormenschen – der eine 250000 Jahre, der andere zwei Millionen Jahre alt – ins All transportiert.[125] Die prähistorischen Fossilien versinnbildlichen den Fortgang menschlicher Entwicklung: Der Mensch von heute, so die symbolische Botschaft, ist auch nur ein Zwischenstand, und auf dem Weg ins All wird die Evolution ihren weiteren Verlauf nehmen.

Abb. 53: *Haus-Rucker-Co* entwickelte 1968 an Astronautenhelme erinnernde *Environment Transformer*, mit denen man die Welt anders wahrnehmen können sollte.

Angesichts der Möglichkeit, den Weltraum zu erobern und die Erde von außen zu sehen, sprach Hannah Arendt von einer »Erd-Entfremdung«.[126] Diesen Begriff greift Dipesh Chakrabarty auf. Erd-Entfremdung sei ein »Indikator für das Vermögen des Menschengeschlechts, sein Überleben um den hohen Preis des Verlusts des Gefühls seiner tiefen Erdgebundenheit notfalls auf anderen Planeten sicherzustellen«.[127] Doch der Mensch entfremdet sich nicht nur der Erde, er verändert sich auch selbst, entwickelt sich weiter, fusioniert mit den Technologien, die ihm extraterrestrisches Überleben ermöglichen und wird – irgendwann – zum Cyborg. Unter dem Einfluss der in den späten 1960er Jahren omnipräsenten Weltraumfantasien entwickelte die österreichische Architekten- und Künstlergruppe *Haus-Rucker-Co* 1968 sogenannte *Environment Transformer*, eine Serie von auf dem Kopf zu tragenden Objekten, die an Astronautenhelme erinnerten. Sie dienten aber nicht der Exploration des Weltalls, sondern sollten ihren Träger:innen eine andere Wahrnehmung der Erde ermöglichen – und evozierten damit die Vorstellung, der Mensch sei auf der Erde ein Fremdling geworden. Sie nahmen damit vorweg, was Bruno Latour vierzig Jahre später, quasi als Steigerung der von Arendt diagnostizierten Erd-Entfremdung, formuliert: dass die Menschen selbst »Extraterrestrische« geworden seien, die ihre »Erdverbundenheit«[128], ihre »Erdung«[129] verloren hätten. Wer von einer Zukunft im All träumt oder schon ein Cyborg ist, wird allerdings die von Latour postulierte »Erdverbundenheit« nicht vermissen.

Anders als Chakrabarty und Latour argumentierte der Philosoph Hans Blumenberg. Ihm erschien die Erde als »das Schicksal des Menschen, auch wenn er sie eines Tages aus der Ferne des Raumes nicht mehr erblicken können sollte: Er macht aus allem, was er bewohnt und befährt, kleine Erden mit ihrer und seiner Geschichte.«[130] In dieser Perspektive auf den Menschen ist dessen Erdverbundenheit weder Ergebnis einer – ob freiwillig oder aus großer Not heraus getroffenen – Entscheidung noch etwas, was man verlieren kann, sondern ein Schicksal, dem man nicht zu entrinnen vermag. Selbst wenn er die Erde physisch verlässt, bringt der Mensch an den neuen Ort seine Erd-Bezogenheit mit – mitsamt der Geschichte ihrer Zerstörung. Die Vorstellung, der Mensch könne auf einem anderen Planeten eine bessere Welt aufbauen und mit dieser Erfahrung dann den Heimatplaneten reparieren, wird durch das Bild eines schicksalhaft mit der Erde verbundenen Menschen ad absurdum geführt. Daraus folgt, auch wenn Blumenberg das so nicht ausgeführt hat: Wer den Planeten Erde wirklich verlassen will, muss sich auch vom Menschsein lösen. Posthumanismus und Weltraum-Eroberungsfantasien gehören zusammen.

In vormodernen Zeiten gehörte der Himmel den Göttern. Sie schufen die Welt, bestimmten über Leben und Tod. Die russischen Kosmisten entdeckten das All als Raum für ihre Helden. Die Überwindung des Todes sahen sie als Voraussetzung für eine gerechtere, sozialistische Gesellschaft an, die sie durch technischen Fortschritt und bio-medizinische Forschung zu verwirklichen hofften. Raketenpionier Ziolkowski, dessen Aussage »die Erde ist die Wiege der Menschheit, aber der Mensch kann nicht ewig in der Wiege bleiben« von Weltraumenthusiast:innen gerne zitiert wird, träumte schon 1918 von der Züchtung neuer Lebewesen, die, so paraphrasiert Hagemeister den Raketenpionier, »physisch, intellektuell, moralisch und ästhetisch den heutigen Menschen so weit überlegen sein werden, wie diese sich vom Affen unterschieden«.[131] Man kann Ziolkowski als Vorläufer der heutigen Transhumanist:innen – zu denen sich auch Weltrauminvestoren wie Jeff Bezos und Elon Musk zählen – ansehen. Deren Ziel ist nicht nur die Überwindung von Raum: »Jetzt sind Bezos, Musk und andere große Tech-Giganten im Rennen um den Weltraum. Aber sie werden auch einen Wettlauf um die Zeit beginnen«, so der niederländische Politikwissenschaftler Jurgen Masure. Der Wettlauf um die Zeit hat zwei Dimensionen. Zum einen geht es darum, extraterrestrische Habitate zu schaffen, bevor die Erde unbewohnbar geworden ist. Zum anderen geht es im Transhumanismus – wie einst im Kosmismus auch – darum, die Sterblichkeit zu überwinden. Doch anders als die Kosmisten wollen die Transhumanist:innen der Gegenwart die Sterblichkeit des Menschen nicht überwinden, um eine gerechte, egalitäre Gesellschaft zu ermöglichen; die von ihnen angestrebte Unsterblichkeit, so glaubt Masure, wird nur eine »Unsterblichkeit für *the happy few*«.[132] Der Himmel ist bereits ein (temporäres) menschliches Habitat geworden, die zukünftigen Lebensräume im All werden vom Menschen gemacht sein; er wird damit zum Schöpfer der Welt, in der er lebt. Mit der Überwindung des Todes wird der Mensch vollends zu seiner eigenen Gottheit. Er überwindet das Menschsein – und lässt als ökologischer Cyborg das Anthropozän hinter sich.

Die Pläne für eine Besiedlung des Weltraums (und der damit verbundene Transhumanismus) implizieren, dass das Projekt »menschliches Leben« zum Scheitern verurteilt ist und deshalb eine andere Lebensform für einen anderen Ort gefunden werden muss. Derartige Denkfiguren entlasten von Verantwortung im Hier und Jetzt. Wenn die Lebensbedingungen auf der Erde zerstört werden, können wir ins All fliehen, und wenn die Besiedelung des Alls scheitert, lernen wir bei diesem Versuch zumindest, wie wir doch noch auf einer unwirtlich gewordenen Erde überleben können. Wir können, so die Logik dieser Argumentation, weitermachen wie bisher und gleichzeitig glauben, dass alles besser werden wird.

Der Mensch des Anthropozäns ist nicht nur auf der Flucht vor den Folgen der von ihm verantworteten Weltzerstörung, sondern er ist vor allem auf der Flucht vor sich selbst.

INTERMEZZO
Der Mensch als Maß aller Undinge

Welche Rolle weist sich der Mensch in der Welt zu? Ist er das Maß aller Dinge – oder das aller Undinge? Anders gefragt: Wie wollen, können, müssen wir im Anthropozän unser Verhältnis zur Welt (neu) definieren?

In der klassischen Architekturtheorie bestimmte die Proportionslehre das Verhältnis von Mensch und Welt. Vitruv schrieb in *De Architectura*, dass »kein Tempel [...] ohne Symmetrie und Proportion eine vernünftige Formgestalt haben [kann], wenn seine Glieder nicht in einem bestimmten Verhältnis zueinander stehen, wie die Glieder eines wohlgeformten Menschen«.[133] Diese Ansicht unterlegte er mit detaillierten Beschreibungen der Proportionen der verschiedenen Körperteile, und schloss damit, dass »der Mittelpunkt des Körpers der Nabel« sei und sich der Körper nicht nur mit einem Kreis, sondern auch mit der »Figur des Quadrates« umschreiben lasse.[134]

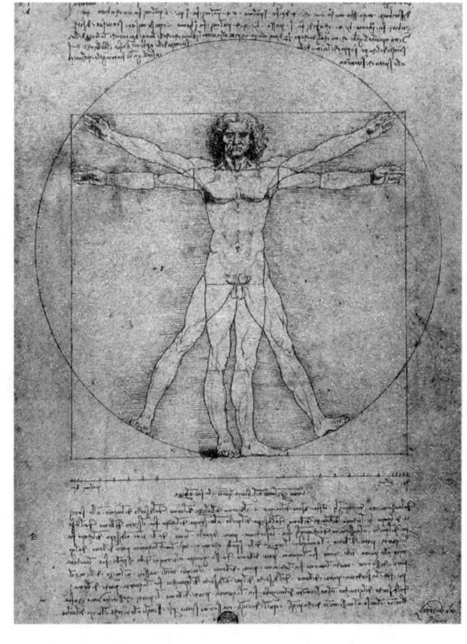

Abb. 54: Der Mensch, Zentrum einer idealen geometrischen Ordnung: Leonardo da Vincis *Proportionsfigur*, auch bekannt als *Vitruvianischer Mensch*, um 1490.

Als Vitruvs Schriften in der Renaissance – dem Zeitalter, in dem der Mensch sich ins Zentrum der Welt stellte – wiederentdeckt wurden, beschäftigten sich verschiedene Künstler mit seiner Beschreibung der idealen Proportion. Das bekannteste Beispiel ist Leonardo da Vincis um 1490 entstandene, auch als *Vitruvianischer Mensch* bekannte *Proportionsfigur*. In ihr ist der Mensch (selbstredend als Mann dargestellt) in Kreis und Quadrat eingebettet, erscheint also als Zentrum einer idealen geometrischen Ordnung – ohne selbst ein Zentrum zu haben: der Mittelpunkt des Kreises, der den Körper des *Vitruvianischen Menschen* umschreibt, ist der Bauchnabel, während sich die Diagonalen des Quadrates im Schritt schneiden. Die heute so bekannte Zeichnung wurde, wie der Kunsthistoriker Eckhard Leuschner darlegt, in der Kunstwissenschaft lange nur »gelegentlich erwähnt«, allerdings: »seit ca. 1940 sind Abbildungen, Verweise und Erwähnungen […] sprunghaft angestiegen«.[135]

Auch der Anthropomorphismus (die Übertragung von menschlichen Formen auf Nicht-Menschliches), der der Zeichnung zugrunde liegt, erfuhr einen historischen Bedeutungswandel. Er wurde in der Architekturtheorie der Renaissance intensiv diskutiert, verlor aber ab dem 16. Jahrhundert stetig an Bedeutung, bis er zu Beginn des 19. Jahrhunderts, wie der Kunsthistoriker Frank Zöllner schreibt, »schließlich komplett in Frage gestellt wurde«.[136] Den zwischenzeitlichen Endpunkt des Anthropomorphismus, so Zöllner, markierte der klassizistische französische Architekt und Theoretiker Jean-Nicolas-Louis Durand. Er lehnte in seinen Überlegungen den menschlichen Körper als Bezugspunkt ab und schlug stattdessen die Verwendung von »willkürlichen Proportionen« vor. Darauf aufbauend formulierten im 19. Jahrhundert Eugène Viollet-le-Duc und Auguste Choisy ein Konzept, das nicht von den Maßen des menschlichen Körpers, sondern »von struktureller Analyse und der Geometrie« abhing.[137]

Erst im 20. Jahrhundert erlebte der Anthropomorphismus in der Architekturtheorie eine Wiederauferstehung, und zwar, so Zöllner, »in Ordnungsvorstellungen der Moderne und des deutschen Faschismus«.[138] 1936 veröffentliche der Gropius-Schüler Ernst Neufert die erste Ausgabe seiner *Bauentwurfslehre*, 1943 die *Bau-*

ordnungslehre, damals versehen mit einem Vorwort von NS-Stararchitekt Albert Speer, in dem er die Bedeutung der Standardisierung des Bauwesens für den »Totalen Krieg« hervorhob. Vor allem die *Bauentwurfslehre* war ein großer Erfolg. Sie versammelt pragmatische Anleitungen für das Entwerfen und konkrete Vorschläge für zahlreiche Bauaufgaben – vom Kinderzimmer bis zum Luftschutzbunker, von der Parkbucht bis zum Hühnerstall. Mit 43, inhaltlich immer wieder aktualisierten Auflagen (inzwischen ohne Luftschutzbunker) und übersetzt in 22 Sprachen, ist es das wohl einflussreichste Architekturlehrbuch der Moderne.

Die enorme Verbreitung der *Bauentwurfslehre* ist ein Grund, warum der Architekturhistoriker Wolfgang Voigt Neufert als »Vitruv der Moderne« bezeichnet, ein anderer ist die Bedeutung, die dem Anthropomorphismus darin zukommt.[139] Unter dem Titel »Der Mensch. Das Maß aller Dinge« nimmt die Zeichnung eines vielseitig vermessenen Menschen eine zentrale Rolle in dem Lehrbuch ein. Den Prinzipien der funktionalistischen Moderne entsprechend, sind alle von Neufert entwickelten Typologien mit wissenschaftlicher Genauigkeit auf Maße und Bewegungsabläufe des menschlichen Körpers ausgerichtet. Ziel von Neufert war dabei Optimierung und Standardisierung – der »neue Mensch«, den die avantgardistische Moderne sich erträumte, war ein entindividualisiertes Wesen. Der Soziologe Walter Prigge erkennt in Neuferts Zeichnung aber auch einen »symbolischen Zusammenhang mit der faschistischen Artikulation von Körperidealen«,[140] schließlich waren, so wieder Leuschner, »›Mensch‹, ›Ordnung‹ und ›Maß‹ […] Lieblingsthemen nicht nur der archi-

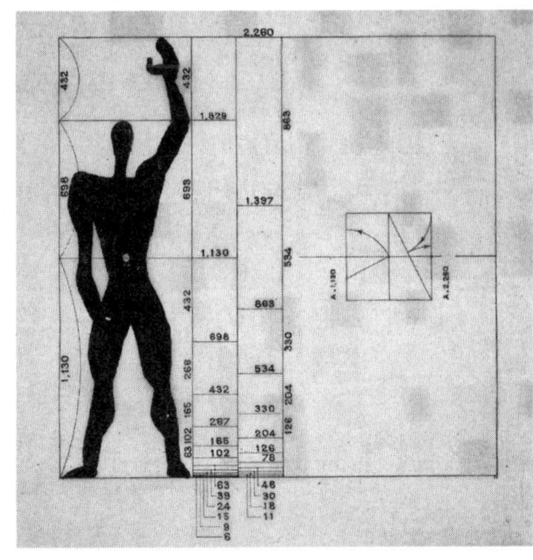

Abb. 55: Der *Modulor* von Le Corbusier, erstmals 1950 veröffentlicht. Auch hier ist der Mensch der Ausgangspunkt.

tektonischen Moderne, sondern auch der faschistischen Rhetorik der 30er Jahre«.[141]

Der prominenteste moderne Architekt, der sich mit Anthropomorphismus beschäftigte, war Le Corbusier. Er entwickelte zwischen 1942 und 1955 den *Modulor*, ein sich ebenfalls auf menschliche Maße beziehendes Ordnungssystem. Die Grundidee dafür hatte er aber wohl schon früher entwickelt, denn er bezog bereits Mitte der 1920er Jahre, so Leuschner, »sein funktionalistisches Kunst- und Architekturverständnis auf das Zusammenspiel des menschlichen Körpers mit standardisierten Gebrauchsobjekten und Möbeln«.[142]

Das spezifische Maßsystem des *Modulor* wandte Le Corbusier erstmals 1947 in seiner *Unité d'habitation* in Marseille an; aber auch dem Masterplan von Chandigarh, der von ihm 1951 gemeinsam mit Pierre Jeanneret entworfenen indischen Planstadt, legte er einen menschlichen Körper zugrunde und platzierte im Stadtgrundriss »Organe« wie »Lunge« (Parkanlage) und »Hirn« (Verwaltungsbereich). Der von ihm propagierten funktionalistischen Ordnung (Raster) und der industriellen Materialität (Stahlbeton) setzte er den menschlichen Körper als – symbolisches – Bezugssystem entgegen.

In einer Zeit, in der der Mensch sich durch die Folgen von neuen Technologien und umfassender Industrialisierung von sich selbst und der Erde entfremdete, wurde der Anthropomorphismus zum Rettungsanker, zur letzten Rückversicherung. Besonders deutlich wird das bei dem britischen Kunsthistoriker Rudolf Wittkower. Anders als Neufert und Le Corbusier war er der Nähe zum Faschismus unverdächtig; er lebte und lehrte in Deutschland, bis er 1933 als Jude von der Hochschule ausgeschlossen wurde und nach London zurückkehrte. 1949 veröffentlichte er das Buch *Architectural Principles in the Age of Humanism*, dessen populäre Taschenbuchausgabe auf dem Titelblatt eine Abbildung von da Vincis *Proportionsfigur* zeigte. Wittkower zeichnet in seinem Buch ein idealisiertes Bild der Renaissance. Für ihn war Architektur in der

Renaissance nicht nur eine »mathematische Wissenschaft«, sondern hatte noch eine andere Aufgabe: »Architektur [...] mit ihrer strengen Geometrie, dem Gleichgewicht ihrer harmonischen Ordnung, ihrer formalen Gelassenheit ist ein Echo und zugleich eine Offenbarung der Vollkommenheit, Allmacht und Güte Gottes.«[143]

In Wittkowers Interpretation findet – vor dem Hintergrund der Massenmorde des Nationalsozialismus und der Verheerungen des Zweiten Weltkriegs durchaus verständlich – die Sehnsucht nach einer menschenwürdigen und geordneten Welt ihren Ausdruck. Man könnte sagen: Die Sehnsucht nach Menschlichkeit verdichtet sich in Leonardos *Vitruvianischem Menschen*: »Die Figur«, so Zöllner, war für Wittkower »Symbol [für] eine ewige Harmonie und wies auch den Weg in eine vielleicht heiterere Zukunft.«[144]

Doch der ewigen Harmonie stehen möglicherweise grundlegende menschliche Eigenschaften und Verhaltensmuster im Wege. Der Philosoph und Soziologe Helmuth Plessner schrieb in den 1920er Jahren dem Menschen als Wesensmerkmal eine »Exzentrische Positionalität« zu. Mit »Positionalität« bezeichnete er die Einbettung aller Lebewesen in ihre Umgebung, der Zusatz »exzentrisch« sollte die Sonderstellung des Menschen gegenüber dem Tier beschreiben. Während das Tier »zentrisch« sei, könne der Mensch sich entgrenzen und so seine natürliche Einbettung verlassen. Das ermögliche dem Menschen zum einen »Weltoffenheit«, mache ihn aber auch abhängig von der von ihm entwickelten Technik, die ihm die Entgrenzung seiner Lebensbedingungen erst ermögliche. Der Mensch sei deshalb, so Plessner, nicht nur im »Hier-Jetzt«, sondern immer auch »hinter sich selbst, ortlos, im Nichts [...] im raumzeitlichen Nirgendwo-Nirgendwann«.[145]

Die ewige Harmonie des in Kreis, Quadrat und Universum eingebetteten Menschen ist das Gegenteil des exzentrisch positionierten Menschen, der den Weltraum erobert und dabei von der eigenen Technik abhängig ist, und »Erd-entfremdet« und »ortlos, im Nichts, im raumzeitlichen Nirgendwo« treibt.

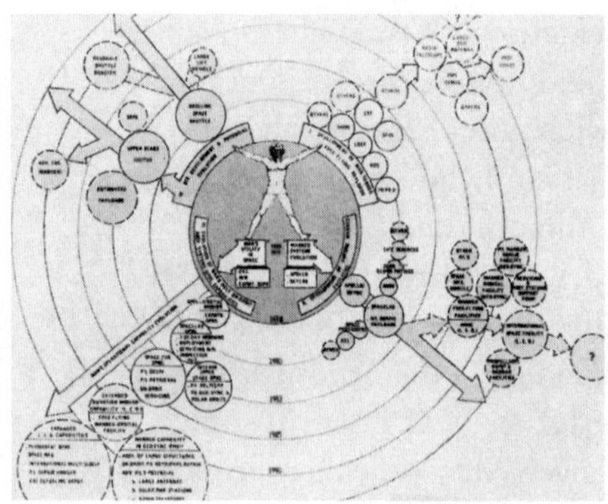

Abb. 56: Der Weltraumingenieur von Puttkamer illustrierte 1975 die Pläne der NASA mit einer neuen Variante des *Vitruvianischen Menschen*. Er ist nicht mehr in eine göttliche Ordnung, sondern in sich dynamisch entwickelnde Zukunftstechnologien eingebettet.

Auch in der Raumfahrtforschung taucht der *Vitruvianische Mensch* auf. Jesco von Puttkamer, ein deutsch-amerikanischer Raumfahrtingenieur, der für die NASA u.a. eine Arbeitsgruppe zur strategischen Planung der permanenten Erschließung des Alls leitete, präsentierte 1975 auf der *Princeton Conference on Space Manufacturing Facilities: Space Colonies* die damaligen Zukunftsplanungen der NASA, die er mit einer Weltraum-Version des *Vitruvianischen Menschen* illustrierte. In von Puttkamers Diagramm ist der Mann aus da Vincis Zeichnung nicht mehr in Kreis und Quadrat eingebettet, sondern freigestellt, an die Stelle der »harmonischen Ordnung« ist ein komplexes Geflecht technischer Beziehungen getreten, die in so etwas wie Jahresringen angeordnet sind. Der Mensch befindet sich zwar noch im innersten Ring, seine Hände ragen aber bereits aus diesem heraus und greifen nach der – exzentrischen – Zukunft. Als Preis dafür muss er sich das Zentrum fortan mit der von ihm entwickelten Technik teilen, ohne die er nicht mehr (über)lebensfähig wäre. Das Erscheinen des Cyborgs, des hybriden, posthumanen Wesens, in dem der Mensch sein Menschsein überwindet, deutet sich an.

Als der griechische Philosoph Protagoras im 5. Jahrhundert vor unserer Zeit den Ausdruck »Der Mensch ist das Maß aller Dinge« prägte, war dies ein revolutionärer, ein ketzerischer, ein emanzipatorischer Gedanke, weil in der Vorstellung seiner Zeitgenoss:innen die Götter das Maß für alles waren. Heute, da der Mensch sich selbst zur gottähnlichen Schöpferfigur aufgeschwungen hat, entwickelt Protagoras' Sinnspruch keine subversive Kraft mehr. In sein Gegenteil verkehrt, ist er nurmehr Ausdruck der menschlichen Anmaßung, sich die Natur zu unterwerfen.

Sollte aufgrund der anthropogenen Weltzerstörung an die Stelle des westlichen Humanismus eine andere Selbstauffassung treten – auch, um die Menschheit zu retten? »Humanisten«, so schreibt Latour, »kümmern sich nur um Menschen; der Rest ist für sie reine Materialität oder kalte Objektivität.«[146] Diese Selbstbezogenheit führt nicht nur zur Zerstörung der Welt, sondern auch zur Selbstzerstörung: »Indem er den Menschen vom Rest der Schöpfung isolierte, hat der westliche Humanismus ihn einer Schutzwehr beraubt. Von dem Augenblick an, da der Mensch keine Grenze seiner Macht mehr kennt, neigt er zur Selbstzerstörung«, so der französische Ethnologe Claude Lévi-Strauss. Als Beispiel für die Selbstzerstörung nennt er »die Konzentrationslager und, auf einem anderen Gebiet, schleichend, aber mit tragischen Folgen für die gesamte Menschheit, die Umweltverschmutzung«.[147]

An die Stelle des *Vitruvianischen Menschen* könnte ein posthumanes Wesen, ein Cyborg treten – oder ein Mensch, der sich weder im Zentrum einer göttlichen Ordnung verortet noch durch Technik sich »die Erde untertan« zu machen versucht. Dafür benötigt es ein Selbst- beziehungsweise ein Idealbild, das ihn nicht isoliert, sondern mit dem Planetaren verbindet. Dipesh Chakrabarty stellt in *Das Klima der Geschichte im planetarischen Zeitalter* ein solches Menschenbild in den Raum. Es fokussiert nicht auf den Gegensatz von Kultur- und Naturwesen, behauptet keine exzentrische Positionalität, die die Technisierung der Welt legitimiert, sondern wählt einen materiellen Zugriff, der gleichzeitig eine spirituelle Dimension aufzeigt. Chakrabarty bezieht sich dazu auf das bei Astronomie-Begeisterten populäre Motiv, dass die auf der Erde auftretenden chemischen Elemente bei nuklearen Reaktionen im Inneren von Sternen entstanden seien – und deshalb jeder menschliche Körper nichts weiter sei als eine Ansammlung von »Sternenstaub«. Die Vorstellung vom »Körper als ›Sternenstaub‹«, so Chakrabarty, lässt »den individuellen Körper in einer zusammenhängenden, netzwerkartigen Betrachtungsweise des physischen Universums aufgehen, die über die Frage menschlichen Gedeihens hinausweist«.[148]

Die Popularität, die der *vitruvianische Mensch* in der visuellen Kultur nach dem Zweiten Weltkrieg innehatte, erscheint als ein – verzweifelter – Beschwörungsversuch. Denn vor dem Hintergrund von Klimawandel und Umweltverschmutzung repräsentiert da Vincis *Proportionsfigur*, in der der Mensch das Zentrum der Welt ist, weder »ewige Harmonie« noch einen Weg in eine »heitere Zukunft«. Im Gegenteil: Aus dem Maß aller Dinge ist das Maß aller Undinge geworden: Anthropozentrismus steht für Weltzerstörung. Wenn wir den Planeten Erde bewohnbar halten wollen, müssen wir uns vom Anthropozentrismus verabschieden. »Ein wohlverstandener Humanismus«, so Lévi-Strauss, »beginnt nicht bei sich selbst.«[149] Der Mensch, so die Lehre aus den Zerstörungen, die das Anthropozän hervorgebracht hat, sollte nicht im Zentrum stehen – aber um sein eigenes Zentrum wissen.

Teil IV
SCHULD
Fundamente der Weltzerstörung

»Der tiefere Grund, warum wir uns heute in einer so gefährlichen Lage befinden, [sind] verfestigte Trends […], die tief in der Vergangenheit wurzeln.«[1]

Peter Frankopan

»Man muss damit rechnen, dass unser gegenwärtiges Umweltverhalten teilweise sehr alten Verhaltensmustern folgt, [wir müssen] in die Tiefe der Vergangenheit zurückgehen, um herauszufinden, wie unser gegenwärtiges Umweltverhalten vorprogrammiert ist.«[2]

Joachim Radkau

Stellen wir uns eine Gerichtsverhandlung vor. Es geht um die Zerstörung der Welt – und die Frage, wer welche Schuld daran trägt. Ankläger:innen sind jene Lebewesen und Existenzformen, deren Entfaltungsmöglichkeiten durch die Zerstörungen des Anthropozäns stark beeinträchtigt oder gar verunmöglicht wurden. Als Richterin agiert die Zukunft.

Grundlage des Prozesses sind Untersuchungen wie die von Aia, die das Ausmaß an planetarer Zerstörung offenlegen. Das Gericht hat die moderne Architektur als einen Motor der Zerstörung identifiziert, weshalb nun über die Schuld – und Selbstüberschätzung – von Architekt:innen verhandelt werden muss. Sie sitzen also auf der Anklagebank.

Die Beweislage ist erdrückend, doch wie in jedem fairen Prozess steht den Angeklagten eine Verteidigung zur Seite, die entlastende Argumente vortragen kann. Sie stellt der offenkundigen

Zerstörung die Rettungs- und Fluchtversuche gegenüber, zeigt auf, dass erstere für die redlichen Absichten der Angeklagten sprächen, und letztere zwar als unausgesprochenes Schuldeingeständnis, aber auch als Ausdruck aufrichtiger Verzweiflung gewertet werden könnten.

Vor allem gibt sich die Verteidigung aber nicht mit der Beweisaufnahme zufrieden. Sie glaubt nicht, dass man eine Schuld von Architekt:innen an der umfassenden Umweltzerstörung einfach an der CO_2-Emission der von ihnen erbauten Gebäude festmachen könne, schließlich seien diese nur eine Quelle unter vielen und zudem seien die Emissionen nicht intendiert gewesen, sondern ein unbeabsichtigter Nebeneffekt ansonsten guter Absichten. Stattdessen fragt die Verteidigung, ob die vorsätzliche Zerstörung der Welt – und nur eine solche wäre zu bestrafen – nicht Wurzeln habe, die viel tiefer in die Kulturgeschichte der Menschheit zurückreichten als die Moderne; ob also die Aggression gegen den Planeten, gegen andere Lebewesen und unbelebte Materie nicht auf einem viel älteren Fundament aufbaue, dessen Spuren dementsprechend in älteren historischen Schichten zu finden seien. Dieser Umstand, so die Verteidigung, ändere zwar nicht das Ausmaß der Zerstörung, das die modernen Architekt:innen bewirkt hätten, mindere aber doch ihre Schuld.

Der Umwelthistoriker Joachim Radkau hält es für möglich, »dass unser gegenwärtiges Umweltverhalten teilweise sehr alten Verhaltensmustern folgt«, weshalb wir »in die Tiefe der Vergangenheit zurückgehen [müssen], um herauszufinden, wie unser gegenwärtiges Umweltverhalten vorprogrammiert ist«.[3] Ins gleiche Horn stößt Peter Frankopan. Er meint, »der tiefere Grund, warum wir uns heute in einer so gefährlichen Lage befinden, [sind] verfestigte Trends [...], die tief in der Vergangenheit wurzeln«.[4] Es gilt also herauszufinden, in welchen historischen Tiefen sich diese »Trends« finden lassen.

Eine derartige Aufarbeitung ist für die Gestaltung einer lebenswerten Zukunft wichtig, denn die Schuld der Architekt:innen ist keine Erbsünde, man kann das »vorprogrammierte Umweltverhalten« ändern und selbst »verfestigte Trends« umkehren. Eine Anregung für den ersten Schritt in diese Richtung gibt Michel Foucault: »Man muss jene dunklen Formen und Kräfte aufstöbern, [...] sie aus dem Schatten jagen, in dem sie herrschen.«[5] Die von ihm in *Archäologie des Wissens* dazu vorgestellte Methode überträgt die archäologische Vorgehensweise auf die Auseinandersetzung mit Diskursen und Wissensstrukturen. Dabei soll »durch das Abtragen einzelner Schichten [...] die Spur verschütteter Voraussetzungen« herausgearbeitet werden, erklärt die Soziologin Franka Schäfer.[6]

Eine solche Übertragung der Methoden klassischer Archäologie auf kulturelle und politische Diskurse kann helfen, veraltete Selbstverständnisse zu überwinden und – auch in der Architektur – eine neue Perspektive auf die eigene Praxis zu eröffnen; einen Blick, der begreifbar macht, wie es zu dem heute offensichtlichen Ausmaß an Zerstörung durch Architektur kommen konnte – und was man in Zukunft anders machen muss. Um die andauernde Herrschaft der »dunklen Formen und Kräfte« aufzubrechen, müssen wir also auch unser aktuelles Agieren hinterfragen. In der Evolutionsbiologie bezeichnet man Merkmale und Verhaltensweisen von Lebewesen, die unter bestimmten Lebensbedingungen sinnvoll waren, sich neuen Verhältnissen aber nicht angepasst haben, als *Mismatch* oder als evolutionäre Diskrepanz. Ein *Mismatch* verschafft keine Vorteile, sondern ist für das Überleben in der neuen Lebenssituation hinderlich. Womöglich sind Architektur und Raumnutzung der Gegenwart ein gestalterisches *Mismatch*, weil unser, so nochmal Radkau, »Umweltverhalten« – das von Architektur zu einem erheblichen Anteil geprägt wird – noch immer »sehr alten Verhaltensmustern folgt«.

Voraussetzung für ein neues Welt- und Selbstbild, für eine zukunftsfähige (um den architekturgeschichtlichen Begriff semantisch neu zu codieren) Proportionsfigur ist also eine Überprüfung der architektonischen Gewohn- und Gepflogenheiten. Nur so können wir entscheiden, welche gestalterischen Übereinkünfte aus welchen inzwischen schädlich gewordenen Verhaltensmustern stammen und weshalb wir uns von ihnen verabschieden, ja sogar befreien müssen. Denn eine zukünftige – im Idealfall nicht anthropozentrische, sondern planetare – Architektur braucht ein neues Fundament, das eine postanthropozentrische Form der Mensch-Welt-Planet-Beziehung ermöglicht.

In der imaginären Gerichtsverhandlung einigen sich Anklage und Verteidigung auf einen gemeinsamen Argumentationsrahmen. Als Leitfaden und Interpretationsstütze dienen ihnen drei Schlüsselbegriffe, mit deren Hilfe man, so die Annahme, die Architektur des Anthropozäns und die ihr zugrundeliegenden Verhaltensmuster gut fassen und analysieren kann: Entfremdung, Herrschaft und Täuschung.

Nicht nur um eine etwaige Schuld zu verhandeln, sondern auch, um Ansatzpunkte für das notwendige neue Fundament zu finden, begibt sich Aia im Auftrag des Gerichts als eine Art Sonderermittlerin erneut auf eine Reise in die Welt der Architektur – »in die Tiefe der Vergangenheit« und zu den Abgründen der Gegenwart.

Entfremdung

... von der Arbeit (mit Marx zum Yoga) • ... von der Natur (Gilgamesch im pseudonatürlichen Mikrokosmos) • ... von der Wirklichkeit (Playtime im Simulakrum) • ... von der Gesellschaft (Sozialpalast vs. Wohnmaschine) • ... von sich selbst (Lebenslänglich im Fitnessclub)

»Entfremdung«, so die Schweizer Philosophin Rahel Jaeggi, war »lange Zeit Zentralbegriff linker (aber auch konservativer) Gesellschaftskritik«.[7] Er taucht bereits bei den Philosophen Jean-Jacques Rousseau, Georg Wilhelm Friedrich Hegel und Ludwig Feuerbach auf, aber seine große Karriere begann im 20. Jahrhundert, als Ende der 1920er Jahre die sogenannten *Pariser Manuskripte* von Karl Marx entdeckt wurden. In diesem Frühwerk beschrieb Marx »Entfremdung« als wesentliches Merkmal der Arbeitsverhältnisse im Kapitalismus. Aufgrund kapitalistischer Produktionsverhältnisse seien Arbeiter:innen von ihrer eigenen Arbeit und den durch sie hergestellten Produkten entfremdet, infolgedessen auch von der Natur, von ihren Mitmenschen und von sich selbst.

Im Siegeszug der Kritischen Theorie wurde »Entfremdung« als Ursache fast aller gesellschaftlicher Missstände angesehen, der Begriff wurde nicht nur als Kritik der ökonomischen Verhältnisse gelesen, sondern mit einer sozial-psychologischen Bedeutung aufgeladen; er beschrieb nun das Verhältnis des Menschen zur modernen Welt allgemein. Dadurch, so der Soziologe Hartmut Rosa, drohte Entfremdung »zu einer Leerformel zu werden [...], die auf alles und jedes angewandt wurde, was in irgendeinem Sinne als problematisch oder kritikwürdig erschien«. Mit Postmoderne und Poststrukturalismus geriet der Begriff zum Ende der 1970er Jahre, so Rosa, »›außer Mode‹«, weil die Entfremdungskritik als »›essentialistisch‹« wahrgenommen wurde, also als Konzept, das (den von den französischen Strukturalisten verworfenen) Vorstellungen von der »›wahren menschlichen Natur‹, den ›echten Bedürfnissen‹ oder Ähnlichem« verhaftet war.[8] Inzwischen erlebt die Entfremdungskritik eine Renaissance, und auch als Instrument für die Analyse von Architektur ist sie hilfreich. Der Grund dafür ist naheliegend: »Das Problem der Entfremdung«, so Jaeggi, »ist immer noch – vielleicht auch: wieder – gegenwärtig.«[9]

... von der Arbeit (mit Marx zum Yoga)

Für Marx ist der Mensch von sich aus produktiv, im Kapitalismus aber von seiner Arbeit entfremdet, weil er die zugrundliegenden Arbeitsverhältnisse, wie Jaeggi schreibt, »nicht um ihrer selbst eingegangen ist«,[10] sondern die ökonomischen und sozialen Bedingungen ihn dazu zwingen oder nötigen. Mit der Industrialisierung wurden die kapitalistischen Verhältnisse Grundlage der Architektur der Arbeitswelt. Mit der Brille »Entfremdung von Arbeitsverhältnissen« könnte man nun die Architekturgeschichte durchforsten und darlegen, inwieweit Architektur zu Entfremdung führt, ja sogar aufzeigen, dass viele Gebäude nur errichtet wurden, um Entfremdung aufrechtzuerhalten und dadurch Ausbeutungsverhältnisse zu festigen. Beispiele wären die Architektur von Fabriken, Verwaltungsgebäuden, Bürotürmen, aber auch die zur Arbeitswelt gehörenden Infrastrukturen; Kraftwerke und Bushaltestellen, Getränkekioske und Parkhäuser, Autobahnen und Großwohnsiedlungen – die Liste wäre lang. Diese Betrachtung würde von der westlichen Stadt des 19. Jahrhunderts und ihrem durch die Industrialisierung vorangetriebenen Wachstum zu den Megalopolen der Globalisierung des späten 20. Jahrhunderts führen, also zum Beispiel in chinesische Megastädte und dortige Hightech-Fabriken oder in die Sweatshops rund um Dhaka in Bangladesch.

Hartmut Rosa definiert Entfremdung als »eine tiefgreifende, strukturelle Verzerrung der Beziehungen zwischen Selbst und Welt, also der Art und Weise, in der ein Subjekt ›in die Welt gestellt‹ ist«.[11] Der Weltbezug habe sich durch die fortgesetzte Beschleunigung aller Lebensbedingungen, wozu insbesondere das Internet, die sozialen Medien und neue Kommunikationsformen beitrügen, grundlegend geändert.

Folgt man dieser Analyse, wäre es sinnfällig, wenn Aia bei der Suche nach Räumen und Arbeitswelten, in denen die Entfremdung eine neue, quasi postindustrielle Form gefunden hat, in den Zentralen jener Global Player beginnen würde, die mit ihren Produkten und Dienstleistungen Beschleunigung vorantreiben, eine als großes Freiheitsversprechen getarnte Entfremdungsmaschine vermarkten und mit dieser das Denken, Handeln und Träumen etlicher Menschen bestimmen – und es letztlich sogar zu steuern vermögen. Die Rede ist von den Big-Tech-Konzernen Apple, Meta und Google.[12]

Abb. 57: In der Komödie *Playtime* stellt der Regisseur Jacques Tati 1967 Monotonie und Entfremdung in der Moderne dar – ein Klassiker des Architekturfilms.

Facebook, 2004 von Mark Zuckerberg gegründet und inzwischen als Meta Platforms firmierend, baute sich 2015 im kalifornischen Silicon Valley eine neue Firmenzentrale. Das Unternehmen war in den Jahren zuvor erheblich gewachsen und hatte sein Geschäftsfeld ausgeweitet, das soziale Netzwerk als ursprüngliches Kerngeschäft war durch den Zukauf der Foto- und Videosharing-Plattform Instagram und des Messengerdienstes WhatsApp aktualisiert worden. Architekt der Firmenzentrale für

2800 Mitarbeitende ist der Formenakrobat Frank Gehry. Eigentlich für skulpturale Bauten berühmt, hat er für Facebook ein unspektakulär erscheinendes Gebäude entworfen. Dafür verfügt es mit einer Fläche von 40 000 Quadratmetern über »den größten offenen Grundriss der Welt«, so Mark Zuckerberg.[13]

Die Idee eines offenen Grundrisses entstand in der Klassischen Moderne und sollte ursprünglich ein Ausdruck von Freiheit sein – und freiheitlich soll es auch in der Zentrale von Facebook zugehen: keine entfremdete Bürowelt, wie sie der französische Filmemacher Jacques Tati in seinem Klassiker *Playtime* 1967 persiflierte, sondern ein spielerischer Freiraum ohne Grenzen. Der fließende, nicht durch feste Trennwände gestörte Raumfluss sei, so Gehry, Ausdruck von der »offenen und transparenten Kultur« Facebooks. Außerdem, so der Architekt weiter, soll das Gebäude »flexibel sein, um auf die sich ständig ändernden Gegebenheiten des Geschäfts« reagieren zu können.[14] Auch die Materialität spiegelt das Selbstverständnis des Unternehmens wider: Mit Wänden aus rohem Beton und sichtbar verlegten Rohrleitungen erinnert die Innenarchitektur nicht an ein Bürogebäude, sondern an ein Parkhaus – oder, ganz dem Gründermythos des Silicon Valley entsprechend, an eine Garage. Diese coole *roughness* wird ergänzt durch poppige Kunstwerke, die eine perfekte Kulisse für die hippe Selbstinszenierung auf Instagram abgeben. »Mit dieser Architektursprache«, so die Architekturkritikerin Doris Kleilein, »vermarktet Facebook wie kein anderes der großen IT-Unternehmen die Hacker-Kultur der Improvisation.«[15] Der Weltkonzern geriert sich als große, aber dennoch coole Bottom-up-Garage – ein Identifikationsangebot für die Mitarbeitenden, durch das das Gefühl von Entfremdung vermieden werden soll. An den tatsächlichen Macht- und Arbeitsverhältnissen ändert das natürlich nichts.

Einen vergleichbaren Weg ging Google, das sich ebenfalls eine Firmenzentrale im Silicon Valley, unweit von Meta, gebaut hat. Auch bei Google geht alles easy, entspannt und gemeinschaftlich zu, schließlich soll das Arbeitsumfeld die Kreativität fördern. Der

Entwurf des 2022 eröffneten Headquarters stammt von Bjarke Ingels und dem in London ansässigen Studio von Thomas Heatherwick.

Abb. 58: Im Google Headquarter entsteht unter dem großen Zeltdach eine flexible Bürolandschaft, die fast so beklemmend aussieht wie die in Tatis *Playtime*.

Die Flexibilität, die schon bei Facebook großgeschrieben wurde, wird hier ins Extrem getrieben. Der neue Google-Campus besteht aus drei zeltartigen Dachstrukturen. Unter jeder dieser Überdachungen befindet sich ein hallenartiger Raum, in dem variable kleinere Innenräume aufgebaut sind, die unkompliziert ersetzt oder veränderten Nutzungsanforderungen angepasst werden können.

Thomas Heatherwick preist den Entwurf aber nicht wegen dessen ökonomischer Funktionalität an, sondern aufgrund ganz anderer, eher als zwischenmenschlich zu bezeichnender Qualitäten. »Unser Ansatz«, so der Architekt, »konzentriert sich auf die Emotionen des Einzelnen und die Vorstellungskraft der Teams und darauf, wie man eine ganz andere Arbeitsatmosphäre schafft.«[16] Die räumliche Inszenierung erzeugt also – angeblich – das Gegenteil dessen, was man klassischerweise »Entfremdung« nennt. Vielleicht ist diese Behauptung aber auch nur ein Vermarktungstrick: Die wirtschaftlich attraktive Flexibilität wird zu sinnstiftender Offenheit stilisiert, die Arbeit im mit Boxen unterteilten Großraumbüro zu einer angeblich neuartigen Balance zwischen Individuum und Gemeinschaft überhöht. Es bleibt zu befürchten, dass ein umso stärkeres Gefühl von Entfremdung entsteht, wenn der Trick auffliegt und hinter den Kulissen der Offenheit die trostlose Realität sichtbar wird – die genauso aussieht (und funktioniert) wie die Bürolandschaften von Jacques Tati.

Abb. 59: Das 2017 eingeweihte neue Headquarter von Apple sieht aus wie ein UFO, das nichts mit der Umgebung zu tun haben will.

Eine andere gestalterische Strategie wählte Apple bei seinem 2017 eingeweihten, ebenfalls im Silicon Valley angesiedelten neuen Hauptquartier. In dem von Norman Foster entworfenen Gebäude arbeiten rund 10000 Menschen, und es sieht aus wie ein gigantischer Donut – der Durchmesser beträgt 461 Meter –, wie ein UFO oder, wie Steve Jobs, Mitbegründer und langjähriger CEO von Apple, bei der Projektvorstellung meinte: »Es ist ein bisschen, als wäre ein Raumschiff gelandet.«[17] Dieser Eindruck entsteht zum einen durch den für Foster charakteristischen – und auch gut zur Ästhetik der Produkte von Apple passenden – technizistischen Look aus Glas und Aluminium, zum anderen aber auch dadurch, dass das Gebäude nicht in die Umgebung integriert ist. Es ist nicht nur ästhetisch von seiner Nachbarschaft entkoppelt, sondern auch durch seine Erschließung: Sie erfolgt durch einen 230 Meter langen Tunnel.

So erscheint das UFO des Apple-Campus als ein Identifikationsangebot für aktuelle und zukünftige Mitarbeitende; eine technosakrale Architektur für die Hohepriester des »i«. Die besten Programmierer-, Produktdesigner- und Ingenieur:innen der Welt sollen nicht in irgendwelchen Gewerbebauten arbeiten, sondern in einem Tempel, der das Selbstverständnis, die »Identität« von Apple ausstrahlt. Auch hier wird – wie bei Google und Meta – Architektur eingesetzt, um über Entfremdung hinwegzutäuschen. Sie besteht noch, aber mit Hilfe von Architekt:innen wird sie als freundliches Identifikationsangebot verkleidet.

Der Kampf gegen das Gefühl von Entfremdung in der Zukunftsindustrie scheint kein rein westliches Phänomen zu sein. Der chinesische Tech-Gigant Huawai hat 2019 für 25000 Mitarbeitende in der Nähe von Shenzhen einen zehn Quadratkilometer großen Forschungscampus gebaut – oder besser, nachgebaut, denn hier finden sich Kopien von Bauwerken aus zwölf europäischen Städten, u.a. von Versailles und vom Heidelberger Schloss. Das »europäische Flair«[18] soll, so heißt es, die Kreativität der Angestellten fördern – und sicherlich auch das Gefühl vermitteln, dass mit den zu entwickelnden Zukunftstechnologien die (koloniale) Macht des Westens angeeignet und überwunden werden kann.

... von der Natur (Gilgamesch im pseudonatürlichen Mikrokosmos)

Aus der Entfremdung von der Arbeit ergab sich für Marx auch eine Entfremdung von der Natur. Die Bilder von rauchenden Fabrikschloten des 19.Jahrhunderts vor Augen und das Wissen um die gesundheitsschädliche Umweltverschmutzung in den damaligen industriellen Zentren im Kopf, wird dies unmittelbar nachvollziehbar. Heute verläuft die Entfremdung von Natur in einer anderen Weise: Natur wird nicht mehr nur als Ressource verstanden, die man einfach verbraucht oder gar unbedacht zerstört, sondern auch gezielt und wohlbedacht als Identifikationsangebot inszeniert. Natur (im Sinne eines ungestörten Ökosystems) bleibt dabei aber nicht unbeschadet, sondern wird verfremdet, wie die Firmenzentralen von Google, Meta und Apple zeigen. Denn bei allen drei Projekten spielt die Inszenierung einer (künstlich hergestellten) »Natur« eine wichtige Rolle.

Von der Entfremdung des Menschen von der Natur berichtet schon die bislang älteste bekannte schriftliche Überlieferung der Menschheit, das sumerische Gilgamesch-Epos aus dem 6.Jahrtausend vor unserer Zeit. Der Überlieferung nach war Gilgamesch König und Städtebauer, er gründete die Stadt Uruk, die er mit mächtigen Mauern schützte. Die Götter wollten ihn jedoch in seiner Macht beschränken. Um ihn vom Herrschen abzulenken, sandten sie ihm einen ihm ebenbürtigen Gegenspieler, den in der Wildnis aufgewachsenen »Naturmenschen« Enkidu. Doch als Enkidu die Stadt und ihre Verlockungen kennenlernte, wurde »er dadurch den Tieren entfremdet«, so der Schweizer Theologe Johann Jakob Stamm.[19]

Gilgamesch und Enkidu freundeten sich an und bekämpften gemeinsam die Natur und die Götter, bis diese Enkidu zur Strafe töteten. Angesichts des Todes seines Freundes wurde Gilgamesch sich seiner eigenen Endlichkeit bewusst und suchte nach dem Geheimnis des ewigen Lebens. Zunächst schien er dabei Erfolg zu haben, doch dann kam etwas dazwischen: Während er ein Bad nahm, fraß eine Schlange das von ihm gesammelte Lebenskraut; es hätte ihm fortwährende Jugend ermöglicht, doch nun war es verloren. »Das Gilgamesch-Epos«, so der Historiker Philipp Blom, »ist eine Geschichte eines Unwissenden, der alle möglichen Fehler macht, weil niemand sich erinnert, wie man [...] im Einklang mit der [...] Erde leben kann.«[20]

Eine Referenz an den verlorenen Einklang findet sich, in unterschiedlichen Ausformungen, auch in den Firmenzentralen von Google, Meta und Apple. Sie scheinen sich auf eine – einst heile – Natur rückbeziehen zu wollen. Die Meta-Zentrale sieht zwar im Inneren aus wie eine Garage oder ein Parkhaus, auf dem Dach aber befindet sich ein Garten, für den über 400 Bäume neu gepflanzt wurden. Er ist nicht nur mit einem Spazierweg und Sitzplätzen für die Mitarbeitenden ausgestattet, sondern dient auch als Brutbiotop für Vögel.[21] Echte Tiere sollen die Arbeitsplätze in dem eigentlich der Social-Media-Welt verpflichteten Unternehmen beleben, das sein Geld in Zukunft vor allem im virtuellen *Metaverse* verdienen will – eine zwitschernde, flatternde und Vogelmist hinterlassende *Contradictio in adiecto*.

Naturbezug steht auch im Zentrum des neuen Campus von Google. Mehrere hundert Eichen wurden gepflanzt, und es gibt auf dem Gelände künstlich angelegte Biotope für Salamander, Schmetterlinge, Frösche und mehrere Vogelarten. Außerdem wird auf dem Google-Campus Energiesparen großgeschrieben. Energie ist eine teure und kostbare Ressource geworden, und Suchanfragen ein Energiefresser. Der Standort will deshalb CO_2-neutral werden, innovative Technologie kommt zum Einsatz. Mit Geothermie werden die Gebäude im Winter geheizt und im Sommer gekühlt, zudem wird die Dachfläche für die Gewinnung von Sonnenenergie genutzt. Die Solarzellen sind nicht nur technische Applikation, sondern auch gestalterisches Element; sie werden von den Architekten liebevoll als »Drachenschuppen« bezeichnet. Dieses lokale ökologische Engagement (der immense Energieverbrauch des Produkts »Suchmaschine« bleibt davon unbeeinflusst) soll in Zeiten wachsenden Umweltbewusstseins zur positiven Identifikation – dem Gegengift zu Entfremdung – mit dem Unternehmen beitragen.

Wie Meta und Google beansprucht auch Apple, ein ökologisch nachhaltiges Headquarter geschaffen zu haben. Das Gebäude wird mit Energie aus Solaranlagen und Brennstoffzellen versorgt, noch wichtiger ist aber, dass sich im Inneren des riesigen Runds ein Park mit 9000 extra angepflanzten Bäumen befindet. Diese Bepflanzung nimmt nicht nur räumlich, sondern auch symbolisch eine dominante Rolle ein. Während das Gebäude wie ein Fremdkörper, ein UFO, ein Raumschiff wirkt, soll das Arboretum die enge Verbundenheit mit dem Ort ausdrücken. Im Park soll als »Mikrokosmos«[22] die lokale Flora des Silicon Valley rekonstruiert werden, wie sie vor Einzug der IT-Industrie ausgesehen haben könnte – allerdings nicht ganz naturgetreu, sondern (die Idee eines irdischen Terraformings lässt grüßen) in einer klimatologisch optimierten, genetisch diversifizierten und deshalb resilienteren Version: Im Anthropozän ist selbst die Natur ein vom Menschen geschaffenes Produkt. Eva Horn folgend sollten wir uns in Zukunft deshalb nicht nur »mit der Entfremdung von Mensch und Natur« auseinandersetzen, sondern vielmehr »mit deren fundamentaler Verfremdung«.[23]

... von der Wirklichkeit (Playtime im Simulakrum)

Die Anlage von Biotopen für bedrohte Tierarten, die Gewinnung erneuerbarer Energien vor Ort und die Einrichtung von naturnahen, sinnlich-anregenden Erholungsräumen erscheinen als ein merkwürdiger Kontrast zu den Produkten, die von Google, Meta oder Apple entwickelt und vermarktet werden. Vielleicht sind sie aber auch Gegengewichte; d.h. Unternehmen, deren Produkte die Welt zunehmend virtualisieren, versuchen, mit Architektur und Landschaftsgestaltung einen (letzten) Bezug zu der analogen Wirklichkeit herzustellen, die durch ihre Produkte ausgehebelt oder überwunden wird. Folgt man dieser Interpretation, steht der vom Apple-UFO eingeschlossene ökologische Mikrokosmos in einer direkten Beziehung zur iCloud, jener Datenwolke, deren physische Repräsentanten, die Datenserver, sich bislang der direkten Sichtbarkeit entziehen; der Dachgarten auf dem Meta-Headquarter wäre das Spiegel-Ich zum *Metaverse*, der virtuellen 3-D-Welt, in der Zuckerberg die Zukunft seines Unternehmens sieht und die direkt unter dem Dachgarten weiterentwickelt wird; und die Biotope für bedrohte Tierarten, die Google auf seinem Firmengelände eingerichtet hat, bieten Erdung und Bodenhaftung für Menschen, die für das Unternehmen jene künstliche Intelligenz entwickeln, die – möglicherweise, irgendwann – der menschlichen überlegen sein wird.

Auf der Suche nach einer Architektur, die die Entfremdung von Wirklichkeit ausdrückt, würde Aia auch versuchen, in virtuelle Räume einzutauchen, *Metaverse* und *Second Life* auszuprobieren, VR-Brillen zu benutzen und sich mit den physischen Vorläufern der virtuellen Welten auseinandersetzen, sich also mit Jahrmärkten, Freizeit-, Erlebnis- und Themenparks befassen, nach *Disneyworld* und *Legoland* reisen und sich über die von Rem Koolhaas so verehrten Vergnügungsparks auf Coney Island informieren. Bei ihren Recherchen stieße sie vielleicht auch auf die Kritik an der Kulturindustrie, nach der die »spätkapitalistische Gesellschaft«

mit all ihren Bildungs- und Unterhaltungsangeboten, wie der US-amerikanische Historiker Martin Jay pointiert zusammenfasst, lediglich »eine Art Pseudo-Zufriedenheit, eine trügerische Utopie, ein Palliativ« erschaffe, um die Entrechteten, Unterjochten, Verfremdeten stillzustellen.[24]

Doch die klassische Entfremdungskritik fasst nicht die Probleme einer Gesellschaft, in der sich die Lebenswelt von der Wirklichkeit entkoppelt – selbst da, wo sie, wie in den Firmenzentralen von Apple, Google und Meta, physisch höchst real ist. Natürlich kann man es als singuläre Absurdität abtun, dass für die Entwicklung von Produkten einer von der physischen Realität entkoppelten und durch künstliche Intelligenz kontrollierten virtuellen Welt das künstliche Abbild einer ökologisch heilen Welt geschaffen wird. Oder man versteht es als signifikantes Beispiel für die Mechanismen der Entfremdung in der Hyperrealität. Und man kann den fiktiven Mikrokosmos von Steve Jobs als eine architektonische Petitesse ansehen, als letzte gigantomanische Zuckung eines schwerkranken Unternehmers, der sich selbst ein Denkmal schaffen wollte. Oder man interpretiert den Apple-Park als architektonisches Beispiel für die kommende Hyperrealität. Denn er entspricht – geradezu idealtypisch – dem, was der französische Philosoph Jean Baudrillard als »Simulakrum« bezeichnet hat. Er ist eine Nachahmung von etwas, was es nie gegeben hat – die idealisierte Natur, die im Inneren des Donut angepflanzt wurde, ist kein Ökosystem, kann kein eigenständiger Mikrokosmos werden, sondern bleibt dessen landschaftsarchitektonisches Fake. Es dient – wenn überhaupt – der symbolischen Aufwertung des Unternehmensimages.[25] Die künstlichen Welten von Apple, Google und Meta sind keine Petitessen, keine singulären Absurditäten, sondern Sinnbilder der Gegenwart: Sie veranschaulichen, wie mit Architektur über ubiquitäre Entfremdung hinweggetäuscht werden soll.

... von der Gesellschaft (Sozialpalast vs. Wohnmaschine)

»Eine entfremdete Welt«, so Rahel Jaeggi, »präsentiert sich dem Individuum als sinn- und bedeutungslos, erstarrt oder verarmt, als eine Welt, die nicht ›die seine‹ ist, in der es nicht ›zu Hause‹ ist [...]. Das entfremdete Subjekt wird sich selbst zum Fremden.«[26] Das Zuhause, die Wohnung, wo man sich selbst nicht fremd sein soll, ist ein wichtiger Indikator dafür, ob Architektur Entfremdung erzeugt oder verhindert. Denn wenn Wohnen, um nochmals Heidegger anzuführen, die »Art [ist], wie du bist und ich bin, die Weise, nach der wir Menschen auf der Erde sind«,[27] dann bestimmt das Zuhause, die Wohnung, ob ich der Gesellschaft oder sogar mir selbst gegenüber entfremdet bin.

Zentrale Orte der Vergesellschaftung – der physische Arbeitsplatz, der Verein, die Kirche – nehmen im Leben vieler Menschen keinen großen Raum (mehr) ein; an die Stelle gelebter Gemeinschaft ist die virtuelle Interaktion in den sozialen Medien getreten. Auch die vorherrschenden Wohnformen fördern nicht Erlebnisse von Zusammengehörigkeit. Zwei Drittel aller Wohngebäude in Deutschland sind Einfamilienhäuser,[28] mit Gärtchen, Hecke und Zaun. Diese Wohnform ist nach außen abgegrenzt, fördert den Rückzug ins Individuelle und minimiert das Gemeinschaftliche. »Gesellschaft«, die miteinander im Austausch steht, die solidarisch ist, entsteht so nicht, sondern wird verhindert.

Auch die große Mehrheit der in Deutschland bestehenden Mehrfamilienhäuser glänzen – abgesehen von wenigen Wohngenossenschaften und Baugruppen – nicht mit Raumkonzepten, die Begegnung, Kommunikation und Austausch ermöglichen oder gar fördern. Auch in anderen Ländern sieht es nicht besser aus; gemeinschaftliches Wohnen bleibt eine Sonderform, für die es auf dem Immobilienmarkt kaum Platz gibt.

Diese Bestandsaufnahme steht im Widerspruch zum Kanon der Architekturgeschichte der Moderne, in dem immer wieder Beispiele herausgehoben werden, die für das genaue Gegenteil stehen sollen. Es gibt viele moderne Wohnbauten, in denen und durch die Gemeinschaft hergestellt werden sollte. Häufig wird Le Corbusiers *Unité d'habitation* von 1947 genannt, weil sie über einen Dachgarten mit Planschbecken und Kindertagesstätte verfügt.

Doch im sozialen Wohnungsbau, der ab der zweiten Hälfte des 20. Jahrhunderts in großer Breite im Westen betrieben wurde, fehlen derartige gemeinschaftsbildende Elemente fast völlig. Eine – vordergründig – nachvollziehbare Ursache für die geringe Verbreitung von Gemeinschaftsräumen ist, dass sie meist als Add-on zur Kleinfamilienwohnung gedacht sind und deshalb von Investoren und Bauträgern weggespart werden können. Doch womöglich liegt der Kern des Problems tiefer, nämlich darin, dass der soziale Wohnungsbau sich nicht wirklich am Sozialen im eigentlichen Wortsinn, also am Gemeinschaftlichen, orientiert.

Die Geschichte der Architektur kennt viele Modelle gemeinschaftlichen Wohnens, die meist mit einer radikalen Vorstellung von sozialer Gleichheit einhergehen. Eines der radikalsten stammt vom französischen Frühsozialisten Charles Fourier. Zwischen 1805 und 1808 erdachte er *Phalanstère* (bei den antiken Griechen war Phalanx der militärische Fachbegriff für geschlossene Reihen von Fußsoldaten; im 19. Jahrhundert wurde der Begriff im übertragenen Sinne verwendet, um eine Gruppe zu bezeichnen, die geschlossen für gemeinsame Ziele einsteht) beziehungsweise *Palais sociétaires* (Sozialpalast) genannte Anlagen. In der äußeren Erscheinung erinnern sie an absolutistische Schlösser – möglicherweise, wie Hanno-Walter Kruft meint, eine »Art von Racheäußerung« an die verhasste Epoche[29] –, ihr inhaltliches Ziel aber war, eine räumliche Organisationsform für eine sozialistische Gemeinschaft zu finden. Für jede:n der geplanten 1620 Einwohner:innen war in der *Phalanstère* ein privater Schlaf- und Wohnbereich vorgesehen, während Speisesäle, Gemeinschaftsküchen und das *rue-galerie* genannte interne Wegesystem das Miteinander befördern sollten.[30] Diese Form des Wohnens zielte nicht auf die Etablierung der Kleinfamilie – in *Phalanstère* sollte die Liebe frei sein und Kinder getrennt von den Eltern leben –, sondern auf einen Raum, in dem das Spannungsfeld zwischen dem mit Beginn der Aufklärung erstarkten Konzept von Individualität und den frühsozialistischen Vorstellungen von Gemeinschaft ausgelebt werden konnte.

Dass im Mittelpunkt des modernen Wohnungsbaus nicht die libertäre Kampfgruppe, sondern die bürgerliche Kleinfamilie steht, ist kein Zufall, »sondern Produkt gesellschaftspolitischer Entwicklung«, so die Soziologen Hartmut Häußermann und Walter Siebel, denn die »Familie in ihrer heutigen Form ist keine menschliche Grundkonstante, die außerhalb der Geschichte steht«.[31] Erster »Familiensinn« im heutigen Sinne, so die beiden Soziologen, entstand erst im 16. und 17. Jahrhundert, und das zunächst auch nur in den obersten sozialen Schichten, während es in bäuerlichen Familien »bis ins 19. Jahrhundert hinein noch keinen vom Gesinde, teilweise auch nicht vom Vieh getrennten Rückzugsort für familiale Privatheit« gab.[32]

Die heute so selbstverständliche Vorstellung der Kleinfamilienwohnung ist ein Produkt bürgerlicher Ordnungs- und Kontrollwünsche des späten 19. und frühen 20. Jahrhunderts, das bis in die Gegenwart fortwirkt. Im 19. Jahrhundert sollte der Wohnbedarf der von der wachsenden Industrie benötigten Arbeiter:innenschaft zunächst durch kasernenartige Bauten gestillt werden, aber schon Mitte des 19. Jahrhunderts kam in England die Idee der in sich abgeschlossenen Familienwohnung auf, die sich fortan als bestimmende Typologie durch den Wohnungsbau der Moderne zieht. Neben ihrem emanzipatorischen Moment hatte sie auch eine regressive politische Aufgabe: Die in der Wohnung »isolierte« Familie, so ein damals gebräuchlicher Ausdruck, sollte die

Abb. 60: Mit dem 1851 auf der Londoner Weltausstellung vom britischen Architekten Henry Roberts vorgestellten *Prince Albert Model Cottage* erhält das Ideal der in sich abgeschlossenen Familienwohnung Einzug in die Architektur – und bestimmt fortan die Vorstellung von gutem Wohnen.

Arbeiterschaft disziplinieren und die aus zufälligen Zusammenkünften resultierende Möglichkeit politischer Selbstorganisation verhindern oder zumindest erschweren. Das »Glücksversprechen von Privatheit und Individualität«, so die Architekturkritikerin Sabine Kraft, wurde »als probates Mittel gegen unberechenbare Formen der Solidarität« angesehen.[33] Gründe für das Fehlen gemeinschaftsfördernder Räume sind also nicht (nur) das Profitinteresse oder die Sparsamkeit von Investoren und Bauträgern, sondern die Absicht, gezielt die Entfremdung des Menschen von seinen Mitmenschen zu erzeugen beziehungsweise aufrechtzuerhalten.

Vor diesem Hintergrund bekommt der Begriff »Wohnmaschine« eine neue Sinnhaftigkeit. Der Wohnungsbau der Moderne erscheint nunmehr als eine Entfremdungsmaschine; ein Herrschaftsinstrument, das den auf Industrialisierung und Ausbeutung basierenden Wohlstand der bürgerlichen Gesellschaft sichern sollte. Soziales Wohnen ist nur in einer Gesellschaft möglich, die sozial ist.

... von sich selbst (lebenslänglich im Fitnessclub)

Laut Hartmut Rosa gibt es im gegenwärtigen Kapitalismus eine »neue Form der Entfremdung«, deren wesentliches Merkmal die Freiwilligkeit sei: »Menschen tun freiwillig etwas, was sie nicht ›wirklich‹ tun wollen«. Die Folgen dieser Diskrepanz sind laut Rosa drastisch, denn aus ihr erwachse »Entfremdung gegenüber den eigenen Handlungen«. Ursache dieser neuartigen Selbstentfremdung ist seiner Einschätzung nach die »Logik des Wettbewerbs«.[34]

Ein paradigmatischer Ort der freiwilligen Selbstentfremdung ist einer, an dem viele – durch technischen Fortschritt und Externalisierung im Wesentlichen von harter körperlicher Arbeit befreit – sich freiwillig körperlich anstrengen, schwitzen und schuften, sich quälen und verausgaben, nicht (nur), weil es Spaß macht, sondern (vor allem) weil sie glauben, mit einem optimierten Körper in einer von Konkurrenz und Wettbewerb geprägten Marktgesellschaft (sei es auf dem Partnerschaftsmarkt oder dem Arbeitsmarkt) sich besser behaupten zu können: das Fitnessstudio.

Der Idealtyp des Fitnessstudios ist der *Downtown Athletic Club* in New York. 1926 gegründet, richtete er sich an Geschäftsleute und Rechtsanwälte in Downtown Manhattan. Innerhalb der ersten zwei Jahre auf tausend Mitglieder angewachsen, bezog er 1930 ein eigens für ihn errichtetes (und selbstverständlich nach ihm benanntes) Hochhaus, das wegen seiner Art-déco-Architektur heute unter Denkmalschutz steht. Für die nun über 3500 Mitglieder, von denen rund tausend eine lebenslange Mitgliedschaft erworben hatten, gab es in dem 35 Stockwerke hohen Gebäude neben 143 Schlafzimmern, zahlreichen Bars und mehreren Speisesälen vor allem ein vielseitiges Sportprogramm. Im sechsten Stock befand sich ein Indoor-Golfplatz, das achte Stockwerk war dem Boxen (und Austernessen) gewidmet, das elfte Stockwerk war von einem Swimming Pool ausgefüllt, außerdem gab es Bowlingbahnen, Billardräume, einen Squash- und einen Tennisplatz sowie medizinische Einrichtungen. 1936 ging der Club bankrott, wurde aber in den 1950er Jahren wiedereröffnet. In Folge von 9/11 schloss der zuvor erneut in finanzielle Probleme geratene *Downtown Athletic Club* endgültig, inzwischen befinden sich in dem Gebäude hauptsächlich Wohnungen.[35]

Rem Koolhaas widmet dem *Downtown Athletic Club* 1978 in seinem Buch *Delirious New York,* das seinen Ruf, einer der wichtigsten Architekten der Gegenwart zu sein, begründete, ein eigenes Kapitel. Für ihn ist der Club »ein *Brutkasten für Erwachsene*, ein Instrument, das den Mitgliedern […] dazu verhilft, neue Stadien der Reife zu erreichen«. Zur Erlangung dieser »Reife« gehört für Koolhaas auch, dass die »Spitzenkondition«, die durch das Training zu erarbeiten ist, »den physischen Bereich transzendiert und geistig-mentale Qualitäten annimmt«.[36]

Die rein physische Arbeit im Fitnessstudio reicht also nicht mehr aus, um in den neoliberalen Verteilungskämpfen der Gegenwart zu bestehen. Nicht nur der Körper muss gestählt werden, sondern auch der Geist, die Psyche; gefordert sind mehr Achtsamkeit, mehr Resonanzfähigkeit, nicht nur Hard Skills, sondern auch Soft Skills. Deshalb wird Yoga, das Training für Körper und Geist (und als solches ein Musterbeispiel für westlich-kapitalistische Appropriation traditioneller Wissensbestände und Praktiken anderer Kulturen), in Deutschland inzwischen von der Krankenkasse bezahlt. In angeblich bis zu zweitausend Jahre alten Übungen sollen Praktizierende zu ihrem inneren Selbst finden – also der Selbstentfremdung, unter der sie leiden, entgegenwirken. Gleichzeitig soll, so zumindest die Vorstellung vieler Yoga-Lehrender, in den körperlichen Übungen auch eine Verbindung zu einem wie auch immer zu bestimmenden Übersinnlichen hergestellt werden. Aus der Mischung aus Gymnastik, Esoterik und Selbstfindungsversprechen ist eine eigene Industrie entstanden, mit einem weltweiten Umsatz von über 130 Milliarden US-Dollar jährlich.[37]

Selbst Marx wird von dieser Pseudo-Anti-Entfremdungs-Industrie eingeholt. Einflussreicher als seine Überlegungen zur Entfremdung war das *Kommunistische Manifest*, das er 1848 mit Friedrich Engels veröffentlichte. Mit der Gründung einer Kommunistischen Partei hofften sie, die Ursachen für die ungerechten Eigentums- und Produktionsverhältnisse – und damit auch die der Entfremdung – abzuschaffen. Wesentliche Teile des Manifests schrieb Marx in Brüssel, wo er von 1845 bis 1848 im Exil lebte. In seinem damaligen Wohnhaus befindet sich seit einigen Jahren ein Yoga-Studio. Ein historischer Zufall, aber in all seiner belanglosen Beliebigkeit auch symptomatisch: Entfremdung, so scheint es, wird heute nicht mehr an ihren Wurzeln, sondern in ihren Erscheinungen bekämpft.

Das kommunistische Manifest hat sich nicht als Lösung erwiesen, zumindest haben die politischen Akteure, die sich auf die darin formulierten Ideen beriefen, die Welt nicht zu einem besseren

Ort machen können. Stattdessen hat sich durch den globalisierten Kapitalismus die Entfremdung weiter verstärkt, so weit, dass viele Menschen nicht einmal mehr merken, dass sie (von anderen Menschen, von der Natur, der Wirklichkeit, der Gesellschaft, von sich selbst) entfremdet sind. Die Mehrheit der Menschheit scheint im Anthropozän so wenig Bezug zum Planeten zu haben, dass sie dessen Zerstörung nicht wahrnimmt – und so wenig Bezug zur Gesellschaft und sich selbst, dass sie die eigene Rolle in diesen Prozessen nicht sieht. So führt die Entfremdung direkt in die Weltzerstörung.

Entfremdung, so lässt sich resümieren, ist ein zentrales Fundament der Weltzerstörung – und sie wird durch Architektur verstärkt, wenn nicht sogar hergestellt. Aus der Entfremdung resultiert eine (von Architekt:innen vorangetriebene) Verfremdung des Planeten, die, wie Eva Horn meint, zu einem »›Unheimlich-Werden‹ von Lebenswelt« führt.[38]

Herrschaft

... über Grund und Boden (Eigentum als Anfang allen Übels) • ... über Raum (Infrastruktur und Kolonialismus) • ... über Pflanzen (vom Gewächshaus zur Ökosystemdienstleistung) • ... über Tiere (Zoo, Schlachthaus, Mäusebunker) • ... über Menschen (die gewalttätigen Wurzeln der Architektur)

Der Mensch, der selbsternannte »Herrscher und Besitzer der Natur«, tut der Erde, so könnte Aia konstatieren, fortwährend Gewalt an: Der Planet wird verfremdet und zerstört. Diese Gewalt sah die – diesbezüglich dominante – westliche Kultur als legitim an, als eine konsequente Folge des in der biblischen Schöpfungsgeschichte formulierten göttlichen Auftrags. Dort heißt es schließlich: »Und Gott segnete sie und sprach zu ihnen: Seid fruchtbar und mehret euch und füllet die Erde und machet sie euch untertan und herrschet über die Fische im Meer und über die Vögel unter dem Himmel und über alles Getier, das auf Erden kriecht.«[39] Heute sind rund 55 Prozent der weltweiten Landoberfläche durch menschliche Eingriffe verändert (um 1700, also vor Beginn der Industrialisierung, waren es erst fünf Prozent): durch Land- und Forstwirtschaft, aber auch durch Siedlungs- und Straßenbau, Industrie und Infrastruktur, Mülldeponien und Abraumhalden.

Auch bei der Erforschung der Architekturgeschichte begegnet Aia dem Versuch, die Natur zu beherrschen. Es beginnt schon mit Vitruvs Bild der Urhütte, denn das römische Wort für Haus, *domus*, steht in enger Verbindung mit dem *dominium*, dem römischen Begriff für Eigentum, Besitz, Herrschaft und Gewalt. Ein Haus – und sei es nur eine einfache Holzhütte – ist immer eine Form von Inbesitznahme und ein Versuch der Unterwerfung. In dem Bild von Architektur, das durch kulturelle Bilder wie das der Urhütte vermittelt wurde, manifestiert sich ein grundlegender Herrschaftsanspruch: über den Raum, der mit der Urhütte – und allen nachfolgenden Formen von Architektur – in Besitz genommen wird, über die Natur, die durch sie transformiert wird, und schließlich auch über die Menschen, die sie bewohnen bzw. benutzen sollen. Dieser Macht- und Herrschaftsanspruch wird durch Architektur sowohl symbolisch repräsentiert als auch materiell durchgesetzt.

Wenn wir Architektur als eine Sprache verstehen, die auf unterbewusster Ebene unser Denken und Handeln präformiert, dann ist es wichtig zu verstehen, welche Botschaften in dieser Sprache, der wir uns tagtäglich aussetzen, an uns gesendet werden. Denn die Räume, in die wir uns begeben, prägen uns auf unterbewusster Ebene. Aia muss herausfinden, wie Macht- und Herrschaftsanspruch und die damit verbundene Gewalt sich durch Architektur vermitteln. Nur so kann sie die Bedeutung von Architektur im Anthropozän vollständig erschließen.

... über Grund und Boden (Eigentum als Anfang allen Übels)

Aias Beschäftigung mit Macht, Herrschaft und Gewalt beginnt nicht bei Gebäuden, sondern bei ihren ökonomisch-rechtlichen Voraussetzungen, dem, worauf und woraus sie – sowohl im übertragenen als auch im wörtlichen Sinne – gebaut sind. In unserer Gesellschaft herrscht die Vorstellung, dass die Naturgüter (Grund und Boden, Wasser, Pflanzen und Tiere, Rohstoffe) in persönliches Eigentum übergehen können (nur Luft scheint davon bislang ausgenommen) und dass der:die Besitzer:in über dieses Eigentum nach (mehr oder weniger) freiem Belieben verfügen dürfe. Diese Vorstellung wurzelt im römischen Eigentumsrecht. Die Zerstörung, die von der Menschheit über die Welt gebracht wurde, beginnt womöglich genau mit dieser Vorstellung von Eigentum, weil sie der Motor für territoriale Expansion und schrankenlose Ausbeutung von Ressourcen war – und ist.

Das Römische Recht, so David Graeber und David Wengrow, unterscheidet zwischen »*usus* (das Recht zu nutzen), *fructus* (das Recht, die Produkte eines Gutes, etwa die Früchte eines Baumes, zu genießen) und *abusus* (das Recht zu beschädigen oder zu zerstören)«. Nur alle drei Formen zusammen gelten als echter Besitz, das »entscheidende Merkmal ist also«, so die beiden weiter, »dass man die Möglichkeit hat, [...] sein Eigentum [...] zu zerstören«.[40]

Die Krise, in der wir uns heute befinden, ist nur möglich, weil der westliche, in der Tradition des Römischem Rechts stehende Eigentumsbegriff Eigentum mit Verfügungsgewalt gleichsetzt, statt auch die Fürsorge mitzudenken, und deshalb die zerstörerische Ausbeutung der natürlichen Ressourcen des Planeten erlaubt, ermöglicht, ja: fördert.

Aus dem biblischen Auftrag, sich die Erde untertan zu machen, entwickelte der britische Philosoph John Locke im 17. Jahrhundert einen folgenreichen Eigentumsbegriff. Er sah es als Naturrecht an, dass der Mensch die Erde bearbeite: »Soviel Land ein Mensch bepflügt, bepflanzt, bebaut, kultiviert und soviel er von dem Ertrag verwerten kann, soviel ist sein Eigentum. Durch seine Arbeit hebt er es gleichsam vom Gemeingut ab.«[41] In dieser Logik entsteht Eigentum erst dann, wenn man Boden um- oder überformt.

Diese Argumentation entwickelte Locke eigentlich, um die Aristokratie (die das ihr gehörende Land nicht selber bestellte) in Frage zu stellen, sie diente dann aber der Rechtfertigung der kolonialistisch-expansiven Besiedlung und der Enteignung indigener Bevölkerungen; da wildbeutende und sammelnde Gesellschaften Land nicht in landwirtschaftlichem Sinne bearbeiteten, hatten sie es nach der von Locke abgeleiteten Perspektive noch gar nicht in Besitz genommen, das Land gehörte also niemandem. Schlimmer noch: Wenn die einheimische Bevölkerung das Land gegen die Siedler:innen verteidigte, verstieß sie damit in den Augen der

Abb. 61: Bei der Einweihung von Brasília wurde die koloniale Eroberung Brasiliens durch die Portugies:innen *reenacted*. Das Bühnenbild in Form eines Altars und einer minimalistischen Überdachung lieferte Oscar Niemeyer – man erkennt seine elegante Formensprache an der Wölbung.

Usurpator:innen gegen das Naturrecht, »herrenloses« Land in Besitz nehmen zu dürfen.

Die mit einem vermeintlichen Naturrecht argumentierende und auf Ausbeutung und Zerstörung beruhende Eigentumsvorstellung der westlichen Welt machte nicht nur blind für alle anderen Formen des Umgangs mit natürlichen Ressourcen, sondern befeuerte Gewalt und legitimierte Ungerechtigkeit.

Diese Ignoranz taucht auch noch in der Moderne des 20. Jahrhunderts auf. Als Brasília, die Ikone des modernen Fortschritts, gebaut wurde, war das Land, auf dem sie errichtet wurde, vermeintlich unbesiedelt, also unzivilisiert, »herrenlos« – so zumindest das damalige Narrativ. Dass das nicht stimmte, hat inzwischen der brasilianische Architekt Paulo Tavares nachgewiesen. Das Gebiet um Brasília war damals bereits seit langem besiedelt, und zwar von zwei verschiedenen indigenen Gruppen und von den Nachfahren geflohener Schwarzer Sklav:innen. Im Zuge der Bauarbeiten für die neue Hauptstadt wurden sie entrechtet. Zudem wurden sie vom Militär gezwungen, am Einweihungsgottesdienst der neuen Hauptstadt teilzunehmen, einer Art neokolonialistischem Reenactment jener Messe, die die portugiesischen Kolonisator:innen 1500 bei ihrer Landung in Brasilien abgehalten hatten. Für Tavares ist der Bau der neuen Hauptstadt deshalb sowohl ein »symbolisches Wahrzeichen der Moderne« als auch eine Form von »kolonialer Barbarei«.[42] Beides schließt sich, so die traurige Erkenntnis, nicht aus. Gut nachvollziehen kann man das am für die Messe von Oscar Niemeyer entworfenen Altar. »Die Holzstruktur und die gespannte Plane übersetzen das primitive Setting aus der Zeit der kolonialen Eroberung in die Sprache der Moderne«, so Tavares. Der Akt der Messe blieb aber dennoch ein Symbol der Unterdrückung, nur dass nun nicht mehr Portugies:innen, sondern ihre brasilianischen Nachfahren die Rolle der Eroberer innehatten, und dabei die Rechte der lokalen Bevölkerung genauso wenig achteten wie einst ihre Vorbilder.[43]

Wo, würde sich Aia fragen, ist die Architektur im Verlauf der Geschichte falsch abgebogen? Wäre das Anthropozän zu verhindern gewesen, wenn man Eigentum anders gedacht hätte, nicht als Ausbeutungs-, sondern als Sorgeverhältnis? Vielleicht. »Es war ein fataler, obschon sehr naheliegender Lapsus«, meint etwa Peter Sloterdijk, »daß das Weltvölkerrecht den Nationalstaaten [...] das Eigentum an den in ihren Territorien liegenden sogenannten ›Bodenschätzen‹ zuzusprechen bereit war.«[44] Aus Sicht von Sloterdijk wäre es besser gewesen, die natürlichen Ressourcen in »Analogie zu den von der UNESCO definierten Gegenständen des ›Weltkulturerbes‹ der Menschheit [...] zum allgemeinsamen Weltbodenschatzerbe zu deklarieren«.[45] So hätte der Raubbau an fossilen Energieträgern und damit auch der Anstieg des CO_2-Gehalts in der Atmosphäre – sprich: der Klimawandel – verhindert werden können.

Doch Sloterdijk traut dem Völkerrecht zu viel Weitsicht zu. Als nach dem Zweiten Weltkrieg UN und UNESCO gegründet wurden, stand der CO_2-Ausstoß noch nicht auf der politischen Tagesordnung. Während der »Großen Beschleunigung«[46], wie der Umwelthistoriker John McNeill die damals beginnende Phase rapiden Wachstums bezeichnet, wurde die Ausbeutung von natürlichen Ressourcen als Fortschritt, nicht als Gefährdung verstanden. Zu begreifen, dass die herrschende Vorstellung von Eigentum ein grundlegendes Problem darstellt, aber glücklicherweise keine unveränderliche Konstante ist, sondern nur eine historische Möglichkeit unter vielen anderen, ist die Aufgabe unserer Zeit. Das Gleiche gilt für ein Verständnis von planetarer Fürsorge, das in manchen Kulturen und historischen Epochen bestanden haben mag, von der Weltgesellschaft der Gegenwart sich aber erst noch zu eigen gemacht werden muss.

Wird Aia, wenn sie nach den Fundamenten der Schuld sucht, das abstrakte Konstrukt von Eigentum als Verfügungsgewalt anhand von architektonischen Manifesten erkennen? Womöglich müsste sie dazu auf andere Quellen zurückgreifen, bei denen noch unklar ist, ob sie zu den Überlieferungen zählen werden, die der Zukunft zur Verfügung stehen. Allerdings wird Aia aus den Verwüstungen, die der Mensch zeitigt, schließen können, dass er dem Planeten und den anderen auf ihm existierenden Lebewesen gegenüber keine Fürsorgepflicht empfunden hat – oder zumindest nicht genug, um der mit dem Anthropozän ihre volle Kraft entfaltenden, menschlichen Zerstörungswut Einhalt zu gebieten.

... über Raum (Infrastruktur und Kolonialismus)

Während die Konzeption von Eigentum die theoretische Grundlage für globalen Raubbau an natürlichen Ressourcen bildet, bilden Erschließung und Infrastruktur die praktische. Erschließung und Infrastruktur sind der Kitt, der eine heterogene Welt zusammenhält, weshalb sich an ihnen die jeweiligen Machtverhältnisse ablesen lassen. Erschließung ist ein Terminus technicus der Architektur und meint dort Zugangswege, also Treppenhäuser, Dielen, Flure, Gänge etc. Auch wenn dies meist untergeordnete Räume sind, halten sie das Gebäude zusammen und machen es nutzbar. Treppenhäuser und lange axiale Verbindungen werden deshalb in vielen (historischen) Repräsentationsbauten bewusst inszeniert. In der Stadt- und Raumplanung taucht der Begriff Erschließung ebenfalls auf; ein erschlossenes Grundstück ist – im Gegensatz zu einem unerschlossenen – an die öffentliche Verkehrs- und Versorgungsinfrastruktur angebunden. Es liegt also an einer Straße, es gibt Strom, die Wasserversorgung funktioniert, und die Müllabfuhr kommt auch vorbei. Erst durch die Erschließung mit Infrastruktur wird das Grundstück sinnvoll nutzbar.

Erschließung ist auch ein Fachbegriff in der Wirtschaft. Dort spricht man von der Erschließung von Ressourcen und von Märkten. Während die Erschließung von Ressourcen die Errichtung der zum Abbau von Rohstoffen notwendigen technischen Anlagen erfordert, umfasst die Markterschließung Maßnahmen, mit denen der sogenannte »Marktwiderstand« reduziert und überwunden werden soll, also Marketing und Werbung. Die Begriffe »Markterschließung« und »Markteroberung« werden häufig synonym verwendet.

Die wirtschaftliche Erschließung erfolgt nicht immer freiwillig. Zugang zu Märkten und Rohstoffen erfolgt oft durch Androhung oder Anwendung von (struktureller genauso wie militärischer) Gewalt. Dieser Zugang wird anschließend durch die Errichtung von technischer und militärischer Infrastruktur gesichert – und spätestens damit kommt die Architektur als Instrument zur Beherrschung von Raum ins Spiel, um das (militärisch und/oder wirtschaftlich) eroberte Gebiet durch den Aufbau von Infrastruktur zu erschließen. Für jede historische Epoche sind andere Infrastrukturen signifikant. Heute sind es (wie im ersten Teil dieses Essays besprochen) die Gas- und Ölpipelines, die von den Förderorten zu Kraftwerken und Fabriken führen, die Stromtrassen, die von den Kraftwerken den Strom bis in jeden Haushalt verteilen, und schließlich die Logistikzentren, Straßen- und Schienennetze, die die reibungslose Verteilung der durch die scheinbar grenzenlose Verfügbarkeit von Energie massenhaft produzierten Konsumgüter gewährleisten. So könnte man jede Epoche durchstreifen; im antiken Rom waren es Straßen und Aquädukte, in der Kolonialzeit Werften, Häfen und Lagerhäuser, während der Industrialisierung Fabriken, Eisenbahnen und Bergbauanlagen.

Was also erzählt die Architektur der Infrastruktur, was verrät ihre Sprache? Stellen wir uns vor, Aia würde im heutigen Hamburg (sie könnte aber auch nach Liverpool oder Lissabon, Nantes oder Sevilla reisen) den Hafen, das Kontorhausviertel oder die ehemalige Speicherstadt besuchen. Alte Straßenschilder mit Beschriftungen wie »Kamerunweg« oder »Am Windhukkai« würden sie auf die koloniale Vergangenheit der Stadt aufmerksam machen,

Abb. 62: Zwei Elefanten zieren den Innenhof des *Afrikahauses* in Hamburg; von einem Unrechtsbewusstsein ob der kolonialen Wurzeln keine Spur.

auch wenn die konventionelle Geschichtsschreibung lieber von Welthandel und Hamburgischem Bürgerstolz als von Ausbeutung und Ungerechtigkeit berichtet. Um dieses Spannungsfeld zu durchdringen, könnte Aia das *Afrikahaus* und das *Chilehaus* näher betrachten. Im Foyer des 1899 von einer Hamburgischen Reederei errichteten *Afrikahauses* steht die Bronzestatue eines afrikanischen Kriegers, den Innenhof zieren zwei steinerne Elefanten. Sie zeugen vom Stolz über die kolonialen Eroberungen. Von Unrechtsbewusstsein ob der verbrecherischen Wurzeln des symbolisierten Wohlstands nach wie vor keine Spur, eher das Gegenteil, denn stolz betonen die heutigen Eigentümer auf ihrer Webseite »die Besonderheit, die Individualität, die Tradition« des Gebäudes.[47]

Auch das *Chilehaus* stellt sich nicht in den größeren ökonomischen und politischen Rahmen seiner Entstehungsgeschichte. »Einzigartig, repräsentativ, legendär«, so titelt hier die Webseite der Eigentümer.[48] Doch nicht nur sie ignorieren die Geschichte. Das *Chilehaus* gehört seit 2015 wie die Speicherstadt zum UNESCO-Weltkulturerbe, aber nicht, weil es wie viele andere Gebäude in Hamburg ein Zeuge des erst durch Kolonial- und Welthandel akkumulierten Reichtums ist, sondern weil das 1922-24 von Fritz Höger errichtete Gebäude als besonders gelungenes Beispiel des Backstein-Expressionismus gilt. Höger, der auch für das *Atlantropa*-Projekt Gebäude entworfen hatte, war Nationalsozialist und Antisemit[49] – was der heutigen Begeisterung für seine Architektur aber kaum Abbruch tut. Die (vielen) Schattenseiten der Geschichte werden ausgeblendet, wenn nicht sogar in ihr Gegenteil verkehrt. So ließ die Präsidentin der Deutschen UNESCO-Kommission 2015 über das neue Hamburgische Welterbe verlauten: »Es steht für die Kultur der Weltoffenheit, die die Hansestadt seit jeher prägt.«[50]

Wenn man bereit ist, die Schattenseiten zu betrachten, entdeckt man vielerorts nicht Weltoffenheit, sondern Weltzerstörung. Wer heute in Hamburg in der historischen Speicherstadt in einem der neuen Restaurants essen geht oder in der Elbphilharmonie ein Konzert besucht, sollte nicht vergessen, dass der Reichtum des Anthropozäns, der sich dort zur Schau stellt, auch auf der menschenunwürdigen und verbrecherischen Ausbeutung von Sklav:innen beruht, weshalb die britische Geografin Kathryn Yusoff, den Diskurs um das Plantationozän fortführend, von »einer Milliarde Schwarzer Anthropozäne oder keinem«[51] spricht.

Das Prinzip Ausbeutung war mit dem Ende von Sklavenhandel und Kolonialismus nicht vorüber, denn seit der Industrialisierung habe, so Sloterdijk, lediglich eine »Ausbeutungsverschiebung« stattgefunden, weil sich die auf fossile Energie basierende Gesellschaft »in zunehmendem Maß auf nicht-menschliche Kraftquellen stützen« konnte.[52] Statt Menschen wurden nun natürliche Ressourcen ausgebeutet. Die emanzipatorische Kraft der modernen Gesellschaft, so Sloterdijks ernüchternde Schlussfolgerung, beruhe darauf, dass es durch die schein-

Abb. 63: Wie ein Schiffsrumpf schiebt sich das Chilehaus in den Stadtraum von Hamburg. Es steht auf dem Fundament kolonialer Ausbeutung, geriert sich aber als Ort der »Weltoffenheit«.

bar unbegrenzt zur Verfügung stehende fossile Energie möglich wurde, »weit verteilbare Reichtümer in Umlauf [zu] bringen«.[53] Die Errungenschaften der Moderne – neben Demokratisierung vor allem wachsender Wohlstand für alle und damit einhergehender sozialer Friede – basieren auf der zerstörerischen Ausbeutung von natürlichen Ressourcen. Diese Erkenntnis setzt sich durch, doch ein Ersatz ist noch nicht in Sicht.

Ein Gebäude, das diese Ausbeutungsverschiebung illustriert, ist die *Bourse de Commerce* in Paris. In dem 1767 entworfenen Rundbau wurde zunächst Getreide gehandelt, bis es zur Pariser Weltausstellung 1889 umgebaut und fortan als Handelsbörse genutzt wurde. Sie war also der Teil der ökonomischen Infrastruktur, die Kolonialismus und globalen Kapitalismus hervorgebracht hat. Im Saal, direkt unter der großen Glaskuppel, befindet sich ein zur Eröffnung der Weltausstellung fertiggestelltes, zehn Meter hohes und 140 Meter langes Monumentalgemälde, das – mit vollem imperialen Stolz – die wirtschaftlichen und politischen Selbstverständnisse der Oberschichten im 19. Jahrhundert darstellt: Insignien des Fortschritts wie Hafenanlage, Eisenbahn und Dampfmaschine stehen neben denen kolonialer Macht: dunkelhäutige Sklaven, die weißen Damen Luft zufächeln, nackte nordamerikanische Ureinwohner, die ihre Waffen vor in weiße Uniformen gewandeten Offizieren strecken sowie gezähmte exotische Wildkatzen, die als dekorative Staffage dienen. 2016-2021 wurde

Abb. 64: In der Pariser *Bourse de Commerce* setzt sich die schamlose Repräsentation globaler Ausbeutungsverhältnisse in die Gegenwart fort.

das Gebäude erneut umgebaut, seitdem beherbergt es als Privatmuseum die Sammlung von François Pinault, der sein Vermögen mit Luxusmarken und Kaufhäusern erworben hat. Für die neue Nutzung baute der japanische Architekt Tadao Andō in den runden Saal einen weiteren runden Körper aus perfekt geschaltem Sichtbeton. Er stellt zum einen innerhalb der Halle einen visuell neutralen Ausstellungsraum her, enthält aber auch Treppen und einen abschließenden Umgang, von dem aus man das historische Deckengemälde aus der Nähe betrachten und weitere kleinere Ausstellungsräume betreten kann.

Im neuen Museum werden die Ausbeutung von Menschen und die Zerstörung von Natur nicht reflektiert – weder die im Deckengemälde dargestellte noch die der Gegenwart. Stattdessen wird die Kontinuität der ungleichen Verteilung von Reichtum (worauf das Geschäftsmodell von Pinault beruht) in Beton (bei dessen Herstellung wiederum viel CO_2 emittiert wurde) gegossen; alles nur, um einen Raum zu schaffen, in dem schöner Kunst gehuldigt werden kann. Das gefeierte Prunkstück der kulturellen Infrastruktur von Paris ist eine schamlose Repräsentation der Weltverhältnisse, wie sie für die Gegenwart leider typisch ist.

Infrastruktur ist also nicht neutral, sondern trägt zur Entwicklung des Anthropozäns bei: Sie dient der Herrschaft über den Raum, der durch sie erobert, erschlossen und gesichert wird, und so auch über die Menschen, die in ihm leben.

... über Pflanzen (vom Gewächshaus zur Ökosystemdienstleistung)

Ein wichtiges Instrument der Raumbeherrschung waren in der Kolonialzeit Pflanzen. Die »wichtigste Schaltstelle« für den Austausch von Pflanzen zwischen dem Deutschen Reich und den Kolonien war der Botanische Garten Berlin. »Fast täglich wurden Pflanzen und Samen an experimentelle Gärten oder private Unternehmen in den Kolonien sowie an andere Botanische Gärten im Kaiserreich und Europa versendet«, so der Historiker Lukas Liebich. »Das konkrete ökonomische Ziel dieser Infrastruktur war es, eine Unabhängigkeit von Rohstoffimporten aus anderen Ländern herbeizuführen. Insbesondere Nutzpflanzen und Konsumgüter wie Kaffee, Kakao, Kautschuk, Baumwolle, Tabak, Sisal und Ölpalmen gehörten zu den begehrten Pflanzen.«[54] Die Botanischen Gärten hatten zudem die Aufgabe, die Kolonisator:innen mit Pflanzmaterial zu versorgen. Außerdem hatte die Präsentation von Pflanzen aus den Kolonialgebieten in Botanischen Gärten noch einen anderen, politisch erwünschten Nebeneffekt, weil sie »im Kaiserreich [...] dazu beitrug«, so Liebich, »Begeisterung für dic koloniale Expansion hervorzurufen«.[55]

Alle Kolonialmächte agierten ähnlich. Aus wirtschaftlichem Interesse wurde, so der Botaniker Stefan Schneckenburger, ein »transkontinentaler Nutzpflanzentransfer«[56] zwischen Amerika, Asien und Afrika durchgeführt, mittels dessen in den Kolonien ganze Ökosysteme durch großflächige Plantagen ersetzt wurden. Die in den Palmengärten Europas stolz präsentierten – und später in den Vorgärten der Einfamilienhaussiedlungen heimisch gewordenen – Zierpflanzen sind also die botanischen Repräsentanten einer umfassenden (und zerstörerischen) Transformation.

Abb. 65: Ein Gewächshaus als Hülle für die erste Weltausstellung: der 1851 von Joseph Paxton erbaute *Crystal Palace* in London.

Ein architektonischer Grundpfeiler dieser Transformation ist das Gewächshaus. In ihm konnten die klimatischen Bedingungen der eroberten Gebiete auch in Europa simuliert werden, was Voraussetzung für agrarökonomische Optimierung und gezielte Züchtung war. Da die Plantagen in den Kolonien auch »Rohstoffe für die fortschreitende Industrialisierung«[57] in den »Mutterländern« (so die damalige euphemistische Selbstbezeichnung) lieferten (z.B. Kautschuk), waren die europäischen Gewächshäuser auch ein Baustein der Industrialisierung.

Deshalb verwundert es nicht, dass die Gebäudehülle für die 1851 in London ausgerichtete erste Weltausstellung, dem globalen Marktplatz der Industrialisierung, ein überproportioniertes Gewächshaus war. Der vom gelernten Gärtner Joseph Paxton gebaute *Kristallpalast* repräsentierte eine damals als zukunftsweisend angesehene Technologie, nicht nur, weil der Bau aus Eisen und Glas konstruiert war, sondern eben auch, weil das Gewächshaus und die in ihm gezüchteten Pflanzen ebenfalls als gesellschaftlicher Fortschrittsmotor angesehen wurden.

Diese Rolle wird Gewächshäusern heute nicht mehr zugewiesen, die Nachkommen dieses Gebäudetyps haben inzwischen eine andere Funktion. Sie sind entweder Teil der industriellen Landwirtschaft oder dienen der Inszenierung einer Art biologischer Arche Noah, fungieren als künstliche Biotope, also als Resträume, die wir einer – menschlich kontrollierten – Natur noch zugestehen. Besonders anschaulich wird diese Funktion an Grimshaws *Eden Project* in Cornwall. Der Bautyp »künstliches Biotop« kommt aber auch in alltäglichen Kontexten vor, nämlich in zeitgenössischen Bürogebäuden. Vorreiter war das von Norman Foster 1997 für die Commerzbank in Frankfurt errichtete Headquarter, das der Architekt als »ersten ökologischen Büroturm der Welt«[58] bezeichnet. In dem Hochhaus sind neun Gärten verteilt, sie sind das zentrale Kommunikationselement des neuen ökologischen Fortschrittversprechens, dienen aber auch dem Wohlbefinden der Angestellten, eine Maßnahme, die Rem Koolhaas schon in den 1970er Jahren vorhergesehen hatte. Er schreibt in *Delirious New York*: »Nachdem die Natur von der Metropole ausgemerzt worden ist, erlebt sie nun im *Inneren* des Wolkenkratzers ihre Auferstehung, als eine seiner unzähligen Schichten, als technische Dienstleistung, die den Bewohnern der Metropole die nötige Erholung von ihrem aufreibenden Alltag gewährt.«[59]

Die Gärten im dreieckigen *Commerzbank Tower* haben unterschiedliche Themen, je nach Himmelsrichtung findet sich, wie die Bank auf ihrer Webseite schreibt, »mediterrane, nordamerikanische und asiatische Vegetation«.[60] Wie in den Palmenhäusern des Kolonialismus wurden die Pflanzen »transkontinental« aus (fast) der ganzen Welt zusammengetragen – schließlich ist die Bank ihrem Selbstverständnis nach ein Global Player und bildet deshalb in der Zentrale ihre Märkte auch botanisch ab. Die Gärten sollen also nicht nur die Zufriedenheit der Angestellten erhöhen, sondern auch den globalen Herrschaftsbereich des Unternehmens repräsentieren. Der *Commerzbank Tower* wurde 1997 fertiggestellt und ist immer noch ein Vorbild. So hat sich beispielsweise Baidu, das chinesische Äquivalent zu Google, 2019 als neues Headquarter ein auf klassische Weise Macht repräsentierendes Hochhaus errichtet, das aber, dem Bau von Norman Foster ähnlich, über hängende Gärten verfügt.[61]

Doch die Ansprüche an in Gebäude integrierten Grünraum sind gewachsen, wie man an neueren Projekten nachvollziehen kann. Amazon hat 2018 ein neues Headquarter in Seattle bezogen, zu dem auch ein *Spheres* genanntes Bauwerk gehört. Es besteht aus drei ineinander verschränkten, fast kugelförmigen *domes* und wirkt wie eine zusammengeschrumpfte, verdichtete Version des *Eden Project*; vielleicht ein Vorbote für die Welt, die Amazon-Gründer Jeff Bezos dereinst im Weltall schaffen will, aber sicherlich auch ein Statement zur irdischen Funktion von Architektur. Die Kuppeln, in denen sich Besprechungsräume, Büros und Verkaufsflächen befinden, sind in »Neue Welt« und »Alte Welt« aufgeteilt und beherbergen 40000 Pflanzenarten aus 50 Ländern. Wie beim *Commerzbank Tower* wird die kolonialis-

Abb. 66: Die *Spheres* von Amazon in Seattle – Vorboten für die künstliche Welt, die Bezos im Weltraum schaffen will?

tische Tradition auch hier fortgesetzt: Der globale Machtanspruch des Unternehmens wird in Herkunft, Vielfalt und Menge von Pflanzen ausgedrückt.

Die »Errichtung nicht heimischer Ökosysteme« und aufwendiger »hängender Gärten« als Repräsentation von Macht war übrigens, so Peter Frankopan, schon in den frühen mesopotamischen Städten üblich.[62]

Vom Grünraum im Hochhaus ist es nicht weit zum Hochhaus als Grünraum, denn es braucht – so eine weitverbreitete Annahme – möglichst überall Pflanzen, um im postfossilen Zeitalter ökologisch nachhaltiger zu werden. Ein prominentes Beispiel dafür ist *Bosco Verticale*, ein Ensemble aus zwei Hochhäusern, die der italienische Architekt Stefano Boeri 2013 in Mailand fertigstellte. Auch hier gibt es eine Art hängender Gärten, in den Fassaden der beiden 110 und 80 Meter hohen Gebäude sind etliche bis zu 1,3 Meter tiefe Betonwannen integriert, in die 900 Bäume und 2000 weitere Pflanzen gesetzt wurden. Dabei wurde – natürlich – auf biologische Vielfalt geachtet: Es gibt im vertikalen Wald von Mailand allein zwanzig verschiedene Arten von Laub- und Nadelbäumen. Da sich die Pflanzwannen auf auskragenden Balkonen befinden, können die Bäume mehrere Stockwerke hoch werden. Das Modell macht Schule, Boeri hat 2022 in China einen weiteren vertikalen Wald realisiert und

Abb. 67: Die Stadt wird zum vertikalen Wald: die 2013 von Stefano Boeri in Mailand fertiggestellten Hochhäuser *Bosco Verticale*.

2021 in den Niederlanden sogar einen *Bosco Verticale* als sozialen Wohnungsbau verwirklicht.

Dass Boeris Hochhäuser begrünt sind, hat nicht nur eine ästhetische, sondern auch eine ökologische Funktion. Die Pflanzen sollen CO_2 binden, angeblich entspricht die Anzahl an Bäumen, die auf den beiden Hochhäusern gepflanzt sind, der in einem Wald von 30000 Quadratmetern.[63] Auch mikroklimatisch sollen sie wirksam sein, denn im Sommer spenden die Pflanzen Schatten und kühlen durch Verdunstung, außerdem filtern sie Schadstoffe aus der Luft. *Bosco Verticale* wurde mit vielen Architekturpreisen ausgezeichnet, das Hochhaus als Wald scheint den Zeitgeist perfekt zu treffen. Doch es gibt auch kritische Stimmen, die anzweifeln, dass Boeris Bauten tatsächlich einlösen, was sie versprechen. »Unbestritten positiv ist«, so etwa die Schweizer Architekturkritikerin Sabine von Fischer, »neben der Hitzeminderung, der ästhetische Aspekt: Der grüne Schleier hüllt Beton, Stahl und Glas in zauberhafte Muster.« Doch die behauptete ökologische Funktion hält sie für »grünes Getöse«, zum Beispiel, weil nicht einmal das CO_2, das bei der Produktion für die großen Pflanzwannen und Betonbalkone emittiert wurde, von den Bäumen wieder eingefangen werden könne. Die »Klimabuchhaltung«, so von Fischer, gehe nicht auf.[64]

An diesen rechnerischen – und damit letztlich auch ökonomistischen – Überlegungen wird deutlich, dass es sich beim *Bosco Verticale* nicht um Natur um ihrer selbst willen handelt, sondern dass die Pflanzen in einen Funktionszusammenhang eingebettet sind, in dem sie für den Menschen einen konkreten Nutzen haben. In den Umweltwissenschaften spricht man bei derartigen Naturbeziehungen von »Ökosystemdienstleistungen« – die Natur wird der Herrschaftslogik der Marktwirtschaft unterworfen. Das ist Herrschaft über Natur: In der Dienstleistungsgesellschaft wird auch sie zum Dienstleister degradiert.

... über Tiere (Zoo, Schlachthaus, Mäusebunker)

In Berlin steht ein großes Schlachtschiff aus Beton, 148 Meter lang und 38 Meter breit; es hat kleine Fenster, die wie Schießscharten aussehen, außerdem ragen an Kanonengeschütze erinnernde Röhren aus der Fassade. Das Gebäude wurde 1969 von Magdalena und Gerd Hänska entworfen, aber erst 1981 fertiggestellt. Umgangssprachlich wird es *Mäusebunker* genannt, in ihm befanden sich die Zentralen Tierlaboratorien des Universitätsklinikums, und wie der Volksmund schon verrät, wurden in dem Gebäude Tierversuche vorgenommen sowie die dafür notwendigen Lebewesen gezüchtet und gehalten. Die formale Sprache des Gebäudes passt zur Brutalität von Tierversuchen, die martialische Architektur strahlt aus, dass hier der Mensch mit dem Tier auf Kriegsfuß steht, kein freundschaftliches, konviviales Verhältnis zu ihm pflegt, sondern ein gewalttätiges.

Seit 2023 steht das Gebäude unter Denkmalschutz. Wer denkt, dabei ginge es darum, an Tierversuche und das problematische Mensch-Tier-Verhältnis im Anthropozän zu erinnern, sieht sich getäuscht. Für das verantwortliche Landesamt für Denkmalpflege ist das Gebäude schützenswert, weil es ein »hervorragender Exponent einer brutalistischen Gestaltungsauffassung« sei.[65] Brutalismus, so viel sei zum Verständnis erläutert, bezeichnet eine Architekturströmung ab den 1960er Jahren, der Begriff leitet sich von der französischen Bezeichnung für Sichtbeton, *béton brut*, ab. Auch wenn der Terminus in der Architektur nichts mit dem (hier räumlich umgesetzten) Mensch-Tier-Verhältnis zu tun hat, passt er zu diesem dennoch sehr gut.

Abb. 68: Der *Mäusebunker* sieht aus wie ein abgewracktes Schlachtschiff; das brutalistische Gebäude steht seit 2023 unter Denkmalschutz.

Dieses ließe sich auch an vielen weiteren Architekturen demonstrieren, neben Tierversuchsanstalten natürlich an den Anlagen der Massentierhaltung und vor allem an Schlachthöfen. In Städten wie Wiesbaden, Karlsruhe, Berlin und München bezeichnet der Name »Alter Schlachthof« inzwischen innerstädtische Wohnviertel, alternative Kulturzentren oder Eventstandorte; die historische Substanz wurde bei diversen Umbaumaßnahmen meist erhalten und behutsam umgebaut. Ziel war dabei nicht, die Gebäude aus dem 19.Jahrhundert als eine Art Mahnmal zu erhalten, sondern sie wurden – und werden – als schön, angenehm, identitätsstiftend wahrgenommen. Dass dem so ist, geht auf eine erklärte gestalterische Strategie zurück, denn bauzeitliche Absicht war, das »Widerliche, welches aus den Zwecken der Anstalt hervortritt, durch die Kunst des Architekten gewissermaßen zu verhüllen«, wie es der Karlsruher Veterinär August Lydtin anlässlich des Baus des dortigen Schlachthofs 1885 formulierte.[66] Architektur wurde bewusst eingesetzt, um über Gewalt, Leid und industrialisiertes Töten hinwegzutäuschen.

Ein weiteres anschauliches Beispiel ist der Zoo. An seiner Architektur lassen sich Veränderungen des Mensch-Tier-Verhältnisses gut ablesen. Vorläufer des Zoos waren aristokratische Gärten, in denen Tiere für die Jagd bereitgehalten wurden, und Menagerien, in denen exotische Tiere in meist engen Käfigen als dekorative Trophäen aus fernen Ländern und eroberten Kolonien gehalten wurden. Im Zuge der Aufklärung entstanden daraus die ersten öffentlich zugänglichen Zoos. Doch nur langsam entwickelte sich aus »der Einrichtung zur Demonstration politischer Macht«, so die Architektin und Zooexpertin Natascha Meuser, »ein Ort wissenschaftlichen Erkenntnisinteresses«.[67]

Doch am Anfang standen im Zoo politische Interessen im Vordergrund, schließlich verkörperten die gezeigten Tiere die erfolgreiche Kolonialisierung ihrer Herkunftsländer. Meist wurden die Tiere in pittoresken Gebäuden ausgestellt, die weniger auf Landschaften – dem Habitat der Tiere – als auf Repräsentations- und Sakralarchitektur der unterworfenen Gebiete Bezug nahmen. Die so entstandenen Fantasiearchitekturen dienten auch dazu, im »Mutterland« das Bild der kolonialen Eroberungen zu prägen.

Die nächste Stufe in dieser Entwicklung leitete 1907 Carl Hagenbeck ein, der in seinem Hamburger Tierpark das erste Freigehege eröffnete. Die Tiere wurden nun in einer »natürlichen« Szenerie präsentiert, ohne Gitter und Zäune, stattdessen trennten auf den ersten Blick nicht sichtbare, weil in die Landschaft eingebettete Gräben die Tiere von den Besucher:innen.

Die funktionalistische Moderne lehnte dieses simulative Vorgehen ab, schließlich suchte sie, so zumindest das Selbstverständnis, nach Ehrlichkeit. An die Stelle der Simulation von Natürlichkeit traten moderne Materialien wie Beton, Stahl und Keramikfliesen. Vorreiter dieser Haltung waren der vom russischen Konstruktivismus geprägte georgisch-britische Architekt Berthold Lubetkin und das von ihm mitbegründete Büro *Tecton Group*. Lubetkins berühmtester Bau ist das 1934 eingeweihte Pinguinbecken im Londoner Zoo, über das der Bauhäusler László Moholy-Nagy sogar einen Film drehte. Der *Penguin Pool* »war die Antithese zu den die Natur imitierenden Zoos jener Zeit«, so die Designkritikerin Katharina Horstmann.[68] Statt eine felsige Eislandschaft als »natürliche« Umgebung nachzuempfinden, baute Lubetkin für die Vögel eine Art moderne Wohnmaschine. Über das zentrale Wasserbecken führte er zwei filigrane, wie eine Doppelhelix ineinander gedrehte Rampen, auf denen die Pinguine auf- und abwatscheln konnten. Ansonsten: Weiße Wände und am Boden des Wasserbeckens blaue Mosaikfliesen. Nichts sollte von den Pinguinen ablenken. Seit 1970 ist der Pavillon denkmalgeschützt, steht aber seit 2004 leer. Die Pinguine leben inzwischen in einem, wie man heute sagt, »naturnah« ge-

Abb. 69: Eine moderne »Wohnmaschine« für Pinguine baute Berthold Lubetkin 1932 im Zoo von London.

stalteten Gehege. Die minimalistisch-funktionalistische, geradezu vermenschlichende Architektur ist in Zoos heute nicht mehr in Mode. Stattdessen werden Konzepte entwickelt, in denen die Tiere mehr Platz haben und sich freier bewegen können. So stellte beispielsweise Bjarke Ingels 2014 die Konzeptstudie *Zootopia* vor, in der, so die Idee, die Tiere sich in einer Art Parkfläche bewegen und die Menschen sich ihnen in verspiegelten Kapseln unauffällig nähern. Letztlich wird so aber über das bestehende Herrschaftsverhältnis hinweggetäuscht. Wir müssen, so scheint es, heute den Sieg über die Natur – die vormals gefährlichen, wilden Tiere – nicht mehr demonstrieren, im Gegenteil, unsere Übermacht ist uns so unheimlich geworden, dass wir sie verschleiern wollen.

Statt Herrschaft wird heute Tierschutz großgeschrieben, nicht nur als Herausforderung für die Gestaltung der Zoos, sondern auch als eine neue Legitimation. Zoos verstehen sich inzwischen als Akteure des Artenschutzes – schließlich (über)leben in ihnen Arten, die in freier Wildbahn längst ausgestorben sind. Aus dem Zoo, so scheint es, wird entweder eine Art »Öko-Erlebnispark«[69] oder ein Museum für noch nicht ausgestorbene Lebewesen. In den Zoos der Zukunft soll Besucher:innen ein immersives Erlebnis geboten werden. Inmitten lauter illusionistischer Künstlichkeit sollen sie das Gefühl bekommen, in eine andere – wirklich erscheinende – Welt einzutauchen. Die sich dabei selbst zugewiesene Aufgabe dieser Einrichtungen ist, für Klimawandel, Artensterben und Umweltzerstörung zu sensibilisieren, schließlich sei »der Zoo wichtigster Botschafter«, so Natascha Meuser, um »auf die extreme Zerbrechlichkeit und auf den angeschlagenen Zustand unseres Planeten aufmerksam« zu machen.[70]

Egal, mit welcher Bedeutung Zoos aufgeladen werden – Repräsentation kolonialer Macht, wissenschaftliches Erkenntnisinteresse, Kampf gegen Umweltzerstörung –, immer sind sie Orte, an denen Wildtiere in Gefangenschaft gehalten und für gesellschaftspolitische Zwecke instrumentalisiert werden. Die zeitgenössische Argumentation, dass Zoos die Artenvielfalt erhalten würden, entspringt einer subtilen Herrschaftsstrategie (die nicht nur bei

Tieren, sondern auch bei Menschen angewendet werden kann): Hegemonie wird dadurch zu legitimieren versucht, dass sie den Beherrschten (hier: die in den Zoos gehaltenen, vom Aussterben bedrohten Tiere) angeblich zum Guten gereiche.

Im Zoo täuschen wir uns über die Herrschaft, die wir über die Natur ausüben, und die Zerstörung, die wir in ihr anrichten, hinweg. Die Schriftstellerin Sabine Scho bringt die der Zoo-Architektur zugrundeliegende Absurdität folgendermaßen auf den Punkt: »Künstlich bauen wir en détail wieder auf, was wir en gros zerstören.«[71]

... über Menschen (die gewalttätigen Wurzeln der Architektur)

Die Gewalt, die der Mensch dem Planeten und den ihn bewohnenden Lebewesen antut, fügt er auch sich selbst zu – bis hin zur Selbstvernichtung; ein Phänomen, das man historisch bei vielen Kulturen entdecken kann. Bei ihren Untersuchungen würde Aia lernen, dass schon viele Zivilisationen untergegangen sind; sie würde sich deshalb wohl wenig darüber wundern, dass die Menschheit im Anthropozän bereit ist, ihre eigenen Lebensgrundlagen – wissentlich – zu zerstören. Bei ihrer Suche nach Spuren von Herrschaft und (Selbst-)Zerstörung in der »Tiefe der Vergangenheit« würde sie, so ist gut vorstellbar, auch auf die rätselhafte Kultur der Osterinsel stoßen, von der nicht viel mehr übriggeblieben ist als mehrere hundert gigantische, anthropomorphe Obelisken.

Als 1722 die ersten Europäer auf der pazifischen Insel eintrafen, war die Insel komplett entwaldet, der Boden stark erodiert und die dort lebenden Menschen verfügten weder über die Werkzeuge noch über die Kulturtechniken, die für die Errichtung derartig großer Steinskulpturen notwendig gewesen wären. Der amerikanische Anthropologe Jared Diamond geht davon aus, dass die Ursache für den Untergang der Osterinsel-Kultur ein Raubbau an ökologischen Ressourcen gewesen war, der erst zu Versorgungsengpässen und schließlich zu kriegerischen Auseinandersetzungen zwischen den verschiedenen Sippen geführt habe, was schließlich zu Änderungen in den religiösen Kulten, dem Verlust von überliefertem Wissen und schließlich zum Zusammenbruch der gesamten Gesellschaft führte. Deshalb könne man, so Diamond, im »Zusammenbruch der Osterinselgesellschaft eine Metapher, ein schlimmstmögliches Szenario für das, was uns selbst in Zukunft vielleicht noch bevorsteht«, erkennen, zumal die Osterinsel so etwas wie die Welt im Kleinen sei, schließlich sei sie »im Pazifik ebenso isoliert wie die Erde im Weltraum«.[72]

Auch das Anthropozän führt zu zerstörerischen Konflikten zwischen Menschen – »Klimakriege« ist der Begriff, den der kanadische Historiker Gwynne Dyer dafür verwendet.[73] Aia interessiert sich deshalb für den Herrschaftsanspruch von Menschen über andere Menschen – und für die Architekturen, die daraus entstanden sind. Artefakte, an denen die unterschiedlichen Formen von Herrschaft von Menschen über Menschen sichtbar werden, gibt es zuhauf. Dazu zählen die Bauten, die vor Gewalt schützen sollen (wie Stadtmauern, Verteidigungsanlagen, Bunker), mit denen Gewalt ausgeübt werden kann (die gesamte militärische Infrastruktur, also beispielsweise Waffenfabriken, Kasernen, Schützengräben), aber auch Gebäude, die Herrschaft nicht ausüben, sondern symbolisch ausdrücken (wie Schlösser und Paläste, repräsentative Regierungsgebäude, aber auch Firmenzentralen und Bankenhochhäuser). Mal zeigen sie ihre Macht offensichtlich, mal subtil, und manchmal versuchen sie, sie zu verbergen.

Aber nicht nur einzelne Gebäude, sondern auch Städte als räumliche Organisationsform von Gesellschaft wecken Aias Interesse, denn viele Stadtgründungen waren, wie Ulrich Conrads ausführt, »städtebauliche Gewalttaten; und wo nicht, waren es mit der Ausdehnung von Macht verbundene, gewalttätig durchgesetzte Gründungen«.[74] Architektur ist dabei das Instrument, mit dem der Triumph der einen Gesellschaft über die andere demonstriert wird: Verteidigungsanlagen werden geschliffen und neue errichtet, sakrale Bauten abgerissen, um Verbindungen zu den kulturellen Wurzeln zu kappen, und an ihrer Stelle neue gebaut.

Ein signifikantes Beispiel dafür ist die Zerstörung von Tenochtitlán durch die spanischen Eroberer. Die Hauptstadt der Azteken war, mit Venedig vergleichbar, auf durch Dämme geschützte Inseln im Texcoco-See gebaut. Hernán Cortéz ließ bei der Eroberung 1521 die Dämme und Gebäude niederreißen, mit den Überresten der Gebäude schütteten die Spanier später die von den Azteken angelegten Kanäle zu – und zerstörten so nicht nur Wohnbauten und Siedlungsstruktur, sondern auch die Kultur. Anstelle der alten aztekischen Hauptstadt wurde eine neue Kolonialstadt aufgebaut, das heutige Mexiko-Stadt. Die Steine der zerstörten aztekischen Pyramide wurden genutzt, um im Zentrum der neuen, auf einem rechtwinkligen Straßenraster aufgebauten Stadt eine Kathedrale zu bauen.

Städtebau ist ein Instrument der Unterwerfung. »Die Grundrisse fast aller Kolonialstädte belegen das«, so Conrads in Bezug auf die rechtwinkligen Straßenraster, die keinen Bezug zur Umwelt aufnehmen, sondern sich nur aus der eigenen Logik der Raumbesetzung begründen. Diese Negation von lokaler Identität beschränkt sich nicht auf eine bestimmte historische Phase, sondern findet sich über verschiedenste Zeiten hinweg, »von Milet bis Caracas, von Cosa, der ersten römischen Kolonie, und Aventicum/Avanche, einer der letzten, bis hin zu den Arbeiterstadt-Gründungen der Indiana Steel Company noch zu Beginn des 20. Jahrhunderts«.[75]

Die Ignoranz der kolonialen Stadtgründer gegenüber den Gegebenheiten der natürlichen Umgebung hat manchmal langfristige ökologische Folgen. In Tenochtitlán/Mexiko-Stadt, um bei diesem Beispiel zu bleiben, führte die Schleifung der Deiche zu zahlreichen Überschwemmungen, die spätere Trockenlegung des Texcoco-Sees zu einem fortwährenden Absinken der Stadt; derzeit sackt sie durchschnittlich 35 Zentimeter pro Jahr ab. Ähnlich wie in Jakarta wird das Symbol der kolonialen Eroberung buchstäblich vom Erdboden verschluckt.

Aber nicht nur die koloniale, sondern auch die moderne europäische Stadt ist von militärischem Denken geprägt. Als Baron Haussmann ab 1853 Paris neu ordnete und dabei neben Parkanlagen auch prächtige Boulevards anlegen ließ, ging es ihm nicht nur um die Schönheit von Stadt, sondern um Aufstandsbekämpfung; der Boulevard bot hervorragende Aufmarschmöglichkeiten und freie Schussachsen, außerdem war er so breit, dass Aufständische ihn nicht mit Barrikaden verbauen konnten.

Eine ähnliche militärische Denkweise liegt der Entstehung der Ringstraße in Wien zugrunde. Nachdem die alten Stadtmauern militärisch überflüssig geworden waren, wurden sie ab 1858 geschleift und durch eine breite Straße ersetzt. Diese sollte repräsentativ sein, war aber auch als militärische Schutzmaßnahme angelegt; wie in Paris sollten breite und gerade Straßen (obwohl als »Ring« bezeichnet, handelt es sich um ein Achteck) ein freies Schussfeld gewähren, um die aristokratisch-bürgerliche innere Stadt vor den proletarischen Vorstädten zu schützen. Die Anlage ruft in Erinnerung, dass Architektur auch im Festungsbau wurzelt – ein Erbe, das heute gerne verdrängt und vergessen wird.

Auch jenseits der militärischen Einflüsse dient die moderne Stadt dem, was Michel Foucault als »Disziplinierung« bezeichnet. »Die erste große Operation der Disziplin ist«, so Foucault in *Überwachen und Strafen*, »die Errichtung von ›lebenden Tableaus‹, die aus den unübersichtlichen, unnützen und gefährlichen Mengen geordnete Vielheiten machen.«[76] Als Tableau bezeichnete man im Frankreich des 18. und 19. Jahrhunderts eine groß angelegte, systematisierende Tabelle, wie sie zum Beispiel in der Biologie zur Taxonomie von Tierarten benutzt wurde. Mit dem Tableau wurde die Natur der wissenschaftlichen Logik unterworfen. Für Foucault war die Stadt mit ihrer ordnenden Struktur, ihren Straßen, Plätzen, Wohnungen sowie den darin manifestierten sozialen Hierarchien ein Instrument der Unterwerfung: ein »lebendes Tableaux«.

Als Paradebeispiel für die Architektur der Disziplinierung führt Foucault das moderne Gefängnis an. Schöpfer dieses Gebäudetyps war kein:e Architekt:in, sondern der Philosoph und Sozialreformer Jeremy Bentham. Bentham entwickelte 1791 den Idealplan für ein Gefängnis, das er *Panopticon* taufte. Im *Panopticon* sind alle Zellen kreisförmig um einen im Zentrum befindlichen Wachposten angeordnet, die Gefangenen können also von der wachhabenden Person jederzeit beobachtet werden – ohne dass sie wissen, ob die bewachende Person gerade den Blick auf ihre Zelle gerichtet hat oder nicht. Diese Form der Überwachung ist nicht nur ökonomisch sinnvoll, sondern, so dachte Bentham, auch pädagogisch. Die Möglichkeit, dauernd überwacht zu werden, führe, so seine Erwartung, zu permanenter Selbstdisziplinierung; Bentham verstand sein *Panopticon* als gesellschaftlich sinnvolles erzieherisches Instrument, für Foucault wurde es zum Sinnbild für die subtile Art, wie der moderne, normierende Staat Kontrolle ausübt.

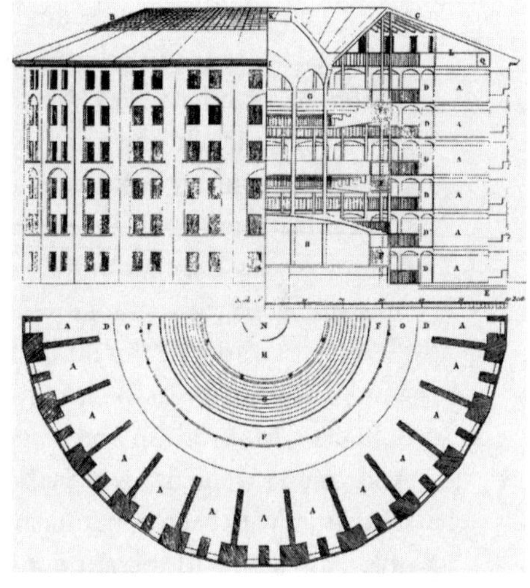

Abb: 70: Das 1791 von Jeremy Bentham entwickelte *Panopticon* ist für Michel Foucault Sinnbild der subtilen Herrschaftstechniken der modernen Gesellschaft.

Bei ihren Recherchen nach der Architektur der Macht, der Herrschaft und der Unterdrückung würde Aia auch auf Orte stoßen, die zur Vernichtung von Menschen gebaut wurden: die nationalsozialistischen Konzentrations- und Vernichtungslager. Denn »zum Thema Moral und Verantwortung gehört auch ein Blick in den berufsethischen Abgrund«, wie der Architekturkritiker Roland Stimpel betont.[77] Aia würde erkennen, dass Mittelbau-Dora zu einem System gehörte, an dessen Planung und Umsetzung viele Architekten beteiligt waren. Am Entwurf von Auschwitz-Birkenau arbeitete beispielsweise der Bauhaus-Schüler Fritz Ertl mit,[78] den

Schriftzug »Jedem das Seine« im KZ Buchenwald gestaltete der Bauhäusler Franz Ehrlich, allerdings nicht wie Ertl als Mitglied der Waffen-SS, sondern als Häftling, der in der Bauabteilung des Lagers Zwangsarbeit leisten musste.[79]

Architektonisch besonders auffällig ist das 1936-1937 erbaute Konzentrationslager Sachsenhausen in der Nähe von Berlin. Der Grundriss des Lagers hat die Form eines gleichschenkeligen Dreiecks mit einer Seitenlänge von je einem Kilometer. Der mit der Planung betraute Architekt und SS-Mann Bernhard Kuiper suchte wohl das Prinzip des Bentham'schen *Panopticons* in einen städtebaulichen Maßstab zu übertragen. Mit seiner streng geometrischen Anordnung weist das KZ Sachsenhausen, wie der Kunsthistoriker Christian Welzbacher herausarbeitet, »Züge einer Idealplanung« auf, ja, ist eine »Idealstadt der Unterdrückung«.[80]

Abb. 71: Das dreieckige KZ Sachsenhausen – eine »Idealstadt der Unterdrückung«.

Nochmals: Architektur ist nicht neutral, im Gegenteil, häufig ist Architektur ein Instrument der Unterdrückung, der Disziplinierung und verschiedener Grade der Exklusion – manchmal sogar bis hin zur Entmenschlichung. Sie bestätigt und schafft gesellschaftliche Ordnung oder, wie es eingangs formuliert wurde: Architektur materialisiert die Beziehungen der Menschen zur Welt; zu anderen Lebewesen, zu Raum und Zeit. Da viele Gesellschaftsformen von asymmetrischen Machtverhältnissen und Herrschaft geprägt sind, sind die damit verbundenen Praktiken auch der Architektur eingeschrieben. Historisch gesehen ist

Architektur selten emanzipatorisch; die Kathedrale in der Kolonialstadt, das moderne Gefängnis und die deutschen Konzentrations- und Vernichtungslager sind nur Extrembeispiele von, um nochmals mit Radkau zu sprechen, langanhaltenden »Verhaltensmustern«.

Täuschung

... durch Überwältigung (Treppe, Säule, Kuppel) • ... durch falsche Versprechungen (die kleinen Tricks der Landschaftsarchitektur) • ... durch Ästhetisierung (der schöne Schein) • ... durch Überspielung (die Welt als Nachhaltigkeits-Funpark) • ... durch Vernebelung (Versteckspiel in der Wolke)

Im Zusammenhang mit Architektur von Täuschung zu sprechen, mag auf den ersten Blick irritieren. Aber Architektur ist eine manipulative Praxis, es gibt eine Klaviatur räumlicher Effekte, mit denen Menschen beeindruckt oder auch eingeschüchtert werden können.

Die architektonischen Mittel der Täuschung sind für Aia aber nicht nur wegen ihrer Bedeutung bei der Durchsetzung von Herrschaft relevant, sondern aus noch einem anderen Grund: Kernproblem der Gesellschaft, die sie zu verstehen versucht, ist der Umstand, dass diese die von ihr ausgehenden Gefahren – auch für das eigene Fortbestehen – kennt, aber das eigene Handeln nicht oder zumindest nicht im notwendigen Maß ändert.

Ursache dafür, so Aias Hypothese, ist systematische Dissoziation und kollektive Verdrängung – weshalb sie den Eindruck gewinnt, dass die von ihr untersuchte Gesellschaft sich bereitwillig täuschen lässt. Es muss, so schlussfolgert sie, eine Kultur der (Selbst-)Täuschung gegeben haben. Diese beinhalte dann auch die Architektur, wenn sie als räumlicher Ausdruck der gesellschaftlichen Verfasstheit verstanden wird. Und tatsächlich: Der historische Fundus an architektonischem Blendwerk und gebauten Täuschungsmanövern ist umfassend – von den berühmten potemkinschen Dörfern zur Tapetentür, vom Stuckmarmor zum Vormauerwerk.

Im Vergleich zur Entfremdung – die man als unbeabsichtigte Begleiterscheinung, als Kollateralschaden von Architektur verstehen könnte – und zur Selbstinstrumentalisierung von Architekt:innen für die Sicherung bestehender Macht- und Herrschaftsverhältnisse – die man zwar kritisieren kann, aber als realpolitisch-pragmatischen Umgang mit gesellschaftlicher Wirklichkeit akzeptieren muss, so sie sich im legalen Rahmen bewegt –, fiele bei Täuschung das Urteil über die Schuld von Architekt:innen strenger aus: Täuschung setzt Vorsatz und gezieltes Agieren voraus, sie passiert nicht aus Versehen, sondern ausschließlich in voller Absicht.

Die Auseinandersetzung mit historischen Strategien der Täuschung ist für Aia wichtig, weil es ihr dabei um die moralische Integrität (historisch gesehen eher dürftig) und Fähigkeit zu Selbstkritik dieses (stark von Selbstgefälligkeit geprägten) Berufsstandes geht. Ihre Kernfrage lautet: Können Architekt:innen die Zerstörung, die von ihrer beruflichen Tätigkeit ausgeht, erkennen, sich mit ihr konfrontieren, um einen bewussten und im Idealfall vernünftigen, verantwortungsvollen Umgang mit ihr zu finden? Oder sind sie zu stark von den »sehr alten Verhaltensmustern« der Täuschung und Vertuschung geprägt, dass sie einem ernsthaften und aufrichtigen Diskurs aus dem Weg gehen? Es gilt also zu klären, ob, um nochmal Joachim Radkau zu paraphrasieren, zur »Vorprogrammierung« von Architekt:innen die geschickte Manipulation zählt – und ob (Selbst-)Täuschung nicht das eigentliche Herrschaftsinstrument einer Zeit ist, in der jede:r alles weiß, aber kaum jemand etwas wirklich ändern möchte.

... durch ästhetische Überwältigung (Treppe, Säule, Kuppel)

Ein bedrückendes Beispiel für manipulative Architektur ist der Justizpalast von Brüssel, der 1866 bis 1883 nach Entwürfen des belgischen Architekten Joseph Poelaert errichtet wurde. Ein Großteil der Mittel für den prächtigen Monumentalbau – das noch immer größte Gerichtsgebäude der Welt – wurde vom belgischen König beigesteuert; dessen Reichtum stammte aus dem Kongo, den er als eine Art Privatkolonie brutal ausbeutete. Das Gebäude, das für viele Menschen in Belgien Rechtsstaatlichkeit und Demokratie verkörpert, basiert auf Unrecht, Unterdrückung und Grausamkeit – es ist ein Stück kolonialistischer Architektur. Das Symbol ist also moralisch zutiefst marode – und zudem auch seit langem baufällig. Seit 1984 (!) ist der Justizpalast eingerüstet, angeblich soll die Renovierung bis zur 200-Jahrfeier Belgiens, die 2030 stattfinden wird, abgeschlossen sein. Ob dann auch der damit verbundenen Kolonialgeschichte gedacht wird, bleibt abzuwarten.

Abb. 72: Der 1866-1883 erbaute Justizpalast von Brüssel sprengte die damals gewohnten Proportionen – und ließ so den Menschen noch kleiner wirken, als man es vom Kirchenbau kannte.

Das Gebäude sprengt aufgrund seiner schieren Größe jeden städtebaulichen Maßstab. Diese Maß(stabs)losigkeit setzt sich auch im Innenbereich fort, auch dort ist alles groß, sehr groß, so auch die Türen, an denen – womöglich um die übliche Proportion einer Tür zu wahren – die Türdrücker ungewöhnlich hoch angebracht sind. Dies hat aber auch den vielleicht nicht ganz unbeabsichtigten Effekt – den auch Albert Speer in der von ihm 1934-1943 für Adolf Hitler gebauten Neuen Reichskanzlei einsetzte –, dass sich die Besucher:innen klein und unterlegen vorkommen.

Nicht nur in Architekturen, die (wie der Justizpalast) weltliche Macht symbolisieren und ausüben sollen, wird mit Überwältigungseffekten gearbeitet, sondern auch in vielen sakralen Räumen. In christlichen Kirchen zum Beispiel sollen räumliche Effekte die Gottesfürchtigkeit verstärken, sie sind häufig dunkel und so hoch, dass man sich darin klein vorkommt; das Individuum erhebt sich nicht, sondern huldigt demütig und ehrfürchtig dem allmächtigen Gott.

Wichtige architektonische Instrumente für die Beeindruckung sind neben den räumlichen Proportionen Bauteile wie Treppe, Säulenreihe und Kuppel. Während die Säulenreihe rhythmisiert, schafft die Kuppel Erhabenheit. Die Wirkung von Kuppeln lässt sich gut am Pantheon in Rom nachvollziehen. Mit einem Innendurchmesser von 43 Metern war die Kuppel des um das Jahr 125 fertiggestellten Baus für die damalige Zeit gigantisch. An ihrem Scheitelpunkt befindet sich eine kreisrunde Öffnung, das Opäum; der Himmel wird sichtbar, und Licht, die göttliche Erleuchtung symbolisierend, fällt in den Innenraum.

Abb. 73: Kuppeln vermitteln Erhabenheit – vor allem, wenn wie im Pantheon in Rom das Licht wie die göttliche Erleuchtung von oben kommt.

Die Kuppel zieht sich durch die westliche Architekturgeschichte, und stets soll sie beeindrucken – das gilt für die klassische Kirchenarchitektur wie beispielsweise die von Filippo Brunelleschi ab 1418 erbaute Kuppel des Doms von Florenz genauso wie für die von Albert

Abb. 74: Manche Kritiker:innen fühlen sich angesichts der pathetischen Pfeiler in der von David Chipperfield entworfenen *James-Simon-Galerie* in Berlin an faschistische Architektur erinnert.

Speer 1939 entworfene, gigantomanische *Ruhmeshalle*, die die Nazis nach dem erhofften »Endsieg« in der dann an die Stelle von Berlin tretenden Welthauptstadt *Germania* errichten wollten.

Überwältigungsarchitektur gibt es auch heute noch, einer ihrer Meister ist der britische Architekt David Chipperfield. 2019 eröffnete in Berlin die von ihm entworfene *James-Simon-Galerie* auf der Museumsinsel, sie fungiert als neue Eingangshalle und als Besucher:innenzentrum des Museumskomplexes. Zentrale Motive des Baus sind eine breite Treppe und eine langgestreckte Kolonnade. Das Büro Chipperfield, so der britische Architekturkritiker Oliver Wainwright, »hat ihr Gebäude eimerweise mit Grandiosität ausgestattet«, die Treppe erinnere an den Aufstieg zum »Gefilde der Götter« auf »einer Art Tempelberg«.[81]

Auch das zweite wichtige Element des Gebäudes, die Säulenreihe, ist pathetisch aufgeladen. Die Wirkung einer Säulenreihe, wie sie auch in den angrenzenden Gebäuden vorkommt, verstärkt Chipperfield, indem er die Säulen auf Pfeiler reduziert und gleichzeitig den entstehenden Gang in die Höhe zieht. Der so entstehende hohe Raum wirkt erhaben und rein, doch die »marschierenden Reihen von dünnen, quadratischen Pfeilern«, so Wainwright weiter, »wecken […] in Deutschland unangenehme Assoziationen. Die lange Kolonnade erinnert unweigerlich an das Werk des Nazi-Architekten Albert Speer.«[82] Chipperfield selbst beschreibt seine Kolonnade als »zweckgerichtet zweckfreien Raum«,[83] aber dennoch drängt sich die Vermutung auf, dass mit all der architektonischen Grandiosität, mit dem Pathos von Treppenanlagen und der Erhabenheit von Kolonnaden über etwas ganz anderes hinweggetäuscht werden soll: Vielleicht soll vergessen gemacht werden, dass einige auf der Museumsinsel ausgestellte Exponate des Welterbes in Berlin möglicherweise nicht am rechten Ort sind. Die Türkei fordert den Pergamonaltar (nach dem auf der Museumsinsel ein großes Museumsgebäude benannt ist) zurück, Ägypten die Büste der Nofretete (die ebenfalls ein Besucher:innen-Magnet ist). Vielleicht wird die Treppe einst nicht »in den Raum der Götter« führen, sondern einfach nur ins Nichts.

Mit komplexen historischen Situationen hat Chipperfield auch in anderen Bauten zu tun. In München sollte er das *Haus der Kunst* umbauen, einen nationalsozialistischen Prachtbau, in Zürich errichtete er einen Anbau für die dortige Kunsthalle, in dem die Kunstsammlung des Schweizer Industriellen Emil Bührle gezeigt wird, deren Provenienz sehr kontrovers bewertet wird, weil sie aus einem Vermögen finanziert wurde, das aus Waffengeschäften mit dem nationalsozialistischen Deutschland stammt. Es scheint, als solle die elegante Erhabenheit, die Chipperfields Architektur erzeugt, so manches Dunkel-Düster-Schmutzige in besseres Licht rücken.

Für sein Werk wurde Chipperfield 2023 mit dem Pritzker-Preis ausgezeichnet. An den letzten Preisträgern kann man eine gewisse Unsicherheit über das Selbstverständnis des Berufsstandes ablesen. 2021 wurde das Büro von Anne Lacaton und Philippe Vassal, 2022 der in Burkina Faso geborene, inzwischen in Deutschland lebende Architekt Diébédo Francis Kéré ausgezeichnet, Architekt:innen also, die sich auf jeweils ganz eigene Art und Weise mit sozialen Fragestellungen und alternativen Baumethoden und -materialien auseinandersetzen. Mit Chipperfield hingegen wurde ein Architekt geehrt, der, wie Niklas Maak meint, zwar »die Herzen der Traditionshüter« höherschlagen lässt, aber nicht für »neuartige Lösungen für die drängenden Fragen des Bauens für Milliarden von Menschen in Zeiten von Klimawandel, Krieg und Migration« steht.[84] Die Architekt:innenschaft, so die Lehre aus der unentschiedenen Auswahl der Preisträger:innen dieser prestigeträchtigen Ehrung, scheint selbst nicht zu wissen, was sie als wichtig erachten soll. Die Kunst der Überwältigung und die dazu hilfreichen Taschenspielertricks der Architektur scheinen an Attraktivität und Faszinationskraft jedenfalls nichts verloren zu haben.

... durch falsche Versprechungen (die kleinen Tricks der Landschaftsarchitektur)

Architektur lebt von falschen Versprechungen. Stuckmarmor soll aussehen wie Marmor, ist aber nur Putz. Eine Vorhangfassade aus Natur- oder Backstein soll den Eindruck vermitteln, dass mit natürlichen Materialien gearbeitet wurde, in Wirklichkeit bilden sie nur eine dünne Verkleidung. Besonders anschaulich werden die falschen Versprechen in der Landschaftsarchitektur, insbesondere im Vergleich des Barockparks mit dem Englischen Garten, in dem sich nicht nur eine raffinierte Form der architektonischen Täuschung, sondern auch ein neues Verhältnis zur Natur und zum eigenen Umgang mit ihr manifestiert.

Was das Verhältnis von Mensch und Natur angeht, ist der Barockgarten eine ehrliche Angelegenheit. In ihm wird das wilde Wuchern der Natur der strengen Logik der Geometrie unterworfen, in jeder geschnittenen Hecke wird klar, dass der Mensch die Natur beherrscht. Nicht nur der Grundriss ist von der Geometrie geprägt, auch Büsche, Hecken und Bäume werden so beschnitten, dass sie Kugeln, Kegel oder präzise Quader ergeben. In ihnen spiegele sich »der Wille des Besitzers, welcher die Natur unterjocht hat«, wider, wie der Philosoph Arthur Schopenhauer meinte.[85]

Abb. 75: Der Barockgarten des Absolutismus – hier die *Herrenhäuser Gärten* in Hannover – unterwirft die Natur der Geometrie.

»Im ersten Viertel des 18. Jahrhunderts«, so der Kunsthistoriker Stefan Schweizer, war der Barockgarten »auf dem Höhepunkt seiner Verbreitung«. Nach dem Vorbild der geometrischen Parks und Gärten im Schloss Versailles, die ab 1662 vom französischen Landschaftsarchitekten André Le Nôtre im Auftrag von Ludwig XIV. angelegt worden waren, »wurden Gartenanlagen von Lissabon bis Moskau und von Stockholm bis Neapel« gebaut, und zwar »auf allen Ebenen der sozialen Rangordnung: von Königen und Fürsten über den Adel bis zum kaufmännischen Bürgertum.«[86]

Der Barockgarten war jedoch nicht nur Raum symbolischer Machtrepräsentation, sondern auch ganz praktischer »Anwendungsfall, Demonstrationsobjekt und Inszenierungsort geometrisch-naturwissenschaftlicher Forschung und Praxis«,[87] so zum Beispiel bei der Entwicklung der hydro-mechanischen Anlagen, mit denen die beliebten und prestigeträchtigen Wasserfontänen betrieben wurden – und die dann auch außerhalb des Parks bei der Kanalisierung von Flüssen Anwendung fanden. Der Garten war nicht der Raum, in dem die Natur genossen wurde, sondern in dem deren Unterwerfung demonstriert wurde.

Ganz andere Absichten prägten den Landschaftsgarten, der im 18. Jahrhundert in England entstand und sich von dort aus schnell verbreitete. Er ist das Gegenbild zum streng geometrischen Barockgarten, denn beim Landschaftsgarten steht die »Natürlichkeit« im Vordergrund. Wasserflächen, Hügel, Baumgruppen waren baulich angelegt, die Bepflanzung wurde in eine menschliche Vorstellung gezwängt, aber diese Gewalt sollte unsichtbar gemacht werden. »Man erlebt«, so der Landschaftsarchitekt Martin Rein-Cano, »den Fake nicht mehr als Fake.«[88]

Für die Illusion von Natürlichkeit wurde großer architektonischer Aufwand betrieben. Ein bekanntes Instrument der Täuschung, das im englischen Landschaftsgarten eingesetzt wurde, ist das sogenannte Ha-Ha, ein versteckter Graben. Er hielt die zum Abweiden der weitläufigen Rasenflächen gehaltenen Schafe davon ab, den Garten zu verlassen, erzeugte aber gleichzeitig die Illusion, dass dieser fließend in die Landschaft übergehe, Garten und Landschaft eins seien. Ha-Has wurden auch genutzt, um pittoreske, »natürlich« wirkende Wildgehege anzulegen, eine Art Vorläufer der später von Hagenbeck in seinem Hamburger Zoo eingeführten Freigehege.

Der englische Landschaftsgarten versuchte nicht, unberührte Natur zu rekonstruieren. Deshalb gehörten in ihn auch, angeregt durch die Auseinandersetzung mit der chinesischen Gartenkunst, dekorative Gebäude, sogenannte *Follies*. Diese hatten oft eine historisierende Gestalt, bezogen sich auf die Antike, auf das Mittelalter (also auf eine vermeintlich bessere Vergangenheit) oder auf außereuropäische Kulturen, stellten also griechische Tempel, Burgen, Moscheen, Pagoden etc. dar, die (dem melancholischen Zug der Romantik entsprechend) häufig auch als Ruinen inszeniert wurden.

Inmitten der sich immer weiter beschleunigenden Industrialisierung galt es, sich seiner Wurzeln und anderer kultureller Bezugspunkte rückzuversichern. Als Höhepunkt der Inszenierung gab es im 18. und 19. Jahrhundert in englischen Landschaftsgärten gelegentlich auch sogenannte Schmuckeremiten, die gegen geringfügige Bezahlung die *Follies* bewohnten und damit die Szenerie lebendig erscheinen lassen sollten. Diese »Performer des Verzichts«, wie sie der Kulturwissenschaftler Antonio Lucci bezeichnet,[89] riefen in Erinnerung, dass die Gier nach Gewinn, die den Kapitalismus prägt, nicht die einzige Form von Sinnstiftung ist. Dabei galt, wie Lucci betont, die »ganze Aufmerksamkeit [...] dem Erscheinungsbild der Eremiten«, weshalb er sie auch als »inhaltslose Eremiten« bezeichnet.[90] In einigen Parks wurden die menschlichen Eremiten schließlich durch mechanische Figuren ersetzt. Von ihnen ist es für Lucci nur noch »ein kleiner Schritt« zu den Belustigungen »eines modernen Vergnügungsparks«,[91] etwa zu den automatisierten Pferderennen im Steeplechase Park auf Coney Island, mit denen, wie Koolhaas meint, eine künstliche Wirklichkeit erzeugt werden sollte.

Lange wurde der geometrisch geordnete Barockgarten als Sinnbild des Absolutismus beschrieben, der (vermeintlich) natürliche, fließende Landschaftsgarten hingegen, der in England zeitgleich zur konstitutionellen Monarchie entstand, wird häufig als Ausdruck von Freiheit und Liberalität gewertet. Aus Sicht von Aia ist das aber nicht die entscheidende Differenz. In ihren Augen demonstrieren sowohl der Barockgarten wie auch der englische Landschaftsgarten die aus der Unterwerfung der Natur resultierende Entfremdung von der Natur. Unterschiedlich ist nur, mit welchem Selbstverständnis sich dies vollzieht: Im Barockgarten wird die Natur voller Stolz unterworfen. Im Landschaftsgarten wird, inmitten der aufkommenden Industrialisierung, ihrer sozialen Konflikte sowie der sich anbahnenden Naturzerstörung eine harmonische Einheit von Natur und Kultur inszeniert – oder, wie man auch sagen könnte: vorgetäuscht.

Der englische Landschaftsgarten, ein Sinnbild der ökologischen Umwälzungen seiner Entstehungszeit, ist also ein Raum der raffinierten architektonischen Taschenspielertricks. Dabei besteht die eigentliche Täuschung des Landschaftsgartens nicht in den vordergründigen Inszenierungen, die auf oberflächliche Weise ihre eigene Künstlichkeit negieren wollen – also das Ha-Ha, die neugebaute Ruine, der bezahlte Schmuckeremit –, sondern in dem falschen Versprechen, dass trotz der durch Industrialisierung und technischen Fortschritt forcierten Entfremdung und Weltzerstörung so etwas wie Natürlichkeit und Verbundenheit mit der Welt künstlich herstellbar seien.

Abgesehen von den Parallelen zum Vergnügungs- und Themenpark würde sich für Aia im Landschaftsgarten und seiner vermeintlichen Natürlichkeit eine Blaupause für die architektonische Nachhaltigkeitsdebatte der Gegenwart abzeichnen: die Fokussierung auf einen in sich geschlossenen Mikrokosmos, der einem Narrativ unterworfen wird, nach dem dann – losgelöst von der Komplexität der realen Bedingungen in der Außenwelt – die neue Realität gestaltet und wahrgenommen wird.

Allerdings wird Aia den Erfinder:innen der Landschaftsgärten zugutehalten, dass sie – anders als später die Schöpfer:innen von Themen- und Erlebnisparks – mit dem Motiv der Ruine auch das Zerstörungspotential der aufkeimenden Epoche und deren möglichen Untergang mitgedacht haben.

... durch Ästhetisierung (der schöne Schein)

Die für Architekt:innen vielleicht schmerzhafteste Erkenntnis ist, dass auch Ästhetisierung eine Form von Täuschung ist, ein Versuch, die Wirklichkeit auszutricksen. Wie kann man etwas noch schön finden, wenn man weiß, welches Maß an Zerstörung darin eingeschrieben ist? Oder umgekehrt: Kann Schönheit dazu missbraucht werden, von Macht, Gewalt und Zerstörung abzulenken?

Auf dem Friedhof von Hamburg-Wandsbek steht das 1791 vollendete *Schimmelmann-Mausoleum*: ein weißer Würfel, darauf ein Zylinder, dann eine Kuppel – eine minimalistische, zeitlose, geradezu modern anmutende Architektur, die zu den wichtigsten Werken des Klassizismus in Norddeutschland zählt. Beauftragt wurde die Grabstätte noch zu Lebzeiten von Heinrich Carl von Schimmelmann, der damals einer der reichsten Männer Europas war. Sein Vermögen hatte der deutsch-dänische Kaufmann unter anderem mit Menschenhandel und Zwangsarbeit verdient, über tausend Sklaven arbeiteten auf seinen amerikanischen Plantagen, damit war er der größte Sklav:innenhalter Dänemarks. »Sein Zeichen ›BvS‹ (›Baron von Schimmelmann‹)«, so der Historiker Martin C. Wald, »wurde

Abb. 76: Das *Schimmelmann-Mausoleum* in Hamburg: Kann klassizistische Vollendung über koloniale Ausbeutung und Sklav:innenhandel hinwegtäuschen?

jedem neu erworbenen ›Stück‹ in die linke oder rechte Brusthälfte gebrannt.«[92]

Was also, wenn die Reinheit, die Einfachheit, die Erhabenheit, die das Mausoleum ausstrahlt, nur dazu dienen sollten, über den Schmutz, das Unrecht, die Gewalt hinwegzutäuschen, die dem Reichtum von Schimmelmann zugrunde lagen?

Vielleicht müssen wir erkennen, dass der strahlend weiße Klassizismus wie auch große Teile der Architektur der Klassischen Moderne (die Gebäude ebenfalls gerne in Reinheit versprechendes Weiß tauchte) ein (Selbst-)Betrug sind, ein Versuch, in einer dreckigen Zeit – von Sklaverei bis Industrialisierung – eine Art höherer Reinheit und Harmonie vorzutäuschen. Das *Schimmelmann-Mausoleum* ist dafür ein extremes Beispiel; ein schöner Schein, hinter dem sich Schlimmstes verbirgt, aber die Fragen, die der kleine, schmucke Pavillon aufwirft, stellen sich nicht nur beim Klassizismus und der Klassischen Moderne, sondern letztlich immer, wenn architektonisches Pathos eingesetzt wird: Kommt in Architektur ein legitimes Selbstverständnis zum Ausdruck oder wird etwas vorgetäuscht, das sich bei genauerer Betrachtung als schöner, aber eben falscher Schein entblößt?

... durch Überspielung (die Welt als Nachhaltigkeits-Funpark)

Auf ihrer Suche nach Belegen für eine Architektur der Täuschung würde Aia wahrscheinlich auch auf *Disneyworld* in Florida stoßen. 1959 hatte Walt Disney die Vision, eine neue Form von Stadt zu bauen, die er *Epcot* nannte, ein Akronym für »Experimental Prototype Community of Tomorrow«. Sein Entwurf war wie Ebenezer Howards Gartenstadt konzentrisch aufgebaut, es sollte, den Stadtmodellen von Victor Gruen entsprechend, in *Epcot* keine Autos geben, sondern eine Monorail als öffentliches Transportmittel und ansonsten nur kurze Fußwege. Das Abwasser sollte vor Ort gereinigt werden, außerdem war ein komplexes Abfallmanagement vorgesehen: Aller Müll sollte sortiert und entweder recycelt oder im eigenen Heizkraftwerk verbrannt werden. Alle Abläufe in der Stadt sollten durch den Einsatz neuester IT-Technologien überwacht werden. *Epcot* war in vielerlei Hinsicht der Plan für eine ökologische Idealstadt, deren Organisationsprinzip, vergleichbar mit heute verbreiteten Ideen für eine Smart City, auf IT-gestützter Vernetzung, Steuerung und Kontrolle basierte. In einigen Entwurfsstudien ist das Zentrum der zukünftigen Stadt zudem mit einer riesigen Glaskuppel wie beim *Dome over Manhattan* von Fuller und Sadao überdacht. Entstehen sollte eine geschlossene, (nicht nur) klimatisch regulierte Welt, weshalb Lydia Kallipoliti *Epcot* als »Inbegriff von kontrollierten Umgebungen« und als »unverdorbene, gepflegte und manikürte Fantasiekulisse« bezeichnet.[93]

Selbstredend lag *Epcot* auch ein Geschäftsmodell zugrunde; die Zukunftsstadt sollte der amerikanischen Industrie als Testgelände für neue Technologien und als Schaufenster für neue Produkte dienen. Die Umsetzung wurde ernsthaft verfolgt, Disney kaufte Land und drehte einen Informations- und Werbefilm. Wäre er nicht 1966 überraschend jung gestorben, wäre seine Zukunftsstadt womöglich realisiert worden.

Anstelle einer Modellstadt entstand auf dem Gelände bei Orlando in Florida nach seinem Tod *Disneyworld*, das 1971 mit mehreren Themenparks und Hotels eröffnet wurde. 1982 wurde in *Disneyworld* zusätzlich eine Art Mini-Weltausstellung veranstaltet, in der, Disneys ursprünglich für die Zukunftsstadt formuliertes Geschäftsmodell eines Industrie-Schaufensters aufgreifend, amerikanische Unternehmen ihre Produkte präsentieren konnten. Diese Mini-Weltausstellung war zwar keine Stadt, erhielt aber, quasi als Palimpsest der Ursprungsidee, den Namen *Epcot Center*. Die neue Attraktion wurde, wie *Der Spiegel* kurz nach der Eröffnung berichtete, »gesponsert von Öl- und Autofirmen«. So bewarb General Motors unter dem Motto »It's fun to be free« Autos, und der Ölkonzern Exxon stellte unter einem Dach aus

Solarzellen ein »Universum der Energie« vor. Neben Eintrittsgeldern waren diese Präsentationen von echten und vermeintlichen Zukunftstechnologien die Basis für das Geschäftsmodell der Mini-Weltausstellung.[94]

Architektonisches Erkennungszeichen des *Epcot Center* ist ein kugelförmiges Gebäude, in dem unterhaltsame Filme über die Entwicklung von Kommunikationstechnologien von der Steinzeit bis zur Mondlandung gezeigt wurden. Passend zum Thema »Weltausstellung« ähnelt das Gebäude stark dem *dome*, den Buckminster Fuller 1967 für die Weltausstellung von Montreal entwickelt hatte. Formaler Unterschied ist, dass es sich bei der *Disneyworld*-Version um eine vollständige Kugel handelt. Diese perfekt in sich geschlossene, nur von vier Stützfüßen getragene Kapsel heißt, ebenfalls in Anlehnung an Fuller, *Spaceship Earth* – zusätzlich versehen mit einem kleinen, von einem Kreis umgebenen R, das auf die Eintragung als von Disney geschützte Warenmarke verweist.

Abb. 77: *Spaceship Earth* heißt die 1982 eröffnete Hauptattraktion im Themenpark *Epcot*, einem Teil der *Disneyworld* in Florida. Dass sie an Buckminster Fuller erinnert, ist kein Zufall.

Im *Epcot Center* entfalten sich mehrere Ebenen der Täuschung. Zum einen vermittelt die perfekte Kugel – die übrigens aus zwei geodätischen Kuppeln zusammengesetzt ist – des *Spaceship Earth* das Gefühl, dass wir, wie Kallipoliti analysiert, »von der Erde [und] von der irdischen Realität abgekoppelt« leben könnten.[95] Zum anderen wird dieses letztlich politische Programm mitsamt der dazu notwendigen Steuerungs- und Kontrolltechnologie in *Epcot Center*, so Kallipoliti weiter, »unter dem Vorwand von Freizeit und Unterhaltung« versteckt.[96] Dieses Versteckspiel ist nötig, um zu verbergen, dass Demokratie und Beteiligung in dieser Zukunftsstadt keinen Platz haben, wie Kallipoliti resümiert: »Das Glück, das Disney sich für seine Bürger vorstellte, war eine ganz bestimmte Art von selbstvergessenem Gehorsam gegenüber der von ihm geschaffenen Ordnung.«[97] Die unterhaltsame und verspielte Architektur dient auch hier dazu, von den Herrschaftsinstrumenten abzulenken.

... durch Vernebelung (Versteckspiel in der Wolke)

Nicht in einem Themenpark, sondern auf einer »echten« Weltausstellung – 1970 in Osaka – befand sich der *Pepsi Pavilion*. Ursprünglich hatte Pepsi geplant, mit der Gestaltung des Pavillons für die Weltausstellung von Osaka Disney zu beauftragen, entschied sich dann aber für einen ganz anderen Weg und wandte sich an das Kollektiv *E.A.T.* (*Experiments in Art & Technology*). Kopf hinter der zeitweilig über tausend Personen umfassenden Gruppe war Billy Klüver. Der Elektroingenieur mit einer Passion für Kunst war damals, so der amerikanische Historiker W. Patrick McCray, »sichtbarster und lautstärkster Verfechter der Verschmelzung von Kunst und Technologie in den Vereinigten Staaten«,[98] das Magazin *Life* bezeichnete ihn als »den Edison-Tesla-Steinmetz-Marconi-Leonardo da Vinci der amerikanischen Avantgarde«.[99] In Osaka erstellte *E.A.T.* eines der umfangreichsten Medienkunstprojekte der 1970er Jahre, denn in dem Pavillon wurde durch Kunst und innovative Medientechnologie nicht weniger als eine neue – künstliche – Wirklichkeit geschaffen.

Abb. 78: Der *Pepsi Pavilion* auf der Weltausstellung in Osaka 1970 war ein in Nebel getauchtes, medientechnisches Gesamtkunstwerk – Ausblick auf eine künstliche Natur, die vom Menschen geschaffen werden kann.

Wie beim *Spaceship Earth* in Disneys *Epcot Center* war die Außenhülle des *Pepsi Pavilion* eine geodätische Kuppel, die allerdings so verkleidet wurde, dass nicht eine glatte, runde Oberfläche, sondern ein skulpturaler, scharfkantiger Körper entstand, dessen Form an kein aus Architektur oder Natur bekanntes Vorbild erinnerte. Das Gebäude erschien als geschlossener Körper ohne Öffnungen, der mysteriöse Eindruck wurde durch künstlich generierte Nebelschwaden verstärkt, die von dem Gebäude ausgingen.

Der Zugang in den Pavillon erfolgte durch einen verdunkelten, unterirdischen Gang. Die sich schon im Außenraum abzeichnenden Irritationen wurden im Innenraum auf die Spitze getrieben. Ein »riesiger sphärischer Spiegel erzeugte [bei den Besucher:innen] den Eindruck, sie würden im Raum schweben«, so McCray, außerdem schuf das installierte Soundsystem »akustische Täuschungen, da Echos und Nachhall mit der Wahrnehmung der akustischen Realität spielten«. Auch der Wechsel zwischen unterschiedlichen Bodenmaterialien – Kunstrasen, Stein, Teppich – sollte die sinnliche Wahrnehmung intensivieren. Diesem Zweck diente auch der Nebel, für den die japanische Bildhauerin Fujiko Nakaya verantwortlich war. Aus rund 2500 kleinen Düsen wurden stündlich über 40000 Liter Wasser versprüht. Die Installation sollte an die Wolken erinnern, die für die traditionelle japanische Landschaftsmalerei typisch sind, vor allem aber ein immersives Erlebnis ermöglichen, das die Künstlerin als eine Abfolge sinnlicher Erfahrungen beschrieb: Es war gedacht, die Installation »zu betreten, zu fühlen und zu riechen, und [schließlich in ihr] zu verschwinden«.[100]

Der Pavillon existiert nicht mehr, aber sicherlich war er ein eindrückliches Kunstwerk, denn neben den Spiegeleffekten, dem Sounderlebnis und dem künstlichen Nebel gab es Licht- und Laserinszenierungen. Anders als beim Landschaftsgarten wurde nicht etwas Natürliches nachgeahmt, sondern eine neue, künstliche Umwelt geschaffen. Um diese attraktiv und begehrenswert erscheinen zu lassen, wurden Architektur und Technik genutzt; die Sinne der Besucher:innen wurden getäuscht, um das künstliche, vorprogrammierte Setting als eine, wie Klüver es nannte, »lebendige, reagierende Umgebung« erscheinen zu lassen.[101] Verschleiert wurde dabei, dass diese Kunstwelt, wie McCray aufzeigt, kommerziellen Interessen diente und auf militärischen Technologien beruhte, die im Kalten Krieg entwickelt wurden.[102] So wurde zum Beispiel die Spiegelkuppel, die den Besucher:innen eine Form von Unendlichkeit vorgaukelte, von einem Unternehmen gebaut, das aus demselben Material sonst für die NASA Ballonsatelliten herstellte, und erste Probeaufbauten des Pavillons fanden auf einem US-Luftwaffenstützpunkt statt.

Die Künstler:innen gaben vor, ganz andere politische Absichten verfolgt zu haben: »Das ursprüngliche Anliegen der Künstler, die den Pavillon entworfen haben, war«, so erklärt Klüver, »dass die Erfahrung der Besucher Qualitäten wie Auswahl, Verantwortung, Freiheit und Teilhabe einschließen sollte.« *E.A.T.* ging es, so Klüver weiter, nicht darum, die Besucher:innen »durch eine didaktische, autoritäre Erfahrung« zu führen, sie sollten vielmehr »ermutigt werden, die Umwelt als Individuum zu erkunden und mit eigenen Erfahrungen zu überlagern«.[103] Doch der Auftraggeber Pepsi interessierte sich weniger für die künstlerischen Intentionen von *E.A.T.* als für die eigene Selbstdarstellung. Es kam zum Konflikt zwischen Pepsi und dem Kollektiv, der darin endete, dass die Künstler:innen ihre als irritierend wahrgenommenen Soundinstallationen entfernten. Die verbleibenden multi-sensorischen Effekte sollten dem jungen, technikaffinen Zielpublikum in Japan ein positives Bild von Pepsi vermitteln – und über die Limitierungen hinwegtäuschen, die ein rein markenbezogenes Erlebnisangebot aufweisen würde.

Eines der aufsehenerregendsten Projekte der jüngeren Architekturgeschichte arbeitet wie der *Pepsi Pavilion* mit künstlichem Nebel: Das *Blur Building* der amerikanischen Architekt:innen Elizabeth Diller und Ricardo Scofidio. Das Gebäude – oder vielleicht besser: die Skulptur, die Installation – entstand 2002 als visuelles Erkennungszeichen der *6. Schweizer Landesausstellung* und war eine auf einem See verankerte, begehbare Plattform, die, mit über

35 000 Düsen ausgestattet, durch das Versprühen von Wassertropfen eine künstliche Nebelwolke produzierte, deren Form vom Wind, vom Luftdruck und von der Temperatur der Umgebung beeinflusst wurde – und deshalb nie gleich aussah. Auf der Plattform gab es eine Bar, in der die Besucher:innen »Mineralwasser, Leitungswasser aus der ganzen Welt und Gletscherwasser konsumieren konnten«,[104] wie der Schweizer Architekturhistoriker Philip Ursprung berichtet. Er hält das *Blur Building* für »Event-Architektur par excellence«.[105]

Abb. 79: Das *Blur Building*, 2002 von *Diller Scofidio + Renfro* auf dem Neuenburgersee in der Schweiz errichtet, entzieht sich durch künstliche Nebelwolken der klaren Einordnung.

Gegen den Vorwurf, dass ihr Bau nicht mehr sei als eine Spektakelarchitektur, wehrt sich Elizabeth Diller vehement. In ihren Augen ist das *Blur Building* »ein Anti-Spektakel. Das Wort ›Spektakel‹ stellt das Sehen in den Vordergrund, aber Sehen ist das zentrale Konfliktfeld von Blur. Vom Ufer aus ist die Wolke eine visuelle Ikone, aber von innen – da gibt es so gut wie nichts zu sehen.«[106] Das *Blur Building* war ein großer Erfolg, eine Attraktion, ein Magnet, ein Fotomotiv, für viele Besucher:innen ein, wie man sagt, »echtes Erlebnis«, auf jeden Fall ein Projekt, das die Architekt:innen weltbekannt machte. Aber im Kern war es noch etwas anderes, nämlich eine raffinierte Täuschungs-, ja sogar eine Verhinderungsarchitektur. »Das Verb ›blur‹ meint«, so erläutert die Architektin Diller selbst, »undeutlich machen, verdunkeln, verschleiern, vernebeln, vage machen, verwirren.«[107] Genau diese Verunklarung des Blicks ist – in politischem Sinne argumentiert – die vielleicht größte Gefahr, die der Gesellschaft heute droht: dass sie nicht hinschaut, dass sie verwischt, verschleiert, wegdimmt.

»Das Spektakel«, so der französische Schriftsteller und Künstler Guy Debord, »ist der materielle Wiederaufbau der religiösen Illusion. Die spektakuläre Technik hat die religiösen Wolken nicht aufgelöst [...]: sie hat sie nur mit einer weltlichen Grundlage verbunden. [...] Es verweist nicht mehr auf den Himmel, sondern beherbergt bei sich [...] sein trügerisches Paradies.«[108]

Das *Blur Building* ist die perfekte Installation für die erlebnisorientierte, sich dabei selbst täuschenden Illusionen hingebende Gesellschaft der Gegenwart; man kann es zum Anlass nehmen, um über »das Klima« zu reflektieren, es ermöglicht ein physisches, sinnliches Erlebnis, ist also irgendwie »echt«, gleichzeitig ist es komplett artifiziell, menschengemacht. Und, ganz wichtig, es macht Spaß. Es ist ein *Fun Ride* wie das *Epcot Center* in *Disneyworld*, geriert sich aber als tiefe Auseinandersetzung mit der Welt, dem Klima und ist, natürlich, kritisch gegenüber der kommerziellen Struktur, deren Teil es dennoch ist. Außerdem vermittelt das *Blur Building* eine für viele Menschen des Anthropozäns beruhigende Botschaft: Wir können durch Kunst und Technik Naturerlebnisse selbst herstellen, die Welt da draußen, die wir zerstören, brauchen wir eigentlich gar nicht.

So stehen *Epcot Center*, *Pepsi Pavilion* und *Blur Building* in all ihrer Unterschiedlichkeit geradezu paradigmatisch für eine Strategie der Illusion, eine Kunst der (Selbst-)Täuschung, die man auch als anti-aufklärerische Vernebelungstaktik ansehen könnte. Der klare Blick auf die Welt und das eigene Handeln, einst als wichtige Voraussetzung für gezielte Veränderung angesehen, wird vorsätzlich verunklart, Zusammenhänge werden verwischt, und an die Stelle von Analyse und Auseinandersetzung mit der anthropogenen Zerstörung treten Erlebnis und Spaß im durch Architektur erstellten, aber letztlich doch trügerischen Paradies. Doch vor der Verantwortung für den Planeten kann man sich nicht verstecken, auch nicht in der noch so perfekt gefakten Nebelwolke. Die Instrumente der Täuschung produzieren – langfristig gesehen – nur eine große Enttäuschung.

Worin also besteht die Schuld der Architekt:innen? Zusammenfassen lässt sich Folgendes: Architektur fördert Entfremdung, übt Herrschaft aus und nutzt dazu verschiedene Formen der Täuschung – und ihre Protagonist:innen machen sich ihre Rolle dabei nicht hinreichend bewusst. Aus Eitelkeit und Unbedachtheit, aus Fahrlässigkeit und Unvermögen, und manchmal auch aus Gier oder mangels Verantwortungsbewusstseins und häufig auch wider besseres Wissen – also in voller Absicht – tragen sie mit ihrer Arbeit zur Zerstörung der Welt bei.

Das Gericht der Zukunft würde die angeklagten Architekt:innen deshalb zumindest zu einer Bewährungsstrafe verurteilen, mit der Auflage, die »dunklen Formen und Kräfte« – um nochmals Foucault aufzugreifen – nicht nur »auf[zu]stöbern« und »aus dem Schatten [zu] jagen«,[109] sondern neue Strategien, neue Haltungen, neue Selbstverständnisse zu entwickeln, ja, sich selbst neu zu erfinden, damit Architekt:innen einen echten Beitrag zum Erhalt der Bewohnbarkeit des Planeten leisten können.

INTERMEZZO
Das Erbe des Prometheus

Wie Daidalos und Ikarus ist Prometheus eine Figur aus der griechischen Mythologie. Prometheus ist ein Gott, seinem Namen nach der Vorausschauende und Vorausdenkende. Seine Geschichte handelt von der Macht der Gottheiten und den begrenzten Fähigkeiten der Menschen; außerdem geht es um Betrug, Strafe, Gnade, Schuld – und nicht zuletzt um Hoffnung.

Vom Prometheus-Mythos gibt es zahlreiche Varianten, die älteste bekannte Fassung stammt von Hesiod und entstand im 8. Jahrhundert vor unserer Zeit. Er wird seit fast dreitausend Jahren immer wieder neu erzählt und neu interpretiert. »Er ist wie ein Schicksalsmythos des Abendlandes«,[110] so der Philosoph Hans-Georg Gadamer, als er direkt nach dem Zweiten Weltkrieg, unter dem Eindruck von Massenmord und Zerstörung, seine Betrachtungen über Prometheus verfasste. Der ursprüngliche Mythos erzählt, wie der Gott Prometheus den Menschen das Feuer brachte – gegen den Willen von Zeus, dem Obergott und Göttervater. Fortan verbüßte Prometheus eine grausame Strafe. Er wurde an einen Felsen gefesselt, und ein mächtiger Adler hackte ihm, tagein, tagaus, die jedes Mal wieder nachwachsende Leber aus dem Leib. Auch die Menschen wurden bestraft, die Gött:innen schickten Pandora, die mit ihrer Büchse eine Reihe von Übeln unter sie brachte.

Der Prometheus-Mythos ist aber auch eine Schöpfungsgeschichte, eine Erklärung, warum der Mensch so ist, wie er ist. So erzählt der griechische Philosoph Platon um 400 vor unserer Zeit, dass bei der Schöpfung der Welt ein Missgeschick passiert sei. Als der Mensch an der Reihe gewesen war, wären alle zur Verfügung stehenden Eigenschaften bereits an die Tiere verteilt gewesen, für den

Menschen war nichts mehr übrig. Er blieb deshalb nackt, schwach und angreifbar. Erst die zusätzlichen, durch das Feuer erworbenen Fertigkeiten sicherten dem Menschen das Überleben.

Das Feuer, ursprünglich also eine Art Kompensation für die Unvollkommenheit des Menschen, ermöglichte schließlich dessen »rasante Entwicklung [...] zu einer dominanten Kraft im Erdsystem«.[111] Das Feuer stellt demnach den unmittelbaren Bezug zwischen dem Anthropozän und dem Prometheus-Mythos her, schließlich gibt es die Erderwärmung nur, weil die Menschen vom Feuer zu ausgiebig Gebrauch machen. Peter Sloterdijk stellt sich deshalb vor, dass Prometheus rückblickend »zu der Ansicht kommt, daß er den Menschen das Feuer besser nie überbracht hätte«.[112]

Das Feuer hat aber auch eine metaphorische Bedeutung, es steht stellvertretend für Technik und Kultur (und damit auch für Architektur, in der beides zusammenkommt); also für das, was den Menschen in vielen Kulturauffassungen vom Tier unterscheidet. Dementsprechend wäre Prometheus also derjenige, der »die Menschen zu Menschen macht«, wie Hans Blumenberg es formulierte. Für ihn ist Prometheus der »Urheber der Menschen durch das Feuer«.[113] Das Feuer, das die Menschen von Prometheus bekommen haben, war aber mehr als nur der Ausgangspunkt von technischen Fertigkeiten. Die Menschen erhielten mit dem Feuer auch eine besondere Fähigkeit, die vorher, so Gadamer, den Göttern vorbehalten gewesen sei: »die Fähigkeit zur *Selbsthilfe*«.[114]

Dank seiner technischen Fertigkeiten kann der Mensch sich Werkzeuge schaffen, mit denen er seine Unvollkommenheit überwindet. Diese Fähigkeit zur Selbsthilfe ist bitter nötig, schließlich kam mit dem Feuer auch die Büchse der Pandora zu den Menschen, und in der war, so der Prometheus-Mythos, allerlei Übel. Doch die Bewertung, was ein Übel ist und was nicht, hängt von der Welt- und Wertvorstellung ab. Eines der Übel in der Büchse, so führte Blumenberg aus, sei die Hoffnung gewesen; Prometheus, so Blumenberg, wurde damit zum »Urheber eines subjektiven Daseinswillens der Menschen«. Dies sei, so Blumenberg, die »radikalste aller Listen: den

Menschen die Grundlosigkeit ihres Daseins vorzuenthalten«. Die Menschheit, so Blumenberg, sei »durch die Blindheit der Hoffnung daran gehindert, ihrem wahren Los ins Auge zu sehen«.[115]

Der Prometheus-Mythos erzählt aber nicht nur vom Aufstieg des Menschen zum Herrscher über die Erde, begründet nicht nur, warum er, blind für die Grundlosigkeit des Daseins, immer Neues probiert, statt sich in sein Schicksal zu ergeben, sondern verweist auch auf den möglichen Niedergang der Menschheit. In den Prometheus-Erzählungen, die am Ende des Altertums verfasst wurden, weiß Prometheus um eine Bedrohung, die Zeus' Macht gefährden kann. Er verrät sein Geheimnis Zeus aber erst, als dieser ihn begnadigt. Zwar bleibt Zeus dank Prometeus an der Macht, aber er ist nun gezähmt. Der Mythos enthält also eine Botschaft, die auch für den Menschen des Anthropozäns von Bedeutung ist: Weltauffassungen und Herrschaftsformen, so mächtig sie auch erscheinen, sind endlich. Das gilt auch für die Herrschaft des Menschen über die Erde.

Denn Prometheus war bei weitem nicht so vorausschauend, wie sein Name verspricht. Die Selbsthilfe, die zu leisten der Mensch dank ihm imstande ist, schießt häufig übers Ziel hinaus; oder, wie Gadamer es ausdrückt: »In der tragischen Vermessenheit, in der er der Menschheit Selbsthilfe gab, hat sich die Menschheit ständig selbst vermessen.«[116] Der Mensch, so der Philosoph Günther Anders, wie Gadamer unter dem Eindruck von Auschwitz und Hiroshima stehend, hat mit den von Prometheus verliehenen Fähigkeiten Gerätschaften entwickelt, denen er selbst nicht mehr gerecht werde, die er nicht mehr vernünftig handhaben könne.[117] Diese Fähigkeiten sind sogar so avanciert, dass der Mensch selbst zu einem Prometheus werden könnte, wie Mary Shelley schon 1818 in ihrem berühmten Roman *Frankenstein* mit dem etwas weniger berühmten Untertitel *Der moderne Prometheus* voraussah.

All dies könnte einen unglaublich pessimistisch stimmen. Doch Gadamer ging davon aus, dass sich in den verschiedenen Varianten und Neuerzählungen des Prometheus-Mythos »jede entscheidende Wendung in der Geschichte des menschlichen Kulturbewußtseins zur Deutung oder Nachgestaltung gereizt gefunden« habe.[118] Können wir Gadamers Vorstellung aufgreifen und vor dem Hintergrund der anthropogenen Weltzerstörung die Prometheus-Geschichte neu erzählen, ja, vielleicht sogar eine Perspektive in die Zukunft entwerfen?

Es bieten sich drei Varianten an.

Variante 1: Alles geht weiter wie bisher – bis die Menschenwelt untergeht

Die Menschheit macht so weiter wie bisher, weil, wie etwa Jörg Gleiter meint, »der Mensch nicht anders kann, als unmittelbar vom ersten Sesshaftwerden an in das System Erde einzugreifen [...], um sich eine ihm angemessene Umwelt zu schaffen«. Gleiter kombiniert Platons Prometheus-Variante mit der von dem Soziologen und Anthropologen Arnold Gehlen in den 1930er Jahren entwickelten Vorstellung des Menschen als »Mängelwesen«. »Der Mensch«, so meint Gleiter feststellen zu können, »muss Geräte, Werkzeuge und Maschinen erfinden, um als ›Mängelwesen‹, das im Vergleich mit den Tieren keine besonderen Eigenschaften besitzt, seine Mängel an Fähigkeiten auszugleichen. Zu den Geräten, Werkzeugen und Maschinen gehört vor allem die Architektur.«[119] Folgt man dieser Argumentation, kommt dem Menschen an der Zerstörung der Welt gar keine Schuld zu, weil er ja »nicht anders kann«. Über »Schuld« zu diskutieren, erscheint gar überflüssig, denn laut Gleiter »gilt es festzustellen, dass die Klimakatastrophe und allgemein die prekäre Situation des Systems Erde für die Architektur keine Katastrophe ist«. Sie sei »im Gegenteil [...] die Chance, dass nun endlich die moderne Architektur eine Chance erhält, Architektur im eigentlichen Sinne zu werden«.[120] Das Denken, das Gleiter – wie leider auch viele andere – in derartigen Äußerungen vertritt, führt wahrscheinlich dazu, dass die Menschen die Erde weiter zerstören, bis sie ihnen keine Lebensgrundlage mehr bietet: Osterinseln *en gros*.

Der Untergang des Menschengeschlechts wäre ein passables Ende des Prometheus-Mythos, schließlich agiert Prometheus immer an der Schnittstelle von Aufstieg und Untergang; so wie er der Menschheit mit der Feuergabe den Aufstieg zur Weltbeherrschung ermöglichte, hatte er zuvor Zeus im Kampf gegen dessen Vater Chronos beiseitegestanden und Zeus so den Weg zum Götterthron geebnet.

In *Die Reue des Prometheus* weist Sloterdijk darauf hin, dass die Kombination von Erwärmung und Überflutung, die den Klimawandel kennzeichnet, sich auch in der griechischen Mythologie findet; dort bilden der Wasseruntergang *Kataklysmus* und der Weltenbrand *Ekpyrosis* ein zerstörerisches Doppelpaar, das am Ende jeder Epoche stehe. Erst durch den Weltuntergang werde der Neubeginn möglich[121] – der nächste dann aber gegebenenfalls ohne den Menschen, diesem mangelhaften Wesen, das irgendwann nicht einmal mehr in der von ihm selbstgeschaffenen Umwelt zu überleben vermag.

Variante 2: Der Mensch als sein eigener Prometheus

Doch wenn der Mensch nicht nur ein »Mängel«-, sondern, wie es sich bei Shelley schon abzeichnet, auch ein prometheisches Schöpferwesen ist, gäbe es noch eine Alternative zum (selbst)zerstörerischen Eingriff in das Erdsystem: die Weiterentwicklung des Menschen zum posthumanen Wesen. »Wir sind die Sklaven unserer technischen Verbesserung«, so bemängelte Norbert Wiener schon 1950, »[wir] haben unsere Umwelt so radikal verändert, dass wir uns nun selbst verändern müssen, um in dieser neuen Umwelt bestehen zu können.«[122] Der Mensch wird sein eigener Prometheus, ersinnt neue Technologien, die die bestehenden Probleme vermeintlich lösen, dabei aber auch wieder neue schaffen. Die »prometheische Scham«, die Günther Anders dem Menschen angesichts der menschlichen Unfähigkeit, den selbstgeschaffenen Geräten gerecht zu werden, unterstellt, setzt eine weitere prometheische Anmaßung frei, die zur totalen Selbstüberhöhung und -auflösung führt.

Die Idee, dass der Fortschritt auch die Überwindung des Menschseins umfasst, ist nicht neu. Sie findet sich bei Konstantin Ziolkowski genauso wie bei Arnold Gehlen, der in seinem 1940 erschienenen Werk *Der Mensch* dem »Mängelwesen« das »Zuchtwesen« entgegenstellte, ein von nationalsozialistischer Ideologie geprägtes Konzept, das auf der gleichen Überlegenheitsfantasie beruht, mit der auch die Ermordung von Millionen vermeintlich »minderwertiger« Menschen legitimiert werden sollte.[123]

Als weiteres historisches Vorbild für den posthumanen Prometheus könnten Überlegungen von Donna Haraway dienen, die 1985 in ihrem berühmten *Cyborg Manifesto* neue Perspektiven für die Weiterentwicklung, Verbesserung und Ablösung des Menschen skizzierte. Für die Bewältigung des Klimawandels hat sie aber auch noch einen anderen Vorschlag: Sie plädierte 2015 für eine massive Reduktion der Weltbevölkerung auf zwei bis drei Milliarden Menschen,[124] ein Ziel, das sich kaum ohne Gewalt durchsetzen ließe und an totalitäre Weltplanungsvorstellungen erinnert. Auch das erscheint nicht als erstrebenswerte Zukunft.

Variante 3: Selbsthilfe und Hoffnung

Gibt es neben in Selbstzerstörung mündender Ignoranz und in Selbstauflösung führender Selbstvergottung noch eine dritte Alternative? Und welche Rolle kommt dabei der Gestaltung, der Architektur, dem Design zu?

Folgt man Bruno Latour, müssen wir die Rolle von Prometheus neu denken; »wir müssen die Ingenieurstradition mit dem Vorsorgeprinzip verbinden; wir müssen uns vorstellen, dass Prometheus das Feuer auf vorsichtige Weise vom Himmel stiehlt!«. Dieser vorsichtige Prometheus beginnt nun, »den Planeten neu zu designen«.[125] Er betreibt Selbsthilfe, indem er vor- und umsichtig die Zukunft gestaltet. Für Latour wird die Welt dieser Zukunft aber keine natürliche sein: »Künstlichkeit ist unser Schicksal.«[126] Um diese neue Welt zu gestalten, brauchen wir neue kreative Methoden. »Kritik, Dekonstruktion und Ikonoklasmus«, so Latour, »werden nicht ausreichen, um einen alternativen Weltentwurf zu finden.«[127] Latour bleibt vage, was diese neuen Methoden sein könnten. »Worauf ich dränge, ist das Vermögen, die Dinge zusammenzubringen – Götter, Nicht-Menschen und Sterbliche eingeschlossen.«[128] Ob Architektur und Design dieses Vermögen aufbringen oder werden entwickeln können?

In den spätantiken Varianten des Prometheus-Mythos wird Zeus durch Prometheus gezähmt, weil Prometheus weiß, wie dessen Macht beendet werden könnte. Heute, da der Mensch an die Stelle der Götter getreten ist und selbst prometheische, wenn nicht gar, wie Sloterdijk meint, »hyper-prometheische«[129] Kraft entfaltet, muss er sich selbst zähmen, die eigene Gier bändigen. So erscheint am Horizont eine Haltung der umsichtigen Vorsicht, die nicht allein den Menschen in den Mittelpunkt stellt, sondern andere Existenzformen mitbedenkt, eine neue Ethik, die das, was auseinandergebrochen ist, wieder zusammendenkt, eine Praxis, die, wie Latour meint, »Götter, Nicht-Menschen und Sterbliche« miteinander in Verbindung bringt. Vielleicht eröffnet sich so eine Chance für ein neues Fundament.

Was also ist die Lehre aus den drei Varianten? Wir sollten, aller Grundlosigkeit unseres Daseins zum Trotz, die Hoffnung, diese, wie Hans Blumenberg meinte, schlimmste Plage aus der Büchse der Pandora, doch noch nicht aufgeben – aber auch darüber nachdenken, welche Weltentwürfe wirklich zukunftsfähig sind.

Teil V HOFFNUNG Ausblick auf eine planetare Architektur

»Daher ist die Hoffnung ein Diskurs über die Methode und kein Traum oder eine vage Idee.«[1]

Corine Pelluchon

»Das Design hat sich von den Details der Alltagsgegenstände auf Städte, Landschaften, Nationen, Kulturen, Körper, Gene und [...] auf die Natur selbst ausgedehnt, die es dringend nötig hat, neu gestaltet zu werden.«[2]

Bruno Latour

»Egalitäre Gesellschaften haben in städtischem Maßstab existiert.«[3]

Eyal Weizman und David Wengrow

Wir könnten diesen Essay hier enden lassen; die Zerstörung der Welt durch Architektur wird im Anthropozän offenkundig, und die Schuldfrage ist auch geklärt. Sich das – zur Bewährung ausgesetzte – genaue Urteil des Gerichts vorzustellen, bleibt dann der eigenen Fantasie überlassen, und auch bei den auf die kleinen Ausflüge in die antike Mythologie folgenden drei offenen Enden – Untergangsszenario, Technik-Dystopie und sehr vage formulierte Hoffnung – läge die Verantwortung für die weitere Ausdeutung, Wertung und Einordnung bei den Leser:innen.

Doch die Geschichte, die Aia zu erzählen hat, ist noch nicht zu Ende. Es folgt noch ein kurzer fünfter Teil, den sie mit dem großen, pathetischen Wort »Hoffnung« überschrieben hat, obwohl es kaum Anlass gibt, welche zu haben, schließlich macht die globale politische Entwicklung nicht den Eindruck, als würde sich die Menschheit auf ein gemeinsames, zukunftsfähiges Handeln verständigen wollen; stattdessen herrschen Kapitalismus, Krieg und Krise.

Warum also versuchen, so etwas wie einen hoffnungsvollen Ausblick auf eine »planetare Architektur« zu formulieren, wo doch Schmerz, Verzweiflung, Pessimismus viel angebrachter zu sein scheinen? Dass derartige Haltungen und Hoffnung sich nicht ausschließen, hat die französische Philosophin Corine Pelluchon herausgearbeitet. Für sie ist Hoffnung etwas grundlegend anderes als plumper Optimismus. Dieser sei lediglich ein »Trostpflaster für den Schmerz«,[4] während die »Hoffnung verlangt, dass wir unsere Verwundbarkeit sowohl als Individuen als auch als Gesellschaft anerkennen, statt [...] die Schwierigkeiten auszublenden«.[5] Die Anerkennung des Schmerzes und der vor uns liegenden Schwierigkeiten ist für sie die Voraussetzung, um »die Schäden in der Welt zu reparieren«.[6] Die Hoffnung, so Pelluchon weiter, sei »kein Traum oder eine vage Idee«, sondern »ein Diskurs über die Methode«, wie unsere Welt »gerechter und nachhaltiger« werde.[7] Und noch eines merkt sie an, was für das weitere hier skizzierte Unterfangen unverzichtbar ist: »Hoffnung erfordert das Aushalten des Negativen und das Erkennen der extremen Ungewissheit, in der wir uns befinden.«[8]

Es gibt noch einen weiteren Grund, warum dieser Essay, obgleich er an manchen Stellen bitter und scharfzüngig klingt, nicht mit »Schuld«, sondern mit »Hoffnung« endet: der Glaube an die transformative Kraft des Entwerfens, die allen Gestaltungsdisziplinen eigen ist – und die Liebe zur Natur, die, wie Latour meint, »es dringend nötig hat, neu gestaltet zu werden«.[9] Ein Nachdenken über Architektur, an dessen Ende lediglich die Feststellung einer Schuld stünde, ohne einen Ausblick zu geben, wie man die Zukunft anders gestalten könnte, erscheint aus dieser Perspektive wenig zielführend. Aias Zeitreise hätte keinen Sinn, wenn sie nicht Impulse geben würde, die jene Wirklichkeit, die sie auf ihrer Reise vorfindet, verändern könnten. Zwar sind, wie man kritisch anmerken könnte, die meisten ihrer folgenden Überlegungen nur Luftschlösser und Gedankengebäude, aber vielleicht helfen sie, einen zukünftigen Weltbezug zu imaginieren – und verschieben so die Wahrnehmung der Welt und die Haltung, mit der sie gestaltet wird. Was heute noch nach Luftschloss aussieht, hat womöglich schon bald einen realen Bezug zur Welt.

Natürlich begibt Aia sich mit wie auch immer gearteten Vorschlägen auf dünnes Eis. Schuldzuweisungen sind ein einfaches Geschäft, mit Vorschlägen, wie man anders – besser – vorgehen könnte, macht man sich schnell lächerlich; sie können als naiv oder als das Ziel verfehlend, als zu realpolitisch oder zu unrealistisch, als zu verkopft oder gar zu banal angesehen werden, und sehr schnell auch als veraltet gelten. Allen Gegenargumenten zum Trotz soll hier dennoch der Versuch unternommen werden – sonst wäre der Essay ja kein Essay.

Der Versuch, zum Abschluss dieser historischen Auseinandersetzung, dieser fiktiv-futuristischen archäologischen Grabung über zukünftige Aufgaben von Architektur nachzudenken, wird gerahmt durch den Begriff des »Planetaren«, ein Begriff, der in der jüngeren Debatte um das Anthropozän an Bedeutung gewonnen hat. Warum, erläutert Dipesh Chakrabarty anschaulich. Begriffe wie »Globus«, »Erde« oder »Welt«, so der Historiker, die »wir bisher zur Organisation der modernen Geschichte herangezogen haben, [sind] eine humanozentrische Konstruktion«. Das Gegenüber zu dieser Konstruktion ist »das Planetarische«, weil es »den Menschen […] dezentriert«. Wer planetarisch über die Zukunft und die Bewohnbarkeit der Erde nachdenkt, stellt nicht den Menschen in den Mittelpunkt der Überlegungen, sondern »verschiedene Lebensformen – unsere eigene und die anderer Wesen«.[10]

Dieser Perspektivwechsel verändert auch den Blick auf Architektur. Denn das »›Planetarische‹«, so der niederländische Architekturkritiker Hans Ibelings, »kann uns helfen, besser zu verstehen, wo die moderne Architektur in der größeren und längeren Perspektive einzuordnen ist. Es gibt bereits eine Unvereinbarkeit zwischen den Milliarden Jahren, die die Erde existiert, und den ältesten erhaltenen menschlichen Strukturen, die nur zehntausend Jahre zurückreichen.«[11]

Durch eine planetare Perspektive könnte jede:r auch den Blick auf sich ändern, und zwar nicht in Form der verblendeten Überhöhung, wie sie die Transhumanist:innen vornehmen, sondern im Sinne einer Einbettung in einen größeren Sinnzusammenhang, eine Verbundenheit mit der Welt, durch die wir uns selbst verändern, ein anderes Verständnis von uns in der Welt bekommen.

Anderswerden

Eine Gesellschaft, die ihr zentrales Imaginäres verloren hat, braucht Orte, an denen sie ein Anderswerden erproben kann.

Gehen wir noch einmal zu der Frage zurück, was der Ursprung, was der Ausgangspunkt von Architektur ist. Am Anfang dieses Buches steht das Bild der Urhütte, wie es aus der römischen Antike von Vitruv überliefert ist. Nach dieser Denkfigur grenzt sich der Mensch durch Architektur von der Natur ab, die er fortan beherrscht – und sich dadurch von ihr entfremdet. Im Zeitalter der Aufklärung griff Marc-Antoine Laugier das Bild der Urhütte wieder auf, damals markierte sie den Beginn der Zivilisation und legitimierte so die Unterwerfung anderer, als »nicht-zivilisiert« definierter Kulturen, rechtfertigte also mit aufklärerischer Verve die den Idealen der Aufklärung eigentlich entgegenstehende politische und gesellschaftliche Wirklichkeit von Sklaverei und Kolonialismus.

Als Semper im 19. Jahrhundert das Bild vom Herd, der Feuerstelle, um die Menschen sich versammeln, als Beginn der Architektur aufbrachte und ihn als das »*moralische* Element der Baukunst« bezeichnete,[12] konnte er nicht ahnen, dass dies ein prophetisches Bild war. Er beschrieb den Herd als »den heiligen Brennpunkt, um den sich das Ganze ordnet und gestaltet«.[13] Das Bild vom »Brennpunkt« und vom »moralischen Element« bekommt heute eine neue Sinnfälligkeit, weil wir es vor dem Hintergrund der zu Sempers Lebzeiten sich ausbreitenden Industrialisierung, ihren Brennöfen und rauchenden Fabrikschloten neu lesen. Ohne dass es seine Absicht war, verwies Semper mit dem Herd auch darauf, dass die Vorstellung von grenzenloser Verfügbarkeit von Energie das sinnstiftende Element unserer Gesellschaft geworden ist. Die Zerstörungen, die von den »Herdstellen« des Anthropozäns und den sich um sie versammelnden Menschen ausgehen, hat er allerdings nicht vorausgeahnt.

Doch weder der Herd noch die Urhütte sind als Ursprünge der Architektur wissenschaftlich belegt, es sind Idealbilder, kulturelle Konstruktionen, Denkfiguren, man könnte auch sagen: erfundene Geschichten. Womöglich ist der Ursprung der Architektur ein ganz anderer, einer, dessen Überlieferungen verloren gegangen sind oder bewusst verdrängt wurden.

David Graeber und David Wengrow weisen darauf hin, dass der Ursprung der Architektur womöglich nicht in den ersten festen, von landwirtschaftlicher Nutzung geprägten Siedlungen, sondern in den temporären Kultstätten zu finden sei; an Orten, an denen eine Gemeinschaft zusammenkommt, um etwas zu huldigen, das sie verbindet, das ihr im Leben einen Sinn gibt oder den Grund für das eigene Dasein erklärt. Bei den Bauten, die an solchen Orten entstanden, so erläutern Graeber und Wengrow anhand von archäologischen Funden der sogenannten Woodland-Völker aus dem Tal des Mississippi, handelt es sich nicht nur um sakrale Bauten, sondern auch um »Versammlungshäuser, Handwerksbetriebe und Beinhäuser«. Um die Kultplätze, so die beiden weiter, entstanden temporäre Wohnstätten in der »Größe von Kleinstädten. [...] Nur zu bestimmten rituellen Anlässen erwachten sie als Schauplätze aufwendiger Zeremonien zum Leben und waren ein oder zwei Wochen dicht bevölkert.«[14]

Folgt man diesem Szenario, dann ist der Ausgangspunkt von Architektur nicht die Unterwerfung der Natur – was letztlich zu Entfremdung führt –, sondern das gemeinsame Erleben eines gesellschaftlichen Imaginären, das Verbundenheit herstellt.

Der griechisch-französische Philosoph Cornelius Castoriadis legt 1975 in seinem Hauptwerk *Gesellschaft als imaginäre Institution* dar, dass Gesellschaft sich immer selbst schöpft, sich neu erfindet, und zwar um etwas Imaginäres, um ein Bild herum, das »eine Art ursprünglicher Besetzung der Welt und des Selbst mit einem Sinn« ermöglicht.[15] Was in einer Gesellschaft als sinnstiftend angesehen wird, so Castoriadis weiter, kann »man im Lebensinhalt und Lebensstil dieser Gesellschaft wiederfinden«.[16] »Das zentrale Imaginäre«, so interpretiert Heike Delitz, könnte man deshalb »als das letztlich je Zusammenhaltende verstehen: als die Imagination der Koexistenz der Einzelnen in räumlicher und in zeitlicher Hinsicht, und der Koexistenz der Dinge, Tiere und Pflanzen, von Himmel und Erde, Vergangenheit und Zukunft.«[17]

Das zentrale Imaginäre der Gegenwartsgesellschaft werden zukünftige Kulturen anhand der Technofossilien unseres Lebensstils einfach rekonstruieren können: exzessiver Energie- und Ressourceneinsatz. Doch etwas Zusammenhaltendes scheint dieses zentrale Imaginäre nicht zu haben, es treibt eher auseinander, was man auch daran sieht, dass Artefakte, die für Wohlstand sprechen, bei den Grabungen der Zukunft global und auch lokal sehr ungleich verteilt zutage treten werden. Auf eine friedliche »Koexistenz der Dinge, Tiere und Pflanzen« oder gar von »Himmel und Erde« wird man anhand ihrer auch nicht schließen können. Der Sinn, das Zusammenhaltende, das vom zentralen Imaginären gestiftet werden soll, scheint in der Gesellschaft des Anthropozäns verloren gegangen zu sein.

Bei der Vermittlung des Imaginären spielt auch Architektur eine Rolle, denn, so Castoriadis, »[d]as Imaginäre muss das Symbolische benutzen, nicht nur um sich ›auszudrücken‹ [...], sondern um überhaupt zu ›existieren‹, um etwas zu werden, das nicht mehr bloß virtuell ist.«[18] Die Gesellschaft, so Castoriadis weiter, »erschafft sich als [...] Verräumlichung, und als [...] *Anderswerden*«, weil sie sich durch die Zeitlichkeit verändert.[19]

Der Architekturtheoretiker Georg Vrachliotis greift die in den 1970er Jahren von Castoriadis entwickelten Überlegungen heute wieder auf; Ausgangspunkt ist dabei für ihn, dass »wir in der Architektur unentwegt auf der Suche nach neuen Modellen des Zusammenlebens und der Gemeinschaft sind – sozial, politisch, ästhetisch, technisch. Es ist eine endliche Suche nach etwas, das wir nicht kennen und das zugleich unsere kostbarste Ressource ist: die Zukunft.« Um diese zu gestalten, so meint Vrachliotis, sollten »wir versuchen, uns über das Imaginäre wieder einen Zugang zu unserer eigenen Zukunft zu erarbeiten«.[20] Wir brauchen, so könnte man subsummieren, Orte zum gemeinsam Anderswerden.

Was aber sind die Fundamente, auf denen eine solche zukünftige Architektur, die dem gesellschaftlichen Imaginären einen Raum gibt, an dem ein Sinn wieder gefunden werden kann, entstehen könnte?

Ehrlichkeit

Architektonische Ehrlichkeit bedeutet im Anthropozän, schon beim Entwerfen die ökologischen und sozialen Folgen des Abbaus und der Produktion von Baustoffen und -materialien mitzudenken.

Ab dem 19. Jahrhundert wurden mehr und mehr Gebrauchsgüter industriell hergestellt, und im Bauwesen kamen neue Baustoffe wie Eisen und später Stahl und Beton zum Einsatz. Architekt:innen mussten nun das Verhältnis zwischen ihren künstlerischen Traditionen und den technischen Möglichkeiten neu bestimmen, ein Prozess, der fortan die Entwicklung von moderner Architektur und Gestaltung maßgeblich beeinflussen sollte. Der britische Sozialutopist und Kunsthistoriker John Ruskin, der einen moralisch-religiös aufgeladenen neogotischen Stil vertrat, führte unter anderem »Wahrheit« als architekturtheoretisches Prinzip ein. In seinem einflussreichen, 1849 erschienenen Werk *The Seven Lamps of Architecture* bezeichnet er es als »architektonische Lüge«, wenn Materialien vorgetäuscht und Ornamente mit Maschinen hergestellt würden, außerdem empfahl er (vom gotischen Kirchenbau inspiriert), statische Systeme nicht zu verstecken, sondern sichtbar zu machen und Formen aus der Natur als Vorbild für Ornamente zu nutzen.[21]

Ruskins Überlegungen fortführend, entstand Ende des 19. Jahrhunderts in Großbritannien die *Arts & Craft*-Bewegung, ihr Hauptprotagonist, der Architekt und Designer William Morris, forderte eine Rückkehr zu »Einfachheit« in Kunst und Leben und »ehrliche«, für ihn handwerkliche, Produktionsmethoden. Einen anderen Weg ging in den USA der ansonsten eher eklektizistisch arbeitende Architekt Louis Sullivan. Mit seinem 1896 formulierten Motto »Form follows function« drückte er das Ethos einer Gestaltung aus, die nicht vorgibt, etwas anderes zu sein, als für ihre funktionale Nutzung erforderlich ist – eine Haltung, die das gesamte 20. Jahrhundert prägte. So lautet beispielsweise eine der *10 Thesen für gutes Design*, die Dieter Rams in den späten 1970er Jahren aufstellte: »Gutes Design ist ehrlich.«

Was als »ehrliche« Gestaltung angesehen wird, ist in jeder Zeit etwas anderes und erfordert andere gestalterische Konsequenzen. Der Klassischen Moderne, die die althergebrachten Repräsentationsstrategien der Aristokratie und des Bürgertums überwinden wollte, galt das dekorative Ornament als unehrlich – oder, wie der österreichische Architekt Adolf Loos 1913 polemisierte, als »Verbrechen«. An seine Stelle trat die perfekte – oft weiße – Oberfläche, wie man sie von vielen, heute mit dem Etikett »Bauhaus-Stil« versehenen Bauten kennt.

In der funktionalistischen Moderne nach dem Zweiten Weltkrieg erschien der vermeintliche »Bauhaus-Stil« vielen sich als fortschrittlich verstehenden Architekt:innen zu dekorativ, stattdessen waren damals Sichtbeton und Brutalismus angesagt, und als ehrlich galt, zu möglichst geringen Kosten angemessenen Wohnraum für breite Teile der Bevölkerung zur Verfügung zu stellen.

In den 1970er Jahren wurde Ehrlichkeit wieder neu codiert. Als Renzo Piano und Richard Rogers in Paris das *Centre Pompidou* errichteten und dort die üblicherweise versteckten Heizungs- und Lüftungsrohre sowie die Rolltreppen zum fassadenbestimmenden Element erhoben, vollzogen sie auf architektonisch-symbolischer Ebene einen Akt der Demokratisierung, weil die sogenannten dienenden Funktionen – ohne die der Betrieb des Gebäudes gar nicht möglich wäre – nun nicht mehr versteckt, sondern »ehrlich« gezeigt wurden.

Vor dem Hintergrund der Zerstörungen, die im Anthropozän durch Architektur bedingt werden, muss »Ehrlichkeit« neu verhandelt werden. Das betrifft zum Beispiel die Frage, was wir als »nachhaltig« ansehen. Bislang wird bei Berechnungen, wie nachhaltig ein Gebäude ist, häufig nur die Performance des fertiggestellten Objekts betrachtet. Die komplexen, vielschichtigen und zum Teil sehr weitreichenden sozialen und ökologischen Folgen der Baustoffproduktion werden bislang weitgehend ausgeblendet. Denn die Baustoffe – Eisen, Stein, Lehm, Kalk usw. – werden dem Planeten entnommen, aus ihm extrahiert. »Extraktivismus« ist das Schlagwort, unter dem diese Nebenfolgen der Architektur nun diskutiert werden. Dadurch werden »Angelegenheiten, die [bislang] als ureigen architektonisch angesehen wurden«, so der Architekturhistoriker Daniel Barber, »in eine Logik der Ausbeutung, der Gewalt und der kaskadierenden Ungerechtigkeiten« eingeordnet.[22]

Die Analyse dieser Logiken führt zu einem neuen Blick auf Architektur. »Architektur produziert keine [...] Gebäude«, schlussfolgert etwa der amerikanische Architekt Kiel Moe, der eine umfassende Untersuchung der ökologischen und sozialen Rahmenbedingungen von Ludwig Mies van der Rohes 1958 in New York fertiggestelltem *Seagram Building* vorgenommen hat. Moe greift die Terminologie des »Terrestrischen« auf, mit der Latour den gesamten Zusammenhang von Lebewesen und Materie umschreibt, um Architektur neu zu bestimmen. Die aus heutiger Sicht wesentliche Eigenschaft von Architektur ist für Moe, dass sie »ein überwältigendes Schlachtfeld von terrestrischen Prozessen« erzeugt.[23] Die fundamentale Umwertung, die dieser Blick auf Architektur mit sich bringt, lässt sich exemplarisch an zwei Werken von Mies van der Rohe aufzeigen.

Mies ist berühmt für die aphoristische Formel »Less is more«. Sie bringt auf den Punkt, was viele Rezipient:innen bis heute an seinem Werk fasziniert: die Reduktion auf das Wesentliche ist ein ästhetischer Mehrwert. Bei Mies drückte sich diese Reduktion nicht nur im Raumkonzept aus, sondern auch im Umgang mit Materialien (wie zum Beispiel Naturstein, Tropenholz sowie glänzen-

Abb. 80: Die Schönheit von Mies van der Rohes 1929 errichtetem *Barcelona-Pavillon* bereitet ob der verschwenderischen Verwendung kostbarer Natursteine heute extraktivistische Schmerzen.

den und patinierten Metallen), die möglichst pur und ohne verschnörkelnden Zierrat eingesetzt werden, damit der ihnen eigene Ausdruck zum Tragen kommt.

Die Schönheit des Onyxmarmors, den Mies van der Rohe 1929 im berühmten *Barcelona-Pavillon* verwendete, oder die Eleganz des Messings, das er an der Fassade des *Seagram Building* einsetzte, verkehren sich in ein Schwindelgefühl, wenn man sich die ökologischen und sozialen Kosten der Herstellung dieser Gebäude bewusstmacht. Das ethische Fundament, auf dem die Moderne und ihre Ästhetik beruhen, ist wackelig geworden. »Gebäude stehen nicht auf dem festen Grund des Ortes, an dem sie erscheinen«, meint beispielsweise der amerikanisch-neuseeländische Architekturtheoretiker Mark Wigley, »sondern auf den Löchern der Extraktion in all den entlegenen Gebieten, die nicht in Erscheinung treten.« Wigley verspürt deshalb ein »ethisches Bedürfnis nach einer neuen Art, Architektur darzustellen«, die nicht nur das errichtete Gebäude zeigt, sondern auch das »Netz von Löchern, Lücken, Rissen, Einstürzen, Ausfällen, Überschwemmungen und Hungersnöten«, die es an anderen Orten bedingt.[24]

Eine derartige »Rahmung von Gebäuden«, so nochmal Barber, »nimmt sie aus den vertrauten architekturgeschichtlichen Terminologien, Kausalzusammenhängen und ästhetischen Wertesystemen heraus«[25] – und stößt deshalb auf eine kulturell tief verankerte Gegenwehr, weil das gewohnte Weltverhältnis dadurch grundsätzlich in Frage gestellt wird. Das Mitdenken des Extraktivismus erschüttert unsere Selbstverständnisse und führt zu ungeahnten Konsequenzen. So erinnert der Architekturhistoriker Mark Jarzombek daran, »dass Stein in der Welt der Inka ›Fleisch‹

bedeutete und dass wir seine Bestandteile erst seit kurzem als tote Mineralien betrachten«;[26] Architektur wird also plötzlich als gewalttätiger Akt gegen Materie verstanden – die im Umkehrschluss vor ihr geschützt werden muss. Der niederländische Architekt Thomas Rau übersetzte deshalb die dreißig Artikel der *Erklärung der Menschenrechte* in eine *Erklärung Universeller Rechte für Materialien.* »Würden wir Materialien so behandeln wie uns selbst«, so Rau, »entstünde ein grundlegend anderes Weltbild.«[27]

Wohin könnte dieses andere Weltbild führen? Wie würden Architekt:innen bauen, wenn sie das ganze »Schlachtfeld terrestrischer Prozesse« in Betracht ziehen würden? Es gibt erste Ansätze, neue, weniger Welt zerstörende Wege zu gehen. Rau hat Madastar (ein Kunstwort, das »Material« und »Kataster« zusammenbringt) initiiert, eine Art Kreislaufwirtschafts-Plattform, in der Bauteile und -materialien für eine spätere Wiederverwendung registriert werden können. Einen ähnlichen Ansatz verfolgt Concular. Das 2012 gegründete Unternehmen ist der Kreislaufwirtschaft verpflichtet (daher der Name, ein Akronym von »Circular Construction«) und versteht sich als »Marktplatz für wiedergewonnene Baustoffe«,[28] die auf einer Online-Plattform angeboten und erworben werden können.

Andere gehen in ihren Forderungen noch weiter, sie plädieren etwa dafür, dass gar keine Gebäude mehr abgerissen werden dürfen, sondern Umbau immer Vorrang haben sollte – oder, wie der Wirtschaftswissenschaftler Daniel Furhop polemisch fordert, dass am besten gar nicht mehr neu gebaut werden sollte.[29]

Zur Ehrlichkeit im Anthropozän gehört aber auch, dass es Baubedarfe im globalen Süden gibt, die man nicht einfach durch Umbau von Vorhandenem stillen kann, weil dort die Bevölkerung wächst. »1,6 Milliarden Menschen leben heute in mehrdimensionaler Armut, und bis 2050 werden weitere 2,5 Milliarden Menschen Wohnraum benötigen«, so das *Bauhaus Erde*, ein 2019 gegründeter und von dem Klimaforscher Hans Joachim Schellnhuber und

Philipp Misselwitz geleiteter Thinktank für Architektur. Ihrer Meinung nach hängt die Zukunft des Planeten davon ab, wie diese Baubedarfe gestillt werden. Ihre Lösung ist – ihrer Lesart des namensgebenden Vorbilds »Bauhaus« entsprechend – technik-optimistisch: »Wenn wir regenerativ bauen, können unsere Städte als Kohlenstoffsenken fungieren und gleichberechtigte Entwicklungsmöglichkeiten schaffen. Wir können mehr tun, als klimaneutral zu werden, wir können klimapositiv sein, neue Wertesysteme schaffen und gerechte Gesellschaften fördern.«[30]

Noch ehrlicher wäre es, wenn wir zugeben würden, dass wir nicht wissen, wie die planetaren Herausforderungen gelöst werden können, statt das Mantra vom ökologischen Fortschritt im Bauwesen nachzubeten – schließlich hat die naturvergessene Technikgläubigkeit der Moderne geradewegs in die Situation geführt, die es nun zu überwinden gilt. Der Berufsstand der Architekt:innen sollte sich – und der Gesellschaft – deshalb eingestehen, dass er vor einem großen Fragezeichen steht und nicht weiß, was die richtige Antwort ist. Zur Ehrlichkeit gehört auch, das eigene Unvermögen einzugestehen. Es gilt, gestalterische Handlungsmodelle zu entwickeln, ohne in den für Architekt:innen lange so typischen Modus der Zukunftsverheißungen zu verfallen. Mark Wigley geht sogar noch einen Schritt weiter. Er meint: »Ein nachhaltiger Pessimismus in Bezug auf Architektur könnte ein weitaus verlässlicherer Leitfaden für die Gestaltung sein als der übliche Optimismus.«[31]

Wie also trotz Unvermögen, Unsicherheit und Pessimismus Hoffnung haben? Vielleicht, indem man einen Schritt nach dem anderen macht. Ehrlichkeit ist ein möglicher Anfang. Er ist vielversprechend, weil Ehrlichkeit ein guter Startpunkt für Veränderung ist.

Einige Architekt:innen und Architekturtheoretiker:innen machen sich derzeit auf den Weg, neue Wertesysteme zu finden. *After Comfort* nennt sich beispielsweise eine Initiative verschiedener Architekturhochschulen, die – nun wieder Fuller aufgreifend – sich auf die Suche nach einer »Bedienungsanleitung« für ein Leben machen, das weniger CO_2 verbraucht.[32] Wie der Titel schon besagt, wird dies ein Leben mit weniger Komfort sein. Kein einfaches Unterfangen, schließlich sind Komfort und »Bequemlichkeit«, so der kanadische Architekt Salmaan Craig, »heute die Droge der Wahl«.[33]

Der Architekturhistoriker Kim Förster meint, es ginge nun »ähnlich wie schon beim Erdöl darum, unsere Abhängigkeiten anzuerkennen«.[34] Die Welt der Architektur ist vom Extraktivismus und dem ihm seit der Moderne eingeschriebenen, sich als Fortschritt verstehenden Technik- und Wachstumsglauben abhängig – und wie jede Abhängigkeit ist dies keine Errungenschaft, sondern eine Suchterkrankung. Der erste Schritt aus der Sucht – hin zu einem neuen, soliden Fundament – ist die Ehrlichkeit, sich die eigene Abhängigkeit, die eigene Erkrankung einzugestehen. Damit kann jede:r auch unmittelbar bei sich selbst und der eigenen Praxis beginnen.

Verlernen

Um Offenheit für eine gesellschaftliche Organisationsform zu schaffen, die die Bewohnbarkeit des Planeten erhält, müssen wir verlernen, wie wir bisher gelebt, gewohnt und gebaut haben.

Lernen ist mit Macht verbunden. Das, was wir Geschichte nennen, gehört ebenso zu einem von Macht geprägten Kanon wie die kulturell vermittelten Möglichkeitswelten, die unsere Vorstellungen bestimmen und damit auch die disziplinären Handlungsmodelle, mit denen wir die vorgefundene Welt zu verändern versuchen.

Doch die massiven Zerstörungen, die das Anthropozän hervorgebracht hat, nötigen uns, den tradierten Wissensbestand zu durchbrechen, um Offenheit zu schaffen für eine neue gesellschaftliche Organisationsform, die die Bewohnbarkeit des Planeten erhält. Um im Bild der Suchterkrankung zu bleiben: Wir müssen uns entwöhnen und über Generationen vermittelte Verhaltensweisen und Denkmuster ablegen. Um es zugespitzt zu formulieren: Wir müssen das, was uns als selbstverständlich erscheint, kritisch thematisieren und schließlich aktiv verlernen.

Nur durch das Verlernen erlangen wir die Offenheit, von anderen – zum Beispiel nicht-westlichen oder auch nicht-menschlichen – Handlungsmodellen neu zu lernen. Gayatri Chakravorty Spivak prägte das Bild des Verlernens im Kontext postkolonialer und feministischer Theoriebildung; zum einen als Möglichkeit der Befreiung von patriarchalen, imperialistischen und neo-kolonialen Denkfiguren, zum anderen aber auch als Aufforderung, die westlich-weiße »Normalität« zu hinterfragen und sich der eigenen Privilegien bewusst zu werden. Diese Form des Verlernens ist eine Dekonstruktion des eigenen Selbstverständnisses. Nur so entstehe die Offenheit, um mit anderen Menschen und ihren Formen von Wahrnehmung und Wissen in Kontakt zu treten, so die britischen Literaturwissenschaftler:innen Donna Landry und Gerald MacLean: »Das Verlernen der eigenen Privilegien ist der Beginn einer ethischen Beziehung zum Anderen.«[35]

Bauen ist, um nochmals Heidegger in Erinnerung zu rufen, die »Art, wie du bist und ich bin, die Weise, nach der wir Menschen auf der Erde sind«.[36] Wenn wir die heute dominante – und zerstörerische – Art und Weise, Mensch auf der Erde sein, ändern wollen, müssen wir die aktuellen Rollenbilder erst »verlernen«. Dem Berufszweig der Architekt:innen kommt dabei, ob sie es wollen oder nicht, eine besondere Verantwortung zu: Wir müssen das, was wir bislang als Architektur kennen, verlernen, so wir die Bewohnbarkeit des Planeten erhalten möchten.

In der Architektur der Gegenwart, selbst wenn sie sich »Nachhaltigkeit« auf die Fahnen geschrieben hat, herrschen jedoch häufig noch die klassischen Paradigmen von technischem Fortschritt und kapitalistischem Wachstum. Wie schwierig es ist, diese Muster zu durchbrechen, lässt sich exemplarisch am *Solar Decathlon* aufzeigen.[37] Der international renommierte Architekturwettbewerb wird alle zwei Jahre ausgeschrieben, seit 2002 in den USA, seit 2010 auch in Europa, und soll Studierende an nachhaltiges Bauen heranführen. Eigentlich also eine rundum gute Sache. Mehrere Gruppen, jede von einer anderen Hochschule, entwerfen und bauen ein energiesparendes Gebäude, um danach in zehn verschiedenen Kategorien Preise zu gewinnen. Meist ist die Bauaufgabe ein frei stehendes Einfamilienhaus. Da das kein besonders nachhaltiger Gebäudetyp ist, wurde 2022 bei der europäischen Ausgabe der Schwerpunkt auf das Weiterbauen im urbanen Bestand gelegt. Der Wettbewerb fand in Wuppertal statt, Wettbewerbsaufgabe war der Umbau oder die Aufstockung eines Gebäudes im an das *Utopiestadt* getaufte Ausstellungsgelände angrenzenden Stadtteil.

Doch trotz aller guter Absichten machte die Ausstellung deutlich, woran die nachhaltige Architektur der Gegenwart krankt.

Das Ausstellungsgelände, auf dem die fertiggestellten Bautypen auf- und ausgestellt waren, war eine Art Schaufenster des grünen Kapitalismus. Neueste Nachhaltigkeitstechnologien wurden getestet, und die entstandenen Prototypen hatten schnittige Namen wie *RoofKit*, *LevelUp* oder *Deeply High*, als ginge es nicht um gemeinsames Lernen, sondern darum, etwas zu verkaufen. Logos waren an den Fassaden angebracht und auf die T-Shirts der Studierenden gedruckt, die durch die von ihnen entworfenen Häuser führten, als wollten sie Fertighäuser der Zukunft anpreisen; ein Panoptikum der Innovationen, die mit voller Solarkraft tiefer in die Fortschrittsfalle führen. Vom »nachhaltigen Pessimismus«, über den Mark Wigley spricht, keine Spur.

Einziger Lichtblick war ein Beitrag aus Schweden. Die Studierenden einer Universität in Göteborg waren mit ihrem Gebäude zur Eröffnung und Bewertungszeremonie noch nicht fertig geworden. Ihr Beitrag war mit rot-weißem Flatterband abgesperrt, die Studierenden werkelten noch. Das ganze Projekt war auf den ersten Blick ein Desaster. Die Hochschule hatte eigentlich eine neue Technologie vorstellen wollen, 3-D-Druck aus Zellulose und Holzfaser als Wiederverwertung von Abfällen der Holzwirtschaft – doch dann war der 3-D-Drucker kaputtgegangen.

Auf den zweiten Blick aber war etwas Wertvolles und Unterwartetes entstanden. Denn die Studierenden der anderen Teams, die mit ihren Bauten schon fertig waren, begannen, ihren schwedischen Kolleg:innen zu helfen. Der Abfall ihrer Baustellen wurde verwendet, um »in Schweden« doch noch irgendetwas zustande zu bringen. Studierende aus Frankreich brachten ihren Lehmputz mit, ein paar Niederländer:innen verlegten die Fliesen, die beim Pavillon aus Valencia übrig geblieben waren, und als ich durch die Baustelle ging, schlossen zwei Studentinnen aus Lübeck gerade die Heizung an. Plötzlich ging es nicht mehr um Kategorien, Punkte und Preise, sondern um Solidarität; an die Stelle der Wettbewerbskonkurrenz trat konviviale Kooperation. Im stückweisen »Verlernen« der ökonomistischen Selbstdarstellungsmechanismen und technologischen Machbarkeitsfantasien, die in allen anderen Beiträgen so dominant gewesen waren, eröffnete sich ein utopisches Moment: So etwas wie eine Verantwortungsgemeinschaft war entstanden, die aus dem Restmüll der technologischen Zukunftsfantasien eine alternative Gegenwart improvisierte.

Einen Preis haben die Studierenden damit allerdings nicht gewonnen.

Doch derartige Prozesse des Verlernens – von Selbstvermarktung, von Wettbewerb, von Technikglauben – sind notwendig, um Raum für eine neue Architektur zu schaffen. Wenn Architekt:innen weiter an ihren bisherigen Gewissheiten festhalten, werden sie keine planetare Architektur erschaffen können. Verlernen ist die Konsequenz aus der Ehrlichkeit, das eigene Scheitern, das eigene Unvermögen, die eigene Hilflosigkeit einzugestehen. Ohne Verlernen der bisherigen Denk- und Verhaltensmuster wird es keinen Raum für das Erlernen von Neuem geben.

Unfertigkeit

Es braucht eine Fertigkeit der Unfertigkeit, denn die planetare Architektur muss Raum lassen für Wunschproduktion, Widerspruch und Weiterentwicklung.

Viele sagen, dass Umbauen für Architekt:innen eine immer wichtigere Aufgabe wird. Schaut man aber auf Wettbewerbe für Studierende, Projekte in Hochschulen und Publikationen von Architekturzeitschriften, ist – meistens – der Neubau das Maß der Dinge. Woran mag das liegen? Womöglich daran, dass sich das Berufsbild und das Selbstverständnis von Architekt:innen grundlegend ändern würde, wenn im Mittelpunkt ihrer Tätigkeit nicht mehr der Neubau steht, sondern der Um- oder – so man den Ansatz ernst nimmt – Nichtbau. Doch dafür müssen sich Architekt:innen von der tradierten Vorstellung von »Entwurf« verabschieden. Nicht die Fertigstellung und Übergabe eines Gebäudes stünde dann im Vordergrund ihrer Tätigkeit, sondern ein vielschichtiger Prozess, bei dem ein Gebäude niemals fertig wird, weil alles immer nur ein Zwischenstand einer fortwährenden Transformation ist. Statt einen Entwurf bestmöglich umzusetzen, ginge es dann eben nur noch darum, mit beschränkten Ressourcen »etwas hinzubekommen« – und sogar Bauvermeidung würde dann eine erstrebenswerte Option sein. Kreative Selbstverwirklichung, formale Stringenz und was bislang sonst noch beglückende Momente in einem Architekt:innen-Leben sein mögen, spielten keine Rolle mehr. Stattdessen müssten Architekt:innen sich von dem Bild der »Fertigstellung« verabschieden und die neue Fertigkeit der Unfertigkeit erlernen.[38]

Wie das geht, kann man ganz gut von Kindern lernen. Wenn ein Kind »ich bin fertig!« ruft, hat es meist ein gerade begonnenes Projekt – eine Bastelei, ein Bild, was auch immer – in seinen Augen erfolgreich abgeschlossen. Bei diesem Vorgang ist nicht ein vorab definierter Endzustand das Ziel, sondern eher das Erleben eines Prozesses, der von einer Idee ausgeht, sich dann aber verselbständigt, und in diesem Sich-treiben-Lassen entsteht etwas, was spielende Kinder sich vorher nicht haben vorstellen können – was sie aber sehr zufriedenstellt.

Wenn ich sage, »ich bin fertig«, gerne auch in der Steigerungsform »ich bin total fertig«, meine ich damit etwas ganz anderes, nämlich dass ich erschöpft und ermüdet bin, mich, um im Bild der Extraktion zu bleiben, vollends ausgebeutet habe, meist, um ein Projekt zu einem vorher definierten Ende zu bringen, bei dem es aber nie die erhoffte Perfektion erreicht. Zwar muss ich meist die Arbeit an dem Projekt aus Zeit- oder Geldgründen irgendwann beenden, aber wirklich abgeschlossen ist es dann zumeist trotzdem nicht. Eine erschöpfende Unzufriedenheit ist das Ergebnis.

Das Problem ist dabei sowohl die Zieldefinition als auch die Art, wie ich zur Erreichung des Ziels mit meinen Ressourcen umgehe – und der Anspruch, wann etwas als fertig (jetzt im Sinne von abgeschlossen) angesehen wird. Man könnte auch sagen, mir mangelt es an der Fähigkeit, mit einem Ergebnis zufrieden zu sein. Mir würde es guttun, mich auf ein gewisses Maß an Unfertigkeit einzulassen. Diese persönliche Perspektive auf mich und mein Handeln steht hier stellvertretend für ein gesellschaftliches Phänomen: (Selbst-)Ausbeutung wird maximiert, doch statt ein Ziel zu erreichen, werden lediglich die Ressourcen erschöpft.

Eine andere Fähigkeit – oder, um im Bilde zu bleiben, eine andere Fertigkeit –, die zur Überwindung dieses Teufelskreises hilfreich sein könnte, ist die Improvisation. Mit Improvisation ist gemeint, sich auf etwas Unvorhergesehenes einzulassen. Was im Free Jazz gang und gäbe ist, scheint im Bereich der Architektur unterentwickelt zu sein. Natürlich, in jedem Architekturbüro und auf vielen Baustellen wird improvisiert (oder mehr oder weniger offensichtlich gepfuscht), aber hier ist etwas anderes gemeint: die Improvisation als Entwurfspraxis.

Improvisation ist nötig, wenn man den technikfixierten Pfad auch nachhaltiger Architektur verlassen will. Wenn man zum Beispiel ein Bauwerk tatsächlich nur mit Baustoffen und -teilen errichtet, die man nach Genehmigung der Planung im Madastar oder bei Concular findet, weil sie gerade bei einem Abriss an anderer Stelle angefallen sind, wird man eine neue Form entwerfenden Denkens entwickeln müssen, um dem Potpourri aus kleinen und großen Türen, Holz- und Kunststofffenstern, darunter welche mit und ohne Sprossen usw., eine Form zu geben. Um mit dieser Heterogenität zurechtzukommen, muss bereits im Entwurf Freiraum für das Unbestimmbare gelassen werden. »Form follows availability« erfordert eine ästhetische Sprache, die mit dem Lückenhaften, dem Unfertigen, dem Unperfekten und (vermeintlich) Unpassenden spielerisch umzugehen weiß.

Die Stadt der Zukunft, so heißt es immer wieder, soll resilient sein; widerstandsfähig gegen Terror und Krieg, gegen Überschwemmung und Überhitzung, gegen Epidemien und Finanzkrisen – und in der Lage, sich selbst zu erneuern. Sie braucht eine Architektur, die anpassungsfähig ist. Die planetare Architektur, die für die Zukunft entwickelt werden muss, befindet sich in einem kontinuierlichen Prozess der Weiterentwicklung, der nie abgeschlossen ist. Man könnte auch sagen: Sie basiert auf Unfertigkeit – und ist immer unfertig.

Abb. 81: In der Siedlung *Quinta Monroy* sind die Häuser nur zur Hälfte fertiggestellt – damit die Bewohner:innen sie bei Bedarf selber weiterbauen können.

Diese Unfertigkeit bringt auch eine Unabgeschlossenheit mit sich, die gut zu einer offenen – demokratischen – Gesellschaft passt: Die Architektur einer offenen Gesellschaft muss unfertig sein, um Raum für Wunschproduktion, Widerspruch und Weiterentwicklung zu lassen. Ein gelungenes architektonisches Beispiel dafür sind die 2003 absichtlich nur zur Hälfte fertiggestellten Häuser in der chilenischen Siedlung *Quinta Monroy*. Dass sie von den Bewohner:innen weitergebaut werden können, hatte der Architekt Alejandro Aravena von Anfang an eingeplant.

Um den Herausforderungen, die mit einer planetaren Betrachtungsweise einhergehen (und die mit der bisherigen Verwendung des Begriffs »nachhaltig« nicht einmal ansatzweise erfasst werden können), ästhetisch gerecht zu werden, braucht es eine architektonische Sprache, in der, wie im Free Jazz, mit Improvisation nicht ein Notbehelf, sondern eine eigene künstlerische Ausdrucksform gemeint ist; eine Ästhetik, die mit dem Unfertigen produktiv umgehen kann.

Widerstand

Architekt:innen können mit dem und durch das, was sie als »Architektur« definieren, Widerstand gegen die Zerstörung des Planeten leisten.

»Die Ausdrücke ›Widerstandsfähigkeit‹ und ›Nachhaltigkeit‹ sind Klischees, die das aktuelle städtebauliche Denken beherrschen«, schreibt der Soziologe Richard Sennett.[39] Sie seien abgenutzt und damit unglaubwürdig geworden. Vielleicht ist die Crux aber nicht nur, dass die Begriffe hohl und leer geworden sind, weil verschiedenste Akteur:innen sie benutzen, um damit, wie Sennett meint, ihre »Bauprojekte – ob nun gut, schlecht oder irgendetwas dazwischen – zu rechtfertigen«, sondern dass Nachhaltigkeit und Widerstandsfähigkeit seit jeher passive Begriffe sind, also schon immer eine Reaktions- statt eine Aktionsfähigkeit beschreiben. Können wir uns auch eine aktivere Rolle von Architektur vorstellen? Eine Architektur, die selbst eine Form des Widerstands ist, die sich nicht – von Herrschaftsansprüchen, Täuschungsabsichten, Profitinteressen, Marktlogiken – instrumentalisieren lässt?

Eine Reihe von Architekt:innen haben in den letzten Jahren begonnen, Begriffe, Denkmuster und Methoden der postkolonialen Theorie auf die Analyse von Gestaltung zu übertragen, um, so der Schlachtruf, Architektur zu »dekolonialisieren«. Dabei geht es darum, die lange Geschichte von Architektur als Instrument von Macht und Unterwerfung, von Gewalt und Ausbeutung – sowohl von Menschen als auch von Natur – aufzuarbeiten; auch, weil Extraktivismus und koloniale Gewalt eng miteinander verknüpft sind. Ein mühseliger Prozess, der an vielen Orten (Beispiele in diesem Essay sind Brasília, Brüssel und Hamburg) noch ansteht, ein schmerzhafter Prozess, weil er an vielen dieser Orte bislang identitätsstiftende Architektur in Frage stellt. Doch dieser Prozess ist notwendig, denn erst nachdem wir – um nochmals an Spivak anzuknüpfen – die vielfältigen Formen der Unterwerfung und Machtausübung durch und mittels Architektur erkannt und verlernt haben, lässt sich Architektur auch als eine Widerstandspraktik oder zumindest als Form von Emanzipation denken.

Der britisch-amerikanische Architekturhistoriker Kenneth Frampton hat in den 1980er Jahren einen anderen Vorschlag für eine »Architektur des Widerstands« formuliert. Ausgangspunkt war für ihn der Regionalismus, also die lokal entstandenen Architektursprachen, die, so Frampton, vor der globalen Ausbreitung der modernen Architekturen die dominante Bauform gewesen seien. Sie seien Ausdruck der »Weltkultur«,[40] und diese gelte es nun, in Form eines »kritischen Regionalismus« wiederzubeleben. In Anlehnung an Heidegger konstatiert Frampton, dass die Menschen der Gegenwart an einem »Verlust von Nähe« zu ihrem Lebensumfeld litten, weshalb der von ihm propagierte Regionalismus wieder »den Tastsinn [...] wecken« solle, um »den bloßen Schein des Technischen zu überschreiten« und »dem unerbittlichen Ansturm globaler Modernisierung zu widerstehen«.[41] Frampton wollte den Regionalismus nicht einfach wiederbeleben, sondern regionale Bauformen durch Dekonstruktion von Eklektizismus, dem ganzen nationalistischen Ballast und anderen Verfremdungen befreien und dann zu einem neuen, nun eben »kritischen« Regionalismus synthetisieren. Das Besondere an dieser »Architektur des Widerstands«, so Frampton, sei, dass sie »auf die Eigentümlichkeiten eines besonderen Ortes zurückzuführen« sei.[42]

Derzeit sind zwei höchst unterschiedliche Wiederanknüpfungspunkte an den Regionalismus zu beobachten. Der eine ist affirmativ und instrumentalisiert regionale Bauformen für regressive Identitätspolitiken, wie man im indonesischen Nusantara, aber auch an saudi-arabischen Modernisierungsprojekten wie Neom nachvollziehen kann. Der andere ist ökologisch. Schon Frampton argumentierte, dass die Rückbesinnung auf regionale Bautraditionen »einen direkteren dialektischen Bezug zur Natur mit sich [bringt], als es die abstrakteren, formalen Traditionen der modernen avantgardistischen Architektur erlauben würden«.[43] In aktuellen Diskursen werden nun regionale Bautraditionen und vernakuläre Architektur in Hinsicht auf funktionale Aspekte untersucht. Mit den »Eigentümlichkeiten eines besonderen Ortes«, von denen Frampton spricht, könnte man zum Beispiel auch das traditionelle Wissen meinen, wie man Gebäude an extreme Klimabedingungen anpassen kann.

Von zahlreichen (häufig jungen, eher lokal aktiven als sich am globalen Baubusiness beteiligenden) Architekt:innen wird derartiges traditionelles architektonisches Wissen als Inspirationsquelle für eine energiesparende, nicht-extraktivistische und klimagerechte Architektur genutzt. Kombiniert man Frampton mit diesen aktuellen Perspektiven, entsteht das Bild einer Architektur, die die »Weltkultur« der Architektur dekonstruiert und in Hinblick auf ihre ökologische Performance neu synthetisiert; eine Architektur, die gegen die Zerstörung der Welt Widerstand leistet.

Eine andere Möglichkeit, wie mit Gestaltung Widerstand geleistet werden kann, formuliert der Architekt und Designer Jesko Fezer. Er fordert, dass Gestalter:innen – ob aus Design oder Architektur – Partei ergreifen, sich für die Umsetzung politischer Ziele engagieren, statt einfach nur Aufträge abzuarbeiten. Er schreibt: »Parteiisches Design verortet das Entwerfen direkt in den Konflikten, in den dort verhandelten Dingen und Themen und bei den Akteur*innen dieser Auseinandersetzungen und ihren Haltungen.«[44] Wie eine solche Parteinahme durch Gestalter:innen konkret aussehen kann, zeigte die Ausstellung *Protest/Architektur. Barrikaden, Camps, Sekundenkleber*, die das Deutsche Architekturmuseum (DAM) in Frankfurt gemeinsam mit dem Wiener Museum für angewandte Kunst (MAK) 2023 entwickelte.[45] »Protestarchitektur«, so das Kurator:innenteam um den Architekten Oliver Elser, »umfasst die räumlichen, in den Raum ausgreifenden Aspekte von

Protestbewegungen: Orte werden angeeignet, blockiert, markiert, verteidigt.«[46] Was das bedeutet, zeigte die Ausstellung in 13 internationalen Fallstudien, von der *Resurrection City* in Washington, die 1968 eine wichtige Rolle in der amerikanischen Bürgerrechtsbewegung spielte, bis hin zu zeitgenössischen Beispielen wie der Besetzung des Hambacher Forstes oder des Dorfes Lützerath. Anhand von Fotos, Texten, Zeichnungen, Modellen, künstlerischen Arbeiten und Fragmenten von Originalobjekten tauchten die Besucher:innen in die Architektur der widerständigen Kulturen ein.

Abb. 82: Ein Bagger zerstört die Protestpyramide, die 2022 für die Besetzung einer Autobahnbaustelle bei Wien erbaut wurde.

Neben Verteidigungsarchitekturen wie Barrikaden gab es in der Geschichte der Protestbewegungsarchitektur auch Skurrilitäten wie eine Pyramide als ikonischem Repräsentationsbau, avantgardistische DIY-Konstruktionen und kleinbürgerliche, fast parodistisch wirkende Wohnminiaturen in Form von Baumhäusern. An Entwurf und Bau dieser Werke sind häufig Architekt:innen beteiligt. So gab es beispielsweise schon 1968 in der *Resurrection City* in Washington einen aus mehreren Fachleuten bestehenden Bauausschuss, der die räumliche Planung des sechswöchigen Camps koordinierte und sogar temporäre Unterkünfte entwarf und errichtete. Doch anders als die wenigen sowohl in der Architekturszene bekannten als auch in aktivistischen Kontexten arbeitenden Akteur:innen bleiben die meisten Verfasser:innen von Protestarchitekturen anonym. Zum einen, weil es ihnen nicht um Ruhm und Aufträge, sondern um Inhalte geht, zum anderen, weil viele Protestbewegungen das Kollektiv in den Vordergrund stellen – und weil an radikalem Protest Beteiligte häufig in ihrem Alltag Nachteile zu befürchten haben. Das Team um Elser identifizierte unterschiedliche Bautypen des Protests, die sich aus den jeweiligen funktionalen Anforderungen ergeben, wie zum Beispiel den Dienstvorschriften der deutschen Polizei. Darin ist vorgegeben, dass nur Spezialkräfte Konstruktionen von über 2,5 Metern Höhe stürmen dürfen, weshalb Protestierende entsprechend höhere Baumhäuser bauten – und so die Räumung eines illegalen Camps aufwendig und langwierig machten. Für derartige Strategien haben die Kurator:innen eine eigene Terminologie entwickelt, etwa, wenn sie eine »Verzögerungsarchitektur« konstatieren – eine frappante Ähnlichkeit zu der »gekauften Zeit«, von der Holly Jean Buck spricht. So bleibt auch bei dieser Form des Widerstands eine Leerstelle, denn Protestarchitektur verhindert, richtet sich gegen etwas, aber imaginiert noch nicht, was das Bessere, Zukünftige über den sinnstiftenden Moment der Solidarität im Widerstand hinaus genau sein soll.

Dennoch kann man sich vorstellen, dass Protestcamps bald Vorbilder für eine neue politische Architektur sind und man an Hochschulen auch Protestarchitektur reflektiert – und diese Auseinandersetzung dann auch auf den Umgang mit »normalen« Bauaufgaben abfärbt. Vielleicht wird es so gelingen, eine echte architektonische »Ästhetik des Widerstands« gegen die planetare Zerstörung zu erfinden. Doch dafür muss die Zunft der Architekt:innen noch lernen, politisch zu argumentieren, sich selbst zu »de-kolonialisieren« und Gestaltung im Sinne von Jesko Fezer als »Parteinahme« begreifen.

So kommt auf der Suche nach architektonischem Widerstand doch wieder die Widerständigkeit ins Spiel, aber nicht als Eigenschaft von Stadt oder Architektur, sondern als das Vermögen von Architekt:innen, den erlernten Machtmechanismen, den alltäglichen Verlogenheiten, den verlockenden Angeboten der Bau- und Immobilienwirtschaft, kurzum: den vielfältigen Möglichkeiten, sich mit den eigenen Kompetenzen an der Zerstörung des Planeten zu beteiligen, zu widerstehen.

Offenheit

Ohne Offenheit für die Vielfalt kultureller Erfahrungen, Wissensformen und Lebensentwürfe wird eine planetare Architektur nicht möglich sein.

Ein Meister der Offenheit war der amerikanische Architekt und Künstler Gordon Matta-Clark. Er dekonstruierte Gebäude, indem er Bauteile herausschnitt und so Öffnungen schuf, die neue Ein- und Ausblicke ermöglichten, das Gegenteil der Verschlossenheit, die jedwedes Anderswerden verhindert – allerdings, wie wohl jede Architektur, die stark in die Umwelt eingreift, auch eine gewaltsame Intervention. Seine Arbeit, die er häufig fotografisch oder filmisch dokumentierte, bezeichnete Matta-Clark mit dem Neologismus »Anarchitecture«, also als eine anarchische Nicht-Architektur. Sie wird häufig als Widerstand verstanden – gegen die Konvention, gegen den Konservatismus, gegen die (vermeintliche) Normalität. Der österreichische Kurator Peter Noever erweiterte diese Lesart, indem er die Arbeit von Matta-

Abb. 83: Gordon Matta-Clark schnitt Löcher in Gebäude, die Öffnungen ermöglichten neue Verbindungen.

Clark als »chirurgischen Eingriff« interpretiert, bei dem der Akt der Öffnung am Ende zu einer »Heilung« führen könne.[47]

Den wohl bekanntesten seiner Eingriffe nahm Matta-Clark 1975 unter dem Titel *Conical Intersect* in Paris vor, als er in der Nähe des *Centre Pompidou* zwei zum Abriss bestimmte Gebäude aus dem 17. Jahrhundert so bearbeitete, das sie von konischen, torpedoförmigen Leerräumen durchdrungen wurden. Diese Arbeit, so der Kunstkritiker David Ebony, für den Matta-Clark ein »visionärer Architekt ohne Bauwerke« war, führe zu einer »Erleuchtung der umfassenden Leere«.[48] Die Öffnung, die in die Offenheit führt, erzeugt eine Leere, die ein wichtiges Erkenntnis- oder zumindest Erfahrungsinstrument zu sein scheint.

Nicht nur Gebäude können durch Architektur geöffnet werden, sondern auch Städte. *Open City. Designing Coexistence* betitelte der niederländische Architekt und Stadtplaner Kees Christiaanse die von ihm 2009 kuratierte Architekturbiennale Rotterdam. Eine offene Gesellschaft, ein gleichberechtigtes Miteinander, so seine Kernthese, entstehe nur in Offenheit – und das gelte auch für die Stadt. »Die offene Stadt kann nicht designed werden«, so Christiaanse, »sie muss durch aktive Interventionsstrategien erzeugt werden.« Offenheit ist also kein fixer Zustand, sondern etwas, was immer wieder hergestellt bzw. ausgehandelt werden muss. Die offene Stadt sei, so Christiaanse weiter, weder Utopie noch Realität, sondern eine Situation, die aus dem »Gleichgewicht zwischen Offenheit und Geschlossenheit, zwischen Integration und Desintegration, zwischen Kontrolle und Laissez-faire« entstehe.[49] Die offene Stadt ist immer in einem unsicheren, gefährdeten Zustand, weil sie auch die eigene Antithese (die geschlossene, ummauerte und gut geschützte Stadt) beinhaltet. Anders als die geschlossene Stadt verändert sie sich dynamisch. Als räumliches Äquivalent zur offenen Gesellschaft ist sie niemals fertig. Offenheit ist instabil und verwundbar – aber ermöglicht Vielfalt als Koexistenz von Unterschiedlichem und ist damit Voraussetzung für ein *Anderswerden.*

»Die Idee einer offenen Stadt«, so erklärt Richard Sennett, »basiert für mich auf der Idee eines offenen Systems. Und ein offenes System versucht, verschiedene Elemente zu kombinieren, die oft komplex und widersprüchlich sind.«[50] Diese Idee ist ein historisch junges Konzept. »Die offene Stadt«, so der Schweizer Architekturhistoriker Angelus Eisinger, »ist untrennbar mit der Entstehung und dem Wandel der modernen Gesellschaft verwoben.«[51] Das Stadtwachstum seit dem 19. Jahrhundert beruhe auf dem Versprechen von politischer und ökonomischer Freiheit, Emanzipation und Entfaltungsmöglichkeit, die in und durch Stadt ermöglicht würden, aber auch auf den für die Moderne typischen Mobilitäts- und Konsumangeboten. Dieses Versprechen setze sich bis in die Gegenwart fort – nach wie vor wachsen, global betrachtet, die Städte, weil sie den Hinzuziehenden eine bessere Zukunft versprechen.

In den meisten städtebaulichen Diskursen ist mit Offenheit und Koexistenz vor allem das Zusammenleben von (mehr oder weniger) alteingesessenen und neu in die Stadt gekommenen Menschen gemeint, die ihre eigenen Lebensstile und kulturellen Praktiken mitbringen und dadurch die Stadt verändern. Doch die offene Stadt, die offene Gesellschaft der Zukunft ist vielleicht noch viel offener, als man sich heute vorstellt; so offen, dass sie auch andere Lebewesen und Existenzformen miteinschließt. Oder anders gesagt: Vor dem Hintergrund des Anthropozäns, das nicht nur menschliche, sondern auch tierische Lebensräume zerstört, ist Koexistenz neu zu denken – und meint dann nicht nur das Zusammenleben von Menschen, sondern auch die Koexistenz von menschlichen und nicht-menschlichen Stadtbewohner:innen. »Sollten wir wilde Tiere«, so fragt etwa Dipesh Chakrabarty, »die als unwillkommene Gäste in [...] Städten auftauchen, nicht auch als Flüchtlinge betrachten?«[52]

Die Einladung von Tieren in die Stadt der Zukunft, das bewusste Bereitstellen von Räumen und Flächen, die von nicht-menschlichen Lebewesen belebt werden können, könnte auch ein Zeichen für das Ende des Krieges sein, den viele menschliche Gesellschaften gegen die Natur führten und der auch die Gegenwart noch bestimmt. »Der Begriff offene Stadt kommt [...] ursprünglich aus der Militärgeschichte. Als offene Stadt hat man eine Stadt bezeichnet, die [...] ohne Einsatz von Gewalt« eingenommen werden konnte, erläutert der Stadtplaner Markus Appenzeller.[53] Wenn wir nicht-menschlichen Lebewesen erlauben, die Stadt einzunehmen, machen wir dem Planeten also auch ein Friedensangebot; eine allen Lebewesen offenstehende Stadt wäre dann das Versprechen, den alten Kampf von »Kultur« gegen »Natur« tatsächlich zu beenden.

Denkt man die gleichberechtigte Co-Existenz oder Co-Habitation von Menschen, Tieren, Pflanzen, Bakterien und anderen Existenzformen zu Ende, sollte die Stadt nicht nur gleichberechtigt von allen nicht-menschlichen Lebewesen genutzt, sondern auch von ihnen entworfen werden können, schließlich haben, wie Lewis Mumford in seinem 1967 erschienenen ersten Teil von *Der Mythos der Maschine* in Erinnerung ruft, »viele Insekten, Vögel und Säuger mit ihren Nestern und Lauben, ihren geometrischen Bienenwaben, ihren stadtähnlichen Ameisen- und Termitenhügeln und ihren Biberbauten weit radikalere Neuerungen in der Herstellung von Behältern geschaffen [...] als die Vorfahren des Menschen«.[54]

Auf dem Weg in eine Gestaltung der offenen Stadt – so Stadt noch der Name für die Siedlungsform sein wird, die Menschen gemeinsam mit anderen Lebewesen in Zukunft beleben werden – könnte ein Konzept hilfreich sein, das der polnische Architekt und Künstler Oskar Hansen ab den 1950er Jahren entwickelt hat: die offene Form. Diese »offene Form« sollte durchlässig sein, damit die Architektur mit ihrer Umgebung kommunizieren könne. Ein weiteres wesentliches Ziel von Hansen war, wie Felicity Scott darlegt, die »zukünftige Anpassbarkeit«.[55] Anders als bei der »geschlossenen Form«, die, so Hansen, »die Veränderung der Lebensweise nicht akzeptiert«,[56] vermöge die von ihm propagierte offene Form auf Unerwartetes zu reagieren, weil sie ein permanenter Aushandlungsprozess sei. Voraussetzung dafür sei, wie Felicity Scott betont, »dass sich das Subjekt auf eine andauernde ethische und politische Aushandlung einließe [...], und zwar so, dass es Verantwortung für seine Handlungen übernimmt«.[57]

Dass sich Hansens stark auf Beteiligung zielendes Konzept der offenen Form nicht oder nur kaum materialisiert hat, lag zum einen an den ökonomischen, politischen und damit einhergehenden planungskulturellen Bedingungen im kommunistischen Polen, zum anderen aber auch an einer Auffassung von Architektur, bei der die Relevanz der physischen Umsetzung gegenüber der konzeptionellen Haltung in den Hintergrund rückt. Beim Arbeiten mit der offenen Form verändere sich die »Rolle der Künstler/innen-Architekt/innen«, so Hansen, »von der vorangehenden persönlichen und konzeptuellen hin zu einer konzeptuell-koordinierenden Rolle«.[58]

Offenheit für andere und anderes erfordert, sich selbst zu öffnen. Um, wie Corine Pelluchon schreibt, »vorauszuahnen, was heute unmöglich erscheint, morgen aber das Leben verändern könnte«, müssen Gestalter:innen »der Welt zuhör[en]: ihrem Geschrei, ihren Schwierigkeiten und ihren ungeahnten Reichtümern«.[59] All das braucht Öffnungen – nicht die »Löcher der Extraktion«, von denen Mark Wigley spricht, sondern solche, die unsere Wahrnehmung und unsere Handlungsmöglichkeiten erweitern. Die Öffnungen, die Gordon Matta-Clark schafft, sind dafür nur Platzhalter, Symbole, ästhetische Aufforderungen. Wirksame Methoden, wie derartige Offenheit im Alltag hergestellt werden könnte, müssen noch gefunden, entwickelt, erarbeitet werden.

Doch das Ziel ist klar: Es braucht Offenheit, um neue Verbindungen einzugehen – mit anderen Menschen, mit anderen Lebewesen, mit der Welt, in der wir leben und die uns beherbergt. »Um uns für radikale Veränderungen zu öffnen«, so schlagen der amerikanische Architekt Markus Berger und die amerikanische Kuratorin Kate Irvin vor, »müssen wir den Wert des Risses, der Spalte, der Wunde neu überdenken.« Sie würden meist als Verletzung angesehen, könnten aber auch ganz anders gelesen werden, so Berger und Irvin weiter, nämlich als »eine Einladung, sich mit den Dingen und Menschen um uns herum zu beschäftigen, sie zu pflegen und sich um sie zu kümmern, sowohl auf individueller Ebene als auch in unseren bürgerlichen und kollektiven Kampfplätzen«. Das alles sei kein Selbstzweck, sondern diene einem übergeordneten Ziel, »das Persönliche mit dem Universellen zu verbinden«.[60]

Räumliche Öffnungen und Risse sind auch wichtig, um ein grundlegendes Paradoxon zu überwinden – die gleichzeitige Notwendigkeit von Dichte und Leere. Hannah Arendt erinnerte daran, dass die Dichte von Stadt zu Herrschaft führt: »[D]ie Stadtgründungen, die durch die antiken Stadtstaaten beispielhaft wurden für die gesamte Geschichte politischer Organisation im Abendland, sind [...] die eigentliche Voraussetzung für die beispiellose Machtentfaltung der europäischen Völker.«[61]

Will man Herrschaft als Fundament von Zerstörung verhindern, muss urbane Dichte vermieden werden – die es aber gleichzeitig braucht, um auf dem Planeten Räume zu schaffen, in denen keine Menschen (mehr) siedeln. So sind eine Vielzahl von kleinen Öffnungen und Rissen womöglich der Weg, um das Problem der großen Dichte zu überwinden; Risse, die durch (zu) hohe Dichte verfestigte Formen lösen und ins Freie, Bewegliche entlassen, und Öffnungen, die wie Matta-Clarks *Conical Intersect* jene neuen Verbindungen ermöglichen, auf deren Basis ein *Anderswerden* erfolgen kann.

Verbundenheit

Architektur muss einen Raum schaffen, in dem Menschen eine Verbindung mit dem Planeten und all seinen bestimmten und unbestimmten Wissens-, Wesens- und Existenzformen eingehen können.

Was ist das gesellschaftliche Imaginäre, das durch eine Architektur, für die der Prozess des Verlernens, die Fertigkeit der Unfertigkeit, der architektonische Widerstand und die Offenheit das Fundament sind, ausgedrückt wird?

Kehren wir am Schluss dieses Essays zur Archäologie zurück. Auf der Architekturbiennale 2023 präsentierte das Kollektiv *Forensic Architecture* um den israelischen Architekten Eyal Weizman gemeinsam mit dem Archäologen David Wengrow unter dem Titel *The Nebelivka Hypothesis* die Ergebnisse eines Forschungsprojektes, das in eine 6000 Jahre zurückliegende Vergangenheit eintaucht, um einen neuen Blick auf die Geschichte – und Zukunft – von Stadt zu ermöglichen.

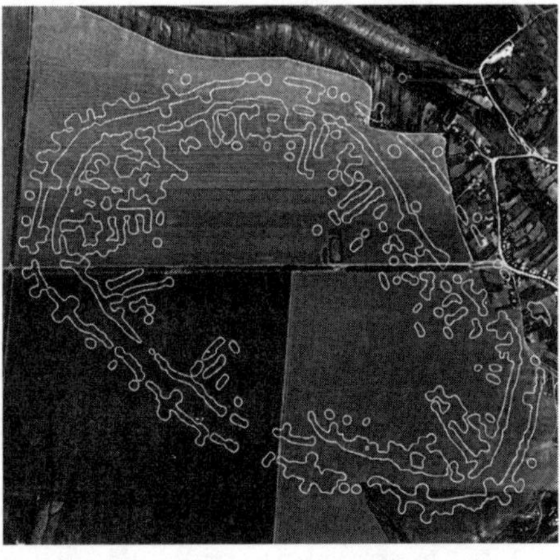

Abb. 84: Nebelivka, eine archäologische Fundstätte in der Ukraine, zeigt eine Stadt ohne Hierarchie – und mit einem geheimnisvoll leeren Zentrum.

Nebelivka ist ein kleiner Ort im Süden der Ukraine, in dessen Nähe sich eine spannende archäologische Stätte befindet. Sie ist genauso groß und alt wie Uruk, jene dem Mythos nach von Gilgamesch begründete Stadt, die für Vere Gordon Childes »urbane Revolution« wichtiger Referenzpunkt gewesen war. »Aber im Gegensatz zu Uruk gibt es in Nebelivka keine Spuren von Tempeln, Palästen oder einer zentralen Verwaltung«[62], so Weizman und Wengrow. »Dort findet sich nichts, was die Anwesenheit einer Elite oder einer herrschenden Klasse [...] andeutet. Keine Werkzeuge der Bürokratie. Keine Anzeichen für besonderen Reichtum oder einzelne Privilegien.«[63] Außerdem stellen Weizman und Wengrow die These auf, dass die Fruchtbarkeit der Region auf die dort historisch praktizierte Form von Landwirtschaft zurückzuführen sein könnte. Und Nebelivka ist kein Einzelfall, Spuren zehn weiterer dieser womöglich auf Egalität angelegten Städte wurden in der Region gefunden.

Nicht nur die Genealogie von Stadt, mit der bislang die Ausbeutung natürlicher Ressourcen sowie der Aufbau sozialer Hierarchien legitimiert wurden, so schlussfolgern Weizman und Wengrow, werde durch Nebelivka in Frage gestellt, sondern auch eine neue Perspektive für die Zukunft von Stadt eröffnet. Wenn »egalitäre Gesellschaften [...] in städtischem Maßstab existiert« haben, warum sollen sie nicht wieder entstehen können?[64] Noch etwas anderes fällt an Nebelivka auf. Die Stadt ist anders aufgebaut als eine, die sich gegen Angriffe von außen verteidigen muss und sich deshalb innerhalb einer Mauer verdichtet. Nebelivka hat die Struktur eines weitläufigen Kreises. »Im Inneren des Kreises« befindet sich »ein geheimnisvoll leeres Zentrum«.[65] Doch was hat es mit diesem leeren Zentrum auf sich? Warum versammelte sich diese Stadt um einen unbebauten Raum? Wir werden es wahrscheinlich nie erfahren, von der Kultur, von der Nebelivka geschaffen wurde, gibt es nur wenige Zeugnisse. Aber die leere Mitte, die ihren ursprünglichen Sinn nicht verrät, lädt heute dazu ein, über das zentrale Imaginäre – das, was uns verbindet, das, worum wir uns versammeln, das, was unserer Gesellschaft einen Sinn geben könnte – nachzudenken.

Jede Gesellschaft braucht ein zentrales Imaginäres, denn erst »aus dem gesellschaftlichen Imaginären«, so Castoriadis, »wird ersichtlich, an welchen Zielsetzungen sich das Funktionale orientiert«.[66] Ein von Castoriadis häufig verwendetes Beispiel für das zentrale Imaginäre ist die Vorstellung von einer Gottheit. Doch eine Gottheit, auf die sich die Weltgemeinschaft beziehen wollen würde, scheint keine zeitgemäße Lösung für das Imaginäre zu sein und ist, unabhängig davon, auch nicht in Sicht. Auch andere Formen des spirituellen Weltbezugs – eine als heilig angesehene Natur, die Welt der Ahnen – sind global nicht konsensfähig, und der (sich selbst vergötternde) Mensch als kleinster gemeinsamer Nenner verbietet sich von selbst, weil eine postanthropozentrische Perspektive Grundlage für ein planetares Denken ist. Das Problem kann schließlich schlecht die Lösung sein. Ein zukunftsfähiges, auf die Bewohnbarkeit des Planeten ausgerichtetes gesellschaftliches Imaginäres existiert – bislang – noch nicht. Das Einzige, was es diesbezüglich in der heutigen Gesellschaft gibt, ist ein schwarzes Loch, eine Definitionslücke, eine Leere.

Nochmal zurück nach Nebelivka – und zum Apple-Donut von Foster. Beide markieren ein Zentrum. Bei Apple ist es mit einem Simulakrum besetzt, das für die Mitarbeitenden des Unternehmens als Imaginäres fungieren soll. In Nebelivka hingegen ist das Zentrum leer. Es ist nicht leer, weil es schon immer leer war, sondern weil wir diese Kultur nicht lesen, nicht decodieren, nicht verstehen können. Die Leere, die aus der Abwesenheit von Verständnis entsteht, scheint für unsere Gesellschaft kennzeichnend zu sein. Es gibt so vieles, was wir beobachten, beschreiben, untersuchen, aber anscheinend doch nicht verstehen – sonst hätten wir längst Mittel und Wege gefunden, der anthropogenen Weltzerstörung ein Ende zu setzen. Womöglich könnte diese Leere, so wir sie uns ein- und zugestehen, zumindest für eine Übergangszeit das zentrale Imaginäre unserer Gesellschaft sein. Dazu müssten wir versuchen, mit der Leere eine Verbindung herzustellen, denn das Zulassen von Leere – der absichtsvollen Leere – könnte den Weg zu einer neuen Verbundenheit ebnen.

Wenn die Weltgesellschaft den Kampf gegen Klimawandel und Artensterben ernst nimmt, wird sich eine planetare Architektur – die die Bewohnbarkeit der Erde erhält – nicht auf die Verkleinerung der Wohnungsgröße beschränken, sondern auf den gesamten Raum, den die Menschen auf der Erdoberfläche in Anspruch nehmen. Der Biologe Edward O. Wilson schlägt deshalb vor, die menschliche Anwesenheit auf »die Hälfte der Erde« zu reduzieren.[67] Denn bei aller Faszination, die Konzepte von Co-Habitation von Mensch und Tier ausstrahlen – selbst ein menschlicher Lebensstil, der auf sehr viel (bislang gewohnten und als erstrebenswert dargestellten) Komfort verzichtet, wird nicht mit dem vieler anderer Lebewesen kompatibel sein. Wilson imaginiert – fordert – deshalb eine Gesellschaft, die nur noch 50 Prozent der Erdoberfläche bewohnt – und den Rest als fortan von Menschen unberührten Raum anderen Lebewesen überlässt, oder besser: zurückgibt.

Dazu werden wir etwas, was wir nach heutigen Begriffen als »Leere« bezeichnen würden, herstellen müssen. Die Architekt:innen der Zukunft können diese »Leere« gestalten, in ihr, wie Latour meint, die Natur re-designen, vielleicht sogar nicht unähnlich der künstlichen Art und Weise, wie es im Inneren vom Apple-Donut passiert, nur eben nicht als Simulakrum, das der Imageaufwertung eines Unternehmens dient, sondern als realen Raum, der der praktischen menschlichen Nutzung entzogen ist.

Dieser Raum, die Leere, könnte für die Menschen – wie womöglich in Nebelivka – eine symbolische Funktion als zentrales Imaginäres übernehmen: Die leere Mitte wäre der von Menschen unbewohnte, leere, »heilige« Raum; der, um nochmal Gordon Matta-Clark in Erinnerung zu rufen, die »Erleuchtung der umfassenden Leere« ermöglicht. Um diese Mitte gruppiert sich die Stadt der Zukunft – wie, wenn man das Bild nochmals aufgreifen will, ein Donut. Diese Stadt der Zukunft ist ein verdichtetes Habitat, in dem das Zusammenleben nicht in individualistischer Abgrenzung, nicht entsprechend der seit dem 19. Jahrhundert präferierten »isolierten Familienwohnung«, sondern als ein gemeinschaftliches Wohnen von Menschen, Tieren, Pflanzen etc. organisiert wird.

Dann »müssen wir uns den Menschen«, um abschließend Dipesh Chakrabarty zu zitieren, »nicht isoliert von anderen Lebensformen, sozusagen in humanistischer Verblendung, vorstellen, sondern als Lebensform, die mit anderen Lebensformen vernetzt ist, die wiederum letzten Endes alle mit der Geobiologie des Planeten vernetzt sind und deren eigenes Wohlergehen von diesen Zusammenhängen abhängt.«[68]

Doch es ist nicht einfach, sich als vernetzt zu verstehen, miteinander, mit anderen Lebewesen, mit sich selbst in Beziehung zu treten. Wir brauchen Brücken, die von unserer heutigen Alltagswelt in eine andere führen. Sinnbild dafür könnten jene Brücken sein, die der Architekt und »Baubotaniker« Ferdinand Ludwig entwickelt. Sie bestehen nicht aus Stahl und Beton, sondern werden aus den Luftwurzeln von Pflanzen geflochten; sie sind nicht am Reißbrett entworfen, sondern beruhen auf alten, vormodernen Wissensbeständen, in diesem Falle denen der indigenen Khasi- und Jaintia-Völker im Norden Indiens.

Derartige alte Techniken indigener Völker will Ludwig nutzen, um die zeitgenössische Architektur weiterzuentwickeln. Ludwig interessieren dabei ökologische Aspekte und die klimatologische Performance, aber eine aus Pflanzen selbst wachsende Architektur eröffnet auch die Chance, das Verhältnis zu Pflanzen, Tieren und anderen Lebewesen neu zu bestimmen.[69]

Abb. 85: Im Norden Indiens werden bis zu 50 Meter lange Brücken aus den Luftwurzeln des Gummibaums geflochten – eine alte indigene Technik, von der die zeitgenössische Architektur lernen kann.

Dieses neue Verhältnis könnte Qualitäten haben, die von der Moderne, der westlichen Zivilisation, der Aufklärung lange bekämpft wurden und die wir, wie der Architekt Adrian Lahoud meint, deshalb gar nicht mehr erkennen oder erleben könnten. Als Beispiel führt er die Langhäuser indigener Völker auf Borneo auf. »Architekten und Anthropologen erkennen das [lediglich] als Obdach. Für die Bewohner ist der Raum aber vertikal in neun Ebenen unterteilt, die nicht von Menschen, sondern von Gottheiten bewohnt werden. Das Haus hält den Regen ab, aber es erfüllt noch andere Funktionen. Die sind ebenso wichtig, kommen aber selten in der Architekturgeschichte vor.«[70]

Die Brücken, die zu bauen sind, müssen also wesentlich mehr miteinander verbinden als Räume. Es geht um kulturelle und epistemische Klüfte, die überbrückt werden müssen. Corine Pelluchon attestiert uns eine grundlegende »Unfähigkeit, eine Beziehung zu anderen Menschen und anders-als-menschlichen Wesen zu haben, die keine Herrschaftsbeziehung ist«. Diese Unfähigkeit, so Pelluchon weiter, »wurzelt in einem Krieg gegen uns selbst, der wiederum mit der panischen Furcht vor dem, was wir nicht beherrschen, und einer Ablehnung des Todes und der Endlichkeit zusammenhängt«.[71] Vielleicht führt die Beendigung des Krieges gegen die Natur auch zur Beendigung des Krieges gegen uns selbst – und dazu, dass dieses Selbst nicht mehr so wichtig ist.

Doch dem steht – noch – eine Konzeption von Freiheit entgegen, die den Menschen als Gegenteil der Natur versteht. »Freiheit«, so Pelluchon, »wird als Fähigkeit gedacht, sich von der Natur loszureißen und sich als außergewöhnliches Wesen herauszustellen, das sich radikal von anderen Lebewesen unterscheidet.«[72] Das Gegenüber dieser Form von Freiheit ist ein Sein, das sich nicht als vereinzelt, sondern in Verbindung stehend erlebt, das bereit ist, in etwas anderem aufzugehen, im Sternenstaub oder im Kompost, in etwas, das im Ende, dem Verschwinden, der Leere und den schwarzen Löchern einen Anfang sieht. Eine neue Form von planetarischer Solidarität könnte entstehen, bei der an die Stelle der Vorstellung des Selbst als Vereinzeltes dann ein Selbst treten könnte, das in Verbindung steht, und deshalb nicht scharf umrissen, nicht radikal anders ist, sondern ungefähr und unbestimmt; so wie es Anna Tsing vor Augen hat, wenn sie »den Begriff des menschlichen

Lebens« erweitern will und deshalb fragt: »Was, wenn nicht der Körper, sondern die Gestalt unserer Bewegungen im Laufe der Zeit unsere unbestimmte Lebensform wäre?«[73]

Um dazu einen Beitrag zu leisten, wird Architektur sich neu erfinden und sich vom Bauen, wie wir es bislang kannten, verabschieden müssen – was für alle ein Gewinn sein kann, schließlich werden, wie Liam Young meint, »die Fähigkeiten von Architekt:innen [...] beim Bau von Gebäuden völlig verschwendet«.[74] Die Kombination aus künstlerischer Vorstellungskraft und operativer Kompetenz, die gute Architekt:innen auszeichnet, sind zu mehr gut, als nur dazu, den Planeten zu zerstören. Stattdessen könnte es zur Aufgabe von Architekt:innen werden, das Vorhandene zurückzubauen und so jene Öffnungen zu schaffen, durch die wir mit diesem leeren Raum – und in Folge mit den Wissens-, Wesens- und Existenzformen, die sich in ihm verbergen – in Verbindung treten. Wenn das gelänge, müssten Architekt:innen keine Angst mehr vor dem Urteil der Zukunft haben.

EPILOG
Die Grenzen von Architekturgeschichte

Es gibt unterschiedliche Konzepte von Zeit und Geschichte. Manche Kulturen haben eine lineare Zeitvorstellung, andere eine zyklische. Die westliche Entwicklung ist von diesem Dualismus geprägt; es gibt Spuren der hellenistisch-antiken Zeitvorstellung, die, wie der Ägyptologe Jan Assmann darlegte, »kreisläufig immer wieder zum Ausgangszustand zurückkehrt« und »nach vorübergehender Katastrophe eines Wasser- oder Feuer-Kataklysmos [...] in der Vollkommenheit des Anbeginns sich erneuert«, und die jüdisch-christlich-islamische Vorstellung, nach der der Lauf der Zeit »zum Ende der Geschichte und zur Ankunft des Messias führt«.[1]

Die Idee, dass Geschichte zu einem Ziel führe, prägte im 19. Jahrhundert Hegels metaphysische Vorstellung vom »Weltgeist«, der sich in der Geschichte verwirkliche; die Marx'sche Geschichtsphilosophie; die totalitären Ideologien des 20. Jahrhunderts und nicht zuletzt auch Francis Fukuyamas Wunschbild vom »Ende der Geschichte«, vom endgültigen Sieg des Kapitalismus und der marktliberalen Demokratie. Sie alle sahen eine – wie auch immer geartete – »Vollendung« als Ziel der Geschichte an.

Nach dem Zweiten Weltkrieg, nach Auschwitz und nach Hiroshima entwickelte sich ein Verständnis von Geschichte, bei dem nicht mehr ihr vermeintliches Ziel im Vordergrund stand. Es ist, so 1949 der Psychiater und Philosoph Karl Jaspers, »bestimmt durch das Bewußtsein der Krise«.[2] Die Krise und der Kataklysmus (die große erdgeschichtliche Katastrophe) als zentrale Merkmale des zyklischen Zeit- und Geschichtsbegriffs finden sich als Triebfedern auch in der Anti-Atom- und Ökobewegung der zweiten Hälfte des letzten Jahrhunderts sowie in den Klimaprotesten der Gegenwart – nur dass diese, anders als die antiken Griechen, nicht im

Sinne eines ewigen Kreislaufs an eine auf die Katastrophe folgende »Vollkommenheit des Anbeginns«[3] glauben, sondern vom Ende der menschlichen Zivilisation auf der Erde ausgehen.

Einen radikal anderen, weil von allen Vorstellungen zu Gesetzmäßigkeiten, Zielsetzungen, Sinnstiftungen und Welterklärungsversuchen befreiten Zugriff auf Geschichte vertrat der Philosoph Theodor Lessing, der 1933 wegen seiner geschichtsphilosophischen Ansichten von Nationalsozialisten ermordet wurde. Er ging davon aus, dass Geschichte keinen eigenen Sinn hat, sondern dieser immer im Nachhinein »nach einem Wertgesichtspunkt«[4] hineingelesen, hineininterpretiert, ja hineinerfunden werde – als, wie er es nannte, »Sinngebung des Sinnlosen«. In den Augen Lessings ist Geschichte also nie absolut »wahr«, sondern bedingt durch den Kontext, aus dem heraus sie erzählt wird, und den Zielen, die mit dieser Erzählung legitimiert werden sollen.

Jede Geschichtsschreibung ist also mit Vorsicht zu genießen. Sie erfüllt aber dennoch einen Zweck, weil sie ein gesellschaftspolitisches Ziel verargumentieren, begründen, unterlegen will. Das gilt auch für den hier vorgestellten Versuch, der dazu zwei aufeinander aufbauende Ziele verfolgt – die es der Redlichkeit halber offenzulegen gilt. Das erste Ziel ist, aus der Geschichte Handlungsanweisungen für zukünftige Architektur abzuleiten oder zumindest Anregungen für Neuorientierungen zu geben, ganz im Sinne von Jaspers. »Wir wollen die Geschichte [...] verstehen«, so schrieb er 1949 in *Vom Ursprung und Ziel der Geschichte*, »um uns selbst zu verstehen.«[5] Aus diesem Verstehen erwachse eine Handlungsabsicht, denn, so Jaspers weiter, »[d]as Geschichtsbild wird ein Faktor unseres Wollens«.[6]

Der Blick auf die Geschichte ist also in die Zukunft gerichtet. Das daraus entstehende Wollen produktiv zu machen, ist aber nur möglich – und damit wären wir beim zweiten Ziel –, wenn das Vergangene aus einer der jeweiligen Gegenwart entsprechenden Perspektive, in unserem Falle der des Anthropozäns, neu verstanden wird, so wie schon Sigfried Giedion davon ausging, dass Geschichte Vorgefundenes im Sinne der jeweiligen Gegenwart interpretiert. Deshalb schrieb er, dass »Architekturhistoriker in engem Kontakt mit heutigen Auffassungen stehen« müssten, um »Züge der Vergangenheit auf[zu]decken, die vom Blickpunkt früherer Generationen nicht sichtbar waren«.[7] Das ist auch die Absicht dieser Betrachtung.

Aias Auseinandersetzung mit »Zerstörung«, »Flucht« und »Schuld« diente also dazu, bislang wenig betrachtete »Züge der Vergangenheit«, die Schattenseiten der Architektur, aufzudecken. Was daraus folgt? Im Idealfall die Einsicht, was Architekt:innen tunlichst unterlassen sollten. In »Überleben« zeigte Aia hingegen Aspekte auf, durch die Architektur womöglich zum »Faktor unseres Wollens« werden könnte. In »Hoffnung« wurden diese Aspekte aufgegriffen und weitergedacht.

Architektur materialisiert die Beziehungen der Menschen zur Welt; zu anderen Lebewesen, zu Raum und Zeit. Die Geschichte der Architektur zeigt, dass der Beruf der Architekt:in dabei immer wieder unterschiedlich verstanden wird. Jede Epoche, jedes Energieregime, jede Gesellschaftsform hat eigene Ausformungen von Architektur hervorgebracht. Architekt:innen hatten dabei vielfältige Rollen: Festungsbaumeister, prometheischer Held, gewissenloser Profiteur (Anmerkung: die vorhergehenden Begriffe sind absichtlich nur in der männlichen Form verwendet), so einige tradierte Rollenbilder. Organisator:in von partizipatorischen Bauprojekten, in denen er:sie hinter eine kollektive Autor:innenschaft zurücktritt oder forensische:r Analytiker:in, der:die mit den Mitteln der Architektur Verbrechen aufdeckt oder wenigstens der Wahrheit auf die Spur zu kommen versucht, sind andere, aktuelle Bilder der Berufspraxis, auf die es aufzubauen gilt.

In Bezug auf die mögliche zukünftige Rolle von Architekt:innen ist auch die Architekturdefinition der NASA interessant: »Die meisten stellen sich Wolkenkratzer, freischwebende Häuser und mit Marmor ausgekleidete Museen vor, wenn sie an Architektur denken«, so die Weltraumbehörde auf einer Webseite, auf der sie die »Architektur« ihres neuen Weltraumprogrammes vorstellt. Anders als derzeit noch für viele Architekt:innen, ist für die NASA »Architektur [...] nicht die gebaute Umwelt. Sie ist keine Berufung, kein Manifest und keine Reihe von Bedarfen.« Der Ansatz der NASA ist ein anderer: Architektur, so ihre Definition, »destilliert die von den Agenturen entwickelten Ziele zu operativen Fähigkeiten«.[8] Das klingt erst mal dröge, und auch die Ziele, die die NASA damit verfolgt – die Besiedlung des Weltraums –, mag man nicht teilen. Doch unabhängig davon birgt diese Definition ein Rollenbild, das für die zukünftige Praxis interessant sein könnte; die Vorstellung, dass Architekt:innen nicht mehr bauen, sondern Veränderungsprozesse gestalten, planen, moderieren.

Nicht nur die NASA definiert Architektur um, die Disziplin selbst steckt in einer tiefen Krise. Manche Architekt:innen glauben, »dass die Fortführung eines leicht veränderten Architekturkanons ausreicht, um den ökologischen, politischen und wirtschaftlichen Eruptionen zu widerstehen«,[9] wie der britische Architekt Jeremy Till kritisiert. Andere wenden sich vom Bauen ab, um ihre Fähigkeiten als Architekt:innen an anderer Stelle und in ihren Augen sinnvoller als bisher in die Gesellschaft einzubringen, weshalb Till von einer »Architektur nach dem Ende der Architektur« spricht.[10] Denn auch nach dem Ende der Architektur, wie wir sie kennen, können sich die Architekt:innen der Zukunft um die Bewohnbarkeit der Erde kümmern – aber eben ohne »Bauen« im Sinne des hyperindustriellen Quadriviums der Moderne. Womöglich werden sie stattdessen ihre »operativen Fähigkeiten« nutzen, um eine Verbindung zum Imaginären herzustellen.

In der Medizin bezeichnet man als »Krise« den Wendepunkt im Verlauf einer Krankheit. Die Auseinandersetzung mit Geschichte zeigt, dass Selbstverständnisse, gesellschaftliche Strukturen und die ihnen eingeschriebenen Machtverhältnisse sich ändern können. Das Erkennen des Anthropozäns (also der Krisenphase seit dem Zweiten Weltkrieg, in der die Menschheit sich die planetaren Auswirkungen ihres Handelns bewusstmacht) kann auch ein

Wendepunkt sein – wenn wir denn unser Verhalten neu ausrichten. Wir stehen – hoffentlich – nicht vor dem finalen Kataklysmus, sondern vor dem Aufbruch in eine neue historische Epoche, in der der Mensch nicht mehr gegen die Natur ankämpft, sondern planetar denkt, nicht mehr von den Lebenskreisläufen entkoppelt und in seiner »exzentrischen Positionalität« gefangen ist, sondern sich als mit aller Materie, dem Leben, dem Planeten und dem Universum in Verbindung stehend erlebt.

Auch diese neue Epoche wird eine eigene Architektur hervorbringen, keine Wolkenkratzer, freischwebenden Häuser und mit Marmor ausgekleidete Museen – womöglich überhaupt keine Gebäude – sondern ein zentrales Imaginäres; eine Form, wie zukünftiges Leben auf einem für alle Wesen und Existenzformen bewohnbaren Planeten Erde aussehen könnte.

Den Weg in diese Zukunft werden wir nicht in der Vergangenheit finden. Die Auseinandersetzung mit der Geschichte kann uns zwar helfen, Probleme besser zu erkennen und unser Zögern und Zaudern besser zu verstehen – aber Aia wird uns keine Lösungen vorschlagen. Deshalb verabschieden wir uns jetzt von ihr. Sie darf zurück in ihre Zukunft. Sie hat ihre Aufgabe erfüllt, indem sie uns, die wir mitten im Anthropozän stecken, eine fiktive Retrospektive ermöglicht hat.

Für die Bewältigung der Herausforderungen, vor denen wir stehen, gibt es keine historischen Vorbilder. »[W]ir müssen«, so meint Anna Tsing treffend, »ohne Erzählungen zurechtkommen, die uns sagen können, wo es langgeht.«[11] Wir müssen einen eigenen Weg finden.

Es heißt also, sich auf die große Leere einzulassen, darauf zu vertrauen, dass wir das Bestehende öffnen, aufweiten, sprengen können, um zu dem »geheimnisvoll leeren Zentrum« eine Verbindung herzustellen. Vielleicht gelingt dann, irgendwann, ganz bald, ein gemeinsames *Anderswerden.*

Anmerkungen

1 Horn/Bergthaller (2022, S. 20)

ERWARTUNGSHORIZONT

1 Dieser spekulative Blick aus einer Zukunft ist eine mehr und mehr akzeptierte Methode; siehe auch die Figur des:der »Future Geologist« in: Yusoff (2016).

2 Täglich sterben 150 Tier- und Pflanzenarten aus, außerdem werden durch den Klimawandel in den nächsten 30 Jahren große, bislang dicht besiedelte Gebiete wegen Überschwemmungsgefahr oder wegen extremer Hitze unbewohnbar, und damit hunderte Millionen von Menschen heimatlos.

3 Es gibt allerdings auch andere methodische Ansätze, die zu abweichenden Vorschlägen führen. Auf der Zeitskala reichen sie von der landwirtschaftlichen Revolution im Neolithikum (also vor ca. 10 000-15 000 Jahren) zur Kolonisierung Amerikas, vom Beginn der Industrialisierung um 1800 bis zur »Großen Beschleunigung«, also dem großen auf Petrochemie und Atomenergie beruhenden Wirtschaftswachstum nach dem Zweiten Weltkrieg. 2009 wurde von einer angesehenen wissenschaftlichen Vereinigung von Geolog:innen, der *International Commission on Stratigraphy* (ICS), die sich mit der Festlegung von Erdzeitaltern auseinandersetzt, die *Anthropocene Working Group* (AWG) eingerichtet. Diese Arbeitsgruppe sollte prüfen, ob – und wenn ja, wie – eine geochronologische Erdepoche »Anthropozän« nachzuweisen ist. Ab 2019 wurden deshalb an verschiedenen Orten der Welt – u. a. im antarktischen Eis, in einem polnischen Moor, einem See in China, am Karlsplatz in Wien, einem australischen Korallenriff, einer Höhle in Italien – Bohrungen durchgeführt, um zu untersuchen, ob in den Gesteins- und Sedimentschichtungen signifikante, auf den Menschen zurückzuführende Veränderungen nachzuweisen sind. Innerhalb der Arbeitsgruppe war

Konsens, den Beginn des Anthropozäns in der Mitte des 20. Jahrhunderts zu verorten. Grund dafür ist nicht, dass erst dann die Wesenszüge dieses Erdzeitalters hervortreten – das tun sie, wie auch an den in diesem Buch vorgestellten Architekturen deutlich werden wird, bereits vorher –, sondern dass die Geochronologie den Beginn eines neuen Erdzeitalters stets an konkret messbaren Veränderungen in der Erdkruste festmacht. Im globalen Maßstab eindeutig nachweisen lassen sich neben dem Ansteigen des CO_2-Gehalts und dem Aufkommen von Kunststoffen vor allem die radioaktiven Sedimente von Atombombentests, die ab Anfang der 1950er Jahre durchgeführt wurden. Zudem stehen die Atombombentests für die wohl erschreckendste Kapazität des Menschen im Anthropozän: die Fähigkeit, die Erde schlagartig für Menschen unbewohnbar zu machen. Eine der Regeln der ICS ist, dass für jedes Erdzeitalter ein Ort festgelegt wird, der als zentraler Referenzpunkt dient und an dem sich die typischen Merkmale der Epoche belegen lassen. Im Juli 2023 wurde von der AWG ein Ort bekanntgegeben, an dem sich, so die Meinung der Arbeitsgruppe, der Beginn des neuen Erdzeitalters eindeutig markieren lässt: ein See in Kanada, Lake Crawford bei Toronto. 2024 wurde dieser Vorschlag allerdings von einer übergeordneten Kommission der ICS abgelehnt. Die Debatte, ob das Anthropozän eine offizielle geochronologische Epoche wird, geht also weiter. Die ökologischen Auswirkungen, die unsere Gesellschaft auf das Erdsystem hat, bleiben unabhängig davon höchst real und bedrohlich.

4 Giedion (2007, S. 44)

5 Zalasiewicz et al. (2014)

6 Anders als z. B. sehr lesenswert: Calder (2021)

7 Horn/Bergthaller (2022, S. 20)

PROLOG

1 Damals war Architektur weiter gefasst als heute. Vitruv entwickelte militärische Belagerungsmaschinen, plante die Wasserversorgung von Rom und errichtete repräsentative Hochbauten. Außerdem verfasste er die älteste bekannte Schrift über Architekturtheorie, die berühmten *Zehn Bücher über Architektur*. Darin umreißt er sein Berufsfeld; es beinhaltet den Bau von Wohnungen, Städten und Tempeln, aber auch den von Kriegsgeräten, Uhren und astronomischen Vorrichtungen.

2 Elhacham et al. (2020)
3 Zalasiewicz et al. (2017, S. 13)
4 Vgl. Graeber/Wengrow (2022, S. 18 ff.)
5 Von den Zerstörungen des Zweiten Weltkriegs und dem Vernichtungspotential des beginnenden atomaren Wettrüstens sprach Heidegger (der selbst Anhänger des NS-Regimes gewesen war) in seinem Vortrag nur am Rande, aber in seinem Nachdenken über Wohnungs- und Heimatlosigkeit schwingt dieser Erfahrungshorizont mit. Anwesend waren u. a. die westdeutsche Nachkriegsmoderne prägende Architekten wie Otto Bartning, Egon Eiermann, Sep Ruf und Hans Scharoun.
6 Heidegger (1991, S. 90)
7 Ebd.
8 Ebd.
9 Hauff (1987, S. 46)
10 Novy (2021)
11 Borries (2021)
12 Chakrabarty (2022, S. 146 f.)
13 Ebd. (S. 146)
14 UN Environment Programme (2020)
15 UN Environment Programme (2022)
16 Chakrabarty (2022, S. 160)
17 Vgl. Spivak/Harasym (1990, S. 42)
18 Heidegger (1991, S. 102)

Teil I
ZERSTÖRUNG

1 Giedion (2007, S. 37)
2 Funke (2022, S. 5)
3 Giedion (2007, S. 37)
4 Wie in jeder statistischen Annäherung an die Wirklichkeit gibt es methodische Unschärfen, je nachdem, welchen Ausschnitt der Welt man betrachtet und welche Emissionen man welcher Kategorie zuordnet. Werden, um es an einem architekturnahen Beispiel zu illustrieren, die Emissionen, die bei der Produktion von Zement entstehen, zu »Industrie« oder zu »Wohnen« gezählt? Und wie werden in der Landwirtschaft entstehende klimawirksame Gase (z. B. das klimaschädliche Methan) in einer solchen Aufstellung berücksichtigt?

So kommen verschiedene Untersuchungen zu verschiedenen Ergebnissen – aber die Hierarchisierung bleibt dabei im Wesentlichen die gleiche. Zu Rate gezogen wurden: Umweltbundesamt (2024c) und (2024d)

5 Funke (2022, S. 5)

6 Semper (1851, S. 54 f.)

7 Vgl. Graeber/Wengrow (2022, S. 477)

8 Lediglich beim Futuristen Antonio Sant'Elia (1888-1916) hat das Elektrizitätswerk einen kurzen Auftritt in modernem Gewand, es sollte seine 1912-1914 gezeichneten *La Città Nuova* (Die Neue Stadt) mit Energie versorgen.

9 Zit. nach: Schulz (2018)

10 Abentheuer (2019)

11 Lorch (2019)

12 Giedion (2007, S. 503)

13 Ebd. (S. 498)

14 Koolhaas (2011, S. 10)

15 Erdmann (2023)

16 Sorge (2014)

17 Arendt (1960, S. 198)

18 Hilpert (2015, S. 523)

19 World Nuclear Association (2024)

20 Fuhrer (2019)

21 Maak (2011)

22 Labedade (o. J.)

23 Brandt und Dame (2019)

24 Rettich und Rentrop (2023)

25 Heathcote (2015)

26 Hilpert (2015, S. 528)

27 Vgl. Zalasiewicz (2017)

28 Sant'Elia (1914)

29 Hannemann (1996, S. 26)

30 Vaupel (2019)

31 Nerdinger (2003, S. 283)

32 Neufert (1943, S. 453)

33 Zit. nach: Parkes (2021)

34 Jarzombek (2019)

35 Wirtschaftsvereinigung Stahl (2020)

36 Steininger (2017, S. 215)

37 Niranjan (2021)
38 Leinfelder (2021)
39 Global Cement and Concrete Association (2024)
40 Hilberseimer (1928, S. 7)
41 Zit. nach: Langer (2000)
42 Davis (1989, S. 20)
43 Greenpeace (2023)
44 Forty (2012, S. 101)
45 Zit. nach: Lampugnani (2010, S. 739)
46 Steffen et al. (2015)
47 Förster (2022a, S. 33)
48 Forty (2012, S. 101)
49 Förster (2022b, S. 38)
50 Polysius (1931)
51 Umweltbundesamt (2024a)
52 Howard (1902)
53 Hilberseimer (1926, S. 13)
54 Wright (1932, S. 44)
55 Zit. nach: Hilpert (1984, S. 20)
56 Vgl. Es et al. (2014)
57 Vgl. Jarcy (2015)
58 Vgl. Fröbe (2017, S. 84)
59 Zit. nach: Ebd. (S. 7)
60 Vgl. Somer (2014)
61 Vgl. Vrachliotis (2012, S. 43 ff.)
62 Hilberseimer (1955, S. 257)
63 Vgl. Lampugnani (2010, S. 614)
64 Vgl. Ficher (2003)
65 Vgl. Tavares (2020)
66 Statistisches Bundesamt (2022)
67 Spieler & Seeberger (2022)
68 Bundesumweltministerium (o. J.)
69 May, Ernst (1929, S. 211)
70 Ebd.
71 Walter Gropius, »Die soziologischen Grundlagen der Minimalwohnung«, zit. nach Lampugnani (2010, S. 336)
72 Borries/Fischer (2009)
73 Dogramaci (2020, S. 83 f.)
74 Hofmeister (2008)

75 Ruby (2011)
76 Einen guten Überblick über die Hintergründe des Scheiterns liefern Schmandt/Wandel (1977).
77 Zit. nach: Adam (2021)
78 Smithson (1968, S. 44)
79 Lampugnani (2010, S. 755)
80 Zit. nach: Worthmann (2022)
81 Vgl. Klanten (2019)
82 Zit. nach: Kockelkorn (2022)
83 Zit. nach: Worthmann (2022)
84 Umweltbundesamt (2013)
85 Umweltbundesamt (2024b)
86 Childe (1950)
87 Graeber/Wengrow (2022, S. 123f.)
88 Benevolo (1986, S. 13)
89 Altvater (2017, S. 109)
90 Fibiger et al. (2023)
91 Wilson (2022, S. 52)
92 Zit. nach: Barua et al. (2023)
93 Zit. nach: Ebd.
94 Folkers (2020, S. 594)
95 Ebd.
96 Deutscher Bauernverband (2023, S. 18)
97 Wissenschaftliche Dienste Deutscher Bundestag (2019, S. 5)
98 Zit. nach: Renner (2022)
99 Amir (2018, S. 57ff.)
100 Gleiter (2023)
101 MVRDV (2000)
102 Bidder (2022)
103 Page (2018)
104 Franke (2023)
105 Pallinger (2022)
106 Reichert (2019)
107 Svalbard Global Seed Vault (2017)
108 Ebd.
109 Turner (2011)
110 Braun (2019)
111 Iturbe (2019, S. 13)
112 Wetherell (2020)

113 Augé (2012)
114 Gruen (2005, S. 76)
115 Wall (2005, S. 227)
116 Malm (2016, S. 537)
117 Folkers (2020, S. 599)
118 Fukuyama (2022)
119 Bonneuil (2015)
120 Maak/Bria (2022, S. 23)
121 Maak (2020a)
122 Kleijn (2006)
123 Morozov/Bria (2017)
124 Maak/Bria (2022)
125 Maak (2020a)
126 Nickel (2020)
127 Kempkens (2023)
128 Weishaupt (2022)
129 Seifert (1999)
130 Flusser (1985, S. 53)
131 Schwamborn (2015, S. 439)
132 Folkers (2020, S. 491 f.)
133 Foucault (2019, S. 57)
134 Mauch (2018)
135 Thompson (2016, S. 94)
136 Melosi (2016, S. 60)
137 Freshkills Park (o. J.)
138 Thompson (2016, S. 96)
139 Ebd. (S. 93)
140 Behörde für Umwelt, Klima, Energie und Agrarwirtschaft Hamburg (2024)
141 IBA Hamburg (2013)
142 Statistisches Bundesamt (2022)
143 Klawitter (2020)
144 Mauch (2018)
145 Vgl. Frankopan (2023, S. 36 f.)
146 Russ (2020)
147 Vgl. ebd.
148 CopenHill (o. J.)
149 Debord (2013)
150 Ingels (2011)

151 Herzog (2020)
152 Pieper (2009, S. 37)
153 Conrads (2007, S. 213 f.)
154 Jonas (1979, S. 29)
155 Ebd. (S. 36)
156 Küenzlen (1997, S. 25 ff.)
157 Lenfield (2018)
158 Zit. nach: Lamster (2018)
159 Frick (2017)
160 Beyer/Knöfel (2022)
161 Sack (1980)
162 Ungers/Ibus (1980)
163 Escher/Fischer (2018)
164 Förster (2020, S. 122)
165 Ebd.
166 Herzog (2022)

Teil II
ÜBERLEBEN

1 Bense (2003, S. 243)
2 Buur (2015)
3 Zit. nach: Eames Office (o. J.)
4 Über das Scheitern solarer Strategien in der Architektur der Nachkriegszeit berichtet eindrücklich: Barber (2016).
5 Disch (o. J.)
6 Vgl. Scott (2007, S. 160)
7 Krausse/Lichtenstein (2001, S. 354)
8 Kruft (2004, S. 510)
9 Pawley (1990)
10 Gluck (2013)
11 Kruft (2004, S. 510)
12 Scott (2007, S. 160)
13 Ebd.
14 Zit. nach: Ebd. (S. 161)
15 Daloz (2016)
16 Matthews (2010, S. 69)
17 Krausse (1973, S. 154)
18 Gluck (2013)

19 Scott (2007, S. 157)
20 Ebd. (S. 156f.)
21 Vgl. Hoppe (2021)
22 Almannai/Fischer (2023, S. 29)
23 Borries (2023c)
24 Müller-Sommer (o. J.)
25 Sloterdijk (2023, S. 59)
26 Pfeifer (2016, S. 13)
27 Ghisleni (2023)
28 Anderson (2021)
29 Ebd.
30 Barber (2014, S. 192). Laut Moffitt (2019, S. 1) wurde entgegen der Aussage von Barber die Luftfeuchtigkeit allerdings nicht simuliert.
31 Kulke (2021)
32 International Energy Agency (2018)
33 Ingels (2015, S. 11 f.)
34 Ebd. (S. 9)
35 Vgl. Kruse (2016)
36 BauNetz (2014)
37 Stahl (2019)
38 Intergovernmental Panel on Climate Change (2022, S. 321 ff.)
39 Kirchner (2023)
40 Vgl. Beech (2023)
41 Wadewitz (2021)
42 Zit. nach: Colomina (2007, S. 279)
43 Zit. nach: Ebd. (S. 280)
44 Ebd. (S. 281)
45 Zit. nach: Ebd.
46 Carlson (2012)
47 Zit. nach: Krausse und Lichtenstein (2000, S. 435)
48 Kallipoliti (2018, S. 226)
49 Greffrath (2016)
50 Vrachliotis (2012, S. 51)
51 Maak (2020b)
52 Koolhaas (2014)
53 Lobe (2021)
54 Arcosanti (o. J.)
55 Maak (2016)

56 Meyer (2015)
57 Maak (2016)
58 Putkamer (2023)
59 Parkes (2021)
60 Zit. nach: Siebeck (2022)
61 Telosa (o.J.)
62 Zit. nach: Günel (2022)
63 Foster + Partner (o.J. a)
64 Ebd.
65 Ausführlichere Überlegungen zu *The Line* in: Borries (2023b)
66 Aus einer Marketingbroschüre von der Muttergesellschaft Neom, die Pressevertreter:innen im Rahmen der Ausstellung »Zero Gravity Urbanism. Principles for a new Livability« ausgehändigt wurde. Die Ausstellung war vom 20.Mai bis 24.September 2023 in der Abbazia di San Gregorio als Begleitprogramm zur Architekturbiennale in Venedig zu besichtigen und präsentierte das Bauvorhaben *The Line*.
67 Vgl. Praditya et al. (2023, S.22f.)
68 Nusantara (2021)
69 Zit. nach: Beech (2023)
70 Zit. nach: AFP (2023)
71 Hansen (2024)
72 Nusantara (2021)
73 Jocks (2018)
74 Lüthy (2014, S.226)
75 Heilmeyer (2011, S.5)
76 Günel (2022)
77 Spelman (2002, S.1)
78 Lipp (2022, S.46)
79 Escobar (2022, S. X)
80 Sack (1977)
81 Vgl. Oswalt (2023)
82 Moore et al. (2022, S.17)
83 Spelman (2002, S.1)
84 Táíwò et al. (2022, S.31)
85 Moore et al. (2022, S.23)
86 Galilee (2023)
87 Miessen/Hertweck (2022, S.62)
88 Heinze-Podcast-Team (2023)

89 Rada (2022)
90 Harper (2019)
91 Ebd.
92 Ebd.
93 Lampugnani (1996, S. 13)
94 Weidel/Chrupalla (2024, S. 3)
95 Spelman (2002, S. 5)
96 Attia (2013)
97 Frankopan (2023, S. 38)
98 Teil dieses Netzwerkes sind: Universität Bremen (Zentrum für angewandte Raumfahrttechnologie und Mikrogravitation (ZARM) und Institut für Philosophie), das Alfred-Wegener-Institut Bremerhafen (Sektion Dynamik des Paläoklimas), die Cranfield University (Fakultät für Raumfahrttechnik), die TU Delft (Fakultät für Luft- und Raumfahrttechnik), die Universität Patras (Labor für Angewandte Mechanik), die NHL Stenden (Studiengang Kommunikation und Multimediadesign), die Universität Utrecht (Institut für Meeres- und Atmosphärenforschung) und die Fachhochschule Wiener Neustadt (Studiengang Luft- und Raumfahrttechnik). Siehe auch OHB Pressemitteilung (2021)
99 Baatz/Ott (2015, S. 191)
100 Audi Pressemitteilung (2020)
101 Bratton (2019, S. 17)
102 Zit. nach: McKie (2023)
103 Fuller (1973, S. 32)
104 Yusoff (2013, S. 2800f.)
105 Franke (2014, S. 15)
106 Ebd.
107 Demos (2017)
108 Equinor (2024)
109 Northern Lights (2024)
110 Schroer (2022, S. 548)
111 Buck (2019, S. 122)
112 Maak (2023a)
113 Sloterdijk (2023, S. 68)
114 Diederichsen und Franke (2014, S. 118)
115 Gleiter (2022)
116 Bostrom (2018, S. 12)
117 Gleiter (2022)

118 Zit. nach: Parenti und Moore (2016, S. 161)
119 Haraway (2015, S. 161)
120 Ingels (2009)
121 Buck (2019, S. 209)

Teil III
FLUCHT

1 Blumenberg (1997, S. 435)
2 Latour (2018, S. 5)
3 Deutinger (2023)
4 Markus (2009)
5 Vgl. Sallaberger (2009, S. 29)
6 Markus (2009)
7 Mau (2021)
8 Hanewinkel et al. (2021)
9 UNHCR (2024)
10 Jacobs (2017)
11 Welzer (2014)
12 Jelacic (2014, S. 190)
13 Jansen (2020)
14 Misselwitz (2009, S. 8)
15 Vgl. Fazekas (2017)
16 Aburamadan et al. (2020, S. 1)
17 Zit. nach: Radford (2015)
18 Hailey (2009)
19 Hailey (2019, S. 196)
20 UNHCR (2016)
21 Jacobs (2017)
22 Cerini (2023)
23 Jacobs (2017)
24 Zit. nach Cerini (2023)
25 Rowe (1994)
26 Zit. nach: Cerini (2023)
27 Zit. nach: Ebd.
28 Crook (2022)
29 Monteil (2020)
30 Siehe Misselwitz et al. (2022)
31 Doßmann (2006)

32 Siehe Pernice (2007)
33 Banham (1976, S. 51)
34 Kruft (2004, S. 505)
35 Pernice (2022, S. 3)
36 Koolhaas/Obrist (2011)
37 Wagenknecht (2009, S. 14)
38 Siehe Huebner (2022, S. 1075)
39 Zit. nach: Nyilas (2018, S. 48)
40 Huebner (2022, S. 1061)
41 Cho (2022, S. 131f.)
42 Wagenknecht (2009, S. 20f.)
43 Hafner (2022)
44 Der Spiegel (2008)
45 Wienke (2023)
46 Neom (2023)
47 Marriott International Newscenter (2023)
48 Chancel et al. (2023)
49 Suter (2023)
50 Der Spiegel (2023)
51 Dörr/Kowalski (2018)
52 Barbrook/Cameron (1996)
53 Burbano (2021)
54 Maldives Floating City (2021)
55 Oceanix (2023)
56 Putkamer (2023)
57 Oberhaus (2019)
58 Quirk/Friedman (2017)
59 Oberhaus (2019)
60 Mohammed (2019)
61 Ebd.
62 UN-Habitat (2022)
63 Ebd.
64 Matzig (2023)
65 Banham (1976, S. 51)
66 Putkamer (2023)
67 Heinevetter (2011)
68 Cochran (2021)
69 Hendrich (2017)
70 Delitz (2014, S. 133)

71 Kennedy (1960)
72 Kennedy (1961)
73 Kennedy (1960)
74 Eine differenzierte Betrachtung von Wernher von Braun findet sich in: Eisfeld (1996).
75 Wagner (2015)
76 Delitz (2014, S. 139)
77 Groys (2016, S. 10)
78 Ebd. (S. 16)
79 Hagemeister (2016, S. 57)
80 O'Neill (2000)
81 O'Neill (1974, S. 32)
82 Ebd.
83 Ebd. (S. 33)
84 Ebd. (S. 36)
85 Ebd. (S. 32f.)
86 Scott (2016a, S. 18)
87 Ebd. (S. 27)
88 Meuser (2014, S. 158)
89 Scott (2016, S. 27)
90 Meuser (2019, S. 44ff.)
91 Meuser (2014, S. 41)
92 Iken (2011)
93 Ebd.
94 Zit. nach: Cole (2016)
95 Anker (2005, S. 256)
96 The University of Arizona (o. J.)
97 Plag (2023)
98 Koronka (2020)
99 Russ (2021)
100 Ebd.
101 Stouhi (2021)
102 Russ (2021)
103 McGleenon (2019)
104 O'Shea (2023b)
105 O'Shea (2023a)
106 Scott (2016b, S. 104)
107 Huber (2023)
108 Hahn (2019)

109 Fischer/Spreen (2014, S. 11)
110 BDI (o. J.)
111 Wagner (2020)
112 Zit. nach: Roberts (2020)
113 Starck (2018)
114 Yang (2023)
115 MIT Space Exploration Initiative (o. J.)
116 Ebd.
117 Ekblaw et al. (2021)
118 Ito (2019)
119 Ebd.
120 Ekblaw et al. (2021)
121 Vgl. Anker (2005, S. 247)
122 Ebd. (S. 244)
123 Bratton (2019)
124 Anker (2005, S. 247)
125 Callaway (2023)
126 Arendt (1960, S. 258)
127 Chakrabarty (2022, S. 141)
128 Latour (2018, S. 101)
129 Zit. nach: Lacroix (2021)
130 Blumenberg (1997, S. 435)
131 Zit. nach: Hagemeister (2018, S. 20)
132 Masure (2021)
133 Zit. nach: Scholz (2000, S. 322)
134 Zit. nach: Ebd.
135 Leuschner (2009, S. 425)
136 Zöllner (2014, S. 50)
137 Ebd. (S. 56)
138 Ebd. (S. 50)
139 Vgl. Voigt (1999)
140 Prigge (1999, S. 12)
141 Leuschner (2009, S. 234)
142 Ebd. (S. 431)
143 Zit. nach: Payne (1994, S. 326)
144 Zöllner (1995, S. 355)
145 Zit. nach: Spreen (2014, S. 58)
146 Latour (2010, S. 7)
147 Zit. nach: Lévi-Strauss/Eribon (2019, S. 285)

148 Chakrabarty (2022, S. 201)
149 Lévi-Strauss/Eribon (2019, S. 285)

Teil IV
SCHULD

1 Frankopan (2023, S. 47)
2 Radkau (2000, S. 28)
3 Ebd.
4 Frankopan (2023, S. 47)
5 Foucault (1973, S. 35)
6 Schäfer (2019, S. 114)
7 Jaeggi (2022, S. 11)
8 Rosa (2016, S. 12)
9 Jaeggi (2022, S. 11)
10 Ebd. (S. 23)
11 Rosa (2021, S. 123)
12 Die nachfolgende Argumentation wurde bereits dargelegt in: Borries (2017).
13 Zit. nach: Montgomery (2015)
14 Zit. nach: Frearson (2015)
15 Kleilein (2017, S. 44)
16 Zit. nach: Parkes (2022)
17 Zit. nach: Levy (2017b)
18 Freundorfer (2019)
19 Stamm (1952, S. 15)
20 Blom (2022, S. 38)
21 Mansergh (2022)
22 Levy (2017a)
23 Horn/Bergthaller (2022, S. 125)
24 Jay (2018)
25 Baudrillard (1978)
26 Jaeggi (2022, S. 21)
27 Heidegger (1991, S. 90)
28 Skowronek et al. (2021)
29 Kruft (2004, S. 326f.)
30 Vgl. Doll (2013, S. 21f.)
31 Häußermann/Siebel (2020, S. 266)
32 Ebd. (S. 267)

33 Kraft (2006, S. 48)
34 Rosa (2021, S. 134)
35 Landmarks Preservation Commission (2000)
36 Koolhaas (2011, S. 161)
37 Diemand (2021)
38 Vidler (1999)
39 Lutherbibel (2017, 1. Mose 1, 28)
40 Graeber/Wengrow (2022, S. 183)
41 Reese-Schäfer (2016, S. 81 f.)
42 Tavares (2020)
43 Ebd.
44 Sloterdijk (2023, S. 66f.)
45 Ebd.
46 McNeill/Engelke (2014)
47 Afrikahaus Hamburg (o. J.)
48 Chilehaus (o. J.)
49 Hotze (2014)
50 Deutsche Unesco-Kommission (o. J.)
51 Yusoff (2018)
52 Sloterdijk (2023, S. 49)
53 Ebd.
54 Liebich (2019)
55 Ebd.
56 Schneckenburger (2010)
57 Arbeitsgruppe von Kustodinnen und Kustoden im Verband Botanischer Gärten e. V. (VBG). (2023)
58 Foster + Partner (o. J. b)
59 Koolhaas (2011, S. 160)
60 Hawickhorst (o. J.)
61 Dongxiying Studio (2019)
62 Frankopan (2023, S. 192)
63 Eigel (2023)
64 Fischer (2021)
65 Wilson (2022, S. 43)
66 Ebener (2021)
67 Meuser (2019)
68 Horstmann (2009)
69 Overstreet (2022)
70 Meuser (2019)

71 Wilson (2022, S. 43)
72 Diamond (2006, S. 153). Auch wenn, wie zum Beispiel von dem niederländischen Historiker Rutger Bregman, Diamonds Osterinsel-Theorie angezweifelt wird, bleibt die Metapher als symbolische Verdichtung weiter wirksam.
73 Dyer (2011)
74 Conrads (2007, S. 219)
75 Ebd.
76 Foucault (1994, S. 190)
77 Stimpel (2011)
78 Fischer/Oswalt (2024)
79 Borries/Fischer (2022)
80 Welzbacher (2013, S. 69)
81 Wainwright (2019)
82 Ebd.
83 Zit. nach: Ebd.
84 Maak (2023b)
85 Zit. nach: Schweizer (2022, S. 95)
86 Ebd. (S. 96)
87 Hollstein et al. (2022, S. 13)
88 Steiner/Rein-Cano (2020)
89 Lucci (2019, S. 124)
90 Ebd. (S. 111)
91 Ebd. (S. 109)
92 Wald (o. J.)
93 Kallipoliti (2018, S. 99)
94 Der Spiegel (1982)
95 Kallipoliti (2018, S. 100)
96 Ebd. (S. 99)
97 Ebd.
98 McCray (2020)
99 Zit. nach: Ebd.
100 Zit. nach: Ebd.
101 Klüver (1972, S. X)
102 McCray (2020)
103 Klüver (1972, S. IX)
104 Ursprung (2001, S. 5)
105 Ebd.
106 Diller (2005, S. 16)

107 Ebd. (S. 15)
108 Debord (2013, S. 10)
109 Foucault (1973, S. 35)
110 Gadamer (1967, S. 65)
111 Horn/Bergthaller (2022, S. 20)
112 Sloterdijk (2023, S. 59)
113 Blumenberg (1990, S. 338)
114 Gadamer (1967, S. 70)
115 Blumenberg (1990, S. 341)
116 Gadamer (1967, S. 71)
117 Anders (2002)
118 Gadamer (1967, S. 71)
119 Gleiter (2022)
120 Ebd.
121 Sloterdijk (2023, S. 60)
122 Zit. nach: Vrachliotis (2012, S. 48)
123 Siehe Klinger (1997)
124 Haraway (2015)
125 Latour (2010, S. 8)
126 Ebd.
127 Ebd. (S. 9)
128 Ebd.
129 Sloterdijk (2023, S. 68)

Teil V
HOFFNUNG

1 Pelluchon (2023, S. 59)
2 Latour (2010, S. 2)
3 Weizman et al. (2023, S. 65)
4 Pelluchon (2023, S. 61)
5 Ebd. (S. 87f.)
6 Ebd. (S. 88)
7 Ebd. (S. 59)
8 Ebd. (S. 106)
9 Latour (2010, S. 2)
10 Chakrabarty (2022, S. 13f.)
11 Ibelings (2023, S. 31)
12 Semper (1851, S. 54f.)

13 Ebd. (S. 55)
14 Graeber/Wengrow (2022, S. 490)
15 Castoriadis (1984, S. 220)
16 Ebd.
17 Delitz (2010, S. 115)
18 Castoriadis (1984, S. 218)
19 Ebd. (S. 370)
20 Vrachliotis (2019)
21 Vgl. Kruft (2004, S. 380ff.)
22 Barber (2022, S. 3-2)
23 Moe (2020, S. 37)
24 Wigley (2021, S. 47)
25 Barber (2022, S. 3-2)
26 Jarzombek (2019)
27 Rau (2015)
28 Concular (o. J.)
29 Fuhrhop (2020)
30 Bauhaus Earth (o. J.)
31 Wigley (2021, S. 47)
32 e-flux (2024)
33 Craig (2024)
34 Förster (2021, S. 27)
35 Landry und MacLean (1996, S. 5)
36 Heidegger (1991, S. 90)
37 Ausführlichere Beschreibung des Wettbewerbs in: Borries (2022)
38 Nachfolgender Absatz überarbeitete Fassung von Borries (2024, S. 66)
39 Sennett (2019, S. 353)
40 Frampton (1985/86, S. 23)
41 Ebd. (S. 30)
42 Ebd. (S. 23)
43 Ebd. (S. 28)
44 Fezer (2018, S. 220)
45 Ausführlichere Beschreibung der Ausstellung in: Borries (2023a)
46 Elser et al. (2023, S. 406)
47 Noever (1997, S. 5)
48 Ebony (2018)
49 Christiaanse (2009, S. 36)
50 Zit. nach: Rauschenberger (2019)

51 Eisinger (2009, S. 38)
52 Chakrabarty (2022, S. 217)
53 Zit. nach: Rauschenberger (2019)
54 Mumford (1977, S. 15)
55 Scott (2014, S. 192)
56 Zit. nach: Ebd. (S. 194)
57 Ebd. (S. 200)
58 Zit. nach: Ebd. (S. 195 f.)
59 Pelluchon (2023, S. 106)
60 Berger/Irvin (2022, S. 1)
61 Arendt (2019, S. 253 f.)
62 Weizman et al. (2023, S. 17)
63 Ebd. (S. 28)
64 Ebd. (S. 65)
65 Ebd. (S. 32)
66 Castoriadis (1984, S. 226)
67 Wilson (2016)
68 Chakrabarty (2022, S. 218)
69 Ludwig et al. (2019)
70 Zit. nach: Hindahl (2021)
71 Pelluchon (2023, S. 113)
72 Ebd.
73 Tsing (2021, S. 70)
74 Sink (2015)

EPILOG

1 Assmann (1996, S. 1)
2 Jaspers (2017, S. 215)
3 Assmann (1996, S. 1)
4 Lessing (1983, S. 17)
5 Jaspers (2017, S. 215)
6 Ebd.
7 Giedion (2007, S. 37)
8 NASA (2023)
9 Till (2020, S. 31)
10 Ebd. (S. 29 ff.)
11 Tsing (2021, S. 13)

Literaturverzeichnis

Alle Internetquellen wurden zuletzt abgerufen am 1. August 2024.

Abentheuer, Karl (2019), »Die Zeche Zollverein ist eine Ikone der Bauhaus-Architektur«, unter: ⟨https://www.ubm-development.com/magazin/zeche-zollverein-bauhaus/⟩

Aburamadan, Rania/Trillo, Claudia/Makore, Busisiwe Chikomborero Ncube (2020), »Designing Refugees' Camps: Temporary Emergency Solutions, or Contemporary Paradigms of Incomplete Urban Citizenship? Insights from Al Za'atari«, in: *City, Territory and Architecture 12/2020*, S. 12, unter: ⟨https://cityterritoryarchitecture.springeropen.com/articles/10.1186/s40410-020-00120-z⟩

Adam, Hubertus (2021), »Kollaps der Moderne?«, in: *archithese* 3/2021, unter: ⟨https://archithese.ch/ansicht/kollaps-der-moderne.html⟩

AFP (2023), »Top Architect Sofian Sibarani has been handpicked to design the new Indonesian capital of Nusantara«, in: *The Star*, unter: ⟨https://www.thestar.com.my/aseanplus/aseanplus-news/2023/01/08/top-architect-sofian-sibarani-has-been-handpicked-to-design-the-new-indonesian-capital-of-nusantara⟩ (8. 1. 2023).

Afrikahaus Hamburg (o. J.), unter: ⟨https://www.afrika-haus.de/⟩

Almannai, Reem/Fischer, Florian (2023), »Wohnflächenlimit«, in: *Die Architekt* 2/2023, S. 29-33.

Altvater, Elmar (2017), »Kapitalozän. Der Kapitalismus schreibt Erdgeschichte«, in: *Luxemburg. Gesellschaftsanalyse und Linke Praxis* 2-3/2017, S. 108-117, unter: ⟨https://zeitschrift-luxemburg.de/artikel/kapitalozaen⟩

Amir, Fahim (2018), *Schwein und Zeit. Tiere, Politik, Revolte*, Hamburg: Edition Nautilus.

Anders, Günther (2002), *Die Antiquiertheit des Menschen. 1: Über die Seele im Zeitalter der zweiten industriellen Revolution*, München: Beck.

Anderson, Warwick (2021), »Decolonizing the Foundation of Tropical Architecture«, in: *ABE Journal. Architecture beyond Europe* 18/2021, unter: ⟨https://journals.openedition.org/abe/9215?lang=en⟩

Anker, Peder (2005), »The Ecological Colonization of Space«, in: *Environmental History* 10-2/2005, S. 239-268.

Arbeitsgruppe von Kustodinnen und Kustoden im Verband Botanischer Gärten e.V. (VBG) (2023), *Positionspapier: Botanische Gärten, Pflanzensammlungen und Kolonialismus*, unter: ⟨https://www.uni-kassel.de/fb11agrar/infothek/sitemap-news-detail/2023/03/16/positionspapier-zu-botanischen-gaerten-und-kolonialismus?cHash=9e348a906159406f96707054bb90b1f2⟩

Arcosanti (o. J.), »The World's First Arcology Prototype & Urban Laboratory«, unter: ⟨https://www.arcosanti.org/⟩

Arendt, Hannah (1960), *Vita activa oder Vom tätigen Leben*, Stuttgart: Kohlhammer.

Assmann, Jan (1996), »Denkformen des Endes in der altägyptischen Welt«, in: Stierle, Karlheinz/Warning, Otto (Hrsg.), *Das Ende. Figuren einer Denkform*, München: Brill/Wilhelm Fink, S. 1-31.

Attia, Kader (2013), »Repair: Architecture, Reappropriation, and The Body Repaired«, unter: ⟨http://kaderattia.de/repair-architecture-reappropriation-and-the-body-repaired/⟩

Audi Pressemitteilung (2020), »Tiefgründig: Audi und Climeworks speichern CO2 aus der Atmosphäre unterirdisch«, unter: ⟨https://www.audi-mediacenter.com:443/de/pressemitteilungen/tiefgruendig-audi-und-climeworks-speichern-co2-aus-der-atmosphaere-unterirdisch-13095⟩

Augé, Marc (2012), *Nicht-Orte*, München: Beck.

Baatz, Christian/Ott, Konrad (2015), »Klimaethik: Mitigation, Adaptation und Climate Engineering«, in: Kallhoff, Angela (Hrsg.), *Klimagerechtigkeit und Klimaethik*, Berlin: De Gruyter, S. 181-198, unter: ⟨https://www.degruyter.com/document/doi/101515/9783110401066-011/html⟩

Banham, Reyner (1976), *Megastructure. Urban Futures of the Recent Past*, London: Thames and Hudson.

Barber, Daniel A. (2022), »Modes of Concealment. Architecture, Oil, and Historical Method«, in: Förster, Kim (Hrsg.), *Environmental Histories of Architecture*, Montreal: Canadian Centre for Architecture.

Barber, Daniel A. (2016), *A House in the Sun: Modern Architecture and Solar Energy in the Cold War*, New York: Oxford University Press.

Barber, Daniel A. (2014), »Lessons from Modernism«, in: Bone, Kevin (Hrsg.), *Lessons from modernism: Environmental Design Strategies in Architecture, 1925-1970*, New York: The Monacelli Press, S. 188-195.

Barbrook, Richard/Cameron, Andy (1996), »The Californian Ideology«, in: *Science as Culture 6-1/1996*, S. 44-72, unter: ⟨http://www.tandfonline.com/doi/abs/101080/09505439609526455⟩

Barua, Maan/Martín, Rebeca Ibáñez/Achtnich, Marthe (2023), »Introduction: Plantationocene«, in: *Society for Cultural Anthropology*, unter: ⟨https://culanth.org/fieldsights/introduction-plantationocene⟩

Baudrillard, Jean (1978), *Agonie des Realen*, Berlin: Merve.

Bauhaus Earth (o. J.), »Purpose«, unter: ⟨https://bauhauserde.org⟩

BauNetz (2014), »Ein U für Manhattan – BIG gewinnt städtebaulichen Wettbewerb in New York«, in: *BauNetz*, unter: ⟨https://www.baunetz.de/meldungen/Meldungen-BIG_gewinnt_staedtebaulichen_Wettbewerb_in_New_York_3919413.html⟩

BDI (o. J.), »NewSpace Initiative«, unter: ⟨https://bdi.eu/themenfelder/sicherheit/newspace-initiative⟩

Beech, Hannah (2023), »Indonesia Plans on Building Nusantara, a New Capital City«, in: *New York Times*, unter: ⟨https://www.nytimes.com/interactive/2023/05/16/headway/indonesia-nusantara-jakarta.html⟩ (16. 5. 2023).

Behörde für Umwelt, Klima, Energie und Agrarwirtschaft Hamburg (2024), »Deponie Georgswerder«, unter: ⟨https://www.hamburg.de/politik-und-verwaltung/behoerden/bukea/themen/boden-und-geologie/altlasten/altlastensanierung/energieberg-georgswerder/11-flora-fauna-165880⟩

Benevolo, Leonardo (Hrsg.) (1986), *Die Geschichte der Stadt*, Frankfurt am Main: Büchergilde Gutenberg.

Bense, Max (2003), »Brasilianische Intelligenz. Eine cartesianische Reflexion von 1965«, in: Prigge, Walter (Hrsg.), *Bauhaus Brasília Auschwitz Hiroshima. Weltkulturerbe des 20. Jahrhunderts: Modernität und Barbarei*, Berlin: Jovis, S. 238-244.

Berger, Markus/Irvin, Kate (2022), *Repair: Sustainable Design Futures*, London: Routledge, unter: ⟨https://www.taylorfrancis.com/books/9781003244028⟩

Beyer, Susanne/Knöfel, Ulrike (2022), »Wolf Prix und seine Bauten in Russland. Kann man gegen den Krieg sein – und trotzdem für Putin arbeiten?«, in: *Der Spiegel*, unter: ⟨https://www.spiegel.de/kultur/wolf-prix-und-seine-bauten-in-russland-kann-man-gegen-den-krieg-sein-und-trotzdem-fuer-putin-arbeiten-a-e1d0bc2e-ae2f-4fd7-a1aa-8b31fb7aa4e1⟩ (1. 4. 2022).

Bidder, Benjamin (2022), »Wolkenkratzer für Schweine. 26 Etagen-Stall in China gebaut«, in: *Der Spiegel*, unter: ⟨https://www.spiegel.

de/wirtschaft/service/wolkenkratzer-fuer-schweine-china-baut-stall-mit-26-stockwerken-a-7613c98f-74f0-47e8-8496-a2cdc2b41ef6⟩ (26.11.2022).

Blom, Philipp (2022), *Die Unterwerfung. Anfang und Ende der menschlichen Herrschaft über die Natur*, München: Hanser.

Blumenberg, Hans (1997), *Die Vollzähligkeit der Sterne*, Frankfurt am Main: Suhrkamp.

Blumenberg, Hans (1990), *Arbeit am Mythos*, Frankfurt am Main: Suhrkamp.

Bonneuil, Christophe (2015), »Die Erde im Kapitalozän«, in: *Le Monde diplomatique*, unter: ⟨https://monde-diplomatique.de/artikel/!5247299⟩ (12.11.2015).

Borries, Friedrich von (2024), »Die Fertigkeit der Unfertigkeit«, in: *G+L. Magazin für Landschaftsarchitektur und Stadtplanung* 2/2024, S. 66.

Borries, Friedrich von (2023a), »Architekturausstellung in Frankfurt: Baut Barrikaden! Plant ein Protestcamp!«, in: *Zeit Online*, unter: ⟨https://www.zeit.de/2023/38/architekturausstellung-dam-frankfurt-protest-architektur-barrikaden-camps-sekundenkleber⟩ (13.9.2023).

Borries, Friedrich von (2023b), »Ein Spiegelbild unserer Verlogenheit«, in: *Zeit Online*, unter: ⟨https://www.zeit.de/kultur/2023-06/the-line-saudi-arabien-oekologische-idealstadt-zukunft⟩ (18.6.2023).

Borries, Friedrich von (2023c), »Architektur und Nachhaltigkeit: Müssen wir uns auch fürs Bauen schämen?«, in: *Monopol. Magazin für Kunst und Leben*, unter: ⟨https://www.monopol-magazin.de/essay-bauscham-bauen-war-gestern⟩ (12.4.2023).

Borries, Friedrich von (2022), »Klimafreundliche Architektur: Mit Solarkraft in die kapitalistische Fortschrittsfalle«, in: *Monopol. Magazin für Kunst und Leben*, unter: ⟨https://www.monopol-magazin.de/solar-decathlon-wuppertal-mit-solarkraft-die-kapitalistische-fortschrittsfalle⟩ (23.6.2022).

Borries, Friedrich von (2021), »In der Schule der Folgenlosigkeit. Vorüberlegungen für eine Ethik«, in: *Lerchenfeld* 55/2021, S. 4-7.

Borries, Friedrich von (2017), »Die universellen Ordnungen der Zukunft – Die Headquarter von Apple, Facebook und Google«, in: *ARCH+* 230/2017, S. 208-215.

Borries, Friedrich von/Fischer, Jens-Uwe (2022), *Gefangen in der Titotalitätsmaschine. Der Bauhäusler Franz Ehrlich*, Berlin: Suhrkamp.

Borries, Friedrich von/Fischer, Jens-Uwe (2009), *Heimatcontainer. Deutsche Fertighäuser in Israel*, Frankfurt am Main: Suhrkamp.

Bostrom, Nick (2018), *Die Zukunft der Menschheit*, Berlin: Suhrkamp.

Brandt, Sigrid/Dame, Thorsten (Hrsg.) (2019), *Kernkraftwerke Denkmalwerte und Erhaltungschancen ICOMOS Hefte des Deutschen Nationalkomitees* 68/2018.

Bratton, Benjamin H. (2019), *The Terraforming*, Moskau: Strelka Press.

Braun, Helge-Rainer (2019), »Artenvielfalt auf Spitzbergen – So wird das Saatgutarchiv der Welt vor dem Klimawandel geschützt«, in: *Deutschlandfunk Kultur*, unter: ⟨https://www.deutschlandfunkkultur.de/artenvielfalt-auf-spitzbergen-so-wird-das-saatgutarchiv-der-100.html⟩ (13.7.2019).

Buck, Holly Jean (2019), *After Geoengineering: Climate Tragedy, Repair, and Restoration*, London, New York: Verso.

Bundesumweltministerium (o. J.), »Flächenverbrauch – Worum geht es?«, unter: ⟨https://www.bmuv.de/themen/nachhaltigkeit-digitalisierung/nachhaltigkeit/strategie-und-umsetzung/flaechenverbrauch-worum-geht-es⟩

Burbano, Lucía (2021), »Freedom Ship: The Floating City that Never Set Sail«, in: *Tomorrow.City – The biggest platform about urban innovation*, unter: ⟨https://www.tomorrow.city/freedom-ship/⟩ (21.9.2021).

Buur, Stine Liv (2015), »What Kind of Nothing?«, unter: ⟨https://www.vitra.com/de-de/magazine/details/what-kind-of-nothing⟩

Calder, Barnabas (2021), *Architecture. From Prehistory to Climate Emergency*, London: Penguin.

Callaway, Ewen (2023), »Forscherwelt erzürnt, weil Paläoanthropologe Fossilien ins All schießt«, in: *Spektrum.de*, unter: ⟨https://www.spektrum.de/news/forscherwelt-erzuernt-weil-palaeoanthropologe-fossilien-ins-all-schiesst/2181048⟩ (15.9.2023).

Carlson, Jen (2012), »Is The 1960s World's Fair Underground Home Still There? An Investigation«, in: *Gothamist*, unter: ⟨https://gothamist.com/arts-entertainment/is-the-1960s-worlds-fair-underground-home-still-there-an-investigation⟩ (18.10.2012).

Castoriadis, Cornelius (1984), *Gesellschaft als imaginäre Institution: Entwurf einer politischen Philosophie*, Frankfurt am Main: Suhrkamp.

Cerini, Marianna (2023), »Home in a box: Rethinking disaster relief, IKEA style«, in: CNN, unter: ⟨https://www.cnn.com/style/better-shelter-home-disaster-ikea-dfi/index.html⟩ (31.8.2023).

Chakrabarty, Dipesh (2022), *Das Klima der Geschichte im planetarischen Zeitalter*, Berlin: Suhrkamp.

Chancel, Lucas/Bothe, Philipp/Voituriez, Tancrède (2023), *Climate Inequality Report 2023*, Paris: World Inequality Lab.

Childe, V. Gordon (1950), »The Urban Revolution«, in: *The Town Planning Review* 21-1/1950, S. 3-17.

Chilehaus (o. J.), »Einzigartig, repräsentativ, legendär«, unter: ⟨https://www.chilehaus.de/⟩

Cho, Hyunjung (2022), »Metabolism as Survival Architecture«, in: Pernice, Raffaele (Hrsg.), *The Urbanism of Metabolism: Visions, Scenarios and Models for the Mutant City of Tomorrow*, London: Routledge, S. 131-141.

Christiaanse, Kees (2009), »The Open City and Its Enemies«, in: Christiaanse, Kees/Rieniets, Tim/Sigler, Jenniger (Hrsg.), *Open City. Designing coexistence*, Amsterdam: SUN, S. 25-36.

Cochran, Samuel (2021), »So wohnt Bjarke Ingels in seinem Hausboot«, in: *AD Magazin*, unter: ⟨https://www.ad-magazin.de/article/ad100-bjarke-ingels⟩ (30.7.2021).

Cole, Samantha (2016), »The Strange History of Steve Bannon and the Biosphere 2 Experiment«, in: *Vice*, unter: ⟨https://www.vice.com/en/article/qkjn87/the-strange-history-of-steve-bannon-and-the-biosphere-2-experiment⟩ (15.11.2016).

Colomina, Beatriz (2007), *Domesticity at War*, Cambridge, Mass: MIT Press.

Concular (o. J.), »Zirkuläres Bauen«, unter: ⟨https://concular.de/uber-concular/⟩

Conrads, Ulrich (2007), *Zeit des Labyrinths: beobachten, nachdenken, feststellen 1956-2006*, Basel: Birkhäuser.

CopenHill (o. J.), »Treasure hunt at CopenHill«, unter: ⟨https://www.copenhill.dk/en/news/julefrokost%202022⟩

Craig, Salmaan (2024), »Lost Loops«, in: *e-flux Architecture*, unter: ⟨https://www.e-flux.com/architecture/after-comfort/589840/lost-loops/⟩

Crook, Lizzie (2022), »Shigeru Ban builds modular partitions in emergency shelters for Ukrainians«, in: *dezeen*, unter: ⟨https://www.dezeen.com/2022/04/08/shigeru-ban-paper-partition-system-ukraine-refugee-shelter/⟩ (8.4.2022).

Daloz, Kate (2016), »The Rise of the Dome Home«, in: *Curbed*, unter: ⟨https://archive.curbed.com/2016/5/11/11645002/buckminster-fuller-back-to-the-land-dome-homes⟩ (11.5.2016).

Davis, Mike (1989), »Can the L.A. River be saved?«, in: *LA Weekly*, S. 18-23 (1.9.1989).

Debord, Guy (2013), *Die Gesellschaft des Spektakels*, Berlin: Edition Tiamat.

Delitz, Heike (2014), »A house from outer space. Raumfahrt-Effekte in der Architektur des 20. Jahrhunderts«, in: Fischer, Joachim/Spreen, Dierk (Hrsg.), *Soziologie der Weltraumfahrt*, Bielefeld: transcript, S. 129-161.

Delitz, Heike (2010), *Gebaute Gesellschaft. Architektur als Medium des Sozialen*, Frankfurt am Main: Campus.

Demos, T. J. (2017), *Against the Anthropocene. Visual Culture and Environment Today*, Berlin: Sternberg.

Der Spiegel (2023), »Vereinte Nationen rufen Internationalen Gerichtshof an. UNO verabschiedet wegweisende Klima-Resolution«, unter: ⟨https://www.spiegel.de/wissenschaft/vereinte-nationen-rufen-internationalen-gerichtshof-an-uno-verabschiedet-wegweisende-klima-resolution-a-53ffbd97-05a0-439a-b749-1ea5216dbe01⟩

Der Spiegel (2008), »›Palm‹-Eröffnung in Dubai: Mega-Show für Superreiche«, unter: ⟨https://www.spiegel.de/panorama/palm-eroeffnung-in-dubai-mega-show-fuer-superreiche-a-591757.html⟩

Der Spiegel (1982), »Letzter Traum«, in: *Der Spiegel 40/1982*, S. 272-275.

Deutinger, Theo (2023), *Handbook of Tyranny*, Zürich: Lars Müller Publishers.

Deutsche UNESCO-Kommission (o. J.), »UNESCO-Welterbe Speicherstadt und Kontorhausviertel mit Chilehaus«, unter: ⟨https://www.unesco.de/kultur-und-natur/welterbe/welterbe-deutschland/speicherstadt-und-kontorhausviertel-mit-chilehaus⟩

Deutsche Bibelgesellschaft, Lutherbibel (2017), unter: ⟨https://www.bibleserver.com/bible/LUT⟩

Deutscher Bauernverband (Hrsg.) (2023), *Situationsbericht 2023/2024, Trends und Fakten zur Landwirtschaft*, unter: ⟨https://magazin.diemayrei.de/storage/media/1ee9439f-5412-69f0-b9b1-5254a201e2da/DBV_SB_2024-web.pdf⟩

Diamond, Jared M. (2006), *Kollaps. Warum Gesellschaften überleben oder untergehen*, Frankfurt am Main: Fischer.

Diederichsen, Diedrich/Franke, Anselm (Hrsg.) (2014), *The Whole Earth: Kalifornien und das Verschwinden des Außen*, Berlin: Sternberg.

Diemand, Stefanie (2021), »Yoga wird immer beliebter. Übungen für Körper und Geist«, in: *Frankfurter Allgemeine Zeitung*, unter: ⟨https://www.faz.net/aktuell/wirtschaft/schneller-schlau/yoga-wird-immer-beliebter-uebungen-fuer-koerper-und-geist-17158345.html⟩ (25. 1. 2021).

Diller, Elizabeth (2005), »Blur Building. Swiss Expo.02, Yverdon-les-Bains«, in: *IzR (Informationen zur Raumentwicklung)* 1/2005, S. 15-17.

Disch, Rolf (o.J.), »Das Heliotrop«, unter: ⟨http://www.rolfdisch.de/projekte/das-heliotrop/⟩

Dogramaci, Burcu (2020), »Shelter/Disaster: Flucht, Schutz und Architektur in der Moderne«, in: Nierhaus, Irene/Heinz, Kathrin (Hrsg.), *Unbehaust Wohnen*, Bielefeld: transcript, S. 81-100.

Doll, Martin (2013), »Medientechnik des Gemeinsinns. Charles Fouriers Architekturutopie des Phalanstère«, in: *Zeitschrift für Kulturwissenschaften* 7-2/2013, S. 15-28.

Dongxiying Studio (2019), »Baidu Headquarters«, in: *ArchDaily*, unter: ⟨https://www.archdaily.com/926919/baidu-headquarters-dongxiying-studio-ccdi⟩ (23.10.2019).

Dörr, Julian/Kowalski, Olaf (2018), »Vom Tal auf die Insel?«, in: *APuZ. Aus Politik und Zeitgeschichte* 22-23/2018, S. 16-21, unter: ⟨https://www.bpb.de/shop/zeitschriften/apuz/273597/vom-tal-auf-die-insel/⟩

Doßmann, Axel (2006), *Baracken, Pavillons, Container. Architektur auf Zeit*, Berlin: b-books.

Dyer, Gwynne (2011), *Climate Wars. The Fight for Survival as the World Overheats*, Oxford: Oneworld Publications.

Eames Office (o.J.), »Solar Do-Nothing Machine«, unter: ⟨https://www.eamesoffice.com/the-work/solar-do-nothing-machine/⟩

Ebener, Annabelle (2021), »Der alte Schlacht- und Viehhof«, unter: ⟨https://open.arch.kit.edu/arbeiten/der-alte-schlacht-und-viehhof/⟩

Ebony, David (2018), »Illuminating the Void: Gordon Matta-Clark's Urban Interventions«, in: *Yale University Press*, unter: ⟨https://yalebooks.yale.edu/2018/04/03/illuminating-the-void-gordon-matta-clarks-urban-interventions/⟩

e-flux (2024), »After Comfort: A User's Guide«, unter: ⟨https://www.e-flux.com/architecture/after-comfort/⟩

Eigel, Antonia (2023), »Bosco Verticale in Mailand: So lebt es sich im grünen Hochhaus«, in: *AW Magazin*, unter: ⟨https://www.awmagazin.de/interior/bosco-verticale-in-mailand⟩ (9.8.2023).

Eisfeld, Rainer (1996), *Mondsüchtig. Wernher von Braun und die Geburt der Raumfahrt aus dem Geist der Barbarei*, Reinbek bei Hamburg: Rowohlt.

Eisinger, Angelus (2009), »The Open City and Its Historical Context«, in: Christiaanse, Kees/Rieniets, Tim/Sigler, Jenniger (Hrsg.), *Open City. Designing coexistence*, Amsterdam: SUN, S. 37-50.

Ekblaw, Ariel/Coleman, Cady/Fish, Sands (2021), *Into the Anthropocos-*

mos. A Whole Space Catalog from the MIT Space Exploration Initiative, Cambridge, Mass: MIT Press.

Elhacham, Emily/Ben-Uri, Liad/Grozovski, Jonathan/Bar-On, Yinon M./Milo, Ron (2020), »Global human-made mass exceeds all living biomass«, in: *Nature* 588-7838/2020, S. 442-444, unter: ⟨https://www.nature.com/articles/s41586-020-3010-5⟩

Elser, Oliver/Mayerhofer, Anna-Maria/Hackenschmidt, Sebastian/Dyck, Jennifer/Hollein, Lilli/Cachola Schmal, Peter (Hrsg.) (2023), *Protestarchitektur. Barrikaden, Camps, raumgreifende Taktiken 1830-2023*, Zürich: Park Books.

Equinor (2024), »CO2-Speicherprojekt Northern Lights«, unter: ⟨https://www.equinor.de/co2-management/northern-lights⟩

Erdmann, Elena (2023), »Erderwärmung: Wie ExxonMobil die Menschheit über den Klimawandel belog«, in: *Zeit Online*, unter: ⟨https://www.zeit.de/wissen/umwelt/2023-01/erderwaermung-exxon-mobil-klimawandel-wissenschaft⟩ (13.1.2023).

Es, Evelien van/Harbusch, Gregor/Maurer, Bruno/Pérez, Muriel/Somer, Kees/Weiss, Daniel (Hrsg.) (2014), *Atlas of the Functional City. CIAM 4 and Comparative Urban Analysis*, Zürich: GTA Verlag.

Escher, Cornelia/Fischer, Lars (2018), »O.M. Ungers' Solarhaus. Ergebnisse eines Sommerseminars in Köln«, unter: ⟨https://www.baunetz.de/meldungen/Meldungen-Ergebnisse_eines_Sommerseminars_in_Koeln_5472658.html⟩

Escobar, Arturo (2022), »Foreword«, in: Berger, Markus/Irvin, Kate (Hrsg.), *Repair. Sustainable Design Futures*, London: Routledge, S. IX-XIII, unter: ⟨https://www.taylorfrancis.com/books/9781003244028⟩

Fazekas, Agnes (2017), »Das pralle Lagerleben«, in: *Fluter*, unter: ⟨https://www.fluter.de/zustaende-in-fluechtlingslagern⟩

Fezer, Jesko (2018), »Parteiisches Design«, in: Rodatz, Christoph/Smolarski, Pierre (Hrsg.), *Was ist Public Interest Design?*, transcript, S. 215-226.

Fibiger, Linda/Ahlström, Torbjörn/Meyer, Christian/Smith, Martin (2023), »Conflict, Violence, and Warfare Among Early Farmers in Northwestern Europe«, in: *Proceedings of the National Academy of Sciences* 120-4/2023, S. 1-9, unter: ⟨https://pnas.org/doi/101073/pnas.2209481119⟩

Ficher, Sylvia (2003), »Innenansichten eines Mythos«, in: Prigge, Walter (Hrsg.), *Bauhaus Brasília Auschwitz Hiroshima. Weltkulturerbe des 20. Jahrhunderts: Modernität und Barbarei*, Berlin: Jovis, S. 245-251.

Fischer, Sabine von (2021), »Pflanzen auf Hochhäusern. Mehr Spektakel als Klimaschutz«, in: *Neue Zürcher Zeitung*, unter: ⟨https://www.nzz.ch/feuilleton/pflanzen-auf-hochhaeusern-mehr-spektakel-als-klimaschutz-ld.1600616⟩ (9.2.2021).

Fischer, Jens-Uwe/Oswalt, Phillip (2024), »Fritz Ertl. Ein Bauhäusler als Architekt der ›Endlösung der Judenfrage‹«, in: Blümm, Anke/Otto, Elisabeth/Rössler, Patrick (Hrsg.), *Bauhaus und Nationalsozialismus*, München: Hirmer, S.128-131.

Fischer, Joachim/Spreen, Dierk (2014), *Soziologie der Weltraumfahrt*, Bielefeld: transcript.

Flusser, Vilém (1985), »Gespräch, Gerede, Kitsch. Zum Problem des unvollkommenen Informationskonsums«, in: Pross, Harry (Hrsg.), *Kitsch. Soziale und politische Aspekte einer Geschmacksfrage*, München: List Verlag, S.47-62.

Folkers, Andreas (2020), »Was ist das Anthropozän und was wird es gewesen sein? Ein kritischer Überblick über neue Literatur zum kontemporären Erdzeitalter«, in: *NTM Zeitschrift für Geschichte der Wissenschaften, Technik und Medizin* 28-4/2020, S.589-604, unter: ⟨https://link.springer.com/101007/s00048-020-00269-1⟩

Förster, Kim (2022a), »Reden wir über Zement. Blinde Flecken in der Architektur- und Umweltgeschichte«, *Werk, Bauen + Wohnen* 5/2022, S.32-36.

Förster, Kim (2022b), »Dreiecksgeschichten. Zement als billige Ware, kritischer Baustoff und harmlos wirkender Klimakiller«, in: Helle, Annette/Lenherr, Barbara (Hrsg.), *Beyond Concrete. Strategien für eine postfossile Baukultur*, Zürich: Triest, S.35-65.

Förster, Kim (2021), »Zement im Anthropozän. Der Brennofen, Zukunftsgeschichten, oder wie wir die Geschichte der Moderne neu schreiben müssen«, in: Stumm, Alexander/Lortie, Victor (Hrsg.), *Überbau: Produktionsverhältnisse der Architektur im Anthropozän*, Berlin: Universitätsverlag der TU Berlin, S.23-29.

Förster, Kim (2020), »Energy – Architecture – Transition. Oswald Mathias Ungers, Ibus and the Search for Good Architecture«, in: Escher, Cornelia/Fischer, Lars (Hrsg.), *Negotiating Ungers. The Aesthetics of Sustainability*, Brüssel: common books.

Forty, Adrian (2012), *Concrete and Culture: A Material History*, London: Reaktion.

Foster + Partner (o.J. a), »Masdar City«, unter: ⟨https://www.fosterandpartners.com/projects/masdar-city⟩

Foster + Partner (o.J. b), »Commerzbank Headquarters«, unter: ⟨https://www.fosterandpartners.com/projects/commerzbank-headquarters⟩

Foucault, Michel (2019), *Die Sorge um sich*, Frankfurt am Main: Suhrkamp.

Foucault, Michel (1994), *Überwachen und Strafen. Die Geburt des Gefängnisses*, Frankfurt am Main: Suhrkamp.

Foucault, Michel (1973), *Archäologie des Wissens*, Frankfurt am Main: Suhrkamp.

Frampton, Kenneth »Sechs Punkte für eine Architektur des Widerstands«, in: Wissenschaftskolleg Berlin (Hrsg.), *Jahrbuch 1985/86*: Siedler, S. 19-31.

Franke, Fabian (2023), »Indoor-Farming: Spinat aus dem Hochhaus«, in: *Die Zeit*, S. 28, unter: ⟨https://www.zeit.de/2023/33/indoor-farming-landwirtschaft-zukunft-klimwawandel-nordic-harvest⟩ (3.8.2023).

Franke, Anselm (2014), »Earthrise und das Verschwinden des Außen«, in: Diederichsen, Diedrich/Franke, Anselm (Hrsg.), *The Whole Earth: Kalifornien und das Verschwinden des Außen*, Berlin: Sternberg Press, S. 12-19.

Frankopan, Peter (2023), *Zwischen Erde und Himmel. Klima – eine Menschheitsgeschichte*, Berlin: Rowohlt.

Frearson, Amy (2015), »Facebook moves into Frank Gehry-designed campus«, unter: ⟨https://www.dezeen.com/2015/03/31/facebook-moves-into-campus-frank-gehry-silicon-valley-california/⟩

Freshkills Park (o. J.), »The Park Plan«, unter: ⟨https://freshkillspark.org/the-park/the-park-plan⟩

Freundorfer, Katharina (2019), »Neuer Campus von Huawei. Tech-Konzern baut Heidelberger Schloss in China nach«, in: *Stuttgarter Zeitung*, unter: ⟨https://www.stuttgarter-zeitung.de/inhalt.neuer-campus-von-huawei-tech-konzern-baut-heidelberger-schloss-in-china-nach.e7dcfe9f-8b0a-4262-8d25-d8da18d07ee8.html⟩ (23.1.2019).

Frick, Matthias (2017), *Architecture must blaze. Wolf Prix and Coop Himmelb(l)au*, Wien: autlook.

Fröbe, Turit (2017), *Die Inszenierung eines Mythos: Le Corbusier und die Akropolis*, Basel: Birkhäuser.

Fuhrer, Armin (2019), »Sie hielten sie für harmlos: In Las Vegas waren Atombombentests Touristenattraktion«, in: *Focus*, unter: ⟨https://www.focus.de/wissen/mensch/geschichte/bomb-parties-noch-bis-1963-die-atombomben-tests-von-las-vegas-besucher-hielten-sie-fuer-harmloses-spektakel_id_8567010.html⟩ (31.5.2019).

Fuhrhop, Daniel (2020), *Verbietet das Bauen! Streitschrift gegen Spekulation, Abriss und Flächenfraß*, München: oekom verlag.

Fukuyama, Francis (2022), *Das Ende der Geschichte*, Hamburg: Hoffmann und Campe.

Fuller, Richard Buckminster (1973), *Bedienungsanleitung für das Raumschiff Erde und andere Schriften*, Reinbek bei Hamburg: Rowohlt.

Funke, Hermann (2022), *Architekturkritiken 1962-2003*, Hamburg: Adocs.

Gadamer, Hans-Georg (1967), »Prometheus und die Tragödie der Kultur«, in: *Kleine Schriften II. Interpretationen*, Tübingen: J.C.B. Mohr (Paul Siebeck), S. 64-74.

Galilee, Beatrice (2023), »Architecture as Radical Repair: Yasmeen Lari«, unter: ⟨https://www.triennale.orgen/magazine/architecture-radical-repair-yasmeen-lari⟩

Ghisleni, Camilla (2023), »The Decolonization of Architecture Is a Necessary Step in Its Decarbonization«, in: *ArchDaily*, unter: ⟨https://www.archdaily.com/1008314/the-decolonization-of-architecture-is-a-necessary-step-in-its-decarbonization⟩ (23.10.2023).

Giedion, Sigfried (2007), *Raum, Zeit, Architektur. Die Entstehung einer neuen Tradition*, Basel: Birkhäuser.

Gleiter, Jörg H. (2023), »Das urbane Habitat«, in: *Die Architekt 2/2023*, S. 10-11.

Gleiter, Jörg H. (2022), »Projekt Utopie. System Erde und die Inversion der Zeit«, in: *Die Architekt 4/2022*, unter: ⟨http://derarchitektbda.de/projekt-utopie/⟩

Global Cement and Concrete Association (2024), »Cement and Concrete Around the World«, unter: ⟨https://gccassociation.org/concretefuture/cement-concrete-around-the-world/⟩

Gluck, Marissa (2013), »Paying Tribute to the Mad Genius of Buckminster Fuller«, in: *New York Times*, unter: ⟨https://www.nytimes.com/2013/12/17/t-magazine/gallery-paying-tribute-to-buckminster-fuller.html⟩ (17.12.2013).

Graeber, David/Wengrow, David (2022), *Anfänge. Eine neue Geschichte der Menschheit*, Stuttgart: Klett-Cotta.

Greenpeace (2023), »Der Sarkophag in Tschernobyl«, unter: ⟨https://www.greenpeace.de/klimaschutz/energiewende/atomausstieg/sarkophag-tschernobyl⟩

Greffrath, Mathias (2016), »Campanellas ›Sonnenstadt‹. Die erste Öko-Utopie«, in: *Deutschlandfunk Kultur*, unter: ⟨https://www.deutschlandfunkkultur.de/campanellas-sonnenstadt-die-erste-oeko-utopie-100.html⟩ (21.12.2016).

Groys, Boris (2016), »Unsterbliche Körper«, in: Groys, Boris/Hagemeister, Michael (Hrsg.), *Die neue Menschheit. Biopolitische Utopien in Russland zu Beginn des 20. Jahrhunderts*, Frankfurt am Main: Suhrkamp, Bd. 1763], S. 8-18.

Gruen, Victor (2005), »Umweltoase – Kerngebiet Wien als Beispiel«, in: *Auf dem Weg zur nachhaltigen Stadt*, Wien: Stadtentwicklung Wien, MA 18/2005, S. 76-80.

Günel, Gökçe (2022), »New Wonders for the World«, unter: ⟨https://www.e-flux.com/architecture/horizons/492057/new-wonders-for-the-world/⟩

Hafner, Nadine (2022), »Inseln auf Sand gebaut«, unter: ⟨https://www.umweltnetz-schweiz.ch/themen/ressourcen/4254-sandinseln-dubai.html⟩

Hagemeister, Michael (2018), »Der Tod ist eine der Illusionen des schwachen menschlichen Verstandes. Konstantin Ciolkovskijs ›Kosmische Philosophie‹«, in: Peter, Tatjana (Hrsg.), *Untersterblichkeit. Geschichte und Zukunft des Homo Immortalis*, *Interjekte* 12/2018, S. 3-24, unter: ⟨https://publikationen.ub.uni-frankfurt.de/opus4/frontdoor/deliver/index/docId/47988/file/int12_17-24_Hagemeister.pdf⟩

Hagemeister, Michael (2016), »›Unser Körper muss unser Werk sein.‹ Beherrschung der Natur und Überwindung des Todes in russischen Projekten des frühen 20. Jahrhunderts«, in: Groys, Boris/Hagemeister, Michael (Hrsg.), *Die neue Menschheit. Biopolitische Utopien in Russland zu Beginn des 20. Jahrhunderts*, Frankfurt am Main: Suhrkamp, S. 19-67.

Hahn, Jennifer (2019), »Moving to Mars exhibition opens at Design Museum in London«, in: *dezeen*, unter: ⟨https://www.dezeen.com/2019/10/17/moving-to-mars-design-museum-london/⟩(17. 10. 2019).

Hailey, Charlie (2019), »Camps. Contemporary Environments of Autonomy, Necessity, and Control«, in: Chattopadhyay, Swati/White, Jeremy (Hrsg.), *The Routledge Companion to Critical Approaches to Contemporary Architecture*, New York: Routledge, S. 187-199, unter: ⟨https://www.taylorfrancis.com/books/9781317422662⟩

Hailey, Charlie (2009), *Camps. A Guide to 21st-Century Space*, Cambridge, Mass: MIT Press.

Hanewinkel, Vera/Siering, Violetta/Wattenberg, Beeke (2021), »Wo die Zäune immer höher werden: die europäische Außengrenze in Melilla«, unter: ⟨https://www.bpb.de/themen/migration-integration/laenderprofile/329241/wo-die-zaeune-immer-hoeher-werden-die-europaeische-aussengrenze-in-melilla/#node-content-title-0⟩

Hannemann, Christine (1996), »Technik als Leitbild. Zur Entwicklung des industrialisierten Bauens und dessen Verknüpfung mit dem Wohnungsproblem«, in: Hannemann, Christine (Hrsg.), *Die Platte Industrialisierter Wohnungsbau in der DDR*, Wiesbaden: Vieweg + Teubner Verlag, S. 26-51.

Hansen, Sven (2024), »Planhauptstadt Nusantara: Indonesische Vertrauenskrise«, in: *taz*, unter: ⟨https://taz.de/!6012036/⟩ (6.6.2024).

Haraway, Donna (2015), »Anthropocene, Capitalocene, Plantationocene, Chthulucene: Making Kin«, in: *Environmental Humanities* 6-1/2015, S. 159-165, unter: ⟨https://read.dukeupress.edu/environmental-humanities/article/6/1/159/8110/Anthropocene-Capitalocene-Plantationocene⟩

Harper, Phineas (2019), »We're seeing an unprecedented mobilisation of architects in the fight against climate change«, in: *dezeen*, unter: ⟨https://www.dezeen.com/2019/06/11/radical-architecture-climate-change-opinion-phineas-harper/⟩ (11.6.2019).

Hauff, Volker (Hrsg.) (1987), *Unsere gemeinsame Zukunft. Der Brundtland-Bericht der Weltkommission für Umwelt und Entwicklung*, Greven: Eggenkamp.

Häußermann, Hartmut/Siebel, Werner (2020), »Soziologie des Wohnens. Eine Einführung in Wandel und Ausdifferenzierung des Wohnens«, in: Schipper, Sebastian/Vollmer, Lisa (Hrsg.), *Wohnungsforschung: Ein Reader*, Bielefeld: transcript, S. 265-302.

Hawickhorst, Gisela (o.J.), »Commerzbank Tower Frankfurt«, unter: ⟨https://www.commerzbank.de/konzern/was-uns-bewegt/commerzbank-als-unternehmen/2023-commerzbank-hochhaus.html⟩

Heathcote, Edwin (2015), »Atomic architecture's mission invisible«, in: *Financial Times,* unter: ⟨https://www.ft.com/content/f72f7132-d867-11e4-ba53-00144feab7de⟩ (10.4.2015).

Heidegger, Martin (1991), »Bauen Wohnen Denken«, in: Conrads, Ulrich/Neitzke, Peter (Hrsg.), *Mensch und Raum. Das Darmstädter Gespräch 1951*, Braunschweig: Vieweg.

Heilmeyer, Florian (2011), »Tomás Saraceno. Spinnennetze, Seifenblasen und Wolkenstädte«, in: *Baunetzwoche*, unter: ⟨https://www.baunetz.de/meldungen/Meldungen-BAUNETZWOCHE_240_2323995.html⟩

Heinevetter, Nele (2011), »Wir fragen, wie Nachhaltigkeit Spaß machen kann«, in: *Die Zeit*, unter: ⟨https://www.zeit.de/kultur/2011-02/architekt-Ingels⟩ (7.2.2011).

Heinze-Podcast-Team (2023), »Anders Lendager: Form follows availability – The most creative architectural approach«, unter: ⟨https://heinze.podigee.io/139-neue-episode⟩

Hendrich, Cornelia Karin (2017), »›Die Menschheit ist verloren, wenn wir nicht die Erde verlassen‹«, in: *Die Welt,* unter: ⟨https://www.welt.de/wissenschaft/weltraum/article165782800/Die-Menschheit-ist-verloren-wenn-wir-nicht-die-Erde-verlassen.html⟩ (21.6.2017).

Herzog, Jacques (2022), »Breve Carta a Luis«, unter: ⟨https://www.herzogdemeuron.com/writings/breve-carta-a-luis/⟩

Herzog, Jacques (2020), »A Letter from Basel«, in: *Domus* 1050/2020, S. 20-26.

Hilberseimer, Ludwig (1955), *The Nature of Cities. Origin, Growth, and Decline Pattern and Form Planning Problems*, Chicago: Paul Theobald & Co.

Hilberseimer, Ludwig (1928), »Bauten in Eisenbeton und ihre architektonische Gestaltung«, in: Hilberseimer, Ludwig/Vischer, Julius (Hrsg.), *Beton als Gestalter*, Stuttgart: Julius Hoffmann, S. 7-20.

Hilberseimer, Ludwig (1926), *Großstadtbauten*, Hannover: Merz.

Hilpert, Thilo (2015), *Century of Modernity. Architektur und Städtebau, Essays und Texte*, Wiesbaden: Springer Vieweg.

Hilpert, Thilo (Hrsg.) (1984), *Le Corbusiers »Charta von Athen«: Texte und Dokumente*, Braunschweig: Vieweg.

Hindahl, Philipp (2021), »Architekt Adrian Lahoud: ›Wir erleben die größte Wandlung von Wohnräumen seit einem Jahrhundert‹«, in: *Monopol. Magazin für Kunst und Leben*, unter: ⟨https://www.monopol-magazin.de/interview-adrian-lahoud-sharjah-march-meetings-dekolonisierung-architektur⟩ (13.3.2021).

Hofmeister, Sandra (2008), »Weltoffen und sinnlich, würdevoll und bescheiden. Sep Ruf zum Hundertsten«, in: *Bauwelt* 32/2008, S. 2.

Hollstein, Bettina/Tänzer, Sandra/Thumfart, Alexander (Hrsg.) (2022), *Gärten: Von der Naturbeherrschung zur gesellschaftlichen Utopie*: Wallstein Verlag.

Hoppe, Jon (2021), »The Marine Corps Goes Geodesic«, unter: ⟨https://www.usni.org/magazines/naval-history-magazine/2021/october/marine-corps-goes-geodesic⟩

Horn, Eva/Bergthaller, Hannes (2022), *Anthropozän zur Einführung*, Hamburg: Junius.

Horstmann, Katharina (2009), »Ein Pinguinbecken als moderne Wohnmaschine«, in: *Baunetz*, unter: ⟨https://www.baunetz-id.de/projekte/ein-pinguinbecken-als-moderne-wohnmaschine-10304897⟩ (12.8.2009).

Hotze, Benedict (2014), »Fritz Höger«, in: *Bauwelt* 21/2014, S. 49, unter: ⟨https://www.bauwelt.de/themen/buecher/Fritz-Hoeger-2117928.html⟩

Howard, Ebenezer (1902), *Garden Cities of Tomorrow*, London: Swan Sonnenschein & Co.

Huber, Ortrun (2023), »Schöner Wohnen auf dem Mars. Konstruieren für den Kosmos«, in: *Bayerischer Rundfunk*, unter: ⟨https://www.ardalpha.de/wissen/weltall/raumfahrt/mars-bauen-expedition-weltall-100.html⟩

Huebner, Stefan (2022), »Earth's Amphibious Transformation. Tange Kenzo, Buckminster Fuller, and Marine Urbanization in Global Environmental Thought (1950s-Present)«, in: *Modern Asian Studies* 56-4/2022, S. 1053-1082, unter: ⟨https://www.cambridge.org/core/product/identifier/S0026749X21000251/type/journal_article⟩

IBA Hamburg (2013), »Energieberg Georgswerder«, unter: ⟨https://www.internationale-bauausstellung-hamburg.de/projekte/energieberg-georgswerder/projekt/energieberg-georgswerder.html#⟩

Ibelings, Hans (2023), *Modern Architecture: A Planetary Warming History*, Montreal: The Architecture Observer.

Iken, Katja (2011), »Hölle im Glashaus«, in: *Der Spiegel*, unter: ⟨https://www.spiegel.de/geschichte/projekt-biosphaere-2-a-947336.html⟩ (22.9.2011).

Ingels, Bjarke (2015), *Hot to Cold: An Odyssey of Architectural Adaptation*, Köln: Taschen.

Ingels, Bjarke (2011), »Hedonistic Sustainability«, in: *TED Talk*, unter: ⟨https://www.ted.com/talks/bjarke_ingels_hedonistic_sustainability⟩

Ingels, Bjarke (2009), *Yes is More: An Archicomic on Architectural Evolution*, Köln: Taschen.

Intergovernmental Panel on Climate Change (2022), *Special Report on the Ocean and Cryosphere in a Changing Climate*, unter: ⟨https://www.ipcc.ch/srocc/chapter/chapter-4-sea-level-rise-and-implications-for-low-lying-islands-coasts-and-communities/⟩ (2022).

International Energy Agency (2018), »Air conditioning use emerges as one of the key drivers of global electricity-demand growth«, unter: ⟨https://www.iea.org/news/air-conditioning-use-emerges-as-one-of-the-key-drivers-of-global-electricity-demand-growth⟩

Ito, Joichi (2019), »Space Exploration and the Age of the Anthropocosmos«, in: *Wired*, unter: ⟨https://www.wired.com/story/space-exploration-and-the-age-of-the-anthropocosmos/⟩ (30.5.2019.).

Iturbe, Elisa (2019), »Architecture and the Death of Carbon Modernity«, in: *Log* 47/2019, S. 10-24, unter: ⟨https://www.anycorp.com/store/log47pdf⟩

Jacobs, Karrie (2017), »Rethinking the Refugee Camp«, in: *Architect Magazine*, unter: ⟨https://www.architectmagazine.com/design/rethinking-the-refugee-camp⟩ (25.1.2017).

Jaeggi, Rahel (2022), *Entfremdung. Zur Aktualität eines sozialphilosophischen Problems*, Berlin: Suhrkamp.

Jansen, Bram J. (2020), »Städte im Entstehen: Konturen des sich urbanisierenden Flüchtlingslagers«, unter: ⟨https://www.bpb.de/themen/migration-integration/kurzdossiers/307965/staedte-im-entstehen-konturen-des-sich-urbanisierenden-fluechtlingslagers/⟩

Jarcy, Xavier de (2015), *Le Corbusier, un fascisme français*, Paris: Albin Michel.

Jarzombek, Mark (2019), »The Quadrivium Industrial Complex«, unter: ⟨https://www.e-flux.com/architecture/overgrowth/296508/the-quadrivium-industrial-complex/⟩

Jaspers, Karl (2017), *Vom Ursprung und Ziel der Geschichte*, Basel: Schwabe.

Jay, Martin (2018), »Eine kurze Geschichte der Entfremdung«, unter: ⟨https://www.soziopolis.de/eine-kurze-geschichte-der-entfremdung.html⟩

Jelacic, Matthew (2014), »From Polybius to Dadaab. Traumatic Urbanization in the Anthropocene«, in: *Proceda Engineering* 78/2014, S. 188-199.

Jocks, Heinz-Norbert (2018), »Tomás Saraceno. Ein Jules Verne der konkreten Uropie«, in: *Kunstforum* 253/2018, S. 148-167, unter: ⟨https://www.kunstforum.de/artikel/tomas-saraceno-3/⟩

Jonas, Hans (1979), *Das Prinzip Verantwortung. Versuch einer Ethik für die technologische Zivilisation*, Frankfurt am Main: Insel.

Kallipoliti, Lydia (2018), *The Architecture of Closed Worlds. Or, What is the Power of Shit?*, Zürich: Lars Müller Publishers.

Kempkens, Wolfgang (2023), »China errichtet Satellitennetz für das Internet«, unter: ⟨https://www.pressetext.com/news/china-errichtet-satellitennetz-fuer-das-internet.html⟩

Kennedy, John F. (1961), *Address to Joint Session of Congress*: JFK Library, unter: ⟨https://www.jfklibrary.org/learn/about-jfk/historic-speeches/address-to-joint-session-of-congress-may-25-1961⟩ (25.5.1961).

Kennedy, John F. (1960), *The New Frontier. Acceptance of Democratic*

Nomination for President: JFK Library, unter: ⟨https://www.jfklibrary.org/learn/about-jfk/historic-speeches/acceptance-of-democratic-nomination-for-president⟩ (15.6.1960).

Kirchner, Thomas (2023), »Niederlande und Klimawandel: Wenn das Wasser kommt«, in: *Süddeutsche Zeitung*, unter: ⟨https://www.sueddeutsche.de/politik/niederlande-flutkatastrophe-wasser-15741806⟩ (30.1.2023).

Klanten, Robert (Hrsg.) (2019), *Ricardo Bofill: Visions of Architecture*, Berlin: Gestalten.

Klawitter, Nils (2020), »Greenpeace-Studie: Malaysia wird zur deutschen Müllkippe«, in: *Der Spiegel*, unter: ⟨https://www.spiegel.de/wirtschaft/greenpeace-studie-malaysia-wird-zur-deutschen-muellkippe-a-514cf9e0-2ca8-4939-87fa-729a8a20a610⟩ (27.5.2020).

Kleijn, Alexandra (2006), »MareNostrum – Der Supercomputer in der Kirche«, in: *c't Magazin*, unter: ⟨https://www.heise.de/hintergrund/MareNostrum-Der-Supercomputer-in-der-Kirche-221951.html⟩ (28.6.2006).

Kleilein, Doris (2017), »Die Campus-Architektur der IT-Riesen«, in: *Bauwelt* 26/2017, S.42-55.

Klinger, Gerwin (1997), »Zucht und Leistung. Arnold Gehlens Anthropologie des NS-Führerstaats. ›Ein wirksamer Faktor zur politischen Aktivierung der Philosophie‹«, in: *Kriterion. Journal of Philosophy* 11-1/1997, S.26-43, unter: ⟨https://www.degruyter.com/document/doi/101515/krt-1997-011105/html⟩

Klüver, Billy (1972), »The Pavilion«, in: Experiments in Arts and Technology (Hrsg.), *Pavilion*, Toronto und Vancouver: Clarke, Irwin & Company.

Kockelkorn, Anne (2022), »Ricardo Bofill«, in: *Bauwelt* 4/2022, S.6, unter: ⟨https://www.bauwelt.de/das-heft/heftarchiv/Ricardo-Bofill-3735966.html⟩

Koolhaas, Rem (2014), »Are Smart Cities Condemned to Be Stupid?«, in: *ArchDaily*, unter: ⟨https://www.archdaily.com/576480/rem-koolhaas-asks-are-smart-cities-condemned-to-be-stupid⟩ (10.12.2014).

Koolhaas, Rem (2011), *Delirious New York. Ein retroaktives Manifest für Manhattan*, Aachen: Arch+ Verlag.

Koolhaas, Rem/Obrist, Hans Ulrich (2011), *Project Japan. Metabolism Talks*, Köln, London: Taschen.

Koronka, Poppy (2020), »Architects are planning a Martian city for the desert outside Dubai«, in: CNN, unter: ⟨https://edition.cnn.com/style/article/mars-science-city-design-spc-scn/index.html⟩ (10.6.2020).

Kraft, Sabine (2006), »Eingeübtes Wohnen«, in: *ARCH+* 176-177/2006, S.48-50.

Krausse, Joachim (1973), »Design-Strategien am Werk. Eine Einführung in die Planungs- und Entwurfsarbeit von Buckminster Fuller«, in: Krausse, Joachim/Fuller, Richard Buckminster (Hrsg.), *Bedienungsanleitung für das Raumschiff Erde und andere Schriften*, Reinbek bei Hamburg: Rowohlt.

Krausse, Joachim/Lichtenstein, Claude (Hrsg.) (2001), *Your Private Sky: Diskurs*, Zürich: Müller.

Krausse, Joachim/Lichtenstein, Claude (Hrsg.) (2000), *Your Private Sky. R. Buckminster Fuller. Design als Kunst einer Wissenschaft*, Baden/Schweiz: Müller.

Kruft, Hanno-Walter (2004), *Geschichte der Architekturtheorie. Von der Antike bis zur Gegenwart*, München: Beck.

Kruse, Elke (2016), »Kopenhagen: Vorreiter beim Thema ›Überflutungsvorsorge‹«, in: *Korrespondenz Wasserwirtschaft* 11/2016, S.669-673.

Küenzlen, Gottfried (1997), *Der neue Mensch. Eine Untersuchung zur säkularen Religionsgeschichte der Moderne*, Frankfurt am Main: Suhrkamp.

Kulke, Ulli (2021), »Klimaanlage. Erst dieser Kasten ermöglichte die Globalisierung«, in: *Die Welt*, unter: ⟨https://www.welt.de/geschichte/article144880417/Klimaanlage-Erst-dieser-Kasten-ermoeglichte-die-Globalisierung.html⟩ (14.10.2021).

Labedade, Nadine (o.J.), »Architecture Principe«, unter: ⟨https://www.frac-centre.fr/collection-art-architecture/architecture-principe-claude-parent-paul-virilio-58.html?authID=10⟩

Lacroix, Alexandre (2021), »Bruno Latour: ›Eine Wahrheit festzuschreiben, hat seinen Preis‹«, in: *Philosophie Magazin*, unter: ⟨https://www.philomag.de/artikel/bruno-latour-eine-wahrheit-festzuschreiben-hat-seinen-preis⟩ (10.3.2021).

Lampugnani, Vittorio Magnago (2010), *Die Stadt im 20. Jahrhundert: Visionen, Entwürfe, Gebautes*, Berlin: Klaus Wagenbach.

Lampugnani, Vittorio M. (1996), *Die Modernität des Dauerhaften. Essays zu Stadt, Architektur und Design*, Berlin: Wagenbach.

Lamster, Mark (2018), *The Man in the Glass House. Philip Johnson, Architect of the Modern Century*, New York: Little, Brown and Company.

Landmarks Preservation Commission (2000), *Downtown Athletic Club Building*, unter: ⟨http://s-media.nyc.gov/agencies/lpc/lp/2075.pdf⟩

Landry, Donna/MacLean, Gerald (Hrsg.) (1996), *The Spivak Reader. Selected Works of Gayatri Chakravorty Spivak*, New York, NY: Routledge.

Langer, Annette (2000), »Der Los Angeles River. Benutzt, missbraucht, vergessen«, in: *Der Spiegel*, unter: ⟨https://www.spiegel.de/sptv/montagsreportage/a-94935.html⟩ (25.9.2000).

Latour, Bruno (2018), *Das terrestrische Manifest*, Berlin: Suhrkamp.

Latour, Bruno (2010), »A Cautious Prometheus? A Few Steps Toward a Philosophy of Design (With Special Attention to Peter Sloterdijk)«, in: Glynne, Jonathan/Hackney, Fiona/Monton, Viv (Hrsg.), *Networks of Design. Proceedings of the 2008 Annual International Conference of the Design Society (UK)*, Boca Raton: Universal-Publishers, S. 2-10.

Leinfelder, Reinhold (2021), »Die menschengemachte Masse – Darf's ein bisschen mehr sein?«, in: *Spektrum.de*, unter: ⟨https://scilogs.spektrum.de/der-anthropozaeniker/die-menschengemachte-masse-darfs-ein-bisschen-mehr-sein/⟩ (14.3.2021).

Lenfield, Spencer Lee (2018), »The Devil and Philip Johnson«, in: *Harvard Magazine*, unter: ⟨https://www.harvardmagazine.com/node/63373⟩ (16.10.2018).

Lessing, Theodor (1983), *Geschichte als Sinngebung des Sinnlosen*, München: Matthes & Seitz.

Leuschner, Eckhard (2009), »Wie die Faschisten sich Leonardo unter den Nagel rissen. Eine architekturgeschichtliche Station auf dem Weg des ›Vitruvianischen Menschen‹ zum populären Bild«, in: Hecht, Christian (Hrsg.), *Beständig im Wandel: Innovationen – Verwandlungen – Konkretisierungen; Festschrift für Karl Möseneder zum 60. Geburtstag*, Berlin: Matthes & Seitz, S. 425-440.

Lévi-Strauss, Claude/Eribon, Didier (2019), *Das Nahe und das Ferne. Eine Autobiographie in Gesprächen*, Zürich: Kampa.

Levy, Steven (2017a), »Apple Park's Tree Whisperer«, in: *Wired*, unter: ⟨https://www.wired.com/story/apple-parks-tree-whisperer/⟩ (1.6.2017).

Levy, Steven (2017b), »Apple's New Campus. An Exclusive Look Inside the Mothership«, in: *Wired*, unter: ⟨https://www.wired.com/2017/05/apple-park-new-silicon-valley-campus/⟩ (16.5.2017).

Liebich, Lukas (2019), »Botanik«, unter: ⟨https://goettingenkolonial.uni-goettingen.de/index.php/disziplinen/botanik#⟩

Lipp, Wilfried (2022), »Rettung von der Geschichte für die Reparaturgesellschaft im 21. Jahrhundert«, in: *ARCH+* 250/2022, S. 44-49.

Lobe, Adrian (2021), »Smart City: Eine Stadt, die sich selber steuert, überwacht alles«, in: *Neue Zürcher Zeitung*, unter: ⟨https://www.nzz.ch/feuilleton/smart-city-eine-stadt-die-sich-selber-steuert-ueberwacht-alles-ld.1590874⟩ (26.1.2021).

Lorch, Catrin (2019), »Ausgestopft«, in: *Süddeutsche Zeitung*, S.12 (25.9.2019).

Lucci, Antonio (2019), *Askese als Beruf. Die sonderbare Kulturgeschichte der Schmuckeremiten*, Wien, Berlin: Turia + Kant.

Ludwig, Ferdinand/Middleton, Wilfrid/Gallenmüller, Friederike/Rogers, Patrick/Speck, Thomas (2019), »Living bridges using aerial roots of ficus elastica – an interdisciplinary perspective«, in: *Scientific Reports* 9-1/2016, S.12226, unter: ⟨https://www.nature.com/articles/s41598-019-48652-w⟩

Lüthy, Michael (2014), »Paradigmenwechsel wohin? Artistic Research bei Tomás Saraceno und Robert Smithson«, in: Sakoparnig, Andrea/Wolfsteiner, Andreas/Bohm, Jürgen (Hrsg.), *Paradigmenwechsel: Wandel in den Künsten und Wissenschaften*, Berlin: De Gruyter, S.223-245, unter: ⟨https://www.degruyter.com/document/doi/101515/9783110333671/html⟩

Maak, Niklas (2023a), »Der Umbau der Erde«, in: *Frankfurter Allgemeine Zeitung*, unter: ⟨https://www.faz.net/aktuell/feuilleton/debatten/wie-klima-futurismus-die-erde-umbauen-koennte-18985136.html⟩ (25.6.2023).

Maak, Niklas (2023b), »Radikal zurückhaltend. Pritzker-Preis für Chipperfield«, in: *Frankfurter Allgemeine Zeitung*, unter: ⟨https://www.faz.net/aktuell/feuilleton/kunst-und-architektur/architekt-david-chipperfield-erhaelt-den-pritzker-preis-18730729.html⟩ (7.3.2023).

Maak, Niklas (2020a), »Holt die Rechner ins Zentrum der Stadt!«, in: *Frankfurter Allgemeine Zeitung*, unter: ⟨https://www.faz.net/aktuell/feuilleton/debatten/serverfarmen-holt-die-rechner-ins-zentrum-der-stadt-17061982.html⟩ (22.11.2020).

Maak, Niklas (2020b), »Keine Smart City in Toronto. Google-Stadt ist abgebrannt«, in: *Frankfurter Allgemeine Zeitung*, unter: ⟨https://www.faz.net/aktuell/feuilleton/debatten/keine-smart-city-in-toronto-google-stadt-ist-abgesagt-16763217.html⟩ (11.5.2020).

Maak, Niklas (2016), »Architekturreise. Leben auf dem Wüstenplaneten«, in: *Frankfurter Allgemeine Zeitung*, unter: ⟨https://www.faz.net/aktuell/reise/architekturreise-leben-auf-dem-wuestenplaneten-14579586.html?service=printPreview⟩ (29.12.2016).

Maak, Niklas (2011), »Claude Parent: The Supermodernist«, in: *032c*, unter: ⟨https://032c.com/magazine/the-supermodernist-architect-claude-parent⟩

Maak, Niklas/Bria, Francesca (2022), *Servermanifest. Architektur der Aufklärung. Data Center als Politikmaschinen*, Berlin: Hatje Cantz.

Maldives Floating City (2021), »Press release«, unter: ⟨https://maldivesfloatingcity.com/press-release/⟩

Malm, Andreas (2016), *Fossil Capital: The Rise of Steam-Power and the Roots of Global Warming*, London: Verso.

Mansergh, Harriet (2022), »How we're restoring native habitats in Silicon Valley«, unter: ⟨https://blog.google/outreach-initiatives/sustainability/restoring-native-habitats-silicon-valley/⟩

Marriott International Newscenter (2023), »Marriott International Signs Agreement With Neom to Open Three Properties Within Luxury Island Destination Sindalah«, unter: ⟨https://news.marriott.com/news/2023/03/08/marriott-international-signs-agreement-with-neom-to-open-three-properties-within-luxury-island-destination-sindalah⟩

Masure, Jurgen (2021), »Jeff Bezos is Conquering Space, Time … and Life«, unter: ⟨https://jurgenmasure.medium.com/jeff-bezos-is-conquering-space-time-and-life-795254c948c0⟩

Matthews, Mark (2010), *Droppers. America's First Hippie Commune, Drop City*, Norman: University of Oklahoma Press.

Matzig, Gerhard (2023), »Apokalypse ahoi«, in: *Süddeutsche Zeitung*, unter: ⟨https://www.sueddeutsche.de/projekte/artikel/kultur/klimawandel-dogen-city-architektur-schwimmende-insel-japan-e078278/⟩

Mau, Steffen (2021), *Sortiermaschinen. Die Neuerfindung der Grenze im 21.Jahrhundert*, München: C.H.Beck.

Mauch, Christof (2018), »Deponierte Schätze«, in: *APuZ. Aus Politik und Zeitgeschichte* 49-50/2018, S.4-8, unter: ⟨https://www.bpb.de/shop/zeitschriften/apuz/281495/deponierte-schaetze/⟩

May, Ernst (1929), »Die Wohnung für das Existenzminimum«, in: *Das Neue Frankfurt*: 3-11/1929, S.209-212, unter: ⟨https://digi.ub.uni-heidelberg.de/diglit/neue_frankfurt1929/0343⟩

McCray, W. Patrick (2020), »When Artists, Engineers, and PepsiCo Collaborated, Then Clashed at the 1970 World's Fair«, unter: ⟨https://spectrum.ieee.org/when-artists-engineers-and-pepsico-collaborated-then-clashed-at-the-1970-worlds-fair⟩

McCray, W. Patrick (2020), *Making art work. How Cold War Engineers and Artists Forged a New Creative Culture*, Cambridge, Mass: MIT Press.

McGleenon, Brian (2019), »The O'Neill Cylinder: Jeff Bezos' Vision for an ›incredible Civilisation‹ in Space«, unter: ⟨https://medium.com/@lynwerkledges/the-oneill-cylinder-jeff-bezos-vision-for-an-incredible-civilisation-in-space-fef75b499710⟩

McKie, Robin (2023), »Radical ways to fix the Earth: are they magic bullets or just band-aids?«, in: *The Guardian*, unter: ⟨https://www.theguardian.com/environment/2023/jul/30/radical-ways-to-fix-the-earth-are-they-magic-bullets-or-just-band-aids⟩ (30.7.2023).

McNeill, John Robert/Engelke, Peter (2014), *The Great Acceleration: An Environmental History of the Anthropocene since 1945*, Cambridge, Mass: The Belknap Press of Harvard University Press.

Melosi, Martin V. (2016), »Fresh Kills: The Making and Unmaking of a Wastescape«, in: *RCC Perspectives* 1/2016, S. 59-66.

Meuser, Natascha (2019), »Zooarchitektur im Wandel der Zeit«, unter: ⟨https://www.schirn.de/magazin/kontext/koenig_der_tiere/zooarchitekturen/⟩

Meuser, Paul (2019), »Gestaltung im schwerelosen Raum. Interview mit der russischen Weltraumarchitektin Galina Balaschowa«, in: Meuser, Paul (Hrsg.), *Architekturführer Mond*, Berlin: DOM publishers, S. 41-47.

Meuser, Philipp (2014), *Galina Balaschowa: Architektin des sowjetischen Raumfahrtprogramms*, Berlin: DOM publishers.

Meyer, Friederike (2015), »Mit Sonne und Wind«, in: *Bauwelt* 3/2015, S. 3, unter: ⟨https://www.bauwelt.de/themen/bauten/Mit-Sonne-und-Wind-Paolo-Soleri-Arcosanti-2253446.html⟩

Miessen, Markus/Hertweck, Florian (2022), »Less is more – Zur Strategied der Suffizienz für eine nachhaltige Stadt-Land-Entwicklung«, in: *ARCH+* 250/2022, S. 60-67.

Misselwitz, Philipp (2009), »*Rehabilitating Camp Cities: Community-Driven Planning for Urbanised Refugee Camps*«, Stuttgart: Universität Stuttgart.

Misselwitz, Philipp/Dalal, Ayham/Fraikin, Aline/Noll, Antonia/Zaripova, Veronika (Hrsg.) (2022), *Tempohomes. Untersuchung sozial-räumlicher Aneignungspraktiken von Geflüchteten in ausgewählten Berliner Gemeinschaftsunterkünften*, Berlin: Universitätsverlag der TU Berlin, unter: ⟨https://depositonce.tu-berlin.de/handle/11303/16539⟩

MIT Space Exploration Initiative (o. J.), unter: ⟨https://www.explorespace.mit.edu/⟩

Moe, Kiel (2020), *Unless*, New York: Actar Publishers.

Mohammed, Amina J. (2019), *Deputy Secretary-General's remarks at*

High-Level Roundtable on Sustainable Floating Cities: United Nations, unter: ⟨https://press.un.org/en/2019/dsgsm1269.doc.htm⟩ (3.4.2019).

Monteil, Philippe (2020), *Turkana Houses*: United Nations Human Settlements Programme, unter: ⟨https://unhabitat.org/sites/default/files/2020/12/turkana_houses_larger.pdf⟩

Montgomery, Angus (2015), »Inside Facebook's New HQ – ›the largest open floor plan in the world‹«, unter: ⟨https://www.designweek.co.uk/issues/6-12-april-2015/inside-facebooks-new-office-the-largest-open-floor-plan-in-the-world/⟩

Moore, Jason W./Patel, Raj/Topalović, Milica/Nehmer, Alex/Bathla, Nitin (2022), »Reparatur und Fix unterscheiden – Zu einer Ökologie des Wiederaufbaus«, in: *ARCH+* 250/2022, S. 16-29.

Morozov, Evgeny/Bria, Francesca (2017), *Die smarte Stadt neu denken. Wie urbane Technologien demokratisiert werden können*, Berlin: Rosa-Luxemburg-Stiftung, unter: ⟨https://www.rosalux.de/fileadmin/rls_uploads/pdfs/sonst_publikationen/Die_smarte_Stadt_neu_denken_01.pdf⟩

Müller-Sommer, Falk (o. J.), »Plaketten und weitere Auszeichnungen. Die DGNB Zertifizierung am und im Gebäude sichtbar machen«, unter: ⟨https://www.dgnb-system.de/de/services/produkte-zertifizierung/index.php⟩

Mumford, Lewis (1977), *Der Mythos der Maschine. Kultur, Technik und Macht*, Frankfurt: Fischer.

MVRDV (2000), »Pig City«, unter: ⟨https://www.mvrdv.com/projects/134/pig-city⟩

NASA (2023), »Moon to Mars Architecture«, unter: ⟨https://www.nasa.gov/moontomarsarchitecture/⟩

Neom (2023), »Sindalah«, unter: ⟨https://www.neom.com/de-de/regions/sindalah⟩

Nerdinger, Wilfried (2003), »Architekturutopie und Realität des Bauens zwischen Weimarer Republik und Drittem Reich«, in: Hardtwig, Wolfgang (Hrsg.), *Utopie und politische Herrschaft im Europa der Zwischenkriegszeit*, München: Oldenbourg, S. 269-286.

Neufert, Ernst (1943), *Bauordnungslehre*, Berlin: Volk und Reich Verlag.

Nickel, Oliver (2020), »Project Natick: Microsoft birgt Unterwasser-Rechenzentrum vom Meeresboden«, unter: ⟨https://www.golem.de/news/project-natick-microsoft-birgt-unterwasser-rechenzentrum-vom-meeresboden-2009-150882.html⟩

Niranjan, Ajit (2021), »Der Welt geht der Sand aus«, in *Deutsche Welle*, unter: ⟨https://www.dw.com/de/sand-krise-mafia-profitiert-von-drohendem-sandmangel-wichtigster-baustoff-l%C3%B6sungen-korruption/a-57178419⟩ (17.5.2021).

Noever, Peter (Hrsg.) (1997), *Anarchitecture. Works by Gordon Matta-Clark*, Los Angeles: MAK Center for Art and Architecture.

Northern Lights (2024), »Who we are«, unter: ⟨https://norlights.com/who-we-are/⟩

Novy, Johannes (2021), »We can't afford to just build greener. We must build less«, unter: ⟨http://theconversation.com/we-cant-afford-to-just-build-greener-we-must-build-less-170570⟩

Nusantara (2021), »A Global City for All. Towards the Indonesia 2045 Vision«, unter: ⟨https://ikn.go.id/⟩

Nusantara (2021), »IKN – Ibu Kota Negara«, unter: ⟨https://ikn.go.id/⟩

Nyilas, Agnes (2018), *Beyond Utopia. Japanese Metabolism Architecture and the Birth of Mythopia,* London: Routledge, unter: ⟨https://www.taylorfrancis.com/books/9781351677554⟩

Oberhaus, Daniel (2019), »Sea Levels Are Rising. Time to Build … Floating Cities?«, in: *Wired,* unter: ⟨https://www.wired.com/story/sea-levels-are-rising-time-to-build-floating-cities/⟩ (5.4.2019).

Oceanix (2023), »Humanity's next frontier«, unter: ⟨https://oceanix.com/⟩

OHB Pressemitteilung (2021), »OHB gründet Kompetenznetzwerk zum Thema Geoengineering«, unter: ⟨https://www.ohb.de/news/2021/ohb-gruendet-kompetenznetzwerk-zum-thema-geoengineering⟩

O'Neill, Gerard K. (2000), *The High Frontier. Human Colonies in Space*, Burlington: Apogee Books.

O'Neill, Gerard K. (1974), »The Colonization of Space«, in: *Physics Today* 27-9/1974, S. 32-40, unter: ⟨https://pubs.aip.org/physicstoday/artle/27/9/32/429507/The-colonization-of-spaceCareful-engineering-and⟩

O'Shea, Claire A. (2023a), *NASA Selects Blue Origin as Second Artemis Lunar Lander Provider*, unter: ⟨https://www.nasa.gov/news-release/nasa-selects-blue-origin-as-second-artemis-lunar-lander-provider/⟩

O'Shea, Claire A. (2023b), »NASA Selects Blue Origin to Launch Mars' Magnetosphere Study Mission«, unter: ⟨https://www.nasa.gov/news-release/nasa-selects-blue-origin-to-launch-mars-magnetosphere-study-mission/⟩

Oswalt, Philipp (2023), *Bauen am nationalen Haus: Architektur als Identitätspolitik*, Berlin: Berenberg.

Overstreet, Kaley (2022), »From Aristocratic Displays to Eco-parks: The Current Questions and Future Design of Zoos«, in: *ArchDaily*, unter: ⟨https://www.archdaily.com/974439/rethinking-zoo-design-in-our-future-cities⟩ (3.1.2022).

Page, Tom (2018), »›World's largest vertical farm‹ to feed Middle East's high-fliers«, in: CNN, unter: ⟨https://www.cnn.com/travel/article/dubai-vertical-farm-emirates-catering/index.html⟩ (10.7.2018).

Pallinger, Jakob (2022), »In Dubai steht jetzt die größte vertikale Farm der Welt«, in: *Der Standard*, unter: ⟨https://www.derstandard.de/story/2000137664833/in-dubai-steht-jetzt-die-groesste-vertikale-farm-der-welt⟩ (26.7.2022).

Parenti, Christian/Moore, Jason W. (Hrsg.) (2016), *Anthropocene or Capitalocene? Nature, History, and the Crisis of Capitalism*, Oakland, CA: PM Press.

Parkes, James (2022), »BIG and Heatherwick complete Silicon Valley Google campus topped with ›dragon scale‹ roofs«, in: *dezeen*, unter: ⟨https://www.dezeen.com/2022/05/18/google-bay-view-campus-big-heatherwick-studio/⟩ (18.5-2022).

Parkes, James (2021), »Bjarke Ingels launches company to ›reimagine the way we build our homes‹«, in: *dezeen*, unter: ⟨https://www.dezeen.com/2021/08/23/bjarke-ingels-nabr-home-design-company/⟩ (23.8.2021).

Pawley, Martin (1990), *Buckminster Fuller*, London: Trefoil Publications.

Payne, Alina A. (1994), »Rudolf Wittkower and Architectural Principles in the Age of Modernism«, in: *Journal of the Society of Architectural Historians* 53-3/1994, S. 322-342, unter: ⟨https://online.ucpress.edu/jsah/article/53/3/322/58574/Rudolf-Wittkower-and-Architectural-Principles-in⟩

Pelluchon, Corine (2023), *Die Durchquerung des Unmöglichen: Hoffnung in Zeiten der Klimakatastrophe*, München: C.H.Beck.

Pernice, Raffaele (2022), *The Urbanism of Metabolism: Visions, Scenarios and Models for the Mutant City of Tomorrow*, London: Routledge, unter: ⟨https://www.taylorfrancis.com/books/9781003186540⟩

Pernice, Raffaele (2007), »The Issue of Tokyo Bay's Reclaimed Lands as the Origin of Urban Utopias in Modern Japanese Architecture«, in: *Journal of Architecture and Planning (Transactions of AIJ)* 72-613/2007, S. 259-266, unter: ⟨https://www.jstage.jst.go.jp/article/aija/72/613/72_KJ00004557321/_article⟩

Pfeifer, Günter (2016), »Typus und Topos ... endgültig, ungültig?«, in: *Der Architekt 5/2016*, S. 14-19.

Pieper, Jan (2009), *Das Labyrinthische: Über die Idee des Verborgenen, Rätselhaften, Schwierigen in der Geschichte der Architektur*, Basel: Birkhäuser.

Plag, Celina (2023), »Jeff Bezos und Lauren Sánchez: Träum weiter!«, in: *Die Zeit*, unter: ⟨https://www.zeit.de/zeit-magazin/unterhaltung/2023-11/jeff-bezos-lauren-sanchez-vogue-shooting⟩ (15.11.2023).

Polysius, Max (1931), *Brief des Fabrikanten Max Polysius an Bürgermeister Hesse*. Landesarchiv Sachsen-Anhalt, Abt. Dessau (Bestand I 414 Polysius AG Dessau, Nr. 5).

Praditya, Editha/Suprapto, Firre An/Ali, Yusuf/Surjaatmadja, Surachman/Duarte, Rui (2023), »Nusantara Capital City (IKN). Threats and Defense Strategies for Indonesia's New Capital«, in: *The Journal of Indonesia Sustainable Development Planning* 4-1/2023, S. 21-34, unter: ⟨http://journal.pusbindiklatren.bappenas.go.id/lib/jisdep/article/view/420⟩

Prigge, Walter (1999), »Zwischen bauhaus und BAUHAUS«, in: Prigge, Walter (Hrsg.), *Ernst Neufert, normierte Baukultur im 20. Jahrhundert*, Frankfurt am Main: Campus, S. 7-13.

Putkamer, Laura (2023), »Telosa. Die Stadt der Zukunft?«, in: *Garten + Landschaft*, unter: ⟨https://www.garten-landschaft.de/telosa-city/⟩ (28.2.2023).

Putkamer, Laura (2023), »Oceanix Busan. Prototyp einer schwimmenden Stadt«, in: *Garten + Landschaft*, unter: ⟨https://www.garten-landschaft.de/oceanix-busan-prototyp-schwimmende-stadt/⟩ (17.2.2023).

Quirk, Joe/Friedman, Patri (2017), *Seasteading. How Floating Nations Will Restore the Environment, Enrich the Poor, Cure the Sick, and Liberate Humanity From Politicians*, New York: Simon & Schuster.

Rada, Uwe (2022), »Greenwashing am Hermannplatz«, in: *Bauwelt 6/2022*, S. 54-55, unter: ⟨https://www.bauwelt.de/rubriken/betrifft/Greenwashing-Hermannplatz-Berlin-Re-Use-Wettbewerb-Wiederaufbau-Karstadt-Signa-David-Chipperfield-White-Arkitekter-Lendager-3744608.html⟩

Radford, Talia (2015), »Refugee camps are the ›cities of tomorrow‹, says aid expert«, in: *dezeen*, unter: ⟨https://www.dezeen.com/2015/11/23/refugee-camps-cities-of-tomorrow-killian-kleinschmidt-interview-humanitarian-aid-expert/#:~:text=Governments%20should%20stop%

20thinking%20about,a%20camp%20is%2017%20years.⟩ (23.11.2015).

Radkau, Joachim (2000), *Natur und Macht. Eine Weltgeschichte der Umwelt*, München: C.H.Beck.

Rau, Thomas (2015), *The Universal Declaration of Material Rights*, unter: ⟨https://theuniversaldeclarationofmaterialrights.org/articles/⟩

Rauschenberger, Pia (2019), »Die offene Stadt – Wie wollen wir in Zukunft leben?«, in *Deutschlandfunk Kultur*, unter: ⟨https://www.deutschlandfunkkultur.de/die-offene-stadt-wie-wollen-wir-in-zukunft-leben-100.html⟩ (4.9.2019).

Reese-Schäfer, Walter (2016), *Klassiker der politischen Ideengeschichte: Von Platon bis Marx*, Berlin: De Gruyter Oldenbourg.

Reichert, Martin (2019), »Ein Gentresor am Ende der Welt«, unter: ⟨https://www.boell.de/de/2019/04/11/ein-gentresor-am-ende-der-welt⟩

Renner, Katie (2022), »Wozu das denn? Ein Humboldt-Pinguin und eine Packung Guano-Dünger«, unter: ⟨https://www.dhm.de/blog/2022/07/19/wozu-das-denn-ein-humboldt-pinguin-und-eine-packung-guano-duenger/⟩

Rettich, Stefan/Rentrop, Janke (Hrsg.) (2023), *Nach der Kernkraft. Konversionen des Atomzeitalters*, Berlin: Jovis.

Roberts, Stu (2020), »Axiom Space and Philippe Starck to create commercial space station at the ISS«, in: *Clad News*, unter: ⟨http://cladglobal.com/news?codeid=344510⟩ (3.2.2020).

Rosa, Hartmut (2021), *Beschleunigung und Entfremdung: Entwurf einer kritischen Theorie spätmoderner Zeitlichkeit*, Berlin: Suhrkamp.

Rosa, Hartmut (2016), »Einleitung«, in: Sörensen, Paul, *Entfremdung als Schlüsselbegriff einer kritischen Theorie der Politik*: Nomos, S. 11-16.

Rowe, Colin (1994), *The Architecture of Good Intentions. Towards a Possible Retrospect*, London: Academy Ed.

Ruby, Andreas (2011), »Wohnung für das Existenzminimum«, unter: ⟨https://archplus.net/de/news/7363-symposium-wohnung-f-r-das-existenzminimum/⟩

Russ, Alexander (2021), »Dänen im All«, unter: ⟨https://www.stylepark.com/de/news/mars-science-city-dune-alpha-big-icon-stylepark⟩

Russ, Alexander (2020), »Sustainable Hedonism: ›Copenhill‹ von BIG«, in: *Baumeister*, unter: ⟨https://www.baumeister.de/copenhill-big-kopenhagen-skipiste/⟩ (7.10.2020).

Sack, Manfred (1980), »Die Zukunft liegt im Vergessenen«, in: *Die Zeit*, unter: ⟨https://www.zeit.de/1980/15/die-zukunft-liegt-im-vergessenen/komplettansicht⟩ (4.4.1980).

Sack, Manfred (1977), »Städtebau als bildende Kunst«, in: *Die Zeit*, unter: ⟨https://www.zeit.de/1977/11/staedtebau-als-bildende-kunst⟩ (4.3.1977).

Sallaberger, Walther (2009), »Die Amurriter-Mauer«, in: Nunn, Astrid (Hrsg.), *Mauern als Grenzen*, Mainz: P. von Zabern, S.27-37.

Sant'Elia, Antonio (1914), »Manifesto of Futurist Architecture«, in: *R/D*, unter: ⟨https://www.readingdesign.org/manifesto-futurist⟩

Schäfer, Franka (2019), *Diskurstheorie und Gesellschaft*, Wiesbaden: Springer VS.

Schmandt, Henry J./Wandel, George D. (1977), »Pruitt Igoe«, in: *archithese* 5/1977, S.3-15, unter: ⟨https://archithese.ch/ansicht/pruitt-igoe.html⟩

Schneckenburger, Stefan (2010), »Botanische Gärten in der Zeit des Kolonialismus. Auf der Jagd nach dem ›Grünen Gold‹«, in: *Biologie in unserer Zeit* 40-6/2010, S.411-419, unter: ⟨https://onlinelibrary.wiley.com/doi/101002/biuz.201010435⟩

Scholz, Bernhard F. (2000), »Leonardo da Vinci's Proportionsfigur: Beschreibung, Zeichnung, Stereotyp, Kontrafaktur«, in: Rohmer, Ernst/Schnabel, Werner Wilhelm/Witting, Gunther (Hrsg.), *Texte, Bilder, Kontexte. Interdisziplinäre Beiträge zur Literatur, Kunst und Ästhetik der Neuzeit*, Heidelberg: Universitätsverlag C. Winter, S.313-361.

Schroer, Markus (2022), *Geosoziologie. Die Erde als Raum des Lebens*, Berlin: Suhrkamp.

Schroer, Markus (2009), »Grenzen – ihre Bedeutung für Stadt und Architektur«, in: *APuZ. Aus Politik und Zeitgeschichte* 25/2009, S.3-5, unter: ⟨https://www.bpb.de/shop/zeitschriften/apuz/31940/grenzen-ihre-bedeutung-fuer-stadt-und-architektur/⟩

Schulz, Bernhard (2018), »Ausstellung im Essener Ruhr Museum. Heimat unterm Förderturm«, in: *Der Tagesspiegel*, unter: ⟨https://www.tagesspiegel.de/kultur/heimat-unterm-forderturm-3070774.html⟩ (14.12.2018).

Schwamborn, Vera (2015), »Abfall«, in: Zielinski, Siegfried/ Irrgang, Daniel/ Weibel, Peter (Hrsg.), *Flusseriana: an intellectual toolbox*, Minneapolis, MN: Univocal.

Schweizer, Stefan (2022), »Der Barockgarten als frühneuzeitlicher Versuch der Naturbeherrschung«, in: Hollstein, Bettina/Tänzer, Sandra/

Thumfart, Alexander (Hrsg.), *Gärten: Von der Naturbeherrschung zur gesellschaftlichen Utopie*: Wallstein Verlag, S. 93-121.

Scott, Felicity D. (2016a), »Earthlike«, in: *Grey Room* 65/2016, S. 6-35, unter: ⟨https://direct.mit.edu/grey/article/10737⟩

Scott, Felicity D. (2016b), »Securing Adjustable Climate«, in: Graham, James (Hrsg.), *Climates. Architecture and the Planetary Imaginary*, Zürich: Lars Müller Publishers, S. 90-105, unter: ⟨https://averyreview.com/issues/16/securing-adjustable-climate⟩

Scott, Felicity D. (2014), »Zukünftige Anpassbarkeit«, in: Wieder, Axel John/Zeyfang, Florian/Gutt, Wiktor/Kowalski, Grzegorz/Kulik, Zofia/Kwiek, Pawel/Zmijewski, Artur/Molska, Anna/Ronduda, Lukasz (Hrsg.), *Open Form. Space, Interaction, and the Tradition of Oskar Hansen*, Berlin: Sternberg Press, S. 191-200.

Scott, Felicity D. (2007), *Architecture or Techno-Utopia. Politics after Sodernism*, Cambridge, Mass: MIT Press.

Seifert, Michael (1999), »Die Stadt, der Müll und die Archäologen«, unter: ⟨https://idw-online.de/de/news12552⟩

Semper, Gottfried (1851), *Die vier Elemente der Baukunst. Beitrag zur vergleichenden Baukunde*, Braunschweig: Friedrich Vieweg und Sohn.

Sennett, Richard (2019), *Die offene Stadt. Eine Ethik des Bauens und Bewohnens*, Berlin: Hanser.

Siebeck, Florian (2022), »Telosa City. Walmart-Chef plant Stadt mit eigenen Regeln«, in: *Frankfurter Allgemeine Zeitung*, unter: ⟨https://www.faz.net/aktuell/wirtschaft/wohnen/telosa-city-walmart-chef-plant-stadt-mit-eigenen-regeln-18239834.html⟩ (12.8.2022).

Sink, Donna (2015), »Liam Young: ›An architect's skills are completely wasted on making buildings‹«, unter: ⟨https://archinect.com/news/article/132326552/liam-young-an-architect-s-skills-are-completely-wasted-on-making-buildings⟩

Skowronek, Max/dpa/Reuters (2021), »Statistisches Bundesamt: Anteil der Wohnungen in Ein- und Zweifamilienhäusern rückläufig«, in: *Die Zeit*, unter: ⟨https://www.zeit.de/wirtschaft/2021-02/einfamilienhaus-mehrfamilienhaus-wohnungen-statistisches-bundesamt-trend-rueckläufig⟩ (25.2.2021).

Sloterdijk, Peter (2023), *Die Reue des Prometheus. Von der Gabe des Feuers zur globalen Brandstiftung*, Berlin: Suhrkamp.

Smithson, Alison (Hrsg.) (1968), *Team Ten primer*, Cambridge, Mass: MIT Press.

Somer, Kees (2014), »A Clear Message to the Outside World. Drawing Conclusions and Publishing the Results of CIAM 4«, in: Es, Evelien van/Harbusch, Gregor/Maurer, Bruno/Pérez, Muriel/Somer, Kees/Weiss, Daniel (Hrsg.), *Atlas of the Functional City. CIAM 4 and Comparative Urban Analysis*, Zürich: GTA Verlag, S. 72-82.

Sorge, Nils-Viktor (2014), »Rockefeller-Erben ziehen ihr Geld von Öl, Gas und Kohle ab«, in: *manager magazin*, unter: ⟨https://www.manager-magazin.de/unternehmen/energie/rockefeller-erben-ziehen-ihr-geld-von-oel-gas-und-kohle-ab-a-992998.html⟩ (22.9.2014).

Spelman, Elizabeth V. (2002), *Repair: The Impulse to Restore in a Fragile World*, Boston: Beacon Press.

Spieler & Seeberger (2022), »Wie viel Wohnraum benötigt ein Mensch?«, unter: ⟨https://spieler-seeberger.immo/wie-viel-wohnraum-benoetigt-ein-mensch/⟩

Spivak, Gayatri Chakravorty/Harasym, Sarah (1990), *The Post-Colonial Critic. Interviews, Strategies, Dialogues*, New York: Routledge.

Spreen, Dierk (2014), »Weltraum, Körper und Moderne. Eine soziologische Annäherung an den astronautischen Menschen und die Cyborggesellschaft«, in: Fischer, Joachim/Spreen, Dierk (Hrsg.), *Soziologie der Weltraumfahrt*, Bielefeld: transcript, S. 41-88.

Stahl, Antje (2019), »Bjarke Ingels – ein Masterplan für den Planeten Erde«, in: *Neue Zürcher Zeitung*, unter: ⟨https://www.nzz.ch/feuilleton/architekt-bjarke-ingels-wir-brauchen-einen-masterplan-fuer-den-planeten-ld.1512035⟩ (29.10.2019).

Stamm, Johann Jakob (1952), »Das Gilgamesch-Epos und seine Vorgeschichte«, in: *Asiatische Studien. Zeitschrift der Schweizerischen Asiengesellschaft* 6/1952, S. 9-29, unter: ⟨https://www.e-periodica.ch/digbib/view?pid=ast-002:1952:6::198⟩

Starck, Philippe (2018), »Axiom Space Station's crew quarter habitation module (Axiom Space)«, unter: ⟨https://www.starck.com/axiom-space-station-s-crew-quarter-habitation-module-axiom-space-p3405⟩

Statistisches Bundesamt (2022), »2021 wurde 25 % weniger Plastikmüll exportiert als im Vorjahr«, unter: ⟨https://www.destatis.de/DE/Presse/Pressemitteilungen/2022/06/PD22_N035_51.html⟩

Steffen, Will/Broadgate, Wendy/Deutsch, Lisa/Gaffney, Owen/Ludwig, Cornelia (2015), »The Trajectory of the Anthropocene: The Great Acceleration«, in: *The Anthropocene Review 2-1/2015*, S. 81-98, unter: ⟨http://journals.sagepub.com/doi/101177/2053019614564785⟩

Steiner, Barbara/Rein-Cano, Martin (2020), »›Es ist extrem landschaftsarchitektonisch, einen Traum umzusetzen.‹«, in: *Garten + Landschaft*, unter: ⟨https://www.garten-landschaft.de/englischer-landschaftsgarten/⟩ (15.7.2020).

Steininger, Benjamin (2017), »Raffinerie und Katalyse«, in: Renn, Jürgen/Scherer, Bernd (Hrsg.), *Das Anthropozän. Zum Stand der Dinge*, Berlin: Matthes & Seitz, S. 210-225.

Stimpel, Roland (2011), »Tiefpunkt der Architekturgeschichte. Die Planung von Auschwitz«, in: *Deutsches Architektenblatt*, unter: ⟨https://www.dabonline.de/2011/12/01/tiefpunkt-der-architekturgeschichte/⟩ (1.12.2011).

Stouhi, Dima (2021), »BIG, NASA, and ICON Reveal 3D-Printed Research Habitats for Mars«, in: *ArchDaily*, unter: ⟨https://www.archdaily.com/966349/big-nasa-and-icon-reveal-3d-printed-research-habitats-for-mars⟩ (6.8.2021).

Suter, Reto (2023), »So steht's um das Mega-Projekt The World Islands in Dubai«, in: *Travelnews*, unter: ⟨https://www.travelnews.ch/here-and-there/23903-so-stehts-um-das-mega-projekt-the-world-islands-in-dubai.html⟩ (11.5.2023).

Svalbard Global Seed Vault (2017), »The Seeds«, unter: ⟨https://www.seedvault.no/about/the-seeds/⟩

Táíwò, Olúfẹ́mi O./Nehmer, Alex/Krieger, Markus (2022), »›Wir müssen materialistisch ansetzen!‹«, in: *ARCH+* 250/2022, S. 30-43.

Tavares, Paulo (2020), »Brasília. Colonial Capital«, unter: ⟨https://www.e-flux.com/architecture/the-settler-colonial-present/351834/braslia-colonial-capital/⟩

Telosa (o. J.), »Telosa. Creating a more equitable and sustainable future«, unter: ⟨https://cityoftelosa.com/#equitism⟩

The University of Arizona (o. J.), »Biosphere 2. Research Strategic Plan«, unter: ⟨https://biosphere2.org/research/research-strategic-plan⟩

Thompson, Katherine (2016), »The Grim Reality Hidden Beneath Freshkills Park's Bright Façade«, in: *WR Journal of the CAS Writing Programm* 9/2016, S. 91-100.

Till, Jeremy (2020), »Architecture After Architecture«, in: Harris, Harriet/Hyde, Rory/Maracaccio, Roberta (Hrsg.), *Architects After Architecture. Alternative Pathways for Practice*, New York: Routledge, S. 29-37.

Tsing, Anna Lowenhaupt (2021), *Der Pilz am Ende der Welt. Über das Leben in den Ruinen des Kapitalismus*, Berlin: Matthes & Seitz Berlin.

Turner, Christopher (2011), »Doomsday Vault: Svalbard Global Seed Vault«, in: *Icon*, unter: ⟨https://www.iconeye.com/architecture/doomsday-vault-svalbard-global-seed-vault⟩ (8.8.2011).

Umweltbundesamt (2013), *Globale Landfläche und Biomasse*, unter: ⟨https://www.umweltbundesamt.de/sites/default/files/medien/479/publikationen/globale_landflaechen_biomasse_bf_klein.pdf⟩.

Umweltbundesamt (2024a), »Fahrleistungen, Verkehrsleistung und Modal Split«, unter: ⟨https://www.umweltbundesamt.de/daten/verkehr/fahrleistungen-verkehrsaufwand-modal-split⟩

Umweltbundesamt (2024b), »Beitrag der Landwirtschaft zu den Treibhausgas-Emissionen«, unter: ⟨https://www.umweltbundesamt.de/daten/land-forstwirtschaft/beitrag-der-landwirtschaft-zu-den-treibhausgas⟩

Umweltbundesamt (2024c), »Energiebedingte Emissionen von Klimagasen und Luftschadstoffen«, unter: ⟨https://www.umweltbundesamt.de/daten/energie/energiebedingte-emissionen#quotenergiebedingte-emissionenquot⟩

Umweltbundesamt (2024d), »Indikator: Emission von Treibhausgasen«, unter: ⟨https://www.umweltbundesamt.de/daten/umweltindikatoren/indikator-emission-von-treibhausgasen#die-wichtigsten-fakten⟩

UN Environment Programme (2022), *2022 Global Status Report for Buildings and Construction*, unter: ⟨http://www.unep.org/resources/publication/2022-global-status-report-buildings-and-construction⟩

UN Environment Programme (2020), »Emissions Gap Report 2020«, unter: ⟨https://www.unep.org/interactive/emissions-gap-report/2020/⟩

UN-Habitat (2022), *The Second UN Roundtable on Sustainable Floating Cities. Meeting the Rising Seas with Floating Infrastructure*, unter: ⟨https://unhabitat.org/sites/default/files/2022/04/1_-_second_un_round_table_floating_cities.pdf⟩

Ungers, Oswald Mathias/Ibus (1980), *5 Energie Häuser*, Köln: Studio-Verlag für Architektur.

UNHCR (2024), »Wer oder Was ist die UNHCR«, unter: ⟨https://www.uno-fluechtlingshilfe.de/ueber-uns/unhcr⟩

UNHCR (2016), *Shelter Design Catalogue*: UNHCR

Ursprung, Philip (2001), »Weisses Rauschen. Elizabeth Diller und Ricardo Scofidios Blur Building und die räumliche Logik der jüngsten Architektur«, in: *kritische berichte. Zeitschrift für Kunst- und Kulturwissenschaften* 29-3/2001, S. 5-15, unter: ⟨https://journals.ub.uni-heidelberg.de/index.php/kb/article/view/10808⟩

Vaupel, Bettina (2019), »Industrielles Bauen und soziales Wohnen«, in: *Monumente – Das Magazin der Stiftung Denkmalschutz*, S. 52-55, unter: ⟨https://www.monumente-online.de/de/ausgaben/2019/3/Der-Neue-Mensch-im-Laubengang.php⟩

Vidler, Anthony (1999), *The Architectural Uncanny. Essays in the Modern Unhomely*, Cambridge, Mass: MIT Press.

Voigt, Wolfgang (1999), »Vitruv der Moderne. Ernst Neufert«, in: Prigge, Walter (Hrsg.), *Ernst Neufert. Normierte Baukultur im 20. Jahrhundert*, Frankfurt am Main: Campus, S. 20-34.

Vrachliotis, Georg (2019), »Unter Spannung: Ressource Zukunft«, in: *Baumeister*, unter: ⟨https://www.baumeister.de/unter-spannung-ressource-zukunft/⟩ (2.5.2019).

Vrachliotis, Georg (2012), *Geregelte Verhältnisse: Architektur und technisches Denken in der Epoche der Kybernetik*, Wien: Springer.

Wadewitz, Felix (2021), »Der Pop-up-Deich«, in: *Der Spiegel*, unter: ⟨https://www.spiegel.de/wissenschaft/venedig-wie-das-unterwasser-bollwerk-mose-die-lagunenstadt-vor-dem-meer-schuetzt-a-7aa7448f-7387-4be8-9ba0-5e7792930e1e⟩ (6.12.2021).

Wagenknecht, Antje (2009), »Kiyonori Kikutake. Künstliche Inseln für Japan«, in: *OAG Notizen* 4-4/2009, S. 11-25.

Wagner, Thomas (2020), »Philippe Starck: mit Saftrakete zum Starkult«, in: *md Magazin*, unter: ⟨https://www.md-mag.com/news/philippe-starck-1990/⟩ (19.5.2020).

Wagner, Jens-Christian (2015), *Produktion des Todes. Das KZ Mittelbau-Dora*, Göttingen: Wallstein Verlag.

Wainwright, Oliver (2019), »David Chipperfield's Berlin temple. ›Like ascending to the realm of the gods‹«, in: *The Guardian*, unter: ⟨https://www.theguardian.com/artanddesign/2019/jul/08/david-chipperfield-james-simon-gallery-berlin-museum-island⟩ (8.7.2019).

Wald, Martin C. (o. J.), »Heinrich Carl Schimmelmann. Ein Global Player am Rande Hamburgs«, unter: ⟨https://geschichtsbuch.hamburg.de/epochen/barock-und-rokoko/sklaverei-kammermohrenl-und-kindermaedchen/⟩

Wall, Alexander (2005), *Victor Gruen. From Urban Shop to New City*, Barcelona: Actar.

Weidel, Alice/Chrupalla, Tino (2024), *AfD-Antrag zur Baukultur, Drucksache 20/10970*: Deutscher Bundestag, Parlamentsnachrichten, unter: ⟨https://dserver.bundestag.de/btd/20/109/2010970.pdf⟩ (9.4.2024).

Weishaupt, Marina (2022), »Heller als die meisten Sterne: Astronomen warnen vor Satelliten am Nachthimmel«, in: *National Geographic*, unter: ⟨https://www.nationalgeographic.de/wissenschaft/2022/12/heller-als-die-meisten-sterne-astronomen-warnen-vor-satelliten-am-nachthimmel⟩ (8.12.2022).

Weizman, Eyal/Wengrow, David/Forensic Architecture (2023), *The Nebelivka Hypothesis*: Selbstverlag/Biennale di Venezia.

Welzbacher, Christian (2013), »Idealstadt der Unterdrückung. Die Planung des Konzentrationslagers Sachsenhausen (1936)«, in: *kritische berichte. Zeitschrift für Kunst- und Kulturwissenschaften* 34-1/2006, unter: ⟨http://journals.ub.uni-heidelberg.de/index.php/kb/article/view/9908⟩

Welzer, Harald (2014), *Klimakriege. Wofür im 21. Jahrhundert getötet wird*, Frankfurt am Main: Fischer.

Wetherell, Sam (2020), »Die Shopping Mall, eine verlorene Utopie«, in: *Jacobin Magazin*, unter: ⟨https://jacobin.de/artikel/shopping-mall-einkaufszentrum-victor-gruen-sozialismus⟩ (14.5.2020).

Wienke, Dagmar (2023), »Dubai: So soll die künstliche Luxus-Insel Palm Jebel Ali aussehen«, in: *Rheinische Post*, unter: ⟨https://rp-online.de/leben/reisen/dubai-so-soll-die-kuenstliche-luxus-insel-palm-jebel-ali-aussehen_aid-91508819⟩ (2.6.2023).

Wigley, Mark (2021), »Returning the Gift: Running Architecture in Reverse«, in: Space Caviar (Hrsg.), *Non-Extractive Architecture. On Designing without Depletion*, Berlin: Sternberg, S. 41-57.

Wilson, Ben (2022), *Metropolen. Die Weltgeschichte der Menschheit in den Städten*, Frankfurt am Main: Fischer.

Wilson, Edward O. (2016), *Die Hälfte der Erde. Ein Planet kämpft um sein Leben*, München: C.H.Beck.

Wirtschaftsvereinigung Stahl (Hrsg.) (2020), *Fakten zur Stahlindustrie in Deutschland*, unter: ⟨https://www.stahl-online.de/wp-content/uploads/WV-Stahl_Fakten-2022_RZ_neu_Web.pdf⟩

Wissenschaftliche Dienste Deutscher Bundestag (2019), *Die Agrarwirtschaft Äthiopiens*, unter: ⟨https://www.bundestag.de/resource/blob/667408/7c6e926062239a84ef944acc7e0f814e/WD-5-087-19-pdf-data.pdf⟩

World Nuclear Association (2024), »World Nuclear Power Reactors & Uranium Requirements«, unter: ⟨https://world-nuclear.org/information-library/facts-and-figures/world-nuclear-power-reactors-and-uranium-requireme⟩

Worthmann, Merten (2022), »La Muralla Roja: Ricardo Bofills bekanntester Bau«, in: *AD Magazin*, unter: ⟨https://www.ad-magazin.de/article/la-muralla-roja⟩ (14.1.2022).

Wright, Frank Lloyd (1932), *The Disappearing City*, New York: William Farquhar Payson.

Yang, Maya (2023), »Moon a la mode? Prada to design spacesuit for Nasa's Artemis III mission«, in: *The Guardian*, unter: ⟨https://www.theguardian.com/science/2023/oct/07/nasa-artemis-iii-moon-mission-prada-axiom-space-spacesuit⟩ (7.10.2023).

Yusoff, Kathryn (2018), *A Billion Black Anthropocenes or None*, Minneapolis: University of Minnesota Press.

Yusoff, Kathryn (2016), »Anthropogenesis: Origins and Endings in the Anthropocene«, in: *Theory, Culture & Society* 33-2/2016, S.3-28.

Yusoff, Kathryn (2013), »The Geoengine. Geoengineering and the Geopolitics of Planetary Modification«, in: *Environment and Planning A: Economy and Space* 45-12/2013, S.2799-2808, unter: ⟨http://journals.sagepub.com/doi/101068/a45645⟩

Zalasiewicz, Jan (2017), »Die Einstiegsfrage: Wann hat das Anthropozän begonnen?«, in: Renn, Jürgen/Scherer, Bernd (Hrsg.), *Das Anthropozän. Zum Stand der Dinge*, Berlin: Matthes & Seitz, S.160-180.

Zalasiewicz, Jan/Williams, Mark/Waters, Colin N./Barnosky, Anthony D./Palmesino, John/Rönnskog, Ann-Sofi/Edgeworth, Matt/Neal, Cath/Cearreta, Alejandro/Ellis, Erle C./Grinevald, Jacques/Haff, Peter/Ivar do Sul, Juliana A./Jeandel, Catherine/Leinfelder, Reinhold/McNeill, John R./Odada, Eric/Oreskes, Naomi/Price, Simon James/Revkin, Andrew/Steffen, Will/Summerhayes, Colin/Vidas, Davor/Wing, Scott/Wolfe, Alexander P. (2017), »Scale and diversity of the physical technosphere: A geological perspective«, in: *The Anthropocene Review* 4-1/2017, S.9-22, unter: ⟨http://journals.sagepub.com/doi/101177/2053019616677743⟩

Zalasiewicz, Jan/Williams, Mark/Waters, Colin N./Barnosky, Anthony D./Haff, Peter (2014), »The technofossil record of humans«, in: *The Anthropocene Review* 1-1/2014, S.34-43.

Zöllner, Frank (2014), »Anthropomorphism. From Vitruvius to Neufert, from Human Measurement to the Module of Fascism«, in: Wagner, Kirstin/Cepl, Jasper (Hrsg.), *Images of the Body in Architecture. Anthropology and Built Space*, Tübingen, Berlin: Ernst Wasmuth Verlag, S.47-75.

Zöllner, Frank (1995), »L'uomo vitruviano di Leonardo da Vinci, Rudolf Wittkower e L'Angelus Novus di Walter Benjamin«, in: *Raccolta Vinciana* 25/1995, S.329-358.

Abbildungsverzeichnis

Register

Dank

Viele Menschen haben mich bei der Erstellung dieser Arbeit unterstützt. Hannah danke ich für Geduld und Ermutigung, Eduard für sein offenes Ohr, Konrad für seinen Optimismus. Ein besonderer inhaltlicher Dank geht an Kerstin Stamm und Stefan Schmitt-Regelmann, die die erste Fassung dieses Textes intensiv kommentiert haben, sowie an Walter Prigge und Jens-Uwe Fischer, die das Manuskript ebenfalls kritisch gegengelesen und bereichert haben. Für Anregungen, Anmerkungen und Literaturhinweise danke ich zudem Stefan Aue, Jakob Brossmann, Kim Förster, Wilfried Kühn und Antje Stahl, für lebenspraktischen Support Alexander Doudkin und Sophie Förste.

Ohne den gedanklichen Freiraum, den die HFBK Hamburg ermöglicht, und die Anregungen, die ich dort durch den Austausch mit Kolleg:innen und Studierenden erhalte, wäre diese Arbeit und die ihr vorangegangene Suchbewegung nicht möglich gewesen. Für die vielfältige Unterstützung bei Zielspurts und allen möglichen Um- und Abwegen gilt mein besonderer Dank Beate Anspach und Swantje Benson. Last, but not least danke ich meinen Lektoren Heinrich Geiselberger und Thomas Halupczok für Vertrauensvorschuss und die beharrliche gemeinsame Arbeit am Manuskript.